Regeln für einen schlechten Redner

Gehen Sie in Honorarverhandlungen, nachdem Sie sich fünf Mal im Spiegel angebrüllt haben, dass Sie MEHR WERT sind.

Üben Sie, zickig zu sein. Große Menschen haben Ansprüche und sind meist kompliziert. (Legen Sie die Temperatur des Mineralwassers fest!)

Eine gute Metapher für Ihre Rede sind Mutter und Vater, die ihren begriffsstutzigen Kindern die Welt erklären.

Bieten Sie zu jedem Vortrag einen Folgevortrag an, der dann zum ersten Mal wirklich die großen Geheimnisse des Lebens lüftet.

Pfeifen Sie auf Regeln und hören Sie erst auf, wenn Ihnen danach ist. Pünktlichkeit ist was für Schwächlinge. Dann kommt der Produktverkauf.

Lesen Sie am besten regelmäßig Ihr eigenes Buch. Fremde Gedanken sind verwirrend. Die Rhetorik erklärt seit 2000 Jahren dasselbe.

Verkaufen Sie sich als Top-Top-Speaker im deutschsprachigen Raum (oder besser gleich international) mit eigener Universität.

Sprechen Sie zu jedem beliebigen Thema. Wer kann, der kann. Sobald Sie gebucht sind, werden Sie bezahlt - wenn Sie geschickt sind, schon vorher.

Rossié
Rhetorik ist keine Kunst,
sondern kein Problem

Rhetorik ist keine Kunst, sondern kein Problem

Einfach eine gute Rede halten

von

Michael Rossié

Verlag Franz Vahlen München

Michael Rossié arbeitet seit über 30 Jahren als Sprechtrainer und Coach für Radio- und Fernsehsender sowie in allen Bereichen der Wirtschaft.

Er besuchte die Schauspielschule Ruth v. Zerboni in München, anschließend folgten Theater- und Filmrollen sowie Engagements als Regisseur und Trainer von Schauspielern und Moderatoren. Außerdem schrieb er Drehbücher für diverse Fernsehserien, wie „Der Bergdoktor", „Für alle Fälle Stephanie" oder „In aller Freundschaft".

In seinen Seminaren zeigt er neue Wege, vor und mit Gruppen zu kommunizieren. Mittlerweile sind von ihm zehn Bücher erschienen.

Michael Rossié ist seit 2012 Vizepräsident des Berufsverbandes der Redner deutscher Sprache (GSA) und Mitglied der Top 100 von Speakers Excellence. Seit 2013 trägt er als zwölfter Deutscher den Titel CSP (Certified Speaking Professional).

ISBN Print: 978 3 8006 6321 7
ISBN ePDF: 978 3 8006 6322 4
ISBN ePub: 978 3 8006 6323 1
© 2021 Verlag Franz Vahlen GmbH,
Wilhelmstraße 9, 80801 München
Satz: Fotosatz Buck
Zweikirchener Str. 7, 84036 Kumhausen
Druck und Bindung: Beltz Grafische Betriebe GmbH
Am Fliegerhorst 8, 99947 Bad Langensalza
Umschlaggestaltung: Ralph Zimmermann – Bureau Parapluie
Bildnachweis: © vectorwin – depositphotos.com
© 13ree–design – istockphoto.com (modifiziert)

vahlen.de/nachhaltig

VORWORT

Wenn Sie sich dazu entschlossen haben, auf dem Geburtstag Ihrer Mutter ein paar Worte zu sagen, wenn Sie Chef eines Unternehmens werden wollen oder Vereinsvorsitzender, wenn Sie was verkaufen oder wenn Sie einfach nur die Welt verändern wollen, dann, und nur dann, ist dieses Buch für Sie geeignet. Ich werde Sie nicht motivieren, nicht bemitleiden oder beruhigen. Ich werde Ihnen erst nach Ihrem Entschluss, auf die Bühne zu gehen, zeigen, wie einfach das ist.

Ich gebe zu, dass es kein gutes Gefühl ist, von einer Gruppe anderer Lebewesen angestarrt zu werden. Das tun diese Lebewesen eigentlich nur, wenn sie Sie fressen wollen. Ich könnte gut verstehen, wenn Sie beschlossen haben, sich diesem Stress in Ihrem Leben nicht oder nie wieder auszusetzen.

Ein guter Redner will seinem Publikum etwas geben, er ist ein Dienstleister. Die Arbeit auf der Bühne ist keine Therapie, mit der man das Ego streichelt oder endlich mal groß rauskommt. Schon gar nicht eignet sich eine Rede, schwierige Phasen des eigenen Lebens zu verstehen oder zu verarbeiten. Dann schreiben Sie möglicherweise besser ein Buch.

Der Wunsch, die Rede zu benutzen, um im Mittelpunkt zu stehen ist kein legitimes Vorhaben. Rede ist kein Selbstzweck. Wenn der Inhalt keine Rolle mehr spielt und nur die Form gefeiert wird, wird niemand mehr bereit sein, sich als Zuschauer zur Verfügung zu stellen.

Ein guter Redner hat Respekt vor seinem Publikum. Er muss nicht sein halbes Leben an den Erkenntnissen gearbeitet haben, über die er jetzt spricht, aber ein auf dem Gang in die Kantine ausgefüllter Schmierzettel ist deutlich zu wenig.

Eine Gruppe von Schauspielschülern hat auf der Weihnachtsfeier eine Vorführung mal so eingeleitet: „Wir hatten leider keine Zeit für eine vernünftige Vorbereitung…" Ich bin aufgestanden und rausgegangen. Dazu ist mir meine Zeit zu kostbar.

In der Schule haben alle sehr viel Wert auf Lesen, Rechnen und Schreiben gelegt. Aber reden? Das kann man doch. Nein, das kann man eben vor 400 Menschen nicht mehr, so komisch das klingt. Reden muss man nicht lernen, aber sich mit der ungewohnten Situation vertraut machen schon, üben wäre schön, ausprobieren, anwenden. Wenn ich oft in einer Situation bin, in der ich vor einer Gruppe von Menschen reden muss, fällt es mir leichter, wenn es darauf ankommt.

Wenn ich Menschen frage, ob eine Rede mit oder ohne Rednerpult besser ist, sagt jeder: Ohne! Aber Chris Anderson[1] erzählt in seinem wunderbaren Buch, dass der große Daniel Kahnemann deutlich besser war, als man ihm das Rednerpult bewilligte. Sollten wir ihm also den Gefallen nicht tun? Geht es nicht

---

1 Anderson, Chris: TED Talks. Frankfurt: Fischer Taschenbuch 2017, 2. Auflage

am Ende nur um das, was rauskommt? Warum sollte ein Schriftsteller nicht ablesen? Warum sollten Sie bei Ihrer Rede nicht ein Manuskript in der Hand halten? Monika Lewinsky[2] liest bei ihrem TED-Talk von einem Blatt auf einem Notenständer ab. Sitzen? Von Folien ablesen? Ob Sie dadurch wirklich schlechter werden und uns alle langweilen, wissen wir noch nicht.

Neri Oxmann[3] benutzt zwei Bildschirme, auf denen jeweils etwas anderes zu sehen ist. Sie vergleicht die belebte mit der unbelebten Welt. Clifford Stoll[4] hüpft in seinem TED-Talk über die Bühne, als hätte er Sprungfedern unter den Füßen, Stephanie Shirley[5] liest von Karten ab und Roman Mars[6] sitzt, weil sein Vortrag eine Radiosendung ist. Trotzdem sind sie alle ganz großartig.

Chris Anderson schlägt vor, jedem Vortragenden zu dem Vortragsstil zu verhelfen, der für ihn am besten funktioniert. Was für ein schöner Gedanke!

In diesem Buch erfahren Sie alles, was ich in meinem Leben auf, neben und hinter der Bühne gelernt habe. Ich habe alles zusammengetragen, was wichtig für Sie sein könnte, damit Sie Ihren Stil finden und dabei Ihre Originalität behalten. Vielleicht um andere Menschen auf ihrem Weg zu begleiten, vielleicht, um beruflich voranzukommen oder wenn es darum geht, eine Gruppe von Menschen gut zu unterhalten.

Mein Leben lang habe ich gelernt und habe gute Reden und beeindruckende Redner gesammelt wie Briefmarken. Ich war immer neugierig, wenn ich irgendwo aufgetreten bin, auch die anderen kennen zu lernen. Ich bin um die Welt gereist, wenn die Hoffnung bestand, irgendeinen tollen Speaker zu sehen, und ich saß viele Stunden vor meinem Computermonitor, um mir meine Helden in das heimische Arbeitszimmer zu holen.

Eine gute Rede hat etwas Magisches. Da passiert etwas zwischen Redner und Zuschauer, das weit mehr ist als die Weitergabe einer Information und Botschaft. Gute Redner führen Sie in eine Welt, in der Sie noch nicht waren. Sie regen zum Nachdenken an, lassen einen die Zeit vergessen und können einen zu Tränen rühren. Gute Reden fesseln die Zuschauer, um sie dann zu entführen. Wenn Sie lernen wollen, wie das geht, dann lesen Sie weiter!

Michael Rossié

---

2 TED Talk: Lewinsky, Monica, Der Preis der Scham
3 TED-Talk: Oxman, Neri, Design at the Intersection of Technology and Biology
4 TED Talk: Stoll, Clifford, The call to learn
5 TED-Talk: Shirley, Stephanie, Why do ambitious women have flat heads?
6 TED-Talk Mars, Roman, Why city flags may be the worst-designed thing you've never noticed

INHALTSVERZEICHNIS

9

Zusammenfassung der Kapitel und Checklisten zu jedem Kapitel im Buch finden Sie unter www.michael-rossie.com/Downloads. Zugangscode RikKskP

WIE SIE DIESES BUCH BENUTZEN

Dass Sie dieses Buch chronologisch lesen können, um alles über Reden und Vorträge zu lernen, ist Ihnen auch klar. Aber in diesem Buch werden mehrere Möglichkeiten vorgestellt, eine Rede zu halten, die einander ausschließen. Entweder Sie lesen eine Rede vor oder Sie halten die Rede nach Stichworten, entweder mit oder ohne PowerPoint, entweder mit Storys und Humor oder nüchtern und sachlich.

Wenn Sie sich also schon entschieden haben, können Sie genau mit den Kapiteln anfangen, die für Sie passen. Wenn Sie Ihre Rede ohnehin ablesen wollen oder müssen, dann lassen Sie das Kapitel über das freie Sprechen erst mal aus, und wenn Sie eine Rede auf einer Familienfeier halten, brauchen Sie kein PowerPoint.

Nach einer Einführung, in der ich Sie mit einer neuen Denkweise zum Thema Reden konfrontieren möchte, zeige ich Ihnen das freie Sprechen, um anschließend dann alle weiteren Techniken zu behandeln, wie man eine mitreißende Rede entwickelt. Denn ein Rezept für alle gibt es nicht. Zu unterschiedlich sind die Fähigkeiten, die Ziele und vor allem, die Zeit, die man dafür aufwenden will. Die Begriffe von richtig oder falsch verschwimmen mehr und mehr. Es geht mehr darum, ob etwas sinnvoll ist, ob es seinen Zweck erfüllt, ob beim Publikum das ankommt, was dort ankommen soll.

Was das ist und wie Sie das erreichen, das sollten Sie selbst entscheiden. Vielleicht ist Ihre Rede ja auch schon morgen und Sie wollen erst mal was über Lampenfieber wissen oder Sie haben noch Probleme mit der Technik.

In diesem Buch habe ich vieles ein bisschen überzeichnet, um es unterhaltsam zu machen, damit die Lektüre genauso kurzweilig wird wie das Anschauen eines guten Vortrages.

EINE KLEINE WARNUNG

Wenn Sie irgendwo im Buch die Stirn runzeln oder genervt den Kopf schütteln, weil Sie anderer Meinung sind, lesen Sie einfach beim nächsten Abschnitt weiter. Machen Sie nichts von dem, was ich Ihnen vorschlage, was Ihnen nicht liegt. Wenn Sie noch nie von jemandem in Bezug auf Ihre Rhetorik beraten worden sind, sparen Sie sich alle Kästchen, über denen **Missverständnis** steht. Die brauchen Sie nicht.

Vor allem: Glauben Sie mir nicht alles. Für mich ist das alles erprobt, hat sich bewährt und funktioniert perfekt. Ob Sie überhaupt das Geringste damit anfangen können, entscheiden Sie. Reden halten, wie ich es verstehe, heißt eben auch frei sein in Aufbau, Inhalt und Vortrag.

Wenn Sie sich über dieses Buch aufregen sollten, dann versuchen Sie einfach, mich nicht so ernst zu nehmen. Natürlich schreibe ich das Buch mit allergrößter Ernsthaftigkeit, aber so ernst ist das Thema nun auch wieder nicht. Es gibt keinen Börsencrash, wenn Ihre Rede daneben geht (und wenn doch die Gefahr besteht, dann rufen Sie mich oder einen anderen Coach bitte vor Ihrer Rede an) und Sie werden auch nicht mit faulen Eiern beworfen (und wenn doch die Gefahr besteht – siehe oben).

Gehen Sie nach vorne und reden Sie, wie Sie wollen. Lassen Sie uns hinterher bei einem heißen oder gekühlten Getränk darüber reden, wie man das verbessern kann. Aber hitzige Debatten, scharfe Auseinandersetzungen oder ermüdende Diskussionen zum Thema Rhetorik sind völlig fehl am Platz. Auch dieses Buch ist ein Versuch. Ein Versuch sich dem Phänomen zu nähern, wie man eine Gruppe von Menschen eine Stunde oder länger in Atem hält, wie man stehende Ovationen bekommt, wie man im Gedächtnis bleibt. Aber immer spielerisch, locker, immer augenzwinkernd und immer mit einem Angebot. Immer als ein Versuch, eine Idee. Ich habe viele, viele Stunden meines Lebens auf der Bühne zugebracht. Scheinwerferlicht ist meine Wohnraumbeleuchtung. An den vielen Ideen, die mir nach und vor dieser Zeit auf der Bühne gekommen sind, an denen werde ich Sie teilhaben lassen. Denn es vergeht kaum ein Tag, an dem ich nicht eine neue Idee oder eine Inspiration auf einem kleinen irgendwo ausgerissenen Zettel voller Stolz nach Hause trage.

Einführung

„Sie können auf der Bühne nichts falsch machen!" Das ist der Satz, den ich allen sage, die bei mir Hilfe für Ihre Reden oder Vorträge suchen. Das ist gleichzeitig der Satz, der Ihnen in der Rückschau am meisten geholfen hat. Wir können nichts falsch machen. Wir können langweilig sein oder andere ärgern, wir können verwirrend sein oder unsympathisch, wir können zu leise sein oder furchtbar aussehen, aber beruhigen Sie sich: „Sie können da oben nichts falsch machen!"

Redekunst, Vortragskunst, das sind Begriffe, die in meinen Augen ausgeschriebenen Reden vorbehalten sind. Eine geschriebene Rede kann große Literatur sein, Kunst im besten Sinne. Ob man dann aber von Vortragskunst sprechen sollte, wenn diese Rede vorgelesen wird? Wohl nur, wenn das ein Schauspieler wie Mario Adorf macht oder Senta Berger oder Christiane Hörbiger.

Grosse Reden sind eine Kunst.

Genauso wie Intarsienarbeiten, Steuererklärungen für Großunternehmen, bei denen herauskommt, dass das Unternehmen keine Steuern zahlen muss, oder die Kunst der Meditation. Wenn Sie aber ein Fan von Reden sind, wenn Sie an die Macht des gesprochenen Wortes glauben, wenn Sie den Menschen, die Sie bewegen wollen, in die Augen gucken wollen und ihre Seele oder ihr Herz erreichen wollen, dann ist das Schreiben und anschließende Sprechen von Reden nur die zweitbeste Methode und denen vorbehalten, die gerade mit dem Rednerhandwerk anfangen oder so nervös sind, dass sie keine wirkliche Wahl haben. Aber dann sollten sie reden lernen, indem sie Vorlesen lernen.

Beim freien Reden ist natürlich ein Stichwortzettel erlaubt, genauso wie schriftliche Unterlagen für Sie oder die Teilnehmer und natürlich sind auch Power-Point Folien erlaubt. Aber die Sätze, die Sie sprechen, entstehen immer in dem Moment, in dem Sie sie sagen, und nicht Tage vorher. Wie Sie das hinbekommen, auch davon handelt dieses Buch.

Eine frei gehaltene Rede ist eigentlich nur eine Edelversion einer guten Unterhaltung. Der oder die da vorne redet auch nicht anders als mein Obsthändler oder meine Mutter, ein bisschen mehr auf den Punkt vielleicht und ein bisschen strukturierter. Es gibt ein konkretes Ziel und möglicherweise einen Spannungsaufbau. Aber ansonsten hört sich das genauso an wie ein alltägliches Gespräch.

Ohne Regeln geht es am Anfang deutlich leichter. Die klassische Rhetorik war gestern (und sie kommt nicht wieder). In meinen Augen ist die Arbeit an rhetorischen Hilfsmitteln und Formeln nur für den sinnvoll, der ein ziemlich gutes Ergebnis noch ein bisschen runder machen möchte. Aber Rhetorik hält den Anfänger zunächst einmal vom Reden ab. Das ist genau wie beim Fußball.

Vor einen Ball treten ist deutlich einfacher, als lange Pässe zu kicken, Fallrückzieher zu machen oder gar in die Nationalmannschaft zu kommen. Wenn ich Ihnen dauernd sage, dass Sie noch nicht so kicken, wie die vom FC Bayern, ist das keine Hilfe.

Es gibt beim Reden nicht die richtigen Worte, die richtigen Bewegungen, die richtigen Bilder, die richtige Struktur. Es gibt nur Reden, die möglichst gut zum Redner und zum Redeanlass passen. Wenn Ihre Mutter Sie da oben nicht wiedererkennt, wenn Ihre Freunde anschließend sagen: „Du warst mir so fremd während Deiner Rede." Dann haben Sie ganz sicher etwas falsch gemacht.

Ich behaupte, die schlechten Redner sind nicht die Ungeübten, die Unsicheren, die Vorsichtigen, sondern es sind die falsch Trainierten, die vermeintlich Selbstsicheren, die perfekt Glatten, die langweilen uns unendlich.

Wenn Sie sich gut vorbereitet haben, merkt das jeder Zuschauer. Das wird anerkannt, auch wenn Sie kein so guter Redner sind. Wenn Sie gute Folien haben, möglicherweise sehr gute Folien, wenn Sie Zwischenfragen sicher beantworten können und wenn Sie sich genau auf die Zielgruppe einstellen, werden die Menschen im Zuschauerraum das bewundern. Und Ihre gelegentlichen Stotterer oder dass Sie dauernd **Stimmt's nicht?** sagen, ist deutlich weniger wichtig.

Wie wäre es mit Kommentaren wie: **Er hatte viele ähs, aber das war ja echt spannend** oder **Er ist dreimal rausgekommen und hat den Faden verloren, aber so viel habe ich lange nicht gelernt** oder **Er ist ein bisschen viel herumgelaufen, aber inhaltlich war das total auf den Punkt. Alle Achtung!** Solche Kommentare wünsche ich Ihnen, wenn Sie von der Bühne kommen.

Wunschzettel

- Ein total sympathischer Stotterer hat eine interessante wissenschaftliche Untersuchung gemacht.
- Eine perfekt gestylte Businesslady liest einen geschliffen ausgearbeiteten Vortrag aus einem Buch eines Amerikaners vor.
- Ein verwirrter Professor stellt eine bahnbrechende Analyse vor.
- Einen glänzenden Rhetoriker mit Ideen aus den 90igern.
- Ein junger Mann, der sich wahnsinnig anstrengt nur nichts falsch zu machen mit einer Zusammenstellung aus Artikeln im Internet.
- Ein attraktiver Mann, der wahnsinnig nervös ist.
- Eine Folienableserin mit anmutigen Bewegungen.
- Ein herumtigernder Sportler, der mich ständig zum Lachen bringt.

Ein Test

Werden Sie sich zunächst klar, worauf es bei so einem Vortrag oder einer Rede ankommt. Machen Sie einfach mal spontan Ihr Kreuzchen, welchen Vortrag Sie gerne sehen würden. Wir gehen bei allen Vorträgen davon aus, dass sie von einem Thema handeln, das Sie brennend interessiert.

Für mich wäre das klar. Ich will unbedingt die bahnbrechende Analyse hören. Das interessiert mich am allermeisten. Dass der Professor ein bisschen verwirrt ist, nehme ich in Kauf. Auch die wissenschaftliche Untersuchung interessiert mich brennend, auch wenn der Redner stottert. Dann kommt lange nichts. Der tigernde Sportler könnte noch nett sein. Ich lache gerne. Die Business Lady, die mir ein amerikanisches Buch vorliest, langweilt mich schon durch die Ankündigung. Das Buch kann ich selber lesen. Eine Rede von 20 Minuten habe ich locker in 10 Minuten selbst gelesen. Genauso wie die Folien von der Folienableserin. Dann kann ich nämlich selber entscheiden, wann ich was lese. Auch die Zusammenstellung von dem jungen Mann interessiert mich nicht wirklich. In meinem Fachgebiet kenne ich mich sehr gut aus. Ideen aus den 90igern bleiben Ideen aus den 90igern, auch wenn sie brillant vorgetragen werden. Wenn mich das nicht interessiert, kann er das als Opernarie trällern, es wird trotzdem nicht spannender.

Ob der Mensch da vorne attraktiv ist oder nicht, ist mir nicht wo wichtig. Natürlich sehen wir lieber jemand an, der gut aussieht, aber das ist subjektiv und immer nur eine Zugabe.

Ein Veranstaltungssaal ist normalerweise keine Party, bei der ich einen Partner fürs Leben suche. Damit wollte ich Sie herausfordern. Wenn jemand schlecht redet, muss er schon ziemlich toll aussehen, damit ich das wenigstens für kurze Zeit vergesse.

Attraktive Menschen verdienen mehr, bekommen mehr Hilfe und werden zu geringeren Strafen verurteilt. Wirtschaftswissenschaftler haben in Amerika und Kanada Stichproben genommen und festgestellt, dass das Einkommen von gut aussehenden Beschäftigten 12 bis 14 Prozent über dem ihrer weniger attraktiven Kollegen liegt.[7]

Möglicherweise ist die Auswertung dieses kleinen Tests bei Ihnen ein bisschen anders. Aber ich bin fest davon überzeugt, dass Inhalt immer vor Form geht.

---

7 Cialdini, Robert: Die Psychologie des Überzeugens. Bern: Hogrefe Verlag, 2020, 6. Auflage, S. 223

Erst wollen wir einen spannenden Inhalt oder zumindest gut unterhalten werden. Dann sehen wir uns die Form an.

Was bedeutet das für Ihre Rednerkarriere? Wenn Sie was zu sagen haben, ist es fast egal, wie Sie das tun. Stecken Sie also am besten Ihre ganze Energie in Ihr Thema und nicht in die Vermeidung tänzelnder Schritte bei Erreichen des Bühnenrandes oder in das Üben großer Handbewegungen. Ich glaube überhaupt nicht daran, dass die Redner mit der brillanten Form uns über einen sehr dürftigen Inhalt hinwegsehen lassen.

Es geht darum, natürlich zu sein in einer unnatürlichen Umgebung. Ideal wäre ein neuer Inhalt, gut erklärt, der mich berührt und unterhaltsam ist und mit ruhigen Bewegungen von einem Menschen lebendig frei vorgetragen, der mir einigermaßen sympathisch ist. Einfach, oder?

Reden ist eine tolle Sache. Keine Gemeinschaft auf der Welt, die hören kann, verständigt sich in Gebärdensprache. Wir reden miteinander, weil es die schnellste Möglichkeit ist, Informationen durch das Ohr in den Kopf einzugeben.[8] Niemand braucht Ihnen dieses Reden beizubringen. Das können Sie. Das tun Sie jeden Tag. Manche von uns viel zu oft und zu viel. Sie müssen lernen, das vor der Gruppe zu tun oder zielgerichteter zu tun oder unterhaltsamer, aber der Redevorgang selbst ist nichts, was Sie lernen müssten. Es fängt also damit an, sich bewusst zu machen, dass Sie alles, was Sie für einen guten Redner brauchen, schon mitbringen.

Dr. Fox

Als Trainer und Speaker hat mich von Anfang an die Studie von Dr. Fox interessiert, die sich zum Beispiel in „Das Buch der großen Experimente"[9] findet.

Ein gewisser Dr. Fox hielt einen Vortrag unter dem eindrucksvollen Titel „Die Anwendung der mathematischen Spieltheorie in der Ausbildung von Ärzten" vor den Verantwortlichen des Weiterbildungsprogramms der University of Southern California School of Medicine.

Fox war Schauspieler und hielt einen Vortrag, der ausschließlich aus unklarem Gerede, erfundenen Wörtern und widersprüchlichen Feststellungen bestand, die er mit viel Humor und sinnlosen Verweisen auf andere Arbeiten vortrug.

---

8 Pinker, Steven: Der Sprachinstinkt, München: Kinder Verlag 1996, S. 18
9 Schneider, Reto U.: Das große Buch der Experimente. München: C. Bertelsmann 2004, S. 209

Auf dem Beurteilungsbogen gaben alle Zuhörer an, der Vortrag habe sie zum Denken angeregt, neun fanden zudem, Fox habe das Material gut geordnet, interessant vermittelt und ausreichend erklärende Beispiele eingebaut.

Das gibt es doch nicht, oder? Kann das wahr sein? Dann habe ich also doch nicht Recht?

Ich habe etwas überlesen. Ich habe überlesen, vor wie vielen Menschen der Versuch stattfand. Scott Berkun[10] hat mich dann wieder auf den Boden der Tatsachen geholt. Die Studie des Dr.Fox hatte gerade mal elf Teilnehmer. Damit kann man nun wirklich keine allgemein gültige Regel ableiten. Aber ob das denn nun wieder stimmt…

Mich beruhigt das ein bisschen! Ob es also wirklich so ist, dass die Zuschauer der Form folgen und nicht dem Inhalt, bleibt wissenschaftlich gesehen zumindest im Moment noch im Dunkeln. Fragen Sie sich einfach selbst, worauf Sie achten, wenn Sie sich eine Eintrittskarte kaufen oder sich nett anziehen, um auf eine Veranstaltung gehen.

---

10 Berkun, Scott: Bekenntnisse eines Redners. Köln: O'Reilly 2010, S. 128f.

KOMMUNIKATIONSTHEORIEN

Das ist ein Buch über die Praxis. Aber ein paar kurze Gedanken zur Theorie müssen sein. Was das Sender/Empfänger-Modell ist, brauche ich nicht zu erklären. Sie wissen selbst, dass es oft nicht funktioniert und der Empfänger nicht die Botschaft versteht, die der Sender gesendet hat. Wenn sich also zwei Menschen, die sich um 19 Uhr in einer Pizzeria in der Sonnenstraße in München verabreden, auch ungefähr um 19 Uhr beide in dieser Pizzeria ankommen, grenzt das an ein kleines Wunder. Es ist viel wahrscheinlicher, dass auf dem Weg vom Sender zum Empfänger einiges schief geht, einer beim Chinesen in Harlaching landet und der andere eine Stunde später kommt oder keinen Hunger hat.

Die Lösung scheint einfach. Wenn es um Zahlen, Daten, Fakten geht, in diesem Falle um einen Termin, dann genügt doch eine kurze E-Mail: Pizzeria Rosario, Sonnenstraße 123, Montag 19 Uhr. Jetzt gibt es keine Ausreden mehr, wenn einer unpünktlich am falschen Ort ist. Vorausgesetzt, Sie machen aus Sonnenstraße nicht Sonnenweg oder Sonnenplatz.

Für so einfache Sachverhalte ist das eine Hilfe. Aber wissen Sie jetzt, ob wir uns vor der Pizzeria treffen und dann einen Cocktail in einer angesagten, aber versteckt liegenden Bar trinken oder ob Sie richtig Hunger auf eine Riesenpizza mitbringen sollten? Nein, das wissen Sie noch nicht. Selbst wenn Sie jetzt noch in die E-Mail schreiben, dass Sie sich auf die Riesenpizza freuen, kann es sein, dass der andere das Treffen absagt, weil er gerade eine Diät macht und eigentlich Fisch essen wollte. Doch auch das können Sie abstellen. Irgendwann sind alle Informationen so glasklar aufgelistet, dass es keine Missverständnisse gibt und die Informationsweitergabe hat geklappt.

Wenn die Informationsweitergabe aber über die Fakten hinausgeht, wird es noch komplizierter. Sie möchten z. B. dass er andere sich auf ihr Treffen freut,

**Müssen reden!
19 Uhr!
UNSERE Pizzeria.**

weil die Pizza ja eigentlich nur ein Vorwand ist oder Sie haben kein Geld und wollen eingeladen werden. Je weniger sich die Menschen bei der Kommunikation in die Augen schauen, desto schwerer wird es, klar zu kommunizieren. Wenn Sie sich dann noch per Kurznachricht verständigen, ist die Botschaft um so komplizierter, je kürzer es wird. Bei einer SMS oder einer WhatsApp-Nachricht könnte das dann so (siehe Kasten) aussehen.

Wenn Ihre Freundin das schickt, kann das heißen, dass sie gerade Ihren Doktortitel in Biologie bekommen hat, oder dass sie sich von Ihnen trennen will, um mit Ihrem besten Freund zusammenzuziehen. Oder sie verbittet sich weitere Telefonanrufe, weil ihr Mann sich sonst scheiden lässt. Sie haben die SMS bekommen, Sie wissen wahrscheinlich mehr als wir. Aber ein Rest Unsicherheit bleibt. Geht es um etwas Positives? Liegt in der Kürze eine Drohung oder bedeutet es liebevolle Hektik voll von übergroßer Freude.

Du Idiot, spinnst du…

Wie geht es jetzt weiter?

…mir die liebste SMS der Welt zu schicken.

oder:

…immer noch zu glauben, zwischen uns liefe was.

Wenn wir nichts hören und keinen Gesichtsausdruck dazu sehen, nehmen die Missverständnisse exponentiell zu. Durch Worte wird eben nur ein Teil der Nachricht transportiert. Wenn Sie nur ein paar Einzelteile Ihres Autos nach Finnland transportieren, können Sie in Finnland nicht losfahren.

Sie können eine Rede schreiben, wenn Sie sehr nervös sind, und sie anschließend vorlesen. Wenn der Papst kommt oder Ihr Lieblingsmensch in weißem Kleid oder schwarzem Anzug in der ersten Reihe sitzt, ist das eine tolle Idee. Nicht, dass Sie ohnmächtig werden vor Aufregung.

Wenn Sie vorlesen, dann ist das ein Anfang. Aber es fehlt das wichtigste Element, das eine gute Rede ausmacht: Der Subtext, die zweite Ebene, die Melodie, die alle die Gründe liefert, warum der Redner heute persönlich gekommen ist und uns weder einen Link für den Download geschickt hat noch fotokopierte Blätter austeilt. Wenn es ein Geheimnis einer tollen Rede gibt, dann ist das der Unterton, mit dem Sie sprechen.

Sprache ist sehr mächtig. Sie kann mächtig langweilen, mächtig auf die Nerven gehen und einen mächtig in Bewegung setzen. Dasselbe gilt für die Schrift. Auch Texte können Menschen ziemlich durcheinander bringen. Aber das eine hat mit dem anderen nichts zu tun. Für einen Text brauchen Sie einen Autor und einen Schauspieler, aber Sie brauchen eigentlich keinen Redner. Oder einen schauspielernden Redner oder einen redenden Schauspieler. Wenn der Schauspieler nicht wirklich gut ist, dann würde ich die brillanten Reden eigentlich lieber gedruckt lesen. Denn dafür sind Sie geschrieben. Schreiben von Reden sollte also nur eine Zwischenstufe sein.

DIE ZWEI EBENEN

Die Erkenntnis, dass alles, was wir sagen, eine Sach- und eine Beziehungsebene hat, stammt von Paul Watzlawick. Jeder Satz, den wir sagen, hat also Wörter, die eine bestimmte Form und Bedeutung haben und diese Melodie, also eine bestimmte Mischung aus Tonhöhe und Lautstärke, die dem Satz erst eine genauere Bedeutung zuweist. Aber auch diese zweite Ebene kann ganz verschiedene

Informationen transportieren. Denn Sach- und Beziehungsebene müssen nicht immer dasselbe sagen.

Ich liebe deine Phantasie!

kann Lob oder Ärger sein. Je nachdem, wie der Sprecher das meint. Das können wir dem Satz nicht entnehmen. Dazu müssen wir zuhören, wie der Satz gesagt wird. In den meisten Fällen wird jetzt klarer, was der Sprecher damit meint. Aber auch nur in den meisten Fällen. Immer klappt das auch nicht.

Friedemann Schulz von Thun hat die Beziehungsebene deswegen noch in das **ich** das **du** und das **wir** unterteilt und kommt zusammen mit dem **es**, also den Worten des Satzes, auf sein Modell von den vier Seiten einer Nachricht. Ich kann also jede Aussage nicht nur sachlich verstehen, sondern auch als eine Selbst-offenbarung (das ich), einen Appell (das du) und ich kann eine Aussage über unsere Beziehung machen (das wir). Das ist auf der einen Seite ein sehr einfaches und eingängiges Modell, was für Ausdrucksmöglichkeiten ein ganz einfacher Satz bietet, aber es zeigt eben auch die Anfälligkeit für Missverständnisse. Wie soll ich ahnen, auf welcher Ebene der andere sich gerade befindet?

Zusätzlich zur Sach- und Beziehungsebene fehlt in meinen Augen auch noch das, was ich die Situationsebene nenne. Selbst wenn Worte und Unterton völlig klar sind, können sich für denselben Satz in unterschiedlichen Situationen völlig unterschiedliche Bedeutungen ergeben.

Ein Satz wie

Wir sehen uns.

vom Clown im Zirkus kann anders gemeint sein als vom Richter in der Verhandlung, auch wenn die Melodie dieselbe ist. Und bei einem

Ich liebe dich!

kurz vor dem Sprung von einer Brücke oder nach der Drohung, die eigenen Kinder nicht mehr wiedersehen zu dürfen, beeinflusst die Situation unserer Kommunikation erheblich. Wo ich gerade bin, ist für die Bedeutung einer Aussage eben auch entscheidend. Am Freitagabend im Vereinslokal kommt ein Witz immer besser an, als am Montagmorgen im Teammeeting.

Wenn ich nun die Körpersprache dazu nehme, die ebenfalls alle vier Seiten einer Nachricht aufweisen kann, wird es noch komplizierter. Die verschränkten Arme können aussagen, dass der Sprecher sich nicht wohl fühlt, der pieksende Finger zeigt, dass er sich gerade ärgert und ein Schulterklopfen, dass wir gerade ein Superteam abgeben. Die Finger können drei Punkte aufzählen, obwohl es vier sind. Auch die Köpersprache kann natürlich widersprüchlich sein.

Die meisten Reden haben nun den Fehler, dass dem Wort eine viel zu große Bedeutung beigemessen wird. Die Körpersprache kann eine Aussage oder die Melodie eines Satzes ad absurdum führen. Die Beziehungsebene kann fehlen oder ist deutlich unterentwickelt. Ein Nicht-Schauspieler kann eben nicht beliebig Untertöne unter die Sätze packen. Diese Untertöne sollen auch kein Selbstzweck sein, sondern das unterstützen, was der Redner sagen will.

Es gibt ein ganz einfaches Mittel, um herauszufinden, ob die Sätze Ihres Vortrages diese Untertöne haben oder nicht:

Sprechen Sie monoton, eintönig und geleiert? Klingen Sie wie eine schlechte Rundfunkwerbung für ein Möbelhaus, bei der der Sprecher jeden Satz mit demselben schreienden Unterton in die Luft pustet? Oder klingt jeder Ihrer Sätze völlig anders

Marschieren Ihre Sätze oder tanzen Ihre Sätze?

als der Satz davor, wie in einem guten Film oder Theaterstück? Oder wie in der Wirklichkeit? Haben Ihre Sätze einen wechselnden Rhythmus, unregelmäßige Lautstärkeverschiebungen und ein abwechslungsreiches Tempo? Überrascht den Hörer jeder Satz mit einem neuen Unterton? Ist es diese sich ständig verändernde Melodie, die den Hörer schon dadurch in Spannung hält, weil man nie genau weiß, wie es weitergeht?

Erst wenn Sie da ja sagen, dann vergrößert das deutlich Ihre Chance, Ihre Zuschauer zu erreichen, zu bewegen und dorthin zu führen, wo Sie sie haben wollen.

Der Hörer muss immer wieder überrascht werden. Ein plötzlicher Reiz hat uns in der Steinzeit aktiviert, um Gefahren zu erkennen. Heute wissen wir, dass uns nichts passieren kann und erleben einen solche Energiestoß als lustvoll. Aber der Reiz sollte nicht zu stark sein (plötzliches unmotiviertes Schreien würden wir als ärgerlich empfinden) und der Reiz muss immer wieder andersartig sein, sonst stumpfen wir ab. Schauspieler müssen sich da eine Menge einfallen lassen.

Wenn wir bei privaten Gesprächen aber mit Begeisterung von etwas erzählen, dann passieren diese Wechsel der akustischen Reize automatisch.

Die Begeisterung für Radfahren erwecke ich nicht durch eine Analyse eines Fahrrades sondern durch die begeisterten Erzählungen vom Fahrtwind bei einer Tour durch sommerliche Rapsfelder.

DAS EISBERGMODELL

Das zweite, sehr oft benutzte Model für die menschliche Kommunikation ist das Eisbergmodell. Der Name erklärt eigentlich schon alles. Wir sehen, bzw. hören oft nur die Spitze des Eisberges und ahnen nicht, was alles unter der Wasseroberfläche steckt. Das ist meist der größere Teil der Information.

Ein häufiges Missverständnis ist jetzt, dass man glauben könnte, dass der Eisberg nur deswegen so schwer zu finden ist, weil nur ein kleiner Teil aus dem Wasser ragt. Nein, Eisberge sind Eisberge. Da ist immer der größte Teil unter Wasser. Wenn wir so denken, dann hätten wir das Eisbergmodell gründlich missverstanden.

Es geht vielmehr darum, dass ich bei jeder kleinen Spitze, die ich aus dem Wasser ragen sehe, mit einem Eisberg rechnen muss. Je erfahrener ich bin, je mehr ich von Kommunikation verstehe, desto besser kann ich der Spitze ansehen, ob da ein Rieseneisberg dranhängt, oder ob es sich um einen Schneeball handelt, der da im Wasser schwimmt.

Das Problem ist jetzt, dass auch jeder Satz eines Redners die Spitze eines Eisberges ist. In jedem Satz sind eben, wenn die Rede gut ist, noch sehr, sehr viele Informationen verborgen, die oft nicht einmal dem Sprecher bewusst sind. Wir behaupten, wir hätten etwas ganz ruhig gesagt, aber in Wahrheit hat man den brodelnden Ärger bis zum Nachbarhaus hören können.

Deswegen ist Lügen so schwer. Sie müssten die Hoheit über den versteckten Teil des Eisberges haben, und die Wahrscheinlichkeit ist groß, dass Sie genau das nicht hinkriegen. Glauben Sie nicht, dass die Zuschauer sich damit zufrieden geben, die Spitze zu sehen (zumindest wenn der Zuschauerraum voller Lehrer oder Diplompsychologen ist). Wenn Sie da vorne im Scheinwerferlicht stehen, können unter Umständen alle in Ihre Seele gucken. Gute Schauspieler können Ihnen was vormachen. Aber auch nur im Theater. Ein Schauspieler hat im Privatleben beim Lügen nur unwesentliche Vorteile.

Tucholsky hat in seinen Ratschlägen für einen schlechten Redner[11] geschrieben, dass wir auf der Bühne nackter sind als beim Sonnenbade. Deswegen plädiere ich für echte Redner, die meinen, was Sie sagen, die an das glauben, was Sie ver-

---

11 Tucholsky, Kurt: Ratschläge für einen schlechten Redner. In: Gesammelte Werke in 10 Bänden, Band 8 (1930). Reinbek bei Hamburg: Rowohlt 1975, S. 290–292

künden und die von dem überzeugt sind, wovon Sie reden. Auch wenn jemand für eine Firma spricht, würde ich erst für das Commitment sorgen, für die Begeisterung, die Zustimmung, das Einverständnis, bevor ich den Redner auf die Bühne lasse, um für meine Sache Werbung zu machen.

DIE ALTEN GRIECHEN

Das Alte Griechenland ist vor langer Zeit untergegangen. Das ist aus verschiedenen Gründen schade. Aber die Zeiten, zu denen sich die Redner wochenlang auf ihren Auftritt vorbereiteten, gehören der Vergangenheit an. Im alten Griechenland gab es die drei Disziplinen der Rede: die politische Ansprache, die Gerichtsrede oder die Festrede[12]. Und die Reden wurden auswendig gelernt und aufgesagt. Rhetoriktraining hieß also zu einem großen Teil auch Gedächtnistraining.

Außerdem musste die Stimme geschult werden. So eine Volksversammlung hatte auch mal 6000 Teilnehmer, und ein Mikrofon gab es damals ja noch nicht.[13] Die Festrede, die jemand auswendig lernt oder vom Blatt abliest, gibt es heute immer noch. Auch viele Politiker lesen vor, was ihnen ihre Referenten aufgeschrieben haben. Es mag auch Rechtsanwälte geben, die für ihre Plädoyers an jedem Wort feilen.

Aber heute haben Reden ganz andere Schwerpunkte und es wird viel mehr an vielen verschiedenen Orten geredet. Von den meisten Reden hängt auch nicht Krieg oder Frieden ab oder ob jemand verurteilt wird oder nicht.

Nur weil ein paar alte Griechen eine clevere Geschäftsidee hatten und eine Rednerschule eröffneten, sollen wir jetzt etwas lernen, was wir eigentlich längst können: reden.

Rhetoriktrainer der klassischen Schule sagen uns, dass die Handhaltung von Rednern schon seit 2000 Jahren trainiert wird. Aber was ist mit den 2 Millionen Jahren davor? Da haben wir immer alles richtig gemacht!

Wird Rhetorik sogar als Überredungskunst definiert[14], dann wird es den meisten von uns sogar verdächtig. Ein Politiker oder ein Verkäufer, der Tricks benutzt, um uns zu etwas zu bewegen. Sofort sind wir in Alarmbereitschaft und der Mensch, der diese Methoden anwendet, hat es deutlich schwerer, an uns heranzukommen.

Ein Trick, der unterrichtet wird, ist kein Trick mehr.

---

12 Fuhrmann, Manfred: Die antike Rhetorik. Mannheim: Artemis & Winkler Verlag 2011, 6. Auflage, S. 16

13 Göttert, Karl-Heinz: Mythos Redemacht. Frankfurt: S. Fischer Verlag 2015, S. 60

14 Stroh, Winfried: Die Macht der Rede. Berlin: List Verlag 2011, S. 24

Wenn ich etwas anwende, was in der Schule oder in Dutzenden von Videos im Internet eingehend entlarvt wird, dann ist das kein Trick mehr, sondern ein Tick.

Wenn ich heute einen Manager für eine Rede oder einen Auftritt coache, dann kann ich froh sein, wenn er gelesen hat, was er gleich einem gelangweilten Publikum als seine neuesten Ideen oder Gefühle präsentiert. Reden sind heute Gebrauchsware, Konsumgüter und keine elitären Traktate, die man komponiert und anschließend zur Aufführung bringt. Darüber kann man traurig oder entrüstet sein, aber es ist so.

Die Vorstellung, ein Redner verbringe Wochen damit, seine Rede mit rhetorischen Figuren zu würzen und sie abzuschmecken wie ein gutes Gericht, ist nicht mehr ganz zeitgemäß. Nicht einmal ein Redenschreiber kennt heute ein großes Repertoire an rhetorischen Figuren. Wenn er sie kennt, traut er sich nicht, sie anzuwenden, weil diese Figuren eben gegen die in langen Schuljahren erlernte Grammatik verstoßen oder eine Sprache verwenden, die heute niemand mehr spricht. Schon in Vorstellungsrunden benutzen meine Seminarteilnehmer auf einmal eine aufgemotzte Version ihrer eigenen Alltagssprache. Da wird von **Werdegang** gesprochen und die Welt in **Bereiche** eingeteilt, man sei **von der Ausbildung her Ingenieur**, kommt **gebürtig aus Köln,** man **lebt im Raum Ludwigshafen** und man ist dauernd **tätig**. Genauer betrachtet klingt das ein bisschen albern.

Auch das war bei den alten Griechen schon so: Wer gekonnt zu reden wusste, stieß zumal bei einfacheren Leuten rasch auf Misstrauen.[15] Weil mit **gekonnt** immer auch **künstlich** gemeint war. Also ist das wirklich die Frage, ob der Einsatz antiker Stilmittel uns heute hilft, ein Publikum zu Begeisterungsstürmen hinzureißen.

Ist das nicht paradox? Da lernen wir in vielen Stunden im Deutschunterricht, wie wir richtige Sätze bilden und erfahren dann im Rhetorikkurs für Fortgeschrittene, dass es auch eine so kunstvolle Figur wie den Satzbruch gibt, der darin besteht, Sätze einfach ohne Rücksicht auf die Grammatik zu zerhacken. Hätte man uns nicht gleich so reden lassen können?

Gleichzeitig hat sich viel verändert. Wenn mein Sohn in der Schule keine Einleitung benutzt, gibt es eine schlechte Note. Schließlich hat eine gute Rede Einleitung, Hauptteil und Schluss. Aber ich kenne keinen professionellen Speaker, der mit einer klassischen Einleitung beginnt. Es sei denn, man definiert alles am Anfang seiner Rede als Einleitung. Nein, heute kommen wir gerne schnell zur Sache. Die Situation, dass jemand vorne steht und redet, um uns in irgend-

---

15 Fuhrmann, Manfred: Die antike Rhetorik. Mannheim: Artemis & Winkler Verlag 2011, S. 12

einer Form zu verändern, zu erinnern oder uns oder mit uns zu feiern, kommt uns sehr vertraut vor.

Der Filmemacher und Geschichtenerzähler Jon M. Chu erzählt in seinem einzigartigen TED-Talk „Die Evolution des Tanzes im Internetzeitalter"[16] (der eigentlich gar kein Talk ist, sondern eine Tanzpräsentation), dass die Helden seiner Kindheit Tänzer wie Fred Astaire oder Michael Jackson waren. Er hatte immer gedacht, dass solche großen Tänzer verschwunden seien. Bis er sich beruflich mit der Hip-Hop-Szene beschäftigte und feststellte, dass es da eine unglaubliche Tanzszene gibt, die sich über die ganze Welt vernetzt hat. Die großen Tänzer sind nicht ausgestorben, sondern der Tanz hat sich weiterentwickelt. Er gründete LXD, the „Legend of Extraordinary Dancers" und wir sehen in diesem TED-Talk fantastische Tänzer, die mit Leichtigkeit durch die Luft fliegen oder nur mit den Händen tanzen.

Wenn Professor Dr. Wilfried Stroh in seinem Buch „Die Macht der Rede"[17], in dem er die vielen Kapitel griechischer und römischer Redekunst akribisch beleuchtet, im letzten Kapitel bedauert, dass die Zeit der großen Redner vorbei sei, Politiker ja als rhetorische Vorbilder nur noch vereinzelt eine Rolle spielen und Rhetorik an vielen Schulen vernachlässigt wird, ähneln sich die Gedanken.

Der Wahlkampf ist eben nicht mehr die Spielwiese, auf der sich gute Redner miteinander messen, sondern das Internet.

Was ist ein youtube-Video mit einem Menschen, der ein paar Wahrheiten in die Kamera erzählt, anderes als eine Rede? Was ist mit den Influencern, die sich ein Studio auf dem Dachboden aufgebaut haben, um ihren Fans kleine Reden zu halten? Oder mit den

Die Rede lebendiger ist denn je

Menschen, die auf Videokonferenzen ihre Ideen einmal um den Erdball schicken? Was ist mit den tausenden von Menschen, die zu Wissensforen, TED-Konferenzen oder GEDANKENtanken-Rednernächten strömen, um Menschen beim Vortragen auf der Bühne zuzuhören. Die GEDANKENtanken-Macher, die sich jetzt zu Greator vergrößert haben, haben kein Problem, immer wieder die Lanxess-Arena in Köln mit 15000 Menschen zu füllen, die den ganzen Abend nichts anderes machen, als Rednern zuzuhören. In meiner Jugend ist man für 50 Euro in die Oper gegangen oder vielleicht noch ins Theater, aber abends auszugehen, weil die örtliche Zeitung zu einem Vortragsabend einlädt, auf dem ein einzelner Mensch 90 Minuten auf der Bühne von seinen Ideen und Lebensweisheiten erzählt? Für 59, 69, 79 Euro pro Person? Wir hätten damals ungläubig

---

16 TED Talk: Chu, Jon M., In the Internet age dance evolves…
17 Stroh, Wilfried: Die Macht der Rede. Berlin: List Verlag 2011, S. 515

mit dem Kopf geschüttelt. Trotzdem sind die vielen Veranstaltungen, die Nadin Buschhaus[18] mit ihrem Sprecherhaus auf die Beine stellt fast immer ausverkauft.

Die politische Rede mag nicht mehr so wichtig sein, den klassischen Redner gibt es nur noch selten, aber die öffentliche Rede war nie wichtiger und nie einflussreicher als heute. Sie hat sich transformiert und erscheint heute ganz modern und jung an allen Ecken unseres privaten und beruflichen Lebens. Gut reden zu können wird eine der Schlüsselqualifikationen für die nächsten Jahrzehnte werden, auch für die, die nicht als Influencer arbeiten. Ein Ende ist noch lange nicht abzusehen.

DIE MYTHEN

Das Internet hat so vieles möglich gemacht. Nicht nur, dass ich keine Zeit mehr in der Bayrischen Staatsbibliothek verbringen muss, ich komme auch immer schneller an viel mehr Informationen. Was man da entdeckt, ist nicht immer angenehm. Der Held meiner Schauspielausbildung, Konstantin Sergejewitsch Stanislawski, war möglicherweise ein sehr trickreicher Hochstapler und hat wahrscheinlich keine der Inszenierungen, die ihm zugeschrieben werden, selbst in Szene gesetzt. Das nehme ich widerwillig und zugleich staunend zur Kenntnis. Ich bin spätestens nach den Ethik-Kursen bei Prof. Dr. John B. Molidor[19], die ich für meinen CSP (Certified Speaking Professional) bei der National Speakers Association in Amerika machen musste, sehr vorsichtig geworden. So vieles stellt sich heute als falsch oder unwahr heraus, was für mich mal unumstößliche Wahrheit war. John empfiehlt hinter dem Namen der Studie, die man zitieren will oder hinter dem Menschen, den man erwähnen will, in der Suchmaschine das Wort **myth** oder bei deutschen Studien **Mythos** einzutippen. Dann erhält man auch die kritischen Berichte und kann ein bisschen besser überprüfen, ob man die Inhalte verwenden sollte oder nicht.

Wenn Sie eine der ersten Ausgaben meines Buch über Fernseh- und Radiomoderation[20] besitzen, dann werden Sie die Mehrabian-Studie finden, die besagt, dass Sympathie beim ersten Eindruck zu 55 % durch die Körpersprache, zu 38 % durch den Tonfall und zu 7 % durch die Wortaussage entsteht. Leider ist auch das Unsinn. Auf seiner Internetseite verwahrt sich Professor Mehrabian, der die Studie übrigens schon 1968 gemacht hat, dagegen, so interpretiert zu werden. Trotzdem gibt es kaum ein Rhetorikbuch ohne diese Zahlen.

Der viel gesehene TED-Talk von Amy Cuddy[21] über Powerposing, in dem sie erklärt, dass eine machtvolle Geste oder Haltung auch zu körperlichen Reaktio-

---

18 www.sprecherhaus.de
19 www.espeakers.com/marketplace/profile/13288
20 Rossié, Michael: Frei Sprechen. Berlin: List Verlag 2004, 1. Auflage, S. 102
21 TED-Talk: Cuddy, Amy, Your body language may shape who you are

nen führt, konnte leider in Tests nicht verifiziert werden. Es stimmt nicht, dass wir nur 10 Prozent unseres Gehirns nutzen, ein Bleistift zwischen den Zähnen führt wohl nicht dazu, dass wir Witze lustiger finden, und die Menschheit in 4 Farben einzuteilen, macht richtig Spaß und ist ein netter Marketinggag, aber auch dafür gibt es wissenschaftlich keinen Beleg. Genauso wenig wie für die Lerntypen oder für die Behauptung, dass die Blickrichtung beim Nachdenken Aufschluss über das Thema gibt, über das wir uns gerade Gedanken machen.

Ich könnte so endlos weitermachen. Und die Datei mit den Dingen, die unwahr sind, wird ständig größer. Wenn Sie einer Menge von Menschen glaubhaft versichern, dass es Gras gibt, das rückwärts wächst, gibt es ein paar, die das glauben. Seien Sie sich also der Verantwortung für Ihre Zuschauer immer bewusst!

Das sehr lesenswerte Buch von Axel Ebert und Christoph Wirl[22] rechnet mit den ganzen Trainermythen ab, die immer noch vor ahnungslosem Publikum als Wahrheit verkauft werden. Oder die beeindruckenden Bücher von Prof. Dr. Uwe Peter Kanning[23], die zwar ein bisschen langatmig sind, aber gleichzeitig sehr erhellend. Ist die Maslowsche Pyramide wirklich ein allgemeingültiges Modell und führt positives Denken zu besseren Vorträgen? Sie können gerne als Vorbereitung auf Ihre Rede über glühende Kohlen laufen. Aber dafür ist nicht das richtige Mindset entscheidend, sondern die richtigen Kohlen.

Außerdem ändert sich vieles: Unsere Sehgewohnheiten, die Art, wie wir miteinander kommunizieren, wie wir unsere Freizeit verbringen und wie informiert und belesen wir sind. Der Experte für Vertrieb und Führung, mein Kollege Andreas Buhr[24], schreibt jedes Jahr ein Buch. Sicher auch, weil ihm das Schreiben von Büchern Spaß macht. Aber auch weil sich so viel in seiner Arbeit verändert, dass er für seine Kunden immer auf dem neuesten Stand bleiben muss.

Nicole Bussmann, die Chefredakteurin von managerseminare[25], lässt in ihrer Zeitschrift immer wieder die neuen Themen kontrovers diskutieren. Auch Bücher zum selben Thema werden von verschiedenen Testlesern bewertet, so dass man immer weiß, wo die Diskussion gerade angekommen ist. Um eine ständige Auseinandersetzung auch mit dem Thema Vortrag und Präsentieren werden Sie nicht drumherum kommen. Aber natürlich nur, wenn Sie das beruflich machen wollen.

---

22 Ebert, Axel, Wirl, Christoph: Bullshit Busters. Wien, Berlin: Goldegg Verlag 2017
23 Kanning, Uwe Peter: Von Schädeldeutern und anderen Scharlatanen/ Wie Sie garantiert nicht erfolgreich werden/Wenn Manager auf Bäume klettern. Lengerich: Pabst Science Publishers
24 www.andreas-buhr.com
25 www.managerseminare.de

Ein guter Redner

Stellen Sie sich vor, ein Buch über Fußball würde mit dem Satz beginnen: **Wenn Sie in die Nationalmannschaft wollen, dann...** oder in einem Buch über Hundezucht: **Wenn Ihr kleiner Vierbeiner in der Weltelite mitbellen möchte, kommt es entscheidend darauf an...** Rhetoriktrainer haben einen sehr hohen Anspruch. Wenn ich den nicht habe, dann ist mein Ehrgeiz nicht groß genug?

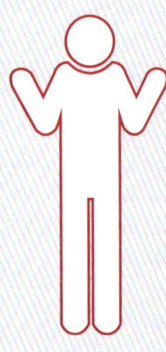

Missverständnis Nr. 1

Starten Sie fulminant.
Erzeugen Sie ein Festival der Sinne.
Werden Sie eine faszinierende Persönlichkeit.
Das lesen wir im Rhetorikbuch. Muss das Ziel für Menschen, die gerade mit dem Reden auf der Bühne anfangen wollen, gleich so groß sein? Möchten Sie Weltmeister im Schach werden? Europameister in der Formel 1? Ein Feuerwerk von Ideen? Wenigstens eine Kochlegende? Nein? Warum sollten Sie dann ein brillanter Redner werden wollen? Muss Brillanz denn wirklich immer das Ziel sein?

Ein großer Redner zu werden, setzt jahrelanges Training voraus, viel Hilfe, Fleiß und Arbeit. Aber in Rhetorikbüchern ist immer nur vom Top-Speaker die Rede, der sich ein Top-Image aufbaut und weltbewegende Top-Vorträge hält. Die Rede als rhetorisches Kunstwerk.

So was entsteht über viele, viele Jahre. Es sei denn, Sie haben eine heiße Affäre mit einem Top-Speaker oder einer Top-Speakerin und lernen Tag und Nacht. Auch wenn es dafür einige prominente Beispiele gibt, wird das aber wohl eher die Ausnahme bleiben.

Wenn Sie in der Profiliga spielen wollen, müssen Sie trainieren wie ein Profi, das heißt, Sie machen erst mal nichts anderes mehr. Habe ich vergessen zu sagen, dass Sie die 30 noch nicht überschritten haben sollten und Inhalte suchen müssen, die sonst niemand belegt? Das ist ein Fulltimejob.

Keine Rede wird besser, indem ich den dreitägigen Super-Intensivkurs buche oder mir drei Wochen die Stadthalle miete und dort jeden Tag 10 Stunden meine Rede wiederhole. Wenn ich das überhaupt durchhalte, werde ich ab dem dritten Tag jeden Tag ein bisschen schlechter. Da brauchten Sie einen Regisseur.

Jetzt sind wir an einem entscheidenden Punkt. Sie können sehr viel Energie für Ihre Rede aufwenden, vorausgesetzt Sie haben Zeit und das nötige Kleingeld. Aber wollen Sie das wirklich? Die meisten Teilnehmer meiner Trainings sagen Nein.

Wenn der Artikel in der Heimwerkerzeitschrift heißt: „Schreinern wie ein Profi" ginge niemand davon aus, dass Sie danach anderen Menschen Treppenhäuser zimmern könnten oder Tische, die nicht wackeln. Das ist eine Marketing-Idee für das Heft. Nichts weiter.

Ich habe vor einiger Zeit mal einen Manager gecoacht, der mir ausführlich vorjammerte, dass er nicht reden könne und wie das seine Karriere behinderte. Als er fertig war, fragte ich ihn, wie das Verhältnis zu seinen 80 Mitarbeitern sei. Er strahlte über das ganze Gesicht: „Die gehen für mich durch die Hölle! Wir sind ein richtig gutes Team."

Ok, schlug ich ihm vor. Ich bin die gute Fee und mache aus Ihnen mit einem kleinen Zauberstab den besten Redner, den Deutschland je gesehen hat. Die Liebe Ihrer Mitarbeiter nehme ich Ihnen dafür aber weg. Er stutze nur kurz und schüttelte dann energisch den Kopf.

„Sie wollen also ein guter Redner sein, ohne dafür zu bezahlen?", fragte ich ihn. Er sah mich verdutzt an. „Geben Sie mir denn Ihre handwerklichen Fähigkeiten für die Fähigkeit, reden zu können? Oder geben Sie mir Ihre pedantische Seite oder vielleicht wollen Sie lieber auf Ihre Gabe verzichten, leicht mit anderen Menschen in Kontakt zu kommen?" Seine Antwort war dreimal nein.

Ein toller Redner kann man werden. Man kann den Beruf des Redners erlernen. Aber das ist dann ein zweiter Beruf. Niemand erwartet von Ihnen, dass Sie zwei Berufe ausüben. Wenn Sie Aquarianer sind und über Zuchtmethoden reden, warum sollten Sie das tun wie ein professioneller Redner? Wenn Sie über gewinnbringende Anlageformen Bescheid wissen, warum sollten Sie sich erst auf eine Bühne trauen, nachdem Sie eine zweite Berufsausbildung absolviert haben? Ist das nicht widersinnig? Machen Sie das mit dem Reden, so gut es geht. Es ist alles in Ordnung.

Ich habe beim Global Speaker Summit John de Martini gesehen, einem der Autoren des esoterischen Bestsellers „The secret". Er kam im zu großen schwarzen Doppelreiher auf die Bühne, trippelte herum und wirkte ein bisschen surreal in dieser Umgebung von professionellen Speakern, die sich in der Überzeugung sonnten, die besten der Welt zu sein.

Aber er faszinierte mich. Ich schrieb und hörte zu und lachte und genoss jede seiner Passagen. Dabei machte er alles falsch, wenn es nach dem Lehrbuch ginge. Allein wie lange er brauchte, sich ein Wasserglas auf der anderen Seite der Bühne zu holen, zu trinken, sich wieder zu finden und dann weiter zu machen.

Und das während 400 Menschen gespannt warteten. Eben als mir dieser Gedanke durch den Kopf schoss, sagte er lachend, es sprächen ihn oft Menschen an:

Wenn Sie diese Geschichte ernst nehmen, dann müssen wir den Begriff von Professionalität ändern. Was ist professionell? Professionell ist, wenn andere fasziniert sind. Wenn die Zeit rast. Wenn es zu kurz war. Wenn ich mir was merken will. Wenn ich mitschreibe. Wenn ich über das ganz Gesicht strahle. Wenn ich mir ein Buch kaufen will. Wenn ich einen Vorsatz gefasst habe. Wenn ich Rotz und Wasser heule. Das hat alles nichts mit der richtigen Handhaltung oder der gewählten Sprechweise und wenig mit dem dramaturgischen Aufbau zu tun.

Auf einer Convention von Redeprofis in Mannheim sprach als zweiter Redner der Bürgermeister. Seine Qualitäten als Bürgermeister konnte ich nicht beurteilen, aber als Redner war er eher Mittelmaß. Er begann mit ein paar altbekannten Floskeln und fing dann an, den 350 Zuschauern von Mannheim vorzuschwärmen. Vereinzelte Lacher. Das kann nicht sein Ernst sein. Er wird doch nicht… Was soll das jetzt…

Es war sein Ernst. Der Bürgermeister war einen Moment irritiert über die Lacher und machte dann aber weiter. Die Lacher veränderten sich Es wurde nicht mehr über ihn, sondern mit ihm gelacht. Er wusste, was er wollte, er zog durch, was er sich vorgenommen hatte, und da er natürlich ein genauer Kenner seiner Stadt war, war alles, was er sagte, sehr unterhaltsam. An diesem Tag war er unter all den Profis für mich der absolut beste Redner.

AUTHENTIZITÄT

Die Wirklichkeit auf der Bühne ist immer künstlich, und zwar auch dann, wenn ich Ihnen empfehle, ganz natürlich zu sein. Während wir im Privatleben die **ähm** nicht so wichtig nehmen, verlorene Fäden keine Rolle spielen und wir auch nicht sauer werden, wenn wir was nicht verstehen, so ist das auf der Bühne anders. Hier haben wir womöglich Eintritt gezahlt, wir haben uns schick angezogen, wir haben im Stau gestanden und sitzen auf unbequemen Stühlen. Jetzt sind wir nicht mehr ganz so locker in der Beurteilung der Situation.

Wenn der Sohn des Toten die Trauerrede hält, darf er schlecht reden, wenn der geniale Techniker ein bisschen kompliziert erklärt, darf er das. Aber an Ihrer Stelle würde ich mich darauf nicht verlassen. Einfach mal so zu sein, wie man ist, ist richtig für die Körpersprache, aber schon bei der Dramaturgie würde ich

30

mir Hilfe suchen. Die Frage ist, was authentisch bedeutet. Wenn authentisch bedeutet, keine Tricks anzuwenden, sich nicht zu verbiegen und nur Dinge zu machen, die zu Ihnen passen, dann wird authentisch richtig verstanden.

Wenn Sie mit authentisch meinen, mal unbekümmert loszulegen, so wie es gerade kommt, sich an keine Regeln zu halten und einfach mal Ihrem Gefühl zu folgen, dann müssen Sie schon sehr reich oder sehr attraktiv sein, damit das funktioniert.

Authentisch zu sein kann eben auch heißen, bei der Hochzeit des besten Freundes einen Anzug anzuziehen, auch wenn man sonst nur in Turnschuhen herumrennt und authentisch kann heißen, mit dem Nachbarn ein Bier zu trinken, auch wenn der die falsche Partei wählt.

Missverständnis Nr. 2

Ein Training besteht aus Hunderten von Tipps. Auch dieses Buch ist voller Tipps. Aber jeder Tipp, der an jemand appelliert, so und so zu sein, ist ein sinnloser Tipp.

Sie müssen glaubwürdig sein.

Positionieren Sie sich als charakterstarke Persönlichkeit.

Das ruft man jemandem zu, der das nicht ist oder nicht hat, oder? Was Charakterstärke mit einer guten Rede zu tun hat, begreife ich nicht. Meist sind diejenigen ohne Charakter die besseren Redner, weil sie länger geübt haben, damit Sie uns einen Charakter vorgaukeln können, der nicht vorhanden ist.

Drehen wir das doch mal weiter. Da gibt es jemanden, der uns überteuerte Versicherungen verkaufen will oder uns dazu bringen will, in den letzten Rest Wald in der Umgebung einen Vergnügungspark zu bauen. Dem rufen wir jetzt zu, dass er glaubwürdig sein muss. Um jeden Preis.

Gerade die Trickser, die Störer, die Aufschneider kennen die erste Regel des Grundgesetzes für Erfolg: Sei authentisch. Gut, in ihrem Falle muss es heißen: Wirke authentisch! Sorge dafür, dass alle denken, dass du authentisch bist. Mach was, dass jeder dir glaubt, dass du das alles auch meinst.

Sorgen Sie dafür, dass andere Ihnen vertrauen.

Jetzt ergänzen wir einfach: **Damit Sie die anderen anschließend ausrauben können.** Die Trickser werden diese Empfehlung nicht nur beherzigen. Sie werden daran arbeiten. Sie werden darum kämpfen. Sie werden einen Großteil ihrer Zeit damit verbringen. Denn bei ihnen ist es nötig. Da kommt es darauf an. Das ist die auszumerzende Schwachstelle für den zukünftigen Erfolg.

Die Frage ist also nicht, ob authentisch oder nicht, wie das von so vielen Menschen diskutiert wird. Ich kann da beim Pro- und Contra prima auf beiden Seiten stehen. Es kommt darauf an, was Sie unter Authentizität verstehen.

Was anderes ist es natürlich, wenn Sie für Ihre Auftritte in eine Kunstfigur schlüpfen. Die Humorexpertin Katrin Hansmeier[26] tritt als herrliche Persiflage einer Berliner Bademeisterin auf oder Jan Ditgen[27] spielt uns als Dr. Jens Wegmann sehr witzig vor, wie Vorträge gerade nicht sein sollen. Die sind nie authentisch und wollen das auch gar nicht sein.

VORBILDER

Redeanfänger sollen sich immer mit Obama vergleichen und Shaw und Cicero und Steve Jobs und nie mit dem Chef der sehr erfolgreichen örtlichen Sparkasse oder dem charismatischen Vorsitzenden des Tennisclubs Rot-Weiss.

Auch der Verband holzverarbeitender Betriebe hat einen Sprecher, genauso wie die Innung der Wahrsager oder die Interessengemeinschaft der weiblichen Bridgespielerinnen. Auch da werden Reden gehalten, lobt man sich und ist guter Dinge. Die Arbeit klappt oft gut bis sehr gut. Auch ohne einen wie Obama.

Die zweite Tendenz bei der Diskussion über Rhetorik ist das, was die Großen der Branche machen, einfach kleinzureden. Der Günther Jauch kann doch nichts. Der sitzt doch nur rum und unterhält sich. Das könnte ich auch. – Könnten Sie nicht. Nicht mal Jörg Pilawa kann das, was Günther Jauch kann. Das sieht so viel einfacher aus als es ist. Natürlich können Sie Ihre Wohnung weiß streichen, wenn Sie ausziehen, natürlich können Sie ein Vogelhäuschen basteln oder jemandem die Haare schneiden. Aber anschließend sieht man, dass Sie es waren. Man sieht, dass da kein Profi am Werk war. Jeder Vergleich mit Barack Obama oder Cicero muss also schief gehen.

Wussten Sie, dass Churchill gestottert hat und Aristoteles dazu noch lispelte? Nein, das hat Ihnen niemand erzählt, als man Ihnen die Anekdoten oder Zitate der großen Vorbilder als Würze für Ihren Vortrag angeboten hat. Abraham Lincoln hatte eine hölzerne Stimme, aber von niemandem sind mehr Sprüche und Bonmots überliefert. Sie sehen also, dass man auch im Nachhinein als großer Redner gelten kann, auch wenn man überhaupt nicht reden konnte. Wichtig ist nur, dass man etwas zu sagen hatte.

Leider kann ich ihn dazu nicht persönlich fragen, aber schon Moses hatte wohl Angst, große Reden zu halten. Sie sind also in bester Gesellschaft, wenn Sie Schwierigkeiten haben, nach vorne zu gehen.

---

26 www.katrinhansmeier.de
27 www.ditgen.de

Steve Jobs war ein guter Redner. Aber er hat einen wichtigen Auftritt wochenlang geübt, Redenschreiber und Regisseure engagiert, und dann hat er ein perfekt designtes Gerät in die Hand genommen und ist vor den Vorhang getreten. Das eigentlich Unvergessliche an Steve Jobs ist das neue Gerät. Wenn er uns ein zwei Kilo schweres Handy gezeigt hätte, hässlich wie eine Hantel, würden wir seine Performance ganz anders beurteilen.

Aber am angesagtesten in den letzten Jahren ist ja zweifellos Barack Obama. Der ist gar kein Redner, zumindest nicht in dem Sinne, in dem wir hier einen guten Redner definieren. Der liest ja ab, von einem Teleprompter, fast ausschließlich. Obama stellte die Grundgedanken zusammen, sein Redenschreiber John Favreau formulierte aus und Obama überarbeitete das dann noch.

Barack Obama hat dem Teleprompter zu einer unerwarteten Karriere verholfen. Bei ihm ist der Teleprompter nur noch eine unscheinbare, durchsichtige Plexiglasscheibe, die kaum sichtbar in sein Blickfeld ragt. Die Zuschauer im Saal und vor allem die Fernseherzuschauer können den Teleprompter kaum erkennen. Obama mit bedrucktem Papier wäre lange nicht so beeindruckend gewesen.

Tatsache ist, dass Obama ein brillanter Überarbeiter und Vorleser einer großartig geschriebenen Rede ist.[28] Die ist dann natürlich deutlich kunstvoller gebaut als die Grußworte von Ihrem örtlichen Landrat.

Viele Politiker standen und stehen nicht dazu, dass sie Redenschreiber haben, aber in vielen Unternehmen gibt es heute Redenschreiber, in großen Konzernen ist das eine ganze Abteilung.

Ob Ihnen das ein Vorbild sein sollte, das dürfen Sie entscheiden. Aber die meisten von uns haben eher nicht die Zeit, eine Rede Wort für Wort aufzuschreiben und dann mehrere Tage damit zu verbringen, die Rede zu üben. Ganz davon abgesehen, dass da noch ein paar Tage Teleprompertraining anfallen.

Bei jemandem wie Barack Obama oder Steve Jobs hängt eine Menge davon ab, wie andere sie wahrnehmen, also wenden sie dafür eine Menge Zeit auf. Um einen Schauspieler auf der Bühne wichtig, charismatisch, einzigartig, beneidenswert erscheinen zu lassen, lässt sich die Regie eine Menge einfallen. Als Beispiel nur mal ein paar kleine Insider-Tricks, was man da unter Profis macht:

○ Alle anderen drehen sich zu ihm ein und rühren sich möglichst nicht.
○ Die Verstärkung der Stimme wird bearbeitet und bekommt mehr Fülle und wird ein wenig tiefer.
○ Jeder, der neben ihm sitzt, schlägt das äußere Bein zu ihm ein
○ Die Ankündigung ist ehrfurchtsvoll und voller Bewunderung.

---

28 Göttert, Karl-Heinz: Mythos Redemacht. Frankfurt: S. Fischer Verlag 2015, S. 458

- Der Held steht oft im Lichtkegel, wie eine Sonne, die nur für ihn scheint.
- Die Kleidung des Hauptdarstellers ist heller und leuchtender. Außerdem hat er immer das Eleganteste (wildeste, verrückteste, heruntergekommenste) von allen an. Autos von Helden sind immer hell. Schurken fahren schwarze Autos.
- Der Auftrittsweg ist möglichst lang. Die anderen machen den Weg frei.
- Der Held macht langsame Bewegungen.
- Der Held macht Pausen, bevor er etwas sagt.
- Der Held ist körperlich fit (oder der Allerintelligenteste oder Schnellste). Helden haben Eigenschaften nur in Superlativen.
- Wenn er die Bühne verlässt, haben alle Beteiligten noch lange den Punkt der Bühne im Auge, an dem er die Bühne verlassen hat

Hier können wir wohl aufhören. Das alles sehen Sie, aber Sie bemerken es nicht. Das einzige, was Ihnen sofort klar wird, ist, dass diese Person wohl einer der beeindruckendsten Menschen ist, den die anderen, und damit jetzt auch Sie, je kennen gelernt haben. Wenn Sie genau das denken, klatscht der Regisseur des Ganzen in die Hände und ruft: Mission erfüllt.

Auf der Schauspielschule habe ich von meinem Lehrer Harald Schreiber gelernt, dass ein Schauspieler alleine nicht Caesar spielen kann, sondern nur Caesars Privatleben. Caesar beim Fingernägelsäubern ist ein Mensch wie jeder andere. Aber sobald ein Sklave die Bühne betritt und sich auf den Boden wirft, wissen wir, dass der, der sich gerade die Fingernägel gesäubert hat, Caesar ist. Die Wichtigkeit und Macht und Bedeutung von Caesar spielen die anderen.

Noch ein großes Problem habe ich, wenn mir alle erzählen, wie toll Jobs und Obama und Churchill sind. Alle, die davon reden, kennen sie nicht persönlich. Die Wirklichkeit, die sie bekommen, ist eine Wirklichkeit der Medien. Und die stimmt meistens nicht. Schauspieler wissen das am allerbesten.

Oder glauben Sie immer noch daran, dass das Gemüse auf Ihrer Tiefkühlpizza genauso aussieht wie das in der Fernsehwerbung. Auch der Bikini für 3,95 Euro sieht an Ihnen ein bisschen anders aus als an einem der teuersten Modells der Welt. Werbung ist Illusion. Film ist Illusion. Politik ist teilweise Illusion. Und prominente Redner tun alles, um dieses Wissen einzusetzen.

Obama ist so ein herzlicher Mensch. Jobs strahlte so eine Kraft aus. Mahatma Gandhi brachte die Luft zum Schwingen. Wieviel Menschen erklären mir, wie natürlich sie einen bestimmten Prominenten finden, mit dem sie noch nie ein privates Wort gewechselt, ja dem sie nicht einmal begegnet sind. Wenn ich Ihnen sage, wieviel bekannte Schauspieler in Wirklichkeit manchmal richtige… aber nein, das sage ich Ihnen jetzt nicht. Ich will Ihnen nicht die Laune verderben.

Auf der Suche nach dem guten Redner, sollten wir andersherum denken. Wenn der Redner nicht stört, ist er gut. Wenn wir das Gefühl haben, die Botschaft sozusagen pur zu bekommen, dann ist alles in Ordnung. Wenn uns pieksende Finger oder zu oft wiederholte Sätze von der Botschaft ablenken, dann stimmt was nicht. Es hängt vom Anlass ab, aber wenn die Menschen nach dem Vortrag nur darüber sprechen, wie gut der Speaker war, ist das eigentliche Ziel der Rede womöglich nicht erreicht.

Wenn sie aber über Ideen und Botschaften, über Bilder und Vergleiche, über neue Sichtweisen und Handlungsoptionen diskutieren, dann ist die Botschaft angekommen. Ein guter Redner ist also jemand, der sich hinter seine Botschaft stellt und nicht davor. Ein schönes Zitat von Demosthenes, das ich bei dem Speakerkollegen Wolfgang Ronzal[29] gefunden habe:

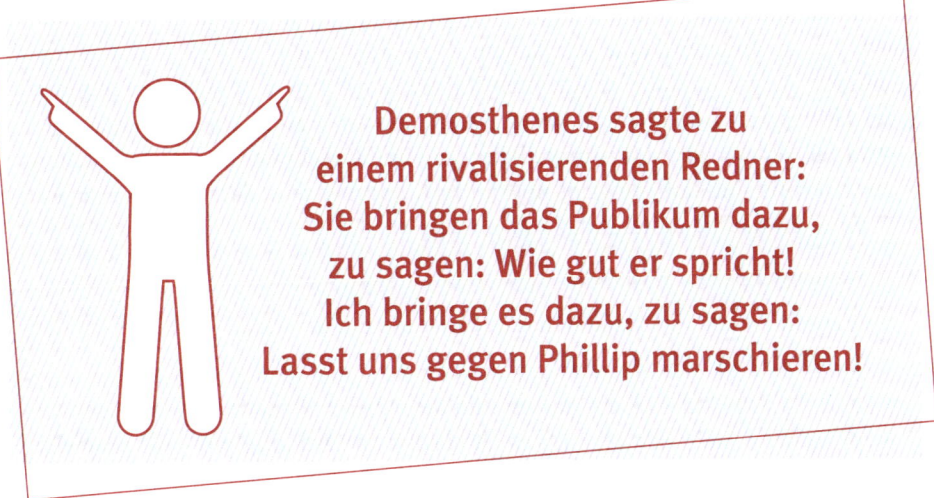

Demosthenes sagte zu
einem rivalisierenden Redner:
Sie bringen das Publikum dazu,
zu sagen: Wie gut er spricht!
Ich bringe es dazu, zu sagen:
Lasst uns gegen Phillip marschieren!

SCHAUSPIELER

Ein Theaterstück von 90 Minuten wird in der Regel 6 – 8 Wochen geprobt. Jeden Tag 8 Stunden lang. Und natürlich können alle Schauspieler zur ersten Probe jedes Wort ihres Textes. Warum? Weil die Arbeit eigentlich nach dem Lernen des Textes erst anfängt. Die Schauspieler, die während der Proben ihren Text lernen, werden die anderen nie mehr einholen. Die mit dem gekonnten Text, können sich von Anfang an aufs Spielen konzentrieren, können dem Regisseur zuhören und auf ihre Partner eingehen. Die können ausprobieren und improvisieren. Die anderen starren nur immer hilfesuchend in Richtung der Regieassistenz, um ihren nächsten Halbsatz zu erhaschen. Die Guten kommen mit gelerntem Text. Es geht nämlich jetzt darum, zu jedem einzelnen Satz, einen Unterton zu

---

29 www.ronzal.at

finden, eine Haltung einen Ausdruck. Sie können den Satz Was machst du in meinem Kleiderschrank? auf so viele verschiedene Arten sagen, wie es Blätter an den Bäumen gibt. Das ist harte Arbeit. Wenn der Kollege an seiner Frage, was ich im Kleiderschrank mache, ewig herumdoktert, dann ändert sich natürlich auch immer meine jeweilige Antwort. Wenn der Ehemann bei dieser Frage fast das Weinen anfängt, wäre es ungünstig, wenn auch ich völlig zerknirscht bin. Wenn der mich anschreit, ist es sterbenslangweilig, wenn ich zurückschreie. Theater lebt von der Spannung, und die entsteht nun mal immer nur in Gegensätzen. Es gibt Theaterstücke, da habe ich den richtigen Ton mancher Repliken erst in der hundertsten Vorstellung gefunden.

Die Gedanken nacheinander zu spielen, ist kein Problem, das kann jeder. Ihnen fällt ein, dass Sie Durst haben. Also fällt Ihnen der Kühlschrank ein, und sie stehen auf, gehen zum Kühlschrank, und Sie nehmen sich ein Glas und trinken was. Das Problem ist aber, einen Gedanken zu haben und gleichzeitig noch jede Menge anderer Dinge zu machen. Wenn Sie spielen, dass Sie Durst haben, müssen Sie das in einer bestimmten Kameraachse tun, so dass Ihre Freundin im Hintergrund deutlich zu sehen ist. Gleichzeit verlangt der Regisseur bestimmte Wörter, eine bestimmte Betonung und Geschwindigkeit. Die meisten Nicht-Profis sind hoffnungslos überfordert. Kann es sein, dass es schwierig ist, in einer Filmszene einen Satz zu sagen, wie

Ich gehe jetzt schlafen!

und anschließend ein Glas Whisky abzusetzen? Das ist das leichteste auf der Welt, oder? Natürlich ist es das – zu Hause in Ihrem Wohnzimmer.

Stehen aber 30 Leute um Sie herum und Sie haben Dutzende Anweisungen im Kopf, dann wird es schwer und es ist absolut in Ordnung, gute Schauspieler ordentlich zu bezahlen. Die können eine ganze Menge.

Da Sie ja nicht von der Rechtsanwalterei sprechen und auch nicht von der Architekterei oder Handwerkerei, ist es mir ein Anliegen, dass Sie also mit dem Wort Schauspielerei ein bisschen vorsichtiger sind.

Mal eine kleine Auswahl, was der Schauspieler auch noch tun muss, während er Ich gehe jetzt schlafen! sagt und seinen Whisky auf den Tisch stellt. Ganz davon abgesehen, dass er erst den Whisky abstellen sollte, bevor er verkündet, dass sein Tag zu Ende ist.

a) Vor dem Satz bitte eine Pause für den Umschnitt lassen!

b) Erst Blick in Richtung der Kollegin (die gerade nicht real da ist, da sie für die nächste Szene geschminkt werden muss), dann der Satz.

c) In dem *Ich gehe schlafen!* sollten sich gleichzeitig Ärger und Resignation spiegeln.

d) Die Ehefrau sollte denken, Sie gehen schlafen, der Zuschauer muss aber sicher sein, dass Sie nicht schlafen gehen.

e) Im Hinstellen des Glases sollte zusätzlich der Entschluss zu spüren sein, dass Sie Ihre Partnerin morgen verlassen werden.

f) Der Platz, wo das Whiskeyglas auf dem Tisch hinmuss, ist mit einem hauchdünnen Kreuz gekennzeichnet, das aber für die Nahaufnahme völlig bedeckt werden muss.

g) Bei Abstellen des Glases nicht den kleinen Finger spreizen, das ist schlecht für das close-up.

h) Sitzhaltung genauso wie vor zwei Stunden, damit der Anschluss stimmt.

i) Nicht den Kopf bewegen, es gibt noch eine Kamera hinter Ihnen, die seine Schulter im Anschnitt hat.

j) Der Hemdkragen rutscht leicht raus, also nicht den Hals recken!

k) Nicht kratzen oder im Gesicht herumschmieren, das verwischt die Schminke.

l) Machen Sie sich bitte ca. 5cm kleiner, dann hat der Kameramann das Portrait gegenüber noch am unteren Bildrand.

m) Vorsichtig das Glas absetzen. Unter dem Tisch klebt ein Mikrophon.

n) Nicht wackeln, der Stuhl quietscht nämlich ein bisschen. Aber ist ja nur eine kurze Szene...

o) Achten Sie auf Ihre Schokoladenseite, Ihre schweißnassen Hände und die 8 Stunden warten darf man nicht sehen!

Da immer wieder eine Straßenbahn vorbeifährt oder eine Fluse auf dem Objektiv landet, machen Sie das 25 Mal in der immer gleichen Präzision. Sind Sie immer noch der Meinung, das sei einfach?

Eine Rede zu proben wie ein Theaterstück ist nicht empfehlenswert. Auch wenn es tausende Schauspieler gibt, die ihre Texte auswendig lernen. Das ist sehr aufwändig, und ich wüsste nur sehr, sehr wenige Gelegenheiten, für die sich der Aufwand lohnt. Ich kenne einige Speaker-Kollegen, die das so gemacht haben und mit ihren Reden sehr erfolgreich sind. Es ist also möglich, aber Sie müssen mit einer fünfstelligen Investition an Geld und einem erheblichen Zeitaufwand rechnen. Außerdem brauchen Sie viele, viele Durchgänge, ehe das alles so klappt, dass ich Ihnen nicht anmerke, dass Sie auswendig gelernt haben.

Antrieb

Das liegt mir nicht, Vorträge sind nicht mein Ding! Ja, wessen Ding ist es schon? Wenn Sie jetzt mit dem Finger auf mich zeigen und behaupten, dass mir das Reden auf einer Bühne Spaß macht, dann haben Sie Recht. Aber das war doch nicht immer so. Menschen sind keine guten Redner, weil sie ja schon im Kindergarten die Kindergärtnerin in Grund und Boden geredet haben. Nein, weil sie die Kindergärtnerin in Grund und Boden geredet haben, haben sie es heute leichter.

Redner werden nicht geboren und die Situation ist alles andere als angenehm. Sie müssen einen Grund haben, Die Vorteile müssen größer sein als sie Nachteile. Dann gehen Sie nach vorne.

Aber jeder negative Satz, dass Sie ja so viele unangenehme Eigenschaften haben, die die Arbeit als Redner ja geradezu unmöglich machen, schwächt sie. Ein einfaches **Ich will!** dagegen kann Ihnen sehr viel Kraft geben. Einige sehr bekannte Redner sind körperlich beeinträchtigt, wie Nick Vujicic[30], der weder Arme noch Beine hat oder der querschnittgelähmte Timo Ameruoso[31] der so etwas wie ein Pferdeflüsterer ist und anderen Menschen erklärt, wie man mit Pferden umgeht. Katja Kerschgens[32] hält in ihrem Rollstuhl beeindruckende Vorträge.

Eine der wichtigsten Voraussetzungen für eine wirklich gute Rede ist die Frage, ob der Redner einen höheren Antrieb hat. Das meine ich nicht religiös, obwohl ein Pfarrer, ein Rabbi oder ein Imam sicher unter die Gruppe fallen, die einen höheren Antrieb hat.

Wenn der Redner ein Ziel hat, das über den konkreten Vortrag hinausgeht, das Verbreiten einer Ideologie zum Beispiel, die Verbesserung der Welt durch ein Produkt oder eine Dienstleistung oder die Frau seines Lebens zu finden, macht das den Redner stärker. Aber es können auch kleinere Dinge sein, wie einem Geburtstagskind **Danke** zu sagen oder jemanden, der es verdient hat, mit einem Preis zu ehren. Von einem größeren Ziel geleitet zu sein, verleiht dem Sprecher Mut.

Ich habe den Finanzvorstand einer großen Bank getroffen, der sich für einen ganz schlechten Redner hielt. Nachdem er das auf der Bühne demonstriert hatte, erklärte ich ihm ganz ruhig, dass ich ihm das alles nicht glaube, was er da eben erzählt hat. Schon sprudelte es aus ihm heraus: Das sei in der Tat alles langweilig, typische Managersprache, Worthülsen für die zweite Führungsebene usw. Er hasse das.

---

30 www.lifewithoutlimbs.org
31 www.timo-ameruoso.de
32 www.katja-kerschgens.de

Wir haben uns dann hingesetzt und überlegt, was er denn eigentlich sagen wollte. Nach 20 Minuten sprang er auf und bat, es nochmal versuchen zu dürfen. Sie ahnen die Pointe. Er hielt eine hinreißende Rede.

Wenn wir wütend waren, als die im Elternbeirat des Kindergartens die falschen Entscheidungen getroffen haben, wenn wir uns geärgert haben, dass die Kollegin zu Unrecht beschuldigt wird, und als wir traurig waren, dass wir die Firma oder ein Team verlassen mussten, immer dann haben wir leicht die richtigen Worte gefunden.

Die meisten Präsentationen im Geschäftsleben werden gehalten, weil jemand dazu gezwungen wird. Derjenige, der am leisesten Nein gesagt hat, ist dran. Doch Sie könnten eben die ungeliebte Präsentation, egal zu welchem Thema, auch benutzen, um Ihre Position zu stärken. Denn egal worüber Sie reden: Ein Teil der Rede handelt von Ihnen. Sie verkaufen sich selbst immer mit.

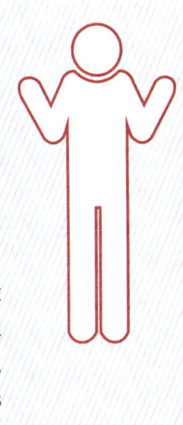

Missverständnis Nr. 3

Eine besonders fragwürdige Karriere innerhalb des Rednercoachings hat das Wort **intensiv** gemacht. Gute Redner sind **intensiv, committed, verschmelzen mit ihrer Rede, sind eins mit sich**... Ja, ein höherer Antrieb macht Redner besser. Einige von uns hatten schon das Glück solche Redner zu sehen. Das ist sehr beeindruckend. Aber wie dahinkommen? Versuchen Sie mal, intensiver zu sein: Sie werden jetzt vielleicht Ihr Gesicht anspannen, die Augen aufreißen, große Handbewegungen machen... und was kommt raus? Eine lächerliche Figur. Intensität ist keine Eigenschaft, die Sie herstellen können wie Kuchenteig, sondern sie ist das Ergebnis eines langen Vorbereitungsprozesses, der die Möglichkeit dafür schafft. Wobei man nie sicher sein kann, dass es auch klappt.

Wenn Sie da oben alles vergessen, wenn Sie sich wohlfühlen, wenn Sie nicht runtermöchten, wenn Sie nicht aufhören wollen, dann sind Sie intensiv. Es passiert Ihnen, wenn Sie viel Glück haben. Und Sie haben deutlich mehr Glück, wenn Sie eine Menge Zeit und Energie in die Vorbereitung gesteckt haben.

SYMPATHIE

Es ist nicht die Aufgabe der Zuschauer, sich anzustrengen Sie zu mögen. Es ist Ihre Aufgabe als Redner, dafür zu sorgen, dass Sie es mit großer Wahrscheinlichkeit tun. Einem sympathischen Redner verzeiht man fast jeden Fehler, bei einem Schaumschläger wird jedes äh hämisch gezählt.

Wenn Sie ein netter Mensch sind, haben Sie es deutlich leichter, ein guter Redner zu werden. Wobei es manchmal genügt, wenn ich Sie für diese eine Stunde nett finde. Dafür können Sie eine Menge tun, was Sie auch schon im Alltagsleben tun, wenn Sie in einer Gruppe leben oder arbeiten. Sprechen Sie in meiner Sprache, reden Sie nicht dauernd von sich, lachen Sie auch mal über sich selbst und zeigen Sie, dass Sie sich wirklich auskennen. Das beeindruckt uns alle.

Joachim Bauer[33] schreibt: „Eine Sympathie erzeugende Übereinstimmung zwischen einer gegebenen Situation und der in dieser Situation gezeigten Körpersprache lässt sich nicht bewusst planen oder willentlich herstellen. Der Sympathieeffekt überträgt sich nur, wenn die Person spontan und authentisch ist, das heißt, wenn ihr Ausdruck in Einklang mit ihrer tatsächlichen inneren Stimmung steht." Wenn also Claus Kleber im Heute-Journal bei einer Meldung über einen Linienbusfahrer, der eine Gruppe Asylbewerber in seinem Bus in Deutschland herzlich willkommen heißt, Tränen in den Augen hat[34], dann hat das auch auf die Zuschauer eine sehr starke Wirkung.

Weiter schreibt Bauer, dass die positive Ausstrahlung zusammenbricht, wenn derjenige ganz aufgelöst ist vor Mitgefühl. Wenn wir keine Distanz mehr haben, geht auch die Fähigkeit verloren, hilfreich zu sein.

Das heißt nicht, dass Sie dem Publikum nach dem Mund reden müssen. Ich fand auch Lehrer ziemlich cool, wenn sie mir ziemlich viel abverlangt haben und ich nicht immer eine gute Note bekam.

Ich kann ganz anderer Meinung sein als Sie, ich kann Ihre Ideen ablehnen, aber wenn ich trotzdem Sympathie für Sie aufbringe, dann wird unser „Dialog" deutlich leichter. Wer etwas will, kann hart in der Sache sein, aber freundlich zu sein hilft eben auch.

WIDERSPRUCH

Die guten Redner sind anders und denken anders. Ich kenne keinen guten Redner, der nicht widerspricht, der nicht Dinge erzählt, die er ganz anders sieht als seine Kollegen. Der Widerspruch macht es spannend, die andere Denkweise, der neue Blickwinkel, die eindrückliche Metapher. Gute Redner laden zum Diskutieren ein, zur Auseinandersetzung, zu einer neuen Sicht. Gute Redner sind mutig. Die meisten schlechten Redner eliminieren in einer Rede die Konflikte, dabei machen gerade diese Widersprüche jeden Vortrag spannend. Bei vielen Reden geht es gerade um diese Konflikte, für die viele Menschen eine Antwort wollen.

---

33 Bauer, Joachim: Warum ich fühle, was du fühlst. Hamburg: Hoffmann und Campe Verlag 2005, 22. Auflage, S. 49
34 Krieger Nicole: Die Gastgeber-Methode. Weinheim/Basel: Beltz-Verlag 2017, S. 110

Das ist nicht anders als bei Büchern und guten Artikeln in der Zeitung. Einen Artikel in der Zeitung schreiben Sie nur, wenn Sie etwas Neues oder etwas Altes neu erzählen. Wiederkäuer kommen nicht in die Medien. Schlechte Luft im Raum bemerkt man nur, wenn man von draußen kommt. Also kommen Sie von draußen und erzählen uns wie verbraucht unsere Denkweisen sind.

Missverständnis Nr. 4

Bei Wahrsagern, Kaffeesatzlesern oder Astrologen gibt es eine beliebte Technik, die bei fast jedem einen Aha-Effekt auslöst.

Sie sind ein introvertierter Mensch, der aber manchmal stark aus sich rausgeht. Außerdem essen Sie gerne. Es gibt aber auch Zeiten, zu denen Sie gar keinen....

Ich habe einfach zwei Dinge gleichzeitig gesagt, und schon stimmt es immer. Nach diesem Muster funktionieren eine Menge Rhetoriktipps. Ein paar Originale gefällig?

Übertreiben Sie. Aber nicht zu viel.

Gehen Sie nicht zu schnell nach vorne, aber auch nicht zu langsam.

Die Botschaft ist, dass es einen goldenen Mittelweg gibt, der der einzig richtige ist. Aber den gibt es nicht.

Ausgewogenheit ist immer langweilig. Gute Redner polarisieren. Die unterscheiden sich. Nicht durch geputzte Schuhe oder einen Mittelscheitel, sondern auch durch einen neuen, erfrischenden, andersartigen Inhalt.

Für ein ja gibt es keine 3000 Euro oder mehr, aber für ein Hä, für ein Das gibt's doch nicht, für ein Wahnsinn! für ein Glaube ich nicht! für ein Nicht zu fassen! oder für ein Moment mal... wird unter Umständen eine ganze Menge bezahlt.

PROFESSIONALITÄT

Eine beeindruckende Rede ist kein Zufallstreffer. Die Profis sind bestens vorbereitet, haben gut designte Folien und fühlen sich wohl, in dem, was sie anhaben. Sie kommen pünktlich, können mit der Technik umgehen und sind freundlich zu allen, die ihnen zuarbeiten. Sie haben vorher mit dem Veranstalter gesprochen, stellen sich auf ihr Publikum ein und wissen genau, wo sie sich gerade vor welchem Publikum befinden. Sie sind Fachmann für das, was Sie sagen und Sie versuchen, mir das Gefühl zu geben, dass es Ihnen leicht fällt, auch wenn es Ihnen schwer fällt. Wenn das alles zusammenkommt, sollte schon eine sehr gute Rede dabei herauskommen.

Muss man reden lernen? Nein. Muss man reden vor Gruppen lernen? Nein. Muss man lernen so gut zu sein, dass die Leute 50 Euro Eintritt bezahlen? Ja.

Eine Managerin, die ich trainiert habe, war ganz erstaunt, Zeit für die Präsentationsvorbereitung zu verwenden. Wo sie doch schon so viele Stunden in die Auswahl und Zusammenstellung der Folien investiert hat.

Es ist möglich, dass Sie sich zu viel vorbereiten. Es ist möglich, dass Sie zu viel üben. Es ist unmöglich zu viel über sein Publikum zu wissen. Dieses Zitat stammt von Graham Davies[35]. Je genauer Sie wissen, wer da vor Ihnen sitzt, desto einfacher ist es, die Rede zu halten.

Missverständnis Nr. 5

Wenn Sie sich verzagt fühlen, nehmen Sie die Haltung des Kämpfers ein. Ihr Selbstbewusstsein kommt zurück.

Eine Rede zu halten hat nichts mit Kampf zu tun, Sie ziehen nicht ins Manöver oder ziehen in die Arena wie ein Gladiator, Sie schlagen sich weder gut noch schlecht, Sie munitionieren sich nicht, haben keine Geheimwaffen parat und Sie lassen niemanden ins offene Messer laufen. Sie verschanzen sich nicht, halten nicht die Stellung und feuern keine Breitseite ab. Reden Sie nicht so mit sich und denken Sie auch nicht so. Sie gehen nach vorne und sprechen vor einer Gruppe. Wie soll das werden, wenn Menschen sich so auf Reden vorbereiten? Ganz abgesehen davon, dass aus Selbstbewusstsein Haltung entsteht, aber nicht umgekehrt.

---

35 Davies, Graham: The Presentation Coach, Chichester: Capstone Publishing Ltd. 2010, S. 25

Inhalt einer Rede

Reden einfach in verschiedene Gruppen je nach Anlass zu sortieren, erscheint mir wenig sinnvoll. Egal ob Informationsrede oder Lobrede, Überzeugungsrede oder Unterhaltungsrede, ob es nur darum geht, mich oder eine Dienstleistung vorzustellen oder nur sich richtig zu freuen, dass alle da sind. Diese Einteilung bringt uns nicht weiter, zumal die Grenzen zunehmend verschwimmen. Wenn mir jemand eine geniale Geschäftsidee vorstellt, empfiehlt er sich als Verkäufer gleich mit. Wenn ich Menschen informieren will, ist damit oft gleichzeitig ein Griff nach ihrer Geldbörse verbunden. Auch wenn ich jemanden ehre, möchte ich mit der Rede vielleicht auch die Klickzahlen meiner eigenen Website hochjagen oder mal so **danke** sagen, dass sich jeder auch noch in vielen Jahren daran erinnert.

Viel interessanter ist es da schon, sich die verschiedenen Elemente einer Rede anzusehen, die je nach Redeanlass ungleichmäßig verteilt sind.

Grob gesagt besteht jede Rede aus drei Elementen. Das haben schon die Redner der Antike so gemacht. Sie bringen uns etwas bei, sie unterhalten uns und sie können uns in eine bestimmte Stimmung bringen, damit wir etwas tun oder ändern oder uns über etwas ärgern. Also neu, unterhaltend oder berührend muss es sein.

Der Lateiner nannte das docere, movere und delectare.

Wenn ich einen Redner coache, frage ich als erstes diese drei Punkte ab. **Wieviel Prozent deiner Rede war neu, wieviel Prozent deiner Rede waren berührend und wieviel Prozent waren unterhaltend?** Da kommen ganz witzige Sachen heraus. Viele glauben, dass die Zuschauer die Hälfte des Vortrages gelacht haben, wo ich nur drei sekundenlange Schmunzler gesehen habe. Oder Redner glauben, dass das meiste neu war, wobei ich alles schon kannte. Wie auch immer. Eines klappt nach meiner Erfahrung nie: Die drei Zahlen ergeben zusammen nie 100 Prozent. Aber genau das sollten sie.

Cicero hätte natürlich gewollt, dass alle drei in gleichem Maße vorhanden sind. Aber intaktes Familienleben, viel Geld im Job und die Goldmedaille beim Hobby sind manchmal ein bisschen viel auf einmal. Sie sollten sich also je nach Redeanlass entscheiden.

DIE DREI ELEMENTE

Zunächst mal können Sie einer Gruppe etwas erklären, was für die Gruppe neu ist. Stellen Sie sich oder ein Produkt vor, erklären Sie eine Umstrukturierung oder lüften Sie das Geheimnis Ihrer außerehelichen Beziehung. Sie stellen Untersuchungen vor und überraschen Ihre Zuschauer damit, dass sie sich morgen einen neuen Arbeitsplatz suchen dürfen.

Bei einer Rede um 8 Uhr morgens wird der Informationsanteil in der Regel höher sein als um 8 Uhr abends, in der Uni wird mehr informiert als auf einer Feier und auch Pressekonferenzen oder Verkaufsveranstaltungen haben einen hohen Anteil an Information.

Je mehr die Mails zunehmen, je mehr Informationen zur Verfügung stehen, desto mehr sehnt man sich oft nach Menschen, die diese Datenflut sortieren, gewichten und mir portionsweise liefern. Der Bedarf an Rednern wird also eher steigen.

Jugendliche suchen sich heute den Lehrer im Netz, der ihnen den Unterrichtsstoff am besten erklären kann. Es ist so viel einfacher, das Video zu gucken als sich durch Texte und Tabellen zu arbeiten.

Beim Informieren kann ich dann wieder unterschiedliche Ziele haben, wie unterrichten, auf denselben Stand bringen, überraschen, ein Problem lösen, einen Durchbruch ankündigen, ein Update geben, einen Businessplan vorstellen, einen Vorschlag machen oder einen neuen Prozess beschreiben.

Zweitens sollten Sie als Redner versuchen, Emotionen hervorzurufen. Sie können ein Team antreiben oder zu Spenden aufrufen und so Danke sagen, dass alle Augen feucht werden. Sie können für flachere Bäuche werben oder dafür, dass Menschen Demonstrationsschilder in die Hand nehmen, um eine Hundetoilette in der Innenstadt zu verhindern. Sie können Ihren eigenen Ärger herauslassen. Sie begrüßen oder verabschieden Teilnehmer von Konferenzen, sie schaffen eine wohlige Atmosphäre für eine Hochzeit oder erinnern an den Verblichenen so, dass alle glücklich sind, dass er seinen Frieden gefunden hat.

„Charismatische Menschen, die in der Lage sind, andere mit ihren Emotionen mitzureißen, umgehen die üblichen Wege der Überzeugungskunst. Sie bringen Menschen zum Fühlen anstatt zum Denken und sprechen so direkt ihre Herzen an.", schreibt Richard Wiseman in „Machen, nicht denken!"[36]

Emotionalisieren kann ich dann unterteilen in inspirieren, überzeugen, aufwiegeln, beruhigen, beschämen, Ergebnisse kommentieren, usw.

In der dritten Abteilung unterhalten Sie, bis sich alle biegen vor Lachen oder sich die Fingernägel abkauen, weil es so spannend ist. Die Menschen hören Ihnen atemlos zu, weil es so interessant ist oder sie wiegen sich im Takt Ihrer Sätze, weil sie an den Blödsinn erinnert werden, den ihre Eltern immer gesagt haben.

Aber auch wenn es nur zu einem Lächeln reicht und einem wohlwollenden Nicken, der unterhaltende Teil einer Rede wird oft unterschätzt. Auch wenn es nicht schenkelklopfend komisch ist, sobald sich die Zuschauer gut unterhalten fühlen, sind sie deutlich leichter zu beeinflussen.

Bevor ein Veranstalter mich bucht, will er immer wissen, ob ich auch humorvoll bin oder unterhaltend. Meist hat er das akribisch recherchiert.

Die tollsten Infos nutzen nichts, wenn sie nicht gut verpackt sind.

---

36 Wisemann, Richard: Machen, nicht denken. Frankfurt/Main: Fischer Taschenbuch 2013, S. 293

In meiner Jugend konnte sich ein Wissenschaftler oder ein Lehrer noch darauf rausreden, dass sein Thema ja nun mal nicht spannend sei.

Mit der Konkurrenz von Tausenden von Rednern im Netz, die in der Lage sind, jedes noch so langweilige Thema spannender zu machen als jeden Tatort, kommt man damit nicht mehr durch. Es gibt keine langweiligen Themen. Spätestens wenn Sie Prof. Dr. Volker Römermann[37] mal gehört haben, wenn er sich leichten Fußes durch die Tiefen des deutschen und internationalen Rechts durchkämpft, werden Sie mir Recht geben. Leicht verständlich und unterhaltend sind heute Forderungen, die wir wie selbstverständlich an einen guten Vortrag haben. Schließlich gibt es genug andere, die das können.

Unterhalten kann ich, indem ich zum Lachen bringe, zum Staunen, indem ich Rätsel stelle oder Aufgaben, ich kann Kunststücke aufführen oder etwas so spannend erzählen, dass alle den Atem anhalten. Für eine Rede ist das sehr erstrebenswert.

Der richtige Mix

Aber wie sollten diese drei Elemente nun verteilt sein? Heute kann ich mir jederzeit alle Informationen über mein Smartphone oder einen Computer besorgen, und zwar zu meiner Zeit, in meiner Menge und in der Stimmung, in der ich mich gerne informieren möchte. Dazu muss ich mich eigentlich nicht in den Versammlungsraum begeben.

Deswegen sollte der reine Informationstransfer nur ein kleiner Teil der Rede sein. Wenn es ausschließlich um den Transport von Informationen ginge, dann ist jedes fotokopierte Blatt einer Rede haushoch überlegen, eine Folie voller exakter Daten, Zahlen und Fakten schlägt jeden Redner, wenn der diese Zahlen einfach nur vorliest oder vorträgt. Stören nicht die anderen beim „sich informieren" nur? Sucht sich da nicht derjenige, der sich informieren möchte, Ort und Zeit lieber aus, anstatt genau zu dem Zeitpunkt, wo sein Kunde mal im Büro ist, einem Präsentator mit nervösen Zuckungen zuzuhören, der ständig von einem Bein aufs andere wechselt? Auch wenn der Vortragende toll ist, ich als Redner wäre mir zu schade, einfach nur Informationen weiterzugeben. Wissenskommunikation mit Reden und PowerPoint besteht im Auslegen von Ködern und einer Idee, wie man das zuhörergerecht vermitteln kann.

In der folgenden groben Einteilung wird der Anteil der Informationen immer weniger wichtig:

---

37 www.roemermann.com

a) Agenda des Managementmeetings

b) der Finanzvorstand präsentiert die Quartalszahlen

c) ein Mediziner erklärt eine neues Arzneimittel vor dem Außendienst

d) ein Professor hält eine Vorlesung

e) eine Präsentation auf einem Messestand

f) ein Mittelschullehrer erklärt Mathematik

g) ein Fitnesstrainer spricht übers Abnehmen

h) Verkehrsunterricht in der Grundschule

i) der neue Mitarbeiter wird begrüßt

j) Barbara hat Geburtstag

k) lustige Einlage auf einer Hochzeit

Eine ähnliche Liste könnte man jetzt machen über den Anteil an Emotion oder den Anteil an Humor. Hier wäre wohl die Einlage auf der Hochzeit weit vorne und die Information spielte eine immer geringere Rolle.

Die meisten Reden, die ich gehört oder gecoacht haben, waren einfach langweilig. Alles schon dagewesen, keine Gefühle und nicht im Mindesten unterhaltend.

Wenn Sie jetzt einwenden, dass man doch nicht ständig mit was Neuem kommen kann? Doch kann man. Zumindest die Verpackung sollte neu sein. Sie wollen von einer großen Gruppe von Menschen deren wichtigstes Gut: ihre Zeit. Da müssen Sie schon sehr gut begründen, dass sich diese Investition lohnt.

Je weiter es in der Unternehmenshierarchie nach oben geht, desto höher werden die Gehälter und desto wichtiger ist es, den Beweis anzutreten, dass die Zeit der Zuhörer gut genutzt ist, wenn sie Ihnen zuhören sollen.

In vielen Reden ist das Ziel, dass jeder die Informationen nicht nur gehört, sondern auch verstanden hat, Sie haben nicht nur die Chance, dass jeder eine Idee von ihrem Thema hat, sondern dass der genau weiß, worum es geht. Jeder hat ein paar Informationen so verinnerlicht, dass er sie wiedergeben kann. Die Menge an Wissen in Ihrer Firma hat sich vergrößert, so dass das, was Sie wissen oder herausgefunden haben, vielen Menschen nun zur Verfügung steht. Es wird ihre Entscheidungen beeinflussen, um ihnen zu helfen und um ihre Firma besser zu machen, die Geburtstagsgäste glücklicher, die Studenten zufriedener. Zuschauer lieben Informationen aus dem Kurs für Fortgeschrittene.

Natürlich gibt es langweilige und spannende Themen. Aber immer nur aus Sicht der Zielgruppe. Das Thema an sich ist weder spannend noch langweilig. Möglicherweise ziehen Sie den Vortrag **Wie werde ich Millionär?** einem Vortrag über **Wege zu mehr Gelassenheit beim Sonnenbaden** vor. Aber das hängt davon ab, ob Sie Millionär oder Hypochonder sind. Für mich sind die Lottozahlen ab und zu das spannendste, was ich mir vorstellen kann. Aber natürlich nur, wenn ich einen Schein abgegeben habe.

Die drei Elemente einer Rede kann man nicht immer so genau trennen. Der Inhalt besteht nicht immer nur aus Informationen. Eine sehr emotionale Rede kann sehr viel Inhalt haben, aber vielleicht gar keine Information. Auch in Witzen, Glossen oder Kabarett kann wieder sehr viel Inhalt vorkommen, nur sehr unterhaltsam aufbereitet.

Ein guter „Tatort" im Fernsehen ist nicht nur unterhaltsam, sondern trägt etwas Nachdenkenswertes zur gesellschaftlichen Diskussion bei. Wissensmagazine im Fernsehen, genauso wie Vorträge bei TED.com oder auf großen Wissensforen sollten heute einen hohen Unterhaltungswert haben. Wichtig ist in meinen Augen nur, dass das, was Sie da oben machen, entweder das eine oder das andere oder das dritte ist. Wiederholen ist langweilig, Allgemeinplätze breittreten ist langweilig, nur definieren ist langweilig, ankündigen ist langweilig, auch wenn man tut, was man angekündigt hat und am langweiligsten sind Sie, wenn Sie gar nichts zu sagen haben. Das kommt öfter vor als man glaubt. Solche Menschen stehen komischerweise einfach gerne auf der Bühne.

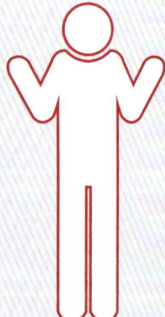

Missverständnis Nr. 6

Dutzende Bücher und Seminare habe jede Menge heiße Tipps, wie man ein toller Redner wird:

Der Zuschauer darf Sie nie als langweilig empfinden.

Ja klar, aber wie geht das jetzt? Nach dieser Drohung geht keiner mehr auf die Bühne. Wollten Sie noch mehr von der Sorte?

Inspirieren Sie Ihr Publikum!
Stellen Sie eine Verbindung mit dem Publikum her!
Seien Sie offen für Ihr Publikum.

Übertragen auf Fußballer hieße das dann:

Schießen Sie Tore.
Sorgen Sie dafür, dass Sie den Ball haben.
Geben Sie den Ball nach Möglichkeit nicht ab.

Auf einer amerikanischen Speaker-Konferenz setze ich mich in einen Workshop mit dem Titel **Die zwei größten Geheimnisse für Speaker**, Dauer 45 Minuten. Es dauerte 43 Minuten bis er die zwei Geheimnisse unter großem Trommelwirbel lüftete:

Halten Sie eine brillante Rede!
Bringen Sie die Leute immer wieder zum Lachen!

Tatatata! So könnte ein Buch übers Redenlernen eigentlich anfangen und enden. Können Sie sich vorstellen, wie frustriert ich da rausgetrottet bin?

THEMENSUCHE

Die meisten Ratgeber zum Thema Rhetorik beginnen mit der Themensuche, als ob das ein Selbstzweck wäre. Ich kenne nur zwei Gelegenheiten, bei denen man sich ein Thema aussucht: Im Rhetorikkurs an der Schule und in einer Toastmaster-Gruppe[38]. Hier muss ich verschiedene Arten von Reden halten und da suche ich mir dann ein Thema, das zu meiner Aufgabe passt. Wenn ich die Abteilung Humor bedienen will, nehme ich nicht das Steuerrecht im ausgehenden 20.Jahrhundert und wenn ich eine Überzeugungsrede halten soll, würde ich jetzt nicht zum Thema „Herstellung von Tretminen raten":

In allen anderen Fällen ist es völlig unrealistisch, sich ein Thema auszusuchen und sich anschließend als Redner anzubieten. So funktioniert das nicht. Die Rede kommt zu Ihnen, da will Sie jemand hören, weil Sie ein genialer Optiker sind, weil Sie der umsatzstärkste Konditor in Südhessen sind, weil Sie den Feldberg auf Händen bestiegen haben oder weil Sie eine Impfung gegen Dummheit erfunden haben. Jetzt müssen Sie entscheiden, ob Sie den Ruf annehmen.

Der Comedy-Fachmann Knacki Deuser[39] war mal Leistungssportler, Susanne Nickel[40] Rechtsanwältin, Roland Buß[41] Kriminalkommissar und Vince Ebert[42] ist Physiker. Patricia Küll[43] ist Fernsehmoderatorin, Martin Laschkolnig[44] hat buddhistische Philosophie studiert und Christian Lindemann[45] ist, wenn wir es genau nehmen, auf der Bühne als König der Taschendiebe unterwegs. Sie alle arbeiten heute sehr erfolgreich als Speaker und stehen mehrmals die Woche auf der Bühne.

---

38 www.toastmasters.org
39 www.kj-deuser.de
40 www.susannenickel.com
41 www.rolandbuss.com
42 www.vince-ebert.de
43 www.lebenswandlerin.de
44 www.martinlaschkolnig.at
45 www.christianlindemann.com

Auch professionelle Speaker hatten mal alle möglichen Berufe, die aber mit ihrem Thema zu tun haben. Ich kenne keine Verwaltungsfachangestellte, die über Erfolg redet. Jetzt entgegnen Sie bitte nicht, dass es aber auch bekannte Speaker gibt, die mal Eisverkäufer waren. Ja schon. Aber das sind Ausnahmen. Wahrscheinlich waren sie mit dem Eis so erfolgreich, dass sie jedes Jahr in der Abendschau waren. Das wäre ein Anfang. Das Thema findet den Redner und nicht umgekehrt.

INHALTLICHE VORBEREITUNG

Wenn alle Sachinformationen da sind, wenn Sie genau wissen, worüber Sie reden, dann sammeln Sie die Geschichten, Witze, Bonmots, Zitate, Beispiele und Gegenbeispiele zu Ihrem Thema. Jetzt entscheiden Sie, wieviel Information, wieviel Unterhaltung und wieviel Emotion. Sie bereiten den Inhalt so auf, dass Sie mit dem Publikum wirklich flirten können.

Sie können ein Brainstorming machen und anschließend die gefundenen Ideen gruppieren. Sie können aber auch gleich Mindmapping machen und Sie haben einen mühevollen Arbeitsschritt gespart.

Sollten Sie öfter in die Situation kommen, kreativ sein zu müssen, dann lohnt es sich, verschiedene Möglichkeiten zu lernen, wie man den Ideen ein bisschen auf die Sprünge helfen kann. Ich arbeite nach der Wenig-Aber-Oft-Methode. Ich habe die Erfahrung gemacht, dass mir in der ersten halben Stunde eines Brainstormings immer am meisten einfiel. Also mache ich inzwischen nur eine halbe Stunde. Aber das mehrmals am Tag. Beim Laufen z.B. habe ich immer einen Zettel dabei. Wenn meine Familie zum Strand geht, bleibe ich noch 30 Minuten länger im Hotelzimmer, und vor dem Schlafengehen habe ich vielleicht noch ein paar leicht schläfrige Ideen, die ich nur im Übergang vom Tag zur Nacht habe.

Andere sind nach einer halben Stunde erst voll konzentriert und haben dann erst den Alltag abgeschüttelt. Probieren Sie das aus. Und zwingen Sie sich zu regelmäßiger Arbeit daran. Zwei Tage vorher ist immer zu spät.

DIE KERNBOTSCHAFT

Das Wort **Kernbotschaft** ist natürlich Managersprech und ein bisschen überstrapaziert, aber eine gute Rede sollte so etwas wie eine zentrale Aussage haben, die Menschen überzeugen soll, genauso wie ein Interview oder ein Statement. Im Medientraining gehört das Üben der Kernbotschaft zum wichtigsten Teil der Vorbereitung.

Aber wie gehen wir jetzt bei einer Rede mit der Kernbotschaft um? Was mich an schlechten Rednern am meisten ärgert, ist die Häufung von mehreren Kernbotschaften oder das Erschlagen mit den immer gleichen Slogans. Werbung funktioniert in der Wiederholung, Vokabeln, die Schüler auswendig lernen wollen, sollten oft wiederholt werden. Aber wenn der Redner ständig wiederholt, zusammenfasst, an die Botschaft erinnert, bleibt zwar alles im Kopf des Zuhörers, aber verbunden mit jeder Menge Ärger, weil der Zuhörer sich zum Schüler degradiert fühlt. Eine Kernbotschaft zu haben und eine Kernbotschaft ständig zu wiederholen, sind zwei verschiedene Dinge.

Missverständnis Nr. 7

Viele Trainingsbücher für angehende Redner werden von Lehrern geschrieben, von Professoren, von Menschen, die an Schulen und Universitäten jüngeren Menschen ein paar grundlegende Wahrheiten in den Kopf pflanzen wollen. Die haben ein paar ganz klare Regeln.

Wiederholen Sie Zahlen mehrmals, dann brennen sie sich dauerhaft ein.

Das ist für eine Vorlesung ein Super-Tipp. Wenn es ums Behalten geht, dann wiederholen Sie, fassen zusammen und zeigen Folien, die das Ganze im Kopf verankern. Aber für eine Grabrede, für eine Festrede? Ja selbst bei der Vorstellung eines neuen Produktes mag ich doch nicht die Vorteile des neuen Kaffeefilters „eingebrannt" bekommen. Und zwar weder als Außendienstler für Kaffeefilter noch als Benutzer von Kaffeefiltern. Das geht völlig an der Wirklichkeit vorbei.

Wir erinnern uns an viele Sätze aus Filmen oder Büchern, ohne dass sie dauernd wiederholt werden.

Die Zuschauer können Ihre Folien fotografieren, die Infos von Ihrer Website downloaden oder Sie nehmen sich Infomaterial mit. Damit muss ich meinen Kopf nicht belasten.

Merken passt nicht mehr in die Zeit.

Sobald Zuschauer das Gefühl bekommen, sie würden wie Schüler behandelt, sie würden unterfordert und man hämmert ihnen etwas ein, sinkt die Aufmerksamkeit rapide. Aber viel schlimmer: Die fangen an, sich zu ärgern. Ich habe mal nach der fünften Wiederholung der Kernbotschaft den Saal verlassen. Für mein Geld mag ich nicht für dumm verkauft werden.

Die ständige Frage, wie viel der Zuhörer denn behält oder behalten muss, ist doch falsch gestellt. Die meisten Redner halten keine Vorlesungen oder geben Englischkurse an der Volkshochschule. Sie wollen mitreißen, begeistern, motivieren, überzeugen, unterhalten, Wertschätzung zeigen oder was auch immer.

Ganz davon abgesehen, dass es viele Reden gibt, die durch eine Kernbotschaft schlechter werden. Eine Rede zur Eröffnung einer Kunstausstellung wird doch nicht dadurch brillant, dass ich eine einzige Kernbotschaft habe. Wenn Sie den ersten automatischen Zahnpastarestebeseitiger für Waschbecken erfunden haben, haben Sie eine einzige Kernbotschaft, wenn Sie das Ding vorstellen. Bei der Motivationsrede zu Ihrem Amtsantritt haben Sie das nicht. Und viele Produkte haben eben heute nicht das eine, die Konkurrenz aus dem Weg räumende, in jede Schlagzeile gehörende Merkmal. Vielleicht ist es diesmal ohne Kernbotschaft besser? Oder die Kernbotschaft sind Sie. Wenn ich dieses Produkt kaufe, lease, miete, dann habe ich es mit Ihnen zu tun und nicht mit jemandem von der Konkurrenz. Das kann ein ziemlich zentraler Punkt einer Rede sein.

Die Botschaft darf nicht zu kompliziert sein. In Deutschland gibt es das Bild des „Küchenzurufs". Man sollte das, worum es geht, seinem Partner, der gerade in der Küche arbeitet, in einem verständlichen Satz zurufen können. Die Amerikaner setzen ein **Hey Mom** oder ein **Hey Dad** davor. Ein **übrigens** tut es auch, um den Redner daran zu erinnern, einfach und klar zu sein.

Sehr oft ist diese sogenannte Kernbotschaft aber leider ausgemachter Unsinn.

> **Die einzig Konstante ist der Wechsel.**
> **Das ist eine win-win-Situation.**
> **Es gibt keine leichten Antworten.**

Schlechte Redner lieben es, Plattitüden über Minuten auszubreiten. Mein Lieblingsspruch dazu ist von dem Marketing-Experten Stephan Heinrich[46], der die Branche gerne ein bisschen karrikiert: **Du musst auch wirklich wollen, was Du willst**. Da ist dann doch alles klar.

Eine Rede ist kein Selbstzweck. Was ist das Ziel der Rede? Wenn alles bestens läuft, was soll am Ende der Rede passieren? Sie informieren, berühren oder unterhalten, um etwas zu erreichen. Und sei es, einer großen Gruppe von Menschen gegen ein gutes Eintrittsgeld einen schönen Abend zu verschaffen.

Viele Redner erfinden Worte oder Begriffe, die wir in Zukunft mit ihnen verbinden sollen. Die Speakerin Ulrike Aichhorn[47] hat das Wort **kundinisch** eingeführt, für Firmen, die lernen müssen, auch die weiblichen Kunden anzusprechen, Gabriel Schandl spricht über das Leistungsglück[48]. Von Sabine Asgodom[49] stammt der Begriff der **Herzenshöhe,** ein Begriff, der klärt, dass es nicht genügt, mit seinen Zuschauern auf Augenhöhe zu sein.

---

46 www.stephanheinrich.com
47 www.die-aichhorn.com
48 www.gabrielschandl.com
49 www.sabine_asgodom.de

DER APPELL

Am unangenehmsten finde ich es immer, wenn der Redner einen Appell für mich mitbringt. Ja, er will was verkaufen oder mich beeinflussen, aber je mehr er mir erklärt, was ich tun soll, ja eigentlich zwingend tun muss, damit ich das nächste halbe Jahr überlebe, desto unangenehmer wird es für mich. Die großartige Speakerin Margit Hertlein[50] hat mich bei einem Vortrag, den wir beide gemeinsam gehört haben, wieder daran erinnert, warum das so ist.

Das ist das sogenannte Eltern-Ich. Da erklärt die Mama auf der Bühne, was wir zu tun haben. Sie weiß genau, wie es geht. Sie hat das alles längst rausgefunden. Jetzt geht es nur darum, dass wir kleinen Zuschauer das auch begreifen. Hans Uwe Köhler beschreibt sehr schön, wie man es richtig macht

Präsentieren Sie Ihre Ideen weich, angenehm, ja geradezu verlockend.[51]

Gerade dann, wenn Sie fest davon überzeugt sind, dass es für Ihre Ideen keine Alternative gibt, dass Sie unwiderlegbare Argumente haben und es nur einen richtigen Weg gibt, könnten Sie nochmal nachdenken. Ich habe in meinem Leben gelernt, dass fast alle meine absoluten Wahrheiten sich im Laufe des Lebens doch sehr verändert haben.

Gute Reden sollen beeinflussen, verändern, bewegen. Aber wie geschieht das? Indem wir hören, was wir tun sollen? Indem uns ein Redner erzählt, was das Beste für uns ist? Das funktioniert nur in den seltensten Fällen. Der beste Grund, sich der Meinung eines Redners anzuschließen, ist, dass er mir seine Überzeugung vermittelt. Er muss klar Stellung beziehen, er muss brennen. Dann habe ich eine Entscheidungsmöglichkeit: Brenne ich mit oder brenne ich nicht?

Ich empfinde es als ermüdend, ständig gesagt zu bekommen, was gut für mich ist, was ich brauche und was ich bitte tun soll. Die spannendsten Reden, die ich in meinem Leben gehört habe, waren von Menschen, die mir von sich erzählt haben. Das hat mich angeregt, das hat mich bewegt, das hat mein Leben beeinflusst. Einmal so verrückt wie Joey Kelly, so mutig wie Reinhold Messner, so klar wie Rüdiger Nehberg, so kreativ wie Hans Rosling[52], so geheimnisvoll wie Thorsten Havener[53], so charismatisch wie Markus Hofmann[54]… diese Liste ist unendlich.

---

50 www.margit-hertlein.de
51 Köhler, Hans-Uwe. L.: Die perfekteRede. Offenbach: Gabal Verlag GmbH, S. 198
52 de.wikipedia.org/wiki/Hans_Rosling
53 www.thorsten-havener.com
54 www.unvergesslich.de

Manchmal kann es also besser sein, sein Ziel zu erreichen, indem man ein Vorbild abgibt, indem man vorgeht in der Hoffnung, die anderen kommen hinterher. Also arbeiten Sie zuerst einmal an Ihrer Überzeugung, an dem, was Sie denken, wünschen, herausgefunden haben, und dann geht es erst um die Performance.

EMOTIONEN

Zuschauer behalten etwas deutlich leichter, wenn die Rede ein Gefühl erzeugt. Einen Satz vergesse ich deutlich leichter als ein Gefühl. Auch wenn uns die Anzahl der Gefühle unendlich erscheinen, so kann man die Gefühle in 8 Untergruppen unterteilen. Anita Herrmann-Ruess nennt sie die 8 Emotionsfelder.[55]

Stolz, Siegesgefühl
Ärger, Zorn
Sicherheit, Vertrauen
Besorgnis, Angst
Berührung, Verbundenheit
Betroffenheit, Mitgefühl
Verblüffung, Spannung
Ironie, Zynismus

Manche Wissenschaftler addieren zu den Grundemotionen noch Verachtung, Liebe, Scham und Schuld. Aber das spielt letzten Endes keine Rolle. Es gibt jede Menge verschiedener Emotionen, mit denen Sie in Ihrer Rede nach Belieben spielen können.

Wäre das schön, wenn wir die Emotionen unserer Zuschauer auf Knopfdruck steuern könnten. Auf ein Fingerschnippen würde sich festliche Stimmung einstellen, wenn es lustig sein soll, fangen alle an zu lachen, nach dem feinfühligen Text werden alle auf Kommando besinnlich, und wenn ich etwas in die Runde frage, will ich einhundertfünfzig Finger sehen. So einfach ist das aber nicht. Und je mehr ich jemanden irgendwo haben möchte, desto mehr bockt der komischerweise.

Das kennen wir auch aus dem Privatleben. Wenn wir unseren Liebling immer wieder auffordern, doch etwas begeisterter zu sein, oder freundlicher zu gucken, wird er irgendwann explodieren. Wir wollen unsere eigenen Emotionen haben.

---

55 Hermann-Ruess, Anita, Highlight-Rhetorik. Offenbach: Gabal Verlag Gmbh 2010, S. 95

Missverständnis Nr. 8

Wie machen wir das nun mit den Emotionen in der Rede?

Sprechen Sie aus Ihrem Herzen.
Untermalen Sie mit Gefühlen
Fühlen Sie, was Sie sagen.
Try to hear your inner voice!

Da lautet ein Tipp in einem Artikel über Rhetorik in einer NLP-Zeitschrift:

Achten Sie auf das, was Sie denken.

Wenn man nett ist, kann man sich denken, was damit gemeint ist: Sorge dafür, dass Du vor dem Vortrag positive Gedanken hast, das bringt Dich eher in eine bessere Stimmung. Aber während des Vortrags spreche ich nicht aus dem Herzen. Es schauen mich 300 Leute an.

Nehmen Sie Verbindung mit Ihren Bedürfnissen auf!

Nein, gerade nicht. Sechs Wochen vorher wollen Sie auf die Bühne. Kurz vorher nicht mehr. Ihre innere Stimme sagt Ihnen in diesem Moment nur, dass Sie hier weg wollen.

Wenn Sie merken, die hören Ihnen nicht wirklich zu, ist es kontraproduktiv, sich gerade mit den eigenen Bedürfnissen zu befassen. Es gibt ein paar Dinge im Leben, die nicht passieren würden, wenn Sie nur Ihren Bedürfnissen folgen. Eine Rede vor großem Publikum ohne ausreichende Praxis gehört eindeutig dazu.

Da sollte man dem Trainer jetzt zurufen: Vormachen! Dann hätten wir was zu lachen. Vielleicht reißt er ja wirklich die Augen auf und versucht die beiden Glaskugeln zum Leuchten zu bringen. Wenn jemand mit leuchtenden Augen spricht, ist das sehr beeindruckend. Als Tipp, was man tun sollte, um Menschen zu begeistern, taugt es nur bedingt.

Stellen Sie sich vor, Sie bekommen etwas zum Geburtstag geschenkt und werden nun gedrängt, Freude zu zeigen. **Gefällt es Dir auch? – Aber ja**. Das kann ziemlich nervig sein. **Freust du dich denn? Ich wusste ja nicht so recht. Aber wenn du sagst, dass du dich freust. War das eine gute Idee?** Irgendwann sind sie angefressen. **(laut) Aber ja doch!** Und die Geburtstagsstimmung ist auf dem Nullpunkt. Warum ist das so? Weil wir keine Gefühle vorgeschrieben bekommen wollen. Wenn bei einer Comedy-Serie Lacher eingespielt werden, finden das die meisten Zuschauer komisch. Aber die Stimmen auf der Tonkonserve lachen halt einfach. Die schreien mich nicht an, dass ich dauernd lachen soll. Wenn ich zufällig Lust habe, dann lache ich mit.

Menschen wollen zu Gefühlen nicht gezwungen werden. Schon ein Satz wie

Es geht Ihnen doch bestimmt auch so…
Sie werden begeistert sein!
Gleich werden Sie sich alle biegen vor Lachen.

führen dazu, dass alle todernst ihre Arme verschränken und denken: **Na, dann mach mal. Noch lache ich nicht!**

Erzählen Sie, was Sie erlebt und empfunden haben. Im Falle des Geburtstagsgeschenkes können Sie, wenn Sie wollen darüber sprechen, was Sie sich dabei gedacht haben. Wie Sie darauf gekommen sind. Warum Sie glauben, dass sich der Beschenkte freuen wird. Davon kann das Geburtagskind gar nicht genug bekommen und Streit gibt es schon gar keinen. Im Gegenteil: Die Wahrscheinlichkeit ist groß, dass Sie in den Arm genommen werden… Die Spiegelneuronen haben mal wieder ganze Arbeit geleistet.

FÜR REDEPROFIS

Nehmen wir einmal an, Sie wollten mit dem Reden Geld verdienen und recherchieren ein bisschen, was eine Rednerausbildung kostet, wieviel Aufwand das ist und wie viel Arbeit das macht. Die meisten sind danach erstaunt.

Hans-Uwe L. Köhler, der sein Leben lang mit beeindruckenden Reden Geld verdient hat, rechnet uns vor, dass er pro Vortragsminute einen Vorbereitungstag einkalkuliert. Eine Rede von 45 Minuten kostet also mindestens 45 Arbeitstage Vorbereitung.[56] **Doch so viel…** werden die meisten jetzt antworten. Ja, natürlich! Was haben Sie gedacht? Hunderte Bücher, Ausbildung, Fortbildung, Meisterschaft und dann noch monatelang an der Formulierung feilen, dann gibt es Geld.

Wenn Sie gut sind, halten Sie 100 Vorträge im Jahr. Nehmen wir mal an, Ihr Thema interessiert eine Zeit lang, also sagen wir mal 10 Jahre. Und nehmen wir eine Gage von 3000 Euro an, dann sprechen wir gerade über ein Business von 3 Millionen. Um die zu bekommen, sollten Sie schon etwas investieren. Auch wenn ich nichts davon halte, in Jahresausbildungen für Speaker sechsstellige Beträge zu investieren. Ich selber halte keine Trainings, die länger dauern als 2 Tage. Danach kommt die Anwendung. Und wenn Sie Profi werden wollen, brauchen Sie ohnehin verschiedene Trainer. Also zum Beispiel René Borbonus[57],

---

56 Köhler, Hans-Uwe. L.: Die perfekteRede. Offenbach: Gabal Verlag GmbH, S. 85
57 www.rene-borbonus.de

Frank Asmus[58] oder Robert Spengler[59], dann vielleicht mich. Wenn Sie bei denen Seminare buchen, werden Sie noch andere Sichtweisen kennen lernen. Aber einer alleine wird Sie nie zum Meister machen. Sie wollen ja keine Kopie sein.

Von Trainern, die die Rhetorikkurse so nebenbei geben, rate ich Ihnen ab. Nur weil jemand selbst ein guter Redner ist, muss er das nicht vermitteln können. Ein Kurs von einem Speaker, der über den Einsatz von Excel bei der Steuerberatung spricht, wäre für mich nicht die erste Wahl, auch wenn er mit seinen Reden ganz erfolgreich ist. Der Gedächtnisexperte Markus Hofmann[60] ist auch großartig, wenn er eine Trauerrede oder eine Laudatio hält. Aber deswegen gibt er trotzdem keine Rhetorikseminare.

Es muss ja am Ende nicht nur ein toller Inhalt sein, sondern es sollte sich auch jeden Abend so anhören, als machten Sie das zum ersten Mal. Mit derselben Freude und Begeisterung vor genau diesem Publikum, auf das Sie echt gespannt sind. Das ist alles andere als einfach.

---

58 www.frankasmus.com
59 www.robert-spengler.de
60 www.unvergesslich.de

DIE DRAMATURGIE

Auch in Bezug auf die Dramaturgie weicht meine Meinung von vielem ab, was Sie vielleicht gelesen haben. Einfach, weil ich im Laufe meines Bühnenlebens erkannt habe, dass viele Lehrsätze möglicherweise nicht stimmen. Hier mal eine kleine Auswahl. Zu jeder Redestruktur, die ich in Büchern finde oder auf Veranstaltungen höre, finde ich ein Gegenbeispiel:

1. **Fangen Sie sofort mit Ihrer Botschaft an!** – Nein, wenn die Botschaft Ärger oder Ablehnung hervorruft, sollten Sie nicht sofort damit anfangen.

2. **Steigern Sie sich langsam!** – Nein, wenn Sie damit in den weiten Ebenen des Niederrheins beginnen müssen.

3. **Wechseln Sie starke Argumente mit schwachen Argumenten ab!** – Nein, wenn es nur zwei starke Argumente gibt und der Rest Marketing ist, dann machen Sie das besser nicht.

4. **Wärmen Sie Ihr Publikum erst auf!** – Nein, wenn Sie der fünfte Redner sind und nach Ihnen Mittag gegessen wird, kommen Sie besser zur Sache.

5. **Bringen Sie das zweitbeste Argument am Schluss!** – Nein, wenn das zweitbeste Argument lange Erklärungen und Beweise braucht, dann besser nicht am Schluss.

5. **Der Zuhörer entscheidet in den ersten Sekunden, ob er Ihnen zuhört.** – Nein. Er entscheidet, ob Sie ihm sympathisch sind. Wenn Sie das sind, ist die Chance größer, dass er weiter zuhört. Aber wenn Sie stolpern oder sich erst mal ausgiebig bei allen bedanken, dann nervt das vielleicht, aber er hat sich deswegen noch nicht gegen Sie entschieden.

7. **Es fällt uns leichter, wenn wir die Ordnung erkennen!** Das Gegenteil ist der Fall. Sobald wir die Ordnung erkennen, erhöht sich zwar die Wahrscheinlichkeit, dass wir in einem anschließenden Test die richtigen Antworten geben, aber die Wahrscheinlichkeit, dass wir gefesselt sind, sinkt.

> **Es gibt so viele Dramaturgien, wie es Reden gibt.**

Was Sie brauchen, ist eine Struktur, die zu Ihnen und Ihrem Thema passt. Sie müssen sich wohlfühlen mit Ihrer Rede, welche Struktur auch immer Sie benutzen. Wenn Sie eine Rede mehrmals halten müssen, dann können Sie sie ständig verbessern. Stellen Sie sich vor, wie Sie sich freuen würden, eine Rede halten zu dürfen, weil das, was Sie sich da überlegt haben, alles von vorne bis hinten gut und spannend und hilfreich ist. Wenn Sie stolz auf Ihre Folien sind und gespannt, wie Ihr Publikum gleich reagieren wird. Das wäre die beste Motivation und das beste Mittel gegen Lampenfieber.

Wenn alle dieselbe Dramaturgie verwenden, spätestens dann wäre es Zeit, was anderes auszuprobieren. Andererseits gibt es ein paar Strukturen, die besonders gut funktionieren. Hollywoodfilme sind vom Aufbau meist sehr ähnlich. Genau das ist der Grund für ihren Erfolg. Denn auch wenn ich die Dramaturgie kenne, falle ich trotzdem wieder gerne darauf rein und hoffe, dass die zwei sich am Ende kriegen oder der Ultimator noch den letzten Terroristen hinter Gitter bringt.

Wenn Sie die Struktur eines Filmes durchschauen, wenn Sie in einem Theaterstück immer die Dramaturgie im Hinterkopf haben, haben Sie nur halb so viel Spaß (Das ist jetzt der Plotpoint 1, da weint sie, dann kommt die Stelle, an der sie bereuen muss, und jetzt muss das nächste Hindernis kommen).

Ein guter Redner führt sein Publikum am Nasenring durch die Landschaft seines Themas und er wird nicht dauernd erklären, wo er ist, wo er hinwill, und was er sich genau bei diesem Weg gedacht hat.

Aber diese Ordnung können wir auch durch Gewöhnung bekommen haben. Wir haben eben jetzt auch schon eine Menge Reden gehört, ein paar Filme gesehen und Hörbücher konsumiert. Wir wissen, dass viele Redner provozieren, dass Sie manchmal etwas andeuten, was erst später erklärt wird (was meine Frau in Filmen immer ärgert). Und wir haben gelernt, dass Widerspruch zur gängigen Meinung auch ein Marketing-Gag sein kann.

Wenn Sie das sagen, was die Zuschauer wollen, brauchen, erwarten, dann ist es fast völlig egal, wie Sie das tun. Nur tun Sie es.

Eine gute Präsentation liegt irgendwo zwischen Shakespeare und James Bond.

Dieses Zitat von Graham Davies[61] ist ein sehr gutes Bild für eine gute Rede. Bei Shakespeare ist es unmöglich beim ersten Sehen des Stückes alles zu erfassen. Beim James Bond weiß ich vorher ziemlich genau was passiert. Nur nicht, wer der Bösewicht ist, was er vorhat und mit wem unser Held ins Bett geht. Shakespeares Komplexität und James Bonds Einfachheit, das sind die zwei Gegenpole zwischen denen sich eine gute Rede bewegen sollte.

ORDNEN

Ich kann ein Thema in verschiedene Bereiche oder Aspekte unterteilen, die ich nacheinander abarbeite. Bei einem Auto kann ich über den Motor sprechen, dann über die Innenausstattung und dann über das Fahrverhalten. Dasselbe gilt für eine Ferienreise, ein neues Gebäude oder die Aufgaben einer bestimmten Arbeitsstelle. Besonders bei komplexen Themen empfiehlt es sich, das Thema

---

61 Davies, Graham: The Presentation Coach, Chichester: Capstone Publishing Ltd. 2010, S. 78

in verschiedene Teilbereiche aufzuteilen, die Sie anschließend in eine Reihenfolge bringen.

Am besten ordnet man das Material in Kapitel von ca. drei Minuten. 30 Minuten sind dann 10 Kapitel oder Aspekte, wie auch immer Sie das nennen wollen.

Wenn Sie erzählen wollen, dass gestern um die Mittagszeit eine Schlange aus Ihrem Bücherregal gekrochen ist, werden Sie nicht damit beginnen, wie Sie das Regal gekauft haben. Wenn Sie mittags beim Einkaufen dem Papst begegnen, beginnen Sie nicht mit dem Frühstück, sondern mit dem Moment, als Sie gerade eine Münze in den Einkaufswagen stecken wollten….

Wenn Sie vorne anfangen, wenn Sie beim Hintergrund anfangen, wenn Sie in der Steinzeit anfangen, rollen die ersten die Augen. Das ist zu vorhersehbar, das was mich interessiert, kommt noch nicht.

Sie brauchen auch beim Präsentieren vor einem ungeduldigen Vorstand nicht bis zur Unkenntlichkeit kürzen. Nein, das Wichtigste muss nur an den Anfang. Wenn die Herren genug wissen, wenn die Leute im Saal unruhig werden und der Veranstalter auf die Uhr klopft, dann hören Sie auf. Das Wichtigste haben Sie in jedem Fall gesagt.

Geht es wirklich bergab, wenn Sie mit einem Knall anfangen? Nein, sie verlieren möglicherweise immer wieder ein paar Zuhörer. Aber durch den Knall am Anfang sind alle bei der Sache. Beim Flirten machen wir es genauso.

Die ersten zwei Minuten haben nur einen Zweck: Die Zuschauer müssen erkennen, dass es sich lohnt zuzuhören. Wenn Sie kein Prominenter sind, dann sorgen Sie einfach dafür, dass Sie das Publikum schon am Anfang mit etwas fesseln, überraschen oder herausfordern.

Wenn Sie entschieden haben, dass der Hintergrund oder die Geschichte des Produktes, der Firma oder Ihre eigene wichtig ist für das Publikum, dann suchen Sie einen Platz in Ihrer Rede, wo es hinpasst und Spannung oder Lachen oder Überraschung erzeugt.

Wir werden alle ständig ungeduldiger. Deswegen kommen Sie auf den Punkt. Möglichst schnell. Oder Sie benutzen eine ganze spezielle Art von Anfang. Denn bei manchen Geschichten und Themen kann man nicht einfach reinspringen. Da müssen Sie vorne anfangen, obwohl es am Anfang langweilig ist. Das würden wir dann ankündigen, dass da noch was ganz Tolles kommt.

Ich hatte noch nie so viel Angst, wie in diesem Urlaub…
Das ist das Tollste, was mir je passiert ist
Sie werden es nicht für möglich halten…
Ich hätte es wissen müssen…

Wenn Sie jetzt vorne beginnen, dann ist Ihnen trotzdem die Aufmerksamkeit sicher. Sie haben sozusagen den Köder gelegt.

Hören Sie in der Vorbereitung nicht auf, wenn Sie feststecken, sondern dann, wenn Sie genau wissen, wie es jetzt weitergeht. So fangen Sie mit der Arbeit an der Vorbereitung leichter wieder an. Hören Sie aber auf mit der Vorbereitung, weil sich in Ihrem Kopf aufgrund des Chaos in Ihrem Konzept ein leicht schmerzendes Pochen einstellt, brauchen Sie am nächsten Tag eine übermenschliche Energie, um mit der Vorbereitung weiter zu machen.

ÜBERZEUGEN

Es gibt für mich einen Aufbau, der sehr gut funktioniert, wenn man Menschen überzeugen will und den ich bei vielen Rednern in immer wieder abgewandelter Form gefunden habe. Bei den meisten Reden geht es ja um irgendeine Form der Beeinflussung.

Jetzt wissen Sie, dass Sie mit etwas Wichtigem anfangen sollen, aber was ist wichtig? Ein möglicher Traum, das Tränental oder der theoretische Überbau.

Im ersten Schritt taucht ein Problem auf. Ich nenne das die negative Situation. Je mehr meiner Zuschauer dieses Problem haben, desto besser. Ich hole sie ab, ich tauche in ihre Welt ein und sie erkennen sich. Ich mache den Zuschauer zum Betroffenen.

Im zweiten Schritt geht es darum, was es dem Zuschauer bringt. Wir malen eine bessere Zukunft. Wir sagen ihm, wie die Welt aussieht, wenn er unsere Tipps und Anregungen befolgt oder unser Produkt benutzt. Wir zeigen ihm das Ziel der Reise, die gute Situation. Wenn Sie einen Selbstlernkurs für Gitarre kaufen, wollen Sie als erstes Mal wissen, wie das letzte Stück klingt, damit Sie entscheiden können, ob es sich dafür lohnt, den ganzen Kurs durchzuarbeiten.

Die Fragen nach dem dritten Schritt kommt dann ganz automatisch: Wie um Gottes Willen kommen wir da hin? Wie geht das? Was muss ich machen, damit es so wird. Es geht also jetzt um den Weg.

Im vierten Schritt geht es um die Theorie. Wie heißen die Begriffe oder Fachwörter, die Sie dafür haben, welche Untersuchungen gibt es, warum funktioniert das, was Sie vorschlagen.

In der Werbung haben wir diese Struktur in fast jedem Spot. Wir sehen einen Ausschnitt aus dem Alltag, in dem wir uns wiedererkennen. Der Zuschauer merkt, dass er gemeint ist. Dann taucht ein Problem auf. Dann wird erklärt, dass dieses Problem besteht, weil auf meinen Zähnen hartnäckige Bakterien lauern oder mein Bauch durch streicheln nicht kleiner wird. Anschließend folgen die sauberen Zähne und der beneidenswert flache Bauch. Dann gibt es die Produktempfehlung und zum Schluss erklärt mir jemand im weißen Kittel, welche Wundersubstanzen da jetzt drin sind. Erst die spröden Haare, die furchtbar aussehen, dann die schönsten Haare der Welt, dann das richtige Shampoo und dann die Teilchen aus der Weltraumforschung, die da jetzt drin sind, und die dem Haar genau das geben, was es braucht. Da wird dann auch genau erklärt, warum diese neue Formel für das Shampoo so umwerfend wirkt und das Shampoo Ihre Haare seidig glänzen lässt.

Sie können gegen diese Dramaturgie beliebig verstoßen oder Sie abwandeln, aber wenn Sie Menschen überzeugen wollen, bietet sich diese Reihenfolge der vier Begriffe an. Bei den meisten Themen kann es jetzt schon losgehen.

Ich habe schon viele Menschen gecoacht, die etwas Negatives in ihrer Rede unterbringen mussten, einen Trauerfall, ein Terroranschlag, das Eingeständnis eines Fehlers. Wir haben den meistens an den Anfang gesetzt, damit wir das Negative los sind. Manchmal kam das **Herzlich Willkommen zu...** auch erst, nachdem wir das negative Thema erledigt hatten. Das Negative war sozusagen nur das Vorspiel zu einem schönen Abend.

CHRONOLOGIE

Das ist die Dramaturgie, die wir in der Schule gelernt haben. Ferienerzählungen beginnen mit dem Hinflug oder dem Aufstehen am ersten Tag. Das ist für den Erzählenden einfach, er muss nur aufpassen nichts zu vergessen.

Gleichzeitig ist es die langweiligste Dramaturgie. Privat würden wir so nie erzählen. Wir beginnen fast nie vorne. Wir beginnen fast nie am Anfang. Wir starten nie bei null. Nur auf ihrer Website meinen Speaker erklären zu müssen, dass sie schon im zarten Alter von drei Jahren den unbedingten Drang auf die Bühne verspürten.

Wenn die Explosion an Tag 1 liegt, dann fangen Sie vorne an. Wenn Sie an Tag 4 liegt, dann beginnen Sie mit Tag 4 oder der Spannung an Tag 3, aber nicht mit Tag 1. Wenn Sie dann merken, dass an Tag 6 und 8 nichts passiert, überspringen Sie die Tage. Dann kann auch Chronologie spannend werden.

Natürlich können Sie eine Geburtstagsrede oder eine Laudatio chronologisch sortieren, aber eine Struktur, die sich an verschiedenen Themen, wie besondere Eigenarten, Hobbies, Einstellung zur Arbeit etc. orientiert, wäre deutlich spannender.

Wenn Sie die Abschiedsrede für einen Mitarbeiter halten, können Sie mit seinem Eintritt in die Firma beginnen, Sie können aber auch mit seiner hervorstechenden Eigenschaft anfangen, ihrem ersten Gespräch, den schönen Abenden, die er immer organisiert hat oder damit, was Sie ihm alles verdanken.

Es gibt auch Reden, die fangen vorne an und hören am Ende auf. Zum Beispiel, wenn Ihr Vortrag aus einer einzigen Geschichte besteht. Auch bei einem Geburtstag, einem Jubiläum oder einer Expedition, ist so eine chronologische Reihenfolge möglich. Wenn Sie also Redeanfänger sind, ist auch das eine gute Möglichkeit, die Bühne mal kennenzulernen.

Diese Gestern-Heute-Morgen-Methode oder auch die Vorher-Während-Nacher-Dramaturgie wird in vielen Ratgebern empfohlen. Sie beschreiben die verschiedenen Entwicklungsstufen des Projektes, eine nach der anderen. Sie gehen Monat für Monat in Ihrem Jahresbericht durch oder Sie arbeiten die verschiedenen Verkaufsgebiete in alphabetischer Reihenfolge ab. Ein bisschen langweilig, ein bisschen vorhersehbar, aber bei einem gut gelaunten Publikum, das Sie mag und die Informationen, die Sie geben, dringend braucht, kann das gut werden.

Das Problem ist, sich das erst einmal vorzunehmen, weil es logisch erscheint und dann die Rede darauf aufzubauen, obwohl ich noch gar nicht überprüft habe, ob das zu meiner Rede passt.

Wenn ich mir vornehme, erst einen Blick in die Vergangenheit zu werfen, mir dann die Gegenwart anzuschauen, um dann kühn in die Zukunft zu blicken, suche ich mir nur Informationen oder Folien, die zu diesen drei Überschriften passen. Wenn ich für die Vergangenheit zu wenig habe, dann suche ich noch ein bisschen, damit alles ungefähr gleich gewichtet wird.

Wenn ich weiß, was kommt, wird es langweilig. Während eines Vortrages hat man Gott sei Dank keine Fernbedienung, um sich in dem Moment, in dem man glaubt zu wissen, was kommt, auf einem anderen Sender umsieht. Aber genau das ist die Gefahr. Wenn jetzt die vierzehn Punkte für irgendwas kommen, wenn Sie ein Kreuz auf das Flipchart machen, weil wir jetzt die vier Quadranten von irgend-

Überraschende Wendung statt vorhersehbarer Abfolge.

was durchgehen oder wenn wir eine Reise mit dem Hinflug beginnen, sehnen sich alle nach einer Möglichkeit, mal kurz umzuschalten.

Mein Kollege Gaston Florin[62] formuliert das so: „Wenn Du auf der Bühne einen Ständer mit sechs Haken siehst und der Redner einen Wecker an den ersten Haken hängt, dann weißt du, dass noch fünf Wecker kommen."

Wenn Sie mit Brainstorming oder Mindmapping an die Sache herangehen, sind Sie vielleicht überrascht, dass der Rückblick gar nicht vorkommt. Der Blick in die Vergangenheit ist Ihnen gar nicht eingefallen, und deswegen wohl auch nicht wichtig. Wenn Sie erst sammeln und dann aus dem Gesammelten eine Struktur ableiten, ist das sehr viel wirkungsvoller. Warum sollte unter dem Gesammelten etwas sein, das uninteressant für das Publikum wäre. Wenn Sie merken, dass es überflüssig ist, dann streichen Sie. Brainstorming heißt, auch Unsinn erst mal aufzuschreiben. Aber wenn Sie ihre Sammlung oder Ihre Mindmap gefiltert haben, dann bleiben nur interessante Punkte übrig. Für die brauchen Sie jetzt eine Reihenfolge, die überraschend ist. Vielleicht fangen Sie mit dem Höhepunkt an, dann erzählen Sie, wie es dazu gekommen ist und dann geht es darum, wo wir heute stehen. Das könnte viel spannender sein, als alles der Reihe nach zu erzählen. Wenn die Zuschauer ahnen, was als nächstes kommt, sehen Sie auf die Uhr. Fangen Sie stark an und lassen Sie sich etwas mit Tiefgang für das Ende einfallen. Dazwischen unterhalten Sie, informieren Sie oder machen Sie betroffen. Wo liegt das Problem? Los geht es.

PROBLEM – LÖSUNG

Wenn Sie die Lösung für ein Problem vieler Menschen haben, fangen Sie mit dem Problem an. Bei Experten ist es möglich, erst einmal das Problem zu beschreiben, dann verschiedene Lösungsansätze, dann Ihre Lösung und zum Schluss wie das alles heißt und wie man diese Lösung nennt und warum sie funktioniert.

Das hört sich so einfach an, wie es ist. Sie sprechen ein Problem an und präsentieren die Lösung. Meistens sind es mehrere Probleme oder Schwierigkeiten, die das Projekt immer wieder verzögern und Sie räumen so nach und nach alles aus dem Weg.

Wichtig ist es, lange genug bei dem Problem zu bleiben, so dass die Zuschauer erkennen, dass sie dieses Problem auch haben. Das liegt nicht immer auf der Hand. Die meisten kritischen Fragen zu meiner Lebensführung würde ich positiv beantworten.

Treiben Sie genügend Sport?

Diese Frage würde ich sofort mit ja beantworten. Wenn Sie mich aber fragen, wann ich denn das letzte Mal so richtig geschwitzt habe… Es ist Aufgabe des Redners dafür zu sorgen, dass ich mir selber auf die Schliche komme. Viele Red-

---

62 www.gaston-florin.de

ner lassen den Schritt weg und beginnen damit, wie schön alles werden wird. Aber sehr oft wissen die Zuschauer nicht, dass es Ihnen schlecht geht. Erst wenn die Zuschauer zu ihrem eigenen Problem ja sagen, dann kommt eine neue oder überraschende Lösung. Zunächst kommt ein Teil mit der Schwierigkeit, dann der Teil mit der Lösung. Aber auch eine Abfolge von Problemen mit der jeweils dazugehörigen Lösung ist möglich.

VERGLEICHE

Sie können zwei Dinge miteinander vergleichen, zwei Lebensphasen, zwei Denkweisen, zwei Produkte. Sie können den Himmel mit der Hölle vergleichen und anschließend eine Lösung anbieten, um deren Umsetzung Sie bitten. Sie können pro und contra gegeneinander abwägen. Auch das kann eine wirkungsvolle Dramaturgie sein.

Sie stellen erst die eine Möglichkeit vor, dann die andere, erklären uns die Unterschiede und ziehen dann daraus Ihre Schlüsse. Die Alternative, die Sie bevorzugen, stellen Sie am besten als zweite vor. Beginnen Sie mit dem, was alles nicht so gut läuft, bevor Sie zu Ihrer Wunschvorstellung kommen.

Spannender ist es, wenn Sie die zwei Möglichkeiten verschränken. Erst die Vorteile von Hummer zum Frühstück, dann die Nachteile. Dann kommen die Vor- und Nachteile der Alternativen.

Hier vergleichen Sie alt und neu, die Konkurrenz mit dem eigenen Produkt oder zwei Wege, die nur vermeintlich beide zum selben Ziel führen. Das Ergebnis kann auch offen sein, so dass die Zuschauer anschließend überlegen können, wofür sie sich entscheiden.

STORYS

Ich habe schon viele Vorträge gehört, die nur aus einer oder mehreren Geschichten bestanden, und ich fand es ganz fantastisch. Hier kommt der live gehaltene Vortrag voll zur Geltung. Jemand erzählt mir persönlich eine spannende oder unterhaltsame Geschichte, aus der ich meine Lehren ziehen kann. Diese Geschichte hat er selbst erlebt, und das ist der Grund, warum er heute hier ist.

Die meisten Geschichten haben ja nicht nur den einen Höhepunkt, auf den alles zuläuft, sondern es passiert auch unterwegs eine Menge, Komisches oder Berührendes. Eine gute Geschichte ist ein wichtiger Grund, einem Redner zuzuhören.

Bei einer Ehrung kann es auch sein, dass Sie ein paar Anekdoten aneinanderreihen, so wie Sie davon erfahren haben, und nicht die Reihenfolge, in der sie wirklich passiert sind. Oder Sie sprechen von den Eigenschaften des Geehrten und erzählen die jeweils passenden Geschichte, egal, ob sie von gestern ist oder aus dem Kindergarten.

Das Geheimnis

Robert Cialdini schreibt in seinem Buch Pre-Suasion[63], dass die meisten gelungenen Texte mit einem Geheimnis anfangen, mit einer verblüffenden Tatsache. Warum nicht dasselbe bei einer Rede machen? Cialdini ist davon überzeugt, dass sein Publikum die wesentlichen Dinge besser versteht, wenn er sie als Krimi präsentiert. Rätselgeschichten sind hervorragende Mittel, das Interesse des Publikums zu gewinnen und wach zu halten.

Sie fangen mit dem Rätsel an, bauen das ein bisschen aus, liefern dann Erklärungen, Beispiele, Widersprüche und Analogien, dann kommt ein Hinweis auf die richtige Lösung und anschließend die Lösung. Zum Schluss können Sie daraus eine Lehre ziehen oder eine Handlungsempfehlung geben.

Es beginnt mit einem Problem ohne Lösung und während der Rede arbeiten wir uns so langsam zur Lösung oder Aufdeckung hin. Der Zuschauer ist eine Art Detektiv, der sich mit dem Redner auf die Suche nach einer Lösung begibt. Das ergibt einen schönen Spannungsbogen und das Interesse dürfte hoch sein.

June Cohen schreibt in TED-Talks[64]: Es ist einfacher ein Publikum zu gewinnen, wenn Sie Ihren Vortrag nicht als Appell an das Mitgefühl aufziehen, sondern als Versuch, eine spannende Frage zu beantworten. Ersteres ist eine Aufforderung. Letzteres fühlt sich an wie ein Geschenk.

In dem sehr spannenden TED-Talk von Siegfried Woldhek[65] löst er das Rätsel um das Aussehen von Leonardo Da Vinci. Mit detektivischem Spürsinn lässt er uns teilhaben an seiner Suche. Er schließt immer mehr aus, recherchiert, bis am Ende… Das macht richtig Spaß.

Die W-Fragen

Sie können sich an den klassischen W-Fragen abarbeiten, und die in einer interessanten Reihenfolge durchgehen. Was machen wir eigentlich und warum, warum gerade jetzt und was hat es für Auswirkungen? Was soll das Ganze und wohin wird es uns führen?

Aber beantworten Sie nicht alle W-Fragen mit derselben Ausführlichkeit. Bei Ihrem Thema brauchen Sie für die eine Frage 10 Minuten, die andere müssen Sie nicht einmal stellen, weil die Antwort selbstverständlich ist.

Achten Sie außerdem darauf, die Informationen nicht zu dicht auf nur wenige Sätze zu verteilen. Wenn Sie viele Informationen haben, brauchen Sie im Mündlichen deutlich mehr Sätze, damit wir alles verstehen und miteinander verknüpfen können.

---

63 Cialdini, Robert: Pre-Suasion. Frankfurt/MainCampus Verlag 2017, S. 114
64 Anderson, Chris: TED Talks. Frankfurt: Fischer Taschenbuch 2017, 2. Auflage, S. 58
65 TED-Talk: Woldhek, Siegfried, How to find the true face of Leonardo

DIE AUSWIRKUNGEN

Diese Dramaturgie benutzen Sie, wenn die schlechte Situation möglicherweise erst kommt. Wenn Sie vor etwas warnen wollen, dann muss erst der Blick in die Zukunft sein, die uns allen nicht gefällt. Anschließend kommt die Gegenwart, die uns viele Möglichkeiten zum Handeln bietet.

Sie erwähnen Auswirkungen und Wechselwirkungen, die das Publikum möglicherweise noch gar nicht bedacht hat. Am Ende geht es meist um eine Entscheidung zwischen mehreren Möglichkeiten.

DIE HELDEN-DRAMATURGIE

Der Held hat ein Problem, er leidet darunter, dann macht er sich auf in den Kampf, verliert, gewinnt ein bisschen, verliert noch einmal und noch einmal und am Ende gewinnt er. Das ist eine Dramaturgie nicht nur für die griechischen Sagen, sondern auch für die Fehlschläge bei der Einführung des neuen Produktes, für den Kampf um eine abweichende Meinung oder für die Lebensgeschichte, die einen stärker gemacht hat. Vor allem amerikanische Redner lieben diese Dramaturgie, bei der sie sich von ganz, ganz unten wieder ins Licht gearbeitet haben.

Davon gibt es jetzt viele Variationen. Kurt Vonnegut[66] gibt in seinem Video ein paar Beispiele: Vom Alltag ins Unglück und zurück. Oder von einem schlechten Alltag ins Glück, dann ins Unglück und zum Schluss natürlich wieder zurück. Viele Märchen funktionieren nach diesem Prinzip.

WEITERE IDEEN

Gerade wenn wir uns die verschiedenen TED-Formate im Internet ansehen, können wir noch so viele andere Dramaturgien entdecken. Das kann eine Vorführung eines technischen Gerätes oder einer neuen Erfindung sein. Es kann ein Rundgang durch ein imaginäres Museum oder eine Ausstellung sein. Vielleicht nimmt Sie der Redner auch mit auf eine Traumreise in eine reale oder imaginäre Landschaft.

Auch Künstler, die uns ihre Werke vorstellen, Erfindungen, die wir beim Einsatz beobachten, oder eine Idee, die jemand konsequent umgesetzt hat. Es gibt Speaker, die haben die größten Geheimnisse anderer Menschen gesammelt oder größte Wünsche und viele haben etwas so gut getan, wie sonst niemand auf der Welt. Das ist für andere Menschen sofort spannend. Oder sehen Sie sich mal an, was jemandem wie der Speakerin und Trainerin Barbara Messer[67] alles

---

66 Video: Kurt Vonnegut, On the shape of storys.
67 www.barbaramesser.de

einfällt. Die schlüpft in Kostüme, interviewt sich selbst und hat immer wieder neue Ideen.

Wenn Sie dieselbe Rede zweimal halten, dann wissen Sie, was ankommt. Dann können Sie sortieren und gewichten. Aber beim ersten Mal wissen Sie das oft nicht. Versuchen Sie also besser nicht zwischen starken und schwachen Stellen zu unterscheiden, sondern suchen Sie nach dem roten Faden, der sich für Sie persönlich ergibt. Wenn Sie Ruhe und Zeit zum Nachdenken haben, und die haben Sie ja ein paar Tage vor der Rede, dann können Sie die Teile der Rede in einen sinnvollen Zusammenhang bringen. Das heißt nicht, dass Sie der Rede eine Struktur von außen aufstülpen. Sie sortieren die Bücher in Ihrem Bücherschrank ja auch nicht nach der Farbe (einmal abgesehen von meinem Lektor Thomas Ammon, der nach Größe und Farbe sortiert).

Lassen Sie sich doch bei der Struktur mal von Ihrem Gefühl leiten. Beim Bearbeiten des Materials stellt sich sehr schnell raus, womit Sie gerne anfangen möchten. Was eignet sich eher für das Ende? Wie passt Punkt 5 am besten an 2 oder 3 oder 4? Stellen Sie so lange um, bis Sie zufrieden sind. Aber lassen Sie sich von niemandem nervös machen. Die richtige Reihenfolge bestimmen Sie.

Benutzen Sie beim Strukturieren das, was ich Mosaik-Dramaturgie nenne. Computer ermöglichen es heute, irgendwo anzufangen. Jedes meiner Bücher habe ich mit einem Satz angefangen. Aber es war nie der erste. Jeden guten Gedanken am besten erst aufschreiben, und erst anschließend sortieren.

Das woher und das warum können Sie in den meisten Fällen weglassen. Es geht mich nichts an, dass Sie in Bezug auf das andere Geschlecht schon immer versucht haben… Das wäre persönlich aber es interessiert meist niemanden. Ich muss nicht wissen, dass Sie sich als Kind mal über Ihren dicken Nachbarn lustig gemacht haben, um jetzt über Wertschätzung zu sprechen. Wenn Sie daraufhin zusammengeschlagen wurden, deswegen ein Jahr im Krankenhaus lagen, wird es schon interessanter. Aber warum Sie Ihr Thema behandeln, muss ich in den meisten Fällen nicht wissen. Ich weiß, warum Ihr Thema wichtig ist. Deswegen bin ich gekommen. Dafür habe ich mich angemeldet. Weil es mir so wichtig ist, habe ich Eintrittsgeld bezahlt.

Frei sprechen

Man könnte jetzt meinen, wenn man auf der Bühne frei sprechen will, dann stellt man sich einfach hin und redet. Aber Sie ahnen, dass das nicht die Lösung des Problems ist. Es gibt schon genug Nichtssager, Schwafler und Ich-sage-es nochmal-Präsentatoren. Es gibt schon genug Menschen, die uns betrügen wollen, indem Sie auswendig gelernt haben und jetzt so tun, als sprächen sie frei, was sich ganz furchtbar anhört. Oder Menschen, die vorgeben, frei zu sprechen und nur vorlesen, was auf ihren Folien steht.

Aber schließt sich Vorbereitung und freies Sprechen nicht aus? Nein, schließlich muss Sie irgendetwas davor bewahren, dass Sie den Faden verlieren, plötzlich über etwas ganz anderes reden, als Sie sich vorgenommen haben und etwas, das dafür sorgt, dass Ihnen das einfällt, was Sie sich vorgenommen haben.

Frei sprechen hieß ja eigentlich mal, dass man alles sagen kann, was man sagen möchte. Wir verstehen heute darunter, dass jemand nicht abliest. Aber es soll ja auch nicht heißen, dass jemand nach vorne geht und guckt, was ihm heute so einfällt. Das tut kaum jemand, den ich kenne, und das ist ja auch wenig sinnvoll.

Das Geheimnis ist ganz einfach. Sie sollen sich vorbereiten, aber nicht den Wortlaut:

Vorbereitete Sätze sind etwas für Schauspieler, ein Thema kann jeder Mensch vorbereiten und anschließend darüber sprechen.

> **Sie bereiten am besten das Thema vor und nicht die Sätze.**

Improvisation

Interessant ist, dass viele der großen Reden frei gehalten wurden. Die Redner sind von dem vorbereiteten Manuskript abgewichen, haben frei gesprochen und sind damit berühmt geworden.

Bevor Martin Luther King von seinem Traum geredet hat, war er so langweilig, dass Mahalia Jackson, die hinter ihm stand, immer wieder flüsternd insistierte, von seinem Traum zu erzählen. Endlich verließ er das Manuskript und sagte die Sätze, die einen Sturm der Begeisterung auslösten. Schließlich war er Prediger und wusste, wie man das macht (wenn er nicht ablas).

Auch John F. Kennedy hat irgendwann sein Manuskript verlassen und frei gesprochen. Der berühmte Satz Isch bin ein Berliner! stammte nicht aus seinem Redemanuskript, sondern der Anblick der Mauer in Berlin wenige Stunden vorher hat ihn wohl so beeindruckt, dass er noch kurzfristig vieles geändert hat.[68] Zu dem Satz hatte ihm sein Stab nicht geraten.

---

68 Göttert, Karl-Heinz: Mythos Redemacht. Frankfurt: S. Fischer Verlag 2015, S. 464

Eine Rednerin hat mir mal erzählt, dass sie sich genau vorgenommen hatte, wie sie was in welcher Reihenfolge erzählt. Der Termin war für sie wichtig, und sie war gut vorbereitet. Als sie dann da vorne stand, merkte sie, dass sie vollkommen anders anfing, als sie sich das gedacht hat.

Das ist nicht etwa die Ausnahme, sondern die Regel. Wenn ich nach starrem Manuskript vorgehe, dann brechen viele plötzlich aus, ohne dass sie es sich vorgenommen hätten. Es passiert einfach. Dieser Teil ist dann meist der beste Teil der Rede. Die Bühnensituation ist sehr mächtig und es passieren viele Dinge, die wir nicht beeinflussen können, zumal wenn wir nervös sind.

DAS STERNSYSTEM

Aus meiner Sicht gibt es keine spezielle Rhetorik für die Bühne. Wir sollten lauter sein, damit uns alle verstehen oder ein Mikrofon bekommen. Aber es gibt keine spezielle Art zu sprechen, nur weil wir auf einer Bühne stehen.

Deswegen sollte die Art, wie wir da sprechen so ähnlich wie möglich der Art sein, wie wir auch im Privatleben sprechen. Aber wie erzählen wir denn im Alltag? Nehmen wir als Beispiel eine der spannenden Geschichten unseres Lebens, von denen es in jedem Leben so einige geben dürfte. Ich versuche es einfach mal.

> **Den ersten Sex hatte ich mit 17. Auf einem Campingplatz in Jesolo. Mit einer Frau, die 25 Jahre älter war als ich. Nämlich der Mutter meines besten Freundes. Die anderen waren am Strand. Da ist es passiert.**

oder

> **Die erste Frau, mit der ich Sex hatte, war die Mutter meines besten Freundes. Es war auf einem Campingplatz in Jesolo. Ich war 17. Die anderen waren am Strand. Sie war 25 Jahre älter als ich.**

oder

> **Die Frau, die mich zum Mann gemacht hat, hatte sehr viel Erfahrung. Sie war 25 Jahre älter als ich...**

Ich glaube, da können wir aufhören. Ich kann die Geschichte immer wieder erzählen und trotzdem klingt sie immer ein bisschen anders. Ich erzähle dieselbe Geschichte, aber ich erzähle sie nicht immer mit denselben Sätzen. Wenn man das als Vorbereitung auf eine Rede jetzt nachmachen will, besteht der Kniff darin, auch in der Vorbereitung immer wieder anders anzufangen.

Das tue ich im Alltag auch, je nachdem, wer mir gegenüber sitzt und je nachdem, über was gerade gesprochen wurde. Ich verknüpfe die Geschichte mit der übrigen Unterhaltung und erzähle dieselbe Geschichte, fange aber immer wieder anders an. Ich greife den Faden des Gespräches auf und suche den Punkt meiner Geschichte, der dazu passt. Die Geschichte vom ersten Sex kann ich erzählen, wenn es gerade um Strand geht, um Altersunterschiede, um aufregende Erlebnisse, um Jugendsünden, um Camping, um Italien und um die Dinge, die man im Leben nie wieder oder erst recht wieder so machen würde.

Wenn ich jetzt versuche, diese Art, Geschichten zu erzählen, aufzuschreiben, kann ich sie nicht als Text aufschreiben, bei dem ein Satz nach dem anderen kommt. Ich bin auf die Form eines Sterns gekommen.

In meinen ersten Büchern hieß das System noch Topfsystem, weil ich die Vorstellung hatte, alles in einen Topf zu werfen, umzurühren und sich nach Herzenslust zu bedienen. Heute erscheint mir der Begriff Sternsystem treffender, weil ich den so schön drehen kann, ohne dass etwas wirklich durcheinander gerät. Ich ordne die einzelnen Elemente meines Themas im Stern an und übe dann, die Geschichte von jedem Element des Sterns aus zu entwickeln. Die kurze Geschichte aus Jesolo hat jetzt im Prinzip sieben Informationsschnipsel.

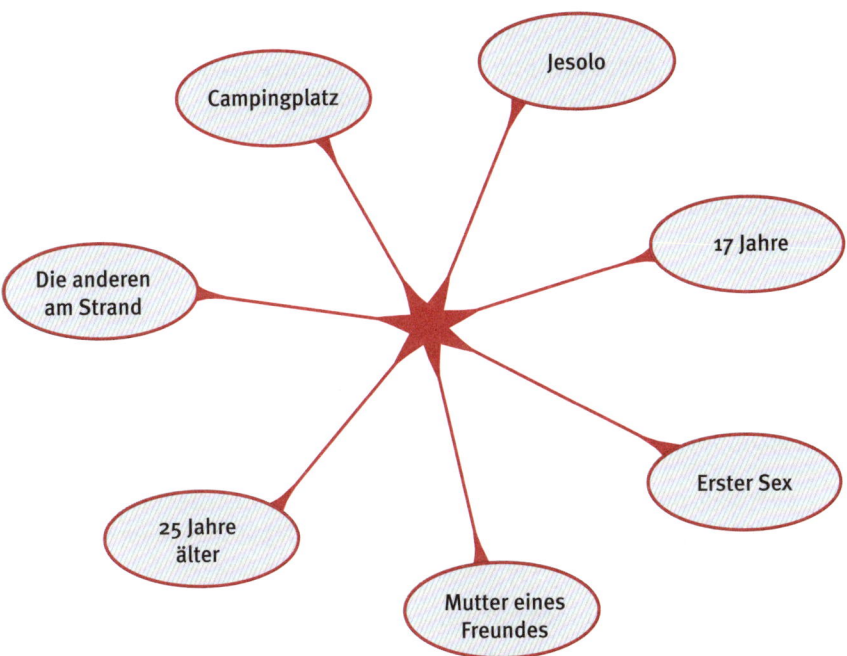

Sie können jetzt mit jedem dieser Schnipsel oder Elemente des Sterns anfangen, um die Geschichte zu erzählen. Das können Sie gerne mal üben. In meinen Seminaren bitte ich immer, mich herauszufordern, und mir ein besonders ausgefallenes Element des Sterns zu nennen, mit dem ich beginnen soll. Bisher ist mir das immer gelungen. Es ist egal, wo Sie anfangen.

Wenn ich Jesolo höre, leuchten meine Augen…
Ich bin ein großer Fan von Campingplätzen…

Vielleicht finden Sie irgendwann den idealen Anfang, mit dem Sie dann den Vortrag für den Rest Ihres Lebens beginnen möchten. Aber zum Üben, zum Trainieren der Inhalte Ihrer Rede, fangen Sie am besten immer wieder anders an. Jetzt machen Sie sich mit dem Thema vertraut und lernen keine Sätze. Sie werden sehen, wie schnell Sie einen Inhalt verinnerlichen können und wie Sie ihn spannend erzählen werden, und zwar ohne falsche Pausen, ohne komische Melodien und ohne die Satzenden nach oben zu ziehen.

Sie drehen Ihren Zettel mit dem Stern um, beginnen mit einem beliebigen Element und gucken mal, was Ihnen einfällt. Wenn Sie fertig sind, gucken Sie, was Sie vergessen haben. Dann fangen Sie genau mit diesem vergessenen Element wieder an. Die anderen Punkte haben Sie ja gerade schon gut geschafft. Nach drei Durchläufen sind Sie im Thema zu Hause und können frei darüber sprechen. Sie können sich gerne meinen Stern von der Geschichte nehmen und mal gucken, was Ihnen alles noch einfällt. Tun Sie mal so, als wäre das in Jesolo Ihnen passiert. Testen Sie mal, wieviel Ihnen einfällt. Nach dem dritten Durchgang vergessen Sie nichts mehr und würden die erfundene Geschichte aus Jesolo so erzählen können, als hätten sie sie erlebt. Wenn ich etwas Interessantes lese oder höre, was ich in meinen Vorträgen verwenden will, mache ich es genauso. Ich erzähle erst mal meiner Familie davon, dann in meinen Seminaren und wenn ich vertraut mit den neuen Elementen bin, versuche ich es das erste Mal auf der Bühne.

DIE CHRONOLOGIE

Ich schreibe also eine solche Geschichte am besten gar nicht erst auf. Denn wenn ich sie aufschreibe, ändert sich etwas ganze Entscheidendes: Wir haben gelernt chronologisch zu schreiben.

> Es war im Jahre 2001 in Jesolo. Wir waren mit meinem besten Freund und dessen Eltern auf einem Campingplatz. Eines Tages ging mein Freund mit meinen Eltern und seinem Vater zum Strand. Da...

Urlaubserzählungen beginnen mit dem Flughafen oder Bahnhof und wenn wir einen Tag beschreiben sollen, beginnen wir mit dem Klingeln des Weckers. Aber im privaten Gespräch fangen wir nie vorne an. Da kann eine Urlaubserzählung auch mal hinten beginnen.

> Ich hatte nie so ein schlechtes Gewissen, wie nach diesem Urlaub...
> Meine schönste Romanze endete auf einem Parkplatz...

Es gibt Situationen, bei denen wir ganz sicher sind, dass der andere uns jetzt stundenlang bedingungslos zuhört. Wenn Sie Eintritt zahlen, dass jemand von seinen Reiseerlebnissen am Orinoko erzählt, beginnt der mit der Vorbereitung. Wenn Sie einen Astronauten eingeladen haben, beginnt der beim Start, oder wenn Ihr Bruder erzählt, wie er in Birmingham auf der Polizeiwache gelandet ist, dann beginnt er mit der Party an einem lauen Sommerabend, als die Polizei anrückte. Wenn Sie wissen, was kommt und ahnen, dass es länger, aber spannend wird, können die Erzählungen vorne losgehen. Urlaubserzählungen für die Eltern können also auch schon mal mit der S-Bahn Richtung Flughafen beginnen.

Aber wenn Sie für ein Thema begeistern wollen, wenn Sie fesseln wollen, wenn Sie darauf angewiesen sind, dass die Leute nicht aufstehen und gehen, ist eine chronologische Reihenfolge ungünstig. Bei manchen Geschichten dauert es einfach zu lange, bevor es losgeht. Der Orinoko, die Raketenmission oder Birmingham werden deutlich spannender, wenn man sie nach Spannung, Witz oder den Überraschungsmomenten sortiert.

Wenn wir vom Urlaub erzählen, dann ist das Wichtigste unter Umständen, dass sich das Ehepaar vom Nachbarzimmer im Speisesaal übergeben hat, dass das Zimmermädchen aus dem Duschhandtuch einen Tiger gefaltet hat oder der Jeep bei der Expedition einen Platten hatte. Die Elefantenherde rückt dann an die zweite Stelle.

> **Im Alltag fangen wir deswegen immer mit dem Wichtigsten an.**

Auch ein guter Präsentator beginnt nicht vorne. Stellen wir uns einen Finanzvorstand vor, der die Zahlen präsentiert. Wo fangen Finanzvorstände immer an? Ja, die glauben, dass sie im Januar anfangen müssen, damit wir alles gut verstehen und arbeiten sich quälend langsam zum Dezember vor. Das muss langweilig sein. Aber wo soll er jetzt beginnen?

Nicht beim Höhepunkt im Februar oder beim Tiefpunkt im November. Wenn Sie Sonnenbrillen verkaufen, dann ist der November automatisch ein schlechter Monat, das muss man doch nicht erklären. Nein, er beginnt am besten bei dem, was sich seit dem letzten Mal geändert hat. Er beginnt mit dem Neuen, dem Spannenden, dem Andersartigen. Warum beginnt der nicht beim Sprung der Verkaufszahlen im Juni, als die Firma zum ersten Mal eine Marketingkampagne gestartet hat oder im Oktober, als sie den Stromausfall in der Fabrik hatten. Von Interesse ist immer das, was anders ist. Wenn fast alle Touristen mit dem Flugzeug nach Mallorca kommen, ist ein Bild des Flughafens überflüssig. Wenn Sie gerudert sind, möchte ich gerne das Bild vom Ruderboot sehen.

Alles was so ist wie immer, kann man weglassen, das ist keine Information, das muss niemand wissen, dass können wir streichen, wenn wir effektiv sein wollen.

STRUKTUR

Auch wenn Sie mit Sternen arbeiten, haben Sie aber eine Struktur. Es geht nicht darum, einfach mal etwas kreuz und quer immer wieder anders zu erzählen. Es geht darum, sich mit einem Thema vertraut zu machen, und dann eine Abfolge von Themen, Gedanken, Elementen, oder wie auch immer, vorzubereiten.

Die Geschichten unseres Lebens erzählen wir immer wieder leicht verändert mit wachsender Begeisterung. Eine PowerPoint-Präsentation mehrfach zu halten, ist deutlich anstrengender. Und zwar nicht, weil das eine beruflich und das andere privat ist, sondern weil wir bei der privaten Erzählung eine gewisse Freiheit in der Reihenfolge haben, weil wir mal weniger mal mehr Details erwähnen werden und weil wir je nach Zuschauern auch kleine Exkurse machen.

Eine Rede ist also am besten eine festgelegte Reihenfolge von Themen oder Sternen. Ich hänge die Sterne auf Moderationskarten in meinem Büro auf und spiele damit, bis ich die ideale Reihenfolge habe. Die ändert sich vielleicht nach ein paar Probeläufen nochmal, aber ich suche nach der optimalen Reihenfolge der Sterne. Trotzdem kann ich jetzt frei sprechen. Ich brauche nur eine Liste mit den Namen der Sterne, und schon kann es losgehen. Wenn ich ab und zu mal zum Rednerpult gehe und mir den Namen des nächsten Sternes hole, stört das niemanden. Störend ist nur, wenn jemand dauernd in ein Manuskript starrt, weil er sich den nächsten Satz holt.

BEISPIELE

Nehmen wir jetzt mal ein Thema, das nicht die Form einer Geschichte hat, sondern sehr viele einzelne Sachinformationen enthält. Sie wollen Ihr Publikum über einen Termin zum Blutspenden informieren. In einer Zeitung würde man das so machen.

> **Wenn Sie älter als 18 Jahre sind, können Sie am 4. März von 9–16 Uhr in Oberdorf in der Mittelschule, Lange Str. 33 unter Vorlage Ihres Personalausweises für eine Aufwandsentschädigung von 20 Euro Blut spenden.**

Diesen Satz zu lernen, dürfte Ihnen schwer fallen. Der Autor des Zeitungsartikels hat darauf geachtet, möglichst wenige Zeilen zu brauchen und hat die Informationsteile möglichst dicht aneinander geschoben. Insgesamt gibt es in diesem Satz acht verschiedene Informationen.

Wenn Sie <u>älter als 18 Jahre</u> sind, können Sie am <u>4. März</u> von <u>9–16 Uhr</u> in <u>Oberdorf</u> in der <u>Mittelschule</u>, <u>Lange Str. 33</u> unter <u>Vorlage Ihres Personalausweises</u> Blut spenden.

Im Mündlichen sollten wir jetzt das Gegenteil vom Redakteur tun. Wir sollten die Anzahl der Informationen auseinanderziehen. Walther von LaRoche

schreibt im Radiojournalismus[69]: „Fünfzehn Zeilen (eine Minute) Radiotext enthalten bis zu einem Drittel weniger Information, als 15 Zeilen Drucktext." In einer vorgelesenen Rede, in Nachrichten oder stark inhaltlichen Reden liegt die maximale Anzahl von Informationshäppchen pro Satz, bzw. pro Gedanke bei zwei. Das könnte sich dann so anhören:

Wenn Sie älter als 18 sind, können Sie Blut spenden. Das geht am 4. März von 9–16 Uhr. Die Aktion findet in Oberdorf in der Mittelschule statt. Wenn Sie in die Lange Str. 33 fahren, vergessen Sie Ihren Personalausweis nicht.

Es ist völlig egal, wie Sie die einzelnen Informationen zusammenbauen. Wichtig ist nur, dass Blut spenden deutlicher nach vorne muss, denn wir können ja bei der mündlichen Kommunikation nicht zurückblättern.

Waren Sie in Oberdorf schon mal Blutspenden? Wenn ja, dann kennen Sie das schon: Mittelschule zwischen 9 und 16 Uhr. Jeder über 18 Jahre ist in der Lange Str. 33 willkommen. Nehmen Sie aber am 4. März Ihren Personalausweis mit.

Das ist schon viel einfacher zu lesen, aber zum freien Sprechen ist es immer noch zu kompliziert. Profis arbeiten mit nur einer Information pro Satz.

Sie wissen, dass Blutspender sehr gesucht sind. Wenn Sie also Lust haben mitzumachen, fahren Sie nach Oberdorf. Der Termin ist der 4. März. Sie haben den ganzen Tag Zeit, die haben von 9 bis 16 Uhr geöffnet. Eigentlich brauchen Sie nichts außer Ihrem Personalausweis. Für diejenigen, die nicht aus Oberdorf kommen: Treffpunkt ist die Mittelschule. Und die liegt ein bisschen versteckt in der Lange Str. 33

Das ist ein wenig länger und ein wenig redundanter und ein bisschen weniger auf den Punkt. Aber jetzt gleicht es der Art, wie wir privat sprechen. So entsteht viel einfacher eine Rede, als mit einem Text, der die Informationen verdichtet. Sie können bei diesem Beispiel auch wieder ausprobieren, wie lange Sie brauchen, um die Einladung zum Blutspenden frei gesprochen wiederzugeben.

Die Länge ist aber nicht das Hauptkennzeichen des Sternsystems. Sie werden nicht in jedem Fall deutlich länger. Ich kann damit etwas auch immer anders ausdrücken, und nicht jedes Mal mehr Worte oder Zeit brauchen. Nehmen wir als Beispiel für stark verdichtete Sprache, ein politisches Statement. Das Statement besteht nur aus einem Satz, der aber 6 verschiedene Informationen enthält.

Mit Blick auf die künftigen Beziehungen hat die Regierung in den Verhandlungen ihre Entscheidung für ein künftiges Freihandelsabkommen zwischen A-Land und B-Land deutlich gemacht, so ein Sprecher.

---

69 LaRoche, Walther von, Buchholz, Axel, Hrsg.: Radio-Journalismus. Wiesbaden 2017, 11. Auflage, S. 19

Jetzt machen wir aus jedem Informationsteil einen Gedanken.

> **A-Land und B-Land werden enger zusammenarbeiten. Das wurde gestern in den Verhandlungen deutlich. Die Regierung will ein Freihandelsabkommen. Dazu hat sie sich gestern entschieden. Es soll die zukünftigen Beziehungen verbessern. So ein Sprecher vor der Presse.**

In meinen Trainings sind Manager und Politiker immer wieder überrascht, wie einfach es jetzt ist, ein solches Statement, zum Beispiel auf einer Bühne oder vor einer Kamera abzugeben.

> **Gestern ging es um die zukünftigen Beziehungen. Die Regierung hat eine Entscheidung gefällt. Sie ist für ein Freihandelsabkommen. A-Land und B-Land sollen stärker zusammenarbeiten. Das sagte gestern ein Sprecher. Es sei das Ergebnis der Verhandlungen gewesen.**

Das ist jetzt jeweils eine Zeile mehr. Die zeitliche Länge des Statements ist fast gleich, weil die Äußerung eines komplexen Statements deutlich mehr Konzentration des Sprechers verlangt und zu einer langsameren Sprechweise führt. Aber das können Sie ja mal mit einer Stoppuhr stoppen. Schon das Vorlesen eines Bandwurmsatzes ist nicht einfach.

Gerade wenn Sie gezwungen sind, immer wieder dasselbe zu sagen, ist das Sternsystem ein Segen. Stellen Sie sich einen Faschingsprinzen vor, der am selben Abend auf vielen Sitzungen Stimmung verbreiten soll. Oder ein Vortragsredner, der hundert Mal im Jahr denselben Vortrag hält, oder der Mann vom Außendienst, der jedem Kunden wieder dasselbe Produkt vorstellen muss, als mache er das heute zum ersten Mal. Sie alle profitieren davon, dass sie zukünftig wie eine gute Geschichte ihres Lebens den Sachverhalt als Stern erzählen.

Ein ganz wichtiges Kriterium für einen guten Vortrag ist, dass der Redner mich nicht langweilt. Und die beste Voraussetzung dafür ist, dass sich der Redner selber nicht langweilt. Wenn man nicht ein paar Tricks anwendet, werden aber selbst die Geschichten, wie man beinahe in die Gletscherspalte gefallen wäre, oder die Vorteile einer Berufsunfähigkeitsversicherungspolice, irgendwann langweilig. Aus der Bitte

> **Bei der zeitnahen Bildung eines neuen Teams für den Vertrieb in Berlin, unter dem Gesichtspunkt der Eignung, sollten wir darauf achten, die momentane Belastung der Kollegen in unsere Überlegung mit einzubeziehen.**

wird ein Stern mit sieben Strahlen.

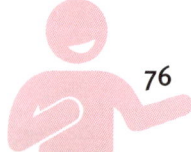

Wir wollen ein neues Team zusammenstellen. Und das in Berlin. Denn wir müssen was für den Vertrieb tun. Dabei sollte die Eignung an erster Stelle stehen. Es gibt noch einen wichtigen Punkt. Das ist die momentane Belastung der Kollegen. Die sollten wir in unsere Überlegungen mit einbeziehen. Aber es eilt ein wenig.

Wenn Sie das jetzt ausprobieren wollen, können Sie Ihr Statement mit jedem der sieben Gedanken beginnen.

VOLLSTÄNDIGKEIT

Einen großen Nachteil hat das Sternsystem. Es besteht immer die Gefahr, dass Sie etwas vergessen. Vollständigkeit und freie Rede vertragen sich nicht.

Das menschliche Gehirn ist nur unzureichend dafür geeignet, sich Dinge komplett zu merken. Das kann man bei Menschen wie den Gedächtnistrainern Markus Hofmann[70] oder Dr. Boris Nikolai Konrad[71] trainieren. Es ist für mich immer sehr beeindruckend, wie schnell diese Gedächtnistrainer sich etwas merken, und wie gut sie das weitergeben können. Die bringen einem auf eine sehr unter-

Vollständigkeit ist kein Merkmal gelungener Kommunikation.

---

70 www.unvergesslich.de
71 www.boriskonrad.de

haltsame Weise bei, wie man nichts mehr vergisst. Die Frage ist, ob das im Vortrag immer nötig ist.

Wir achten im Alltag ganz selten auf Vollständigkeit. Ein Augenzeugenbericht, eine Arbeitsbeschreibung oder einer Produktinformation sollten vollständig sein. Die liegen nämlich alle schriftlich vor. Im Schriftlichen ist es sehr einfach, vollständig zu sein. Das Manuskript für dieses Buch habe ich über sechs Jahre immer wieder überarbeitet, bis mir nichts mehr einfiel, was noch wichtig gewesen wäre. Aber im Mündlichen?

Mein Tipp ist, für die Sachinformationen in Ihrem Vortrag, für die Dinge, die sein müssen, die Sie nicht vergessen dürfen, einen anderen Weg zum Zuschauer zu wählen.

Schreiben Sie die Sachinformationen auf und fotokopieren sie alle Fakten für jeden, schreiben Sie die Infos auf ein Flipchart oder auf die PowerPoint-Folie oder lesen Sie die Sachinformationen einfach ab, z.B. Namen, Daten, Zahlen Zitate, Adressen, Telefonnummern etc. Beim Blutspenden haben Sie einen Zettel mit **4. März, 9–16 Uhr, Lange Str. 33**, je nachdem, wo Sie wohnen und wie oft Sie das schon erzählt haben. Wenn Sie in der Lange Str.32 wohnen, genügt der **4. März** und **9–16 Uhr** und wenn Sie am 4.März Geburtstag haben schreiben Sie sich nur die Straße auf und wie lange man Blut spenden kann.

Bei dem politischen Statement genügen wahrscheinlich **A-Land** und **B-Land,** und bei dem Team, das Sie zusammenstellen wollen, heißt die einzige Sachinformation **Berlin.** Wenn Sie beim Reden weder Manuskript noch Folie in der Hand haben wollen, dann bereiten Sie für die Sachinformationen einen Stichwortzettel vor und halten ihn griffbereit. Da gucken Sie dann drauf. Entweder immer wieder, wenn Sie zum nächsten Stern kommen, oder Sie überprüfen am Ende des Sterns nochmal, ob Sie alle Sachinformationen losgeworden sind. Aber grundsätzlich gilt: je weniger Sachinformationen der mündliche Teil Ihrer Rede enthält, desto besser. Überlassen Sie die Sachinformationen einem Blatt Papier, einer Folie oder einem Flipchart.

HILFSMITTEL

Etwas zu vergessen ist für viele das Schlimmste. Es könnte ja ein Detail verloren gehen, Witz ungesagt bleiben und eine wichtige Erkenntnis für den Moment verloren gehen. Man geht zurück in den Zuschauerraum und jetzt fällt es einem ein. Und es ist NICHTS MEHR ZU ÄNDERN. Furchtbar.

Aber wäre das wirklich so problematisch, wenn da ein kleiner Zettel irgendwo auf der Bühne liegt (der auch ruhig größer sein kann), auf dem man kurz vor Ende der Rede nachschaut, ob man etwas vergessen hat?

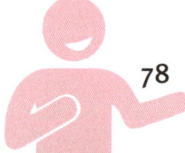

Dabei gibt es heute nicht nur PowerPoint, um uns die Arbeit abzunehmen. Wenn ich die Wahl hätte zwischen der Flüsterpost zwischen Menschen oder einem Fact Sheet im E-Mail-Verteiler, müsste ich nicht wählen. Genauso wenig wie zwischen einem Einkaufszettel aus Papier und der Möglichkeit, mir ein paar Eselsbrücken zwischen Eiern und Mangoschnitten zu bilden.

Warum haben wir so panische Angst davor, etwas zu vergessen?

Nehmen Sie einen Zettel in die Hand, bereiten Sie eine Moderationskarte vor, legen Sie irgendwo eine Liste mit der Struktur Ihrer Rede ab, die Sie sofort finden. Die benutzen Sie dann ganz bewusst.

Lassen Sie mich nachsehen, ob ich noch was vergessen habe. So. Haben wir alles?

Das ist doch ganz einfach. Und warum sollte Ihnen das jemand übelnehmen? Wenn Sie Angst haben etwas zu vergessen, dann sorgen Sie vor.

Ich schreibe mir bei einer Rede alle Sachinformationen auf und habe sie zu den entsprechenden Themen oder Sternen griffbereit. Der Zettel liegt vor mir in Griffweite oder steckt im Jackett. Zum Beispiel stehen da die Zitate drauf, die ich vor meinem Auftritt aufgeschnappt habe, der Name des Veranstalters, der Name der Organisation, das heutige Datum… alles, was ich vielleicht vergessen könnte.

Vielleicht habe ich bei der Veranstaltung aber auch gut zugehört und möchte auf einen meiner Vorredner Bezug nehmen. Dann mache ich eine kleine Notiz auf meine Moderationskarte oder habe ein paar leere Karten dabei. Während des Vortrages gucke ich dann ganz absichtlich auf die Karte. Es ist jedem klar, dass ich mich auf etwas, das ich gerade gehört habe, nicht vorbereiten konnte. Auch die Namen meiner Vorredner schreibe ich mir auf, wenn ich sie erwähnen will. Nichts schlimmer, als wenn man das durcheinanderbringt.

Wenn Sie mich also hinten im Zuschauerraum vor meinem Auftritt einen Zettel vollkritzeln sehen, entwerfe ich gerade noch ein paar letzte Ideen für den Vortrag, die sich auf meine Vorredner beziehen.

Aber vielleicht nimmt mir mein Vorredner auch große Teile meines Vortrages weg? Wenn er das Gegenteil von mir sagt, ist noch was zu machen, aber wenn er die gleiche Untersuchung vorstellt? Wenn ich zu Beginn der Veranstaltung schon da bin, obwohl ich erst am Nachmittag dran bin, können Sie mich gerne für gewissenhaft halten. Aber es geht um etwas anderes. Es geht da eher um Angst… Ich habe Angst durchzufallen, beschimpft zu werden, die Zuschauer nicht zu erreichen und was mir da so alles durch den Kopf schießt. Speaker sollten flexibel sein.

Ein guter Stern

Wieviel Strahlen ein Stern haben sollte, ist nicht festgelegt. Das hängt vom Thema und der Übung des Redners ab. Ich finde, bei mehr als acht Strahlen wird es unübersichtlich. Bei neun oder zehn Strahlen, mache ich dann lieber zwei Sterne, die aufeinanderfolgen.

Ein Stern kann eine, zwei oder auch drei Minuten dauern. Wenn ein Strahl für eine längere Geschichte steht, dauert es länger, wenn jeder Strahl nur eine Eigenschaft eines neuen Produktes beschreibt, geht es schneller. Trotzdem sollten Sie zu jedem Strahl zwei oder drei Sätze zu sagen haben. Wenn Sie z.B. nur erwähnen, dass die neue Bohrmaschine leise, stark und billig ist, und die drei Adjektive jeweils ein Strahl sind, kommen Sie ja wieder ins Aufzählen. Also zwei oder drei Sätze über die die moderne Geräuschreduktion, zwei oder drei Sätze über die Kraft, die diese Maschine entwickelt und dann zwei oder drei Sätze über den sensationellen Preis. Die Informationen dürfen nicht zu schnell hintereinander kommen. Jetzt habe ich als Zuschauer auch die Chance, mir das zu merken.

Ich rechne für 10 Minuten fünf oder sechs Sterne. Am einfachsten ist es, wenn die einzelnen Strahlen für Bilder stehen. Das Adjektiv warm ist kein Bild, ein Lagerfeuer aber schon. Das Wort Kraftanstrengung ergibt keine Bilder, aber rudern oder Gewichte stemmen schon, das Wort übertrieben ergibt keine Bilder, aber kitschig oder wie in einer Puppenstube schon.

Es kann sehr von Vorteil sein, an die Strahlen des Sternes nicht nur Substantive zu schreiben, weil die zwangsläufig zu einem substantivischen Sprechstil führen. Wenn am Ende des Strahles Vorstellung steht, werden Sie sagen, dass wir jetzt zur Vorstellung kommen und nicht, dass wir uns jetzt einander vorstellen. Oder wir gehen in die Umsetzung, leiten Prozesse ein, entdecken Synergieeffekte und geben der Message einen Mehrwert. Manchmal kann ein treffendes Verb oder Adjektiv besser helfen, zu einer knackigen Formulierung zu kommen. Besonders dann, wenn die Begriffe ursprünglich mal Verben waren, wie Vereinheitlichung oder Zusammensetzung oder Austauschbarkeit.

Mindmapping

Jetzt werden Sie vielleicht sagen: Die Sterntechnik ist doch Mindmapping, kenne ich doch alles, benutze ich schon lange. Die Sterntechnik sieht tatsächlich auch aus wie Mindmapping. Das ist auch eine gute inhaltliche Vorbereitung für eine Rede.

Aber Mindmapping ist eine Technik, bei der man Stoff für ein Thema sammelt und die Ideen nicht in einer Liste aufschreibt, sondern sie an den Ästen eines Baumes anordnet, Unterthemen an kleineren Ästen, Oberthemen an deutlich dickeren Ästen.

Aber bisher hat noch niemand die Knotenpunkte eines solchen Baumes systematisch als Grundlage für eine Rede benutzt, so wie ich Ihnen das vorschlage. Bisher benutzen nur die Menschen, die das Sternsystem kennen, eine Abwandlung vom Mindmapping-System als Grundlage für ein Redemanuskript, indem sie nämlich die Unterpunkte eines Themas in einem Kreis aufschreiben,

Das Sternsystem habe ich entwickelt nach einem Training für Teile der deutschen Olympiamannschaft. Die haben auf jede Journalistenfrage gleich gelangweilt geantwortet, weil das ja immer die gleichen Fragen waren. Im Training waren sie dann ganz begeistert von der Möglichkeit, dieselben Fragen mit immer anderen Worten zu beantworten.

Heute benutzen ganz viele Speaker und Redner mein Sternsystem, und ich habe schon Tausende von Menschen darin unterrichtet. Viele wandeln es ab und benutzen es nur für Teile ihrer Rede oder für ihre Geschichten. Der überwiegende Teil meiner Kunden empfand es als eine große Erleichterung und eine große Hilfe auf dem Weg, vor Gruppen frei zu sprechen.

ÜBEN

Üben nervt. Vor einer weißen Wand zu stehen und seine Rede zu üben, ist von Folter nicht mehr so weit entfernt. Und wenn man das tut, dann macht man es halbherzig und ungenau.

Aber Zeiten, in denen die Gedanken schweifen können (ein Spaziergang zum Beispiel, das Warten auf den Bus oder das Decken des Tischs fürs Abendessen) für die Vorbereitung eines Sterns zu nutzen, kann sehr viel Spaß machen.

Sie nehmen sich Ihren Stern auf den Weg zum Supermarkt mit. Sie gehen ihn im Kopf durch und gucken anschließend, was Sie vergessen haben. Auf dem Rückweg vom Supermarkt fangen Sie mit dem Punkt an, den Sie vergessen haben… usw. Wenn Sie mich also in der Lounge eines Flughafens mit geschlossenen Augen in einer Ecke sitzen sehen, dann gehe ich gerade in Gedanken ein paar Sterne durch und überprüfe, ob die schon sitzen. Denn das ist das Schöne: Wenn das noch nicht richtig klappt, merken Sie das sofort. Sie stocken, es fallen ihnen die richtigen Begriffe nicht ein und Sie müssen viel überlegen. Dann ist es wohl nötig, das noch ein paar Mal zu machen. Nutzen Sie also Zeiten, in denen Sie sonst nur eine Tätigkeit ausüben würden, für eine zweite Tätigkeit, nämlich das Proben Ihres Sternes.

Das hat dann auch noch einen zweiten Vorteil: Auch auf der Bühne können wir uns nicht zu hundert Prozent auf den Text konzentrieren. Da blenden Scheinwerfer, Menschen runzeln die Stirn oder blasen uns Küsse auf die Bühne oder im Anzug krabbelt eine Ameise. Das heißt, wir sind erst dann sicher in dem, was wir sagen wollen, wenn wir dabei auch noch abspülen oder die Treppe fegen können. Da die Sterne immer relativ kurz sind, lässt sich jede Tätigkeit nebenher zum Üben nutzen. Die Sterne dann anschließend zu einer Rede zusammenzusetzen ist nicht wirklich schwer, zumal ja ein Stichwortzettel jederzeit erlaubt ist.

FLOW

In dem weltbekannten Buch von Mihaly Csikszentmihalyi über den Flow[72] lernen wir, dass Flow, also ein Gefühl des mühelosen Dahinfließens, zwei Bedingungen braucht: Sie dürfen sich nicht überfordern, denn wenn Sie unter Druck stehen, wird Ihnen nichts mühelos gelingen. Ein Punkt, den die wenigsten Redner beachten.

Sie dürfen sich aber auch nicht unterfordern.

Wenn Ihre Rede zu leicht ist, wenn Sie alles ablesen oder auswendig können, dann kommen Sie nie in diesen erstrebenswerten Zustand, wo man ganz in der Situation ist und alles um sich herum vergisst. Wenn Sie danach sagen können, was Ihre Hände gemacht haben und welche Krawatte der Mann in der zweiten Reihe getragen hat, waren Sie nicht im Flow. Wenn Sie alle fünf Minuten auf die Uhr geguckt haben und spürten, wie Ihr Headset drückt, waren Sie nicht im Flow. Erst, wenn Sie (fast) alles um sich herum vergessen haben und nur bei Ihrem Thema und Ihrem Publikum waren, hat es funktioniert. Ein tolles Gefühl. Wenn ich auf der Bühne stehe, bin ich so in der Situation, dass ich weder den Schweiß bemerke, der mir in Strömen durchs Gesicht läuft, noch den Veranstalter oder Kollegen, der mich mit wedelnden Armen auf etwas hinweisen will. Und dazu muss man es sich manchmal ein bisschen schwerer machen. Manchmal muss die Herausforderung einfach größer sein, um diesen Zustand zu erreichen. Wenn Sie zum Beispiel mal ganz anders anfangen, müssen Sie sich so konzentrieren, den Faden nicht zu verlieren, dass das Flow-Erlebnis sich deutlich leichter einstellt.

Ich wüsste nicht, wie ein Uni-Professor, der zum hundertsten Mal dieselbe Vorlesung herunterbetet, anders in den Flow kommen sollte. Wenn er es aber versucht, wird er belohnt mit einem ganz anderen Zeitgefühl. Im Flow schießen die Stunden nur so vorbei und die Vorlesungen machen deutlich mehr Spaß.

Wenn ich zum Beispiel bei einer Veranstaltung eingeladen bin, die mich ein bisschen unterfordert (ich schreibe jetzt nicht, wo das ist), dann mache ich es mir künstlich schwer. Wenn ich eine Reihenfolge benutze, die ich noch nie benutzt habe, wenn ich anders anfange, wenn ich meine Dramaturgie komplett verändere, komme ich deutlich leichter in dieses Flow-Gefühl. Das geht aber nur, wenn Ihre PowerPoint-Präsentation Ihnen nicht jeden kleinsten Schritt vorschreibt.

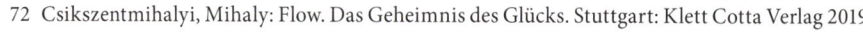

72 Csikszentmihalyi, Mihaly: Flow. Das Geheimnis des Glücks. Stuttgart: Klett Cotta Verlag 2019

SCHLAGFERTIGKEIT

Je freier Sie reden wollen, je weniger Hilfsmittel Sie benutzen wollen, je mehr Verbindung Sie mit Ihren Zuschauern aufbauen wollen, desto bedrohlicher wird der Moment, wo Ihnen nichts einfällt. Jemand, der vorliest, kann sich verlesen oder die Zeile nicht mehr wiederfinden. Aber das wäre schon der größte anzunehmende Zwischenfall.

Wenn Sie aber mit einer rudimentären PowerPoint-Präsentation und einer Moderationskarte auf der Bühne stehen, müssen Sie mit der Möglichkeit rechnen, dass Sie plötzlich dastehen und Ihren eigenen Vornamen nicht mehr wissen. Ein furchtbares Gefühl, vor dem die am meisten Angst haben, denen es schon mal passiert ist. Das sind fast alle, die das nicht erst seit gestern machen.

Wenn Sie jetzt vorbereiten könnten, was Sie da sagen… wenn Sie in dieser Situation wüssten, wie Sie perfekt reagieren, würde das womöglich die Angst vor dem nächsten Auftritt reduzieren. Also lernen Sie doch einfach, wie man schlagfertiger wird?

Schlagfertigkeit, wörtlich verstanden, mag ich nicht. Das ist die Fähigkeit zu schlagen. Aber wen sollte man denn schlagen wollen? Seinen Geschäftspartner, den Liebling zu Hause, die Sprechstundenhilfe? Mir fällt da niemand ein.

Trotzdem gebe ich Seminare zum Thema Schlagfertigkeit. Die haben aber nichts damit zu tun, sich wochenlang darauf vorzubereiten, den ungeliebten Kollegen zum richtigen Zeitpunkt mit einer messerscharfen Erwiderung außer Gefecht zu setzen oder mit den 80 Methoden den vorlauten Verkäufer so mundtot zu machen, dass seine Angestellten ihn auslachen.

Bücher über Schlagfertigkeit arbeiten immer mit mindestens einem Zitat von Winston Churchill als empfehlenswerte Beispiele. In der ersten Geschichte wirft eine ältere Dame Churchill vor, betrunken zu sein. Er antwortet: „Aber Sie sind hässlich, und ich bin morgen wieder nüchtern." Der zweite Witz handelt auch von einer Dame, die Churchill anzicht: „Wenn ich mit Ihnen verheiratet wäre, würde ich Ihren Tee vergiften." Churchill antwortet: „Und wenn ich mit Ihnen verheiratet wäre, würde ich ihn trinken."

> **Schlagfertigkeitstraining bedeutet, dass einer verliert.**

Das hört sich alles sehr witzig an, wenn man nicht beteiligt ist. Wie schön zeigt Churchill der älteren Dame doch, wer hier der Überlegenere ist. Wenn man das doch könnte! Aber es ist im höchsten Maße aggressiv.

Deswegen hat sich mal am Morgen des zweiten Tages ein Seminar zum Thema Schlagfertigkeit aufgelöst. Die wollten das nicht.

Missverständnis Nr. 9

Schlagfertige Menschen mit Wortwitz sind erfolgreicher. Das mag stimmen. Aber das gilt nicht für Menschen, die Techniken auswendig lernen und Antworten vorbereiten. Vor vielen Jahren habe ich mal einen total witzigen Schauspieler kennengelernt. Am ersten Tag fand ich ihn toll. Mein Gott, was habe ich gelacht. Der Typ war der witzigste Mensch, der mir je begegnet war.

Schon am dritten Tag tat mir derselbe Mensch unendlich leid. Immer wieder dieselben Pointen, immer wieder dieselben Bemerkungen. Wie wenig Selbstbewusstsein, wie viel Drang sich in den Vordergrund zu schieben und wie viel Angst, von anderen nicht angenommen zu werden. Man hätte ihn in den Arm nehmen und ganz, ganz fest drücken sollen.

Schlagfertigkeit ist nur dann sinnvoll, wenn wir es nicht als Fähigkeit begreifen zurückzuschlagen. Es sollte keine Gelegenheit sein, dem anderen zu zeigen, wer der Stärkere ist, und auch kein Moment, indem ich mich produziere, sondern als souveränes Reagieren auf eine Situation, mit der ich nicht gerechnet habe. Dafür gibt es fünf Regeln, die es sich lohnt vorzustellen.

FACHMANN SEIN

Testen wir mal Ihre Schlagfertigkeit. Stellen Sie sich vor, Sie sollen zu einem unbekannten Thema etwas sagen. In einer Seminarsituation oder zur Übung kann man das wunderbar mit einem Stichwort trainieren, auf das Sie ohne Vorbereitung reagieren müssen. Nehmen wir mal an, Sie sollten etwas zum Thema Freiheitsstatue sagen. Das ist ganz leicht, so lange Sie sich auskennen. Wenn Sie jahrelang in New York gewohnt haben oder wenn amerikanische Kultur Ihr Leistungskurs in der Schule war oder sie Mitglied im Verein zur Erforschung der Denkmalkultur sind, ist es kein Problem, darüber länger zu reden. Im Gegenteil, sie sollten ein paar interessante Dinge zu erzählen haben.

Was aber, wenn ein Thema auftaucht, von dem Sie keine Ahnung haben. Sie haben Heilbronn nie verlassen, mögen Amerika nicht und Geschichte ist für Sie das Langweiligste, was man sich vorstellen kann. Es taucht ein Thema auf, bei dem Sie zufällig nicht der Fachmann sind.

Das kommt im Alltag öfter vor, als Sie vielleicht glauben. Was werden Sie tun?

In meinen Seminaren passiert immer wieder dasselbe. Teilnehmer, die mit einem beliebigen Stichwort konfrontiert werden, kratzen ihr Halbwissen über das

Thema zusammen und parlieren darüber, dass Statuen ja immer einen gewissen Symbolwert haben, dass Fett ein Geschmacksverstärker ist, BMW Bayerische Motorenwerke heißt, und das Hinterland von Mallorca ja sehr schöne Ecken hat. Dabei werden dann noch wie bei einer Aufzählung die Satzenden nach oben gezogen. Das nennt man im Alltag labern, und es gibt kaum etwas, das uns mehr ärgert, wenn wir mit so banalen Selbstverständlichkeiten zugetextet werden.

Was würden Sie von mir halten, wenn ich Ihnen erklärte, dass es am Strand Sand gibt, der Himmel blau ist und Roggenbrötchen vornehmlich aus Roggen bestehen? Sie würden mich wortlos stehen lassen und sich auf der Party einen anderen Gesprächspartner suchen.

Mein Vorschlag ist also, nur etwas zu einem Thema zu sagen, wenn Sie etwas zu sagen haben. Sprechen Sie über ein Thema nur, wenn Sie der Fachmann zu genau diesem Thema sind. Dann kann nichts passieren und mit großer Wahrscheinlichkeit werden Ihnen alle gerne zuhören. Selbst wenn mich die Freiheitsstatue vorher nicht interessiert hätte, wenn Sie darüber was sagen können, von dem ich bisher keine Ahnung hatte, kann das spannend werden. Wenn Sie nur ein paar Allgemeinplätze von sich geben können, gelten Sie nach kurzer Zeit als Laberheini.

Falsches Thema

Jetzt werden Sie erwidern, dass das klar ist. Natürlich reden Sie (im Gegensatz zu meinen Seminarteilnehmern) nur über Dinge, von denen Sie etwas verstehen. Aber auch für Sie ist es wahrscheinlich schwierig, wenn Sie möglicherweise mehrfach zugeben müssen, dass Sie da jetzt ausgerechnet keine Ahnung haben. Zuzugeben, noch nie in New York gewesen zu sein, klingt einfach, ist es aber nicht. Deswegen wenden wir in dieser Situation im Alltag nämlich einen kleinen Trick an.

Was sagen Sie also jetzt, wenn es um Australien geht, wo Sie noch nie waren oder um Himbeermarmelade, die Sie noch nie selbst gemacht haben? Überraschenderweise gibt es ein Thema im Zusammenhang mit Australien oder Himbeermarmelade, in dem Sie der beste Fachmann oder die beste Fachfrau der Welt sind. Es gibt ein Thema im Zusammenhang mit diesen beiden Begriffen, da darf ich nur Sie fragen und sonst niemand. Ahnen Sie, was dieses Thema wäre?

Die Lösung ist ganz einfach. Sie sprechen darüber, was Sie persönlich mit dem Begriff verbinden. Niemand kann uns so gut über Ihr Verhältnis zu Australien oder Marmelade Auskunft geben wie Sie selbst. Auf diesem Gebiet sind Sie der beste Kenner, der sich finden lässt.

Und wenn Sie kein Verhältnis haben, wenn keine persönliche Beziehung besteht? – Dann sprechen Sie darüber, warum Sie keine Beziehung haben, vielleicht gerne eine gehabt hätten oder Sie sprechen über Ihre Sehnsucht nach den

Ferien und nach süßen Brotaufstrichen. Der Psychologe Paul Watzlawick[73] hat uns erklärt, dass wir nicht nicht kommunizieren können. Ich ergänze:

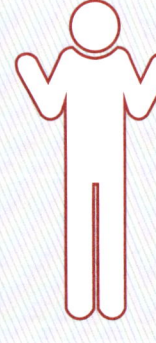

Wir können zu nichts keine Beziehung haben.

Zu jedem Begriff, zu jedem Thema, zu jeder Frage, entsteht ein Bild. Wenn ich **Schlitten** sage, sehen Sie ein ganz bestimmtes Gefährt, mit dem man bei Schnee die Berge runterkommt oder einen ganz bestimmten Abhang vor sich, und über den können Sie sprechen. Dazu müssen Sie weder sportlich sein noch technisch etwas von Schlitten verstehen. Diese Bilder tauchen immer dann auf, wenn neue Themen auftauchen. Nehmen Sie das erste Bild, das Ihnen einfällt. Sie haben ja keinen Einfluss auf das Bild. Sie können nichts dafür, ob Ihnen zu China die chinesische Mauer oder Ente süß-sauer einfällt.

Im Privatleben holen wir jedes Thema auf die persönliche Ebene, und schon sind wir wieder der Fachmann und labern nicht. Wir hätten auf einer Party vor keinem Thema auf der Welt Angst oder würden uns die Daumen drücken, dass bestimmte Themen nicht auftauchen. Wenn wir zu einem Thema keine Fachleute sind, holen wir das Thema auf die persönliche Ebene. Je persönlicher, je individueller, je origineller es wird, desto weniger wird gelabert. Dass es in Australien ein berühmtes Opernhaus gibt und jede Menge Klapperschlagen, kann man millionenfach nachlesen, aber welche Gedanken Ihnen beim Anblick der Oper oder der Klapperschlange durch den Kopf gehen, das wissen nur Sie.

Missverständnis Nr. 10

Viele Speaker, vor allem aus Amerika, erzählen uns, dass wir die **I** und dann die **you** im Vortrag zählen sollen und wehe sie zählen mehr **ich** als **du**, dann wird man von allen Seiten gecoacht.

Es ist sehr wichtig, den Nutzen für die Zuschauer herauszustellen und nicht ununterbrochen von sich zu erzählen. Aber ein Thema auf die persönliche Ebene zu holen, ist etwas anders. Das ist nicht egozentrisch, sondern wertvoll, nützlich und in vielen Fällen außerordentlich spannend.

Es gibt also sozusagen zwei Arten von **ich**. Wenn das **ich** nicht dazu dient, sich auf ein Podest zu heben, sondern durch die eigene Lernerfahrung anderen zu einer Erkenntnis zu verhelfen, ist ein **ich** die beste Möglichkeit, Menschen mitzureißen. Martin Luther King hat nicht gesagt: **Imagine you had a dream...** Er hatte den Traum selbst. Auch Churchill sagte in seiner berühmten Rede: **I have nothing to offer...**

---

73 Watzlawick, Paul, Beavin, Janet H., Jackson, Don D: Menschliche Kommunikation. Bern/Stuttgart/Toronto: Hans Huber Verlag 1969, S. 53

Sie werden keine tolle Rede ohne eine persönliche Beziehung des Redners zum Thema finden. Nicht durchgehend, nicht zu jedem Aspekt, nicht immer. Aber die persönlichen Geschichten machen die meisten Reden so einprägsam und spannend. Noch dazu sind die Geschichten einfach zu erzählen.

Im Alltag sind es natürlich nicht nur Stichworte oder Störer mit unangenehmen Zwischenfragen. Es kann so viel passieren. Sie können stolpern, Stromausfall auf der Bühne, Sie versprechen sich oder Sie haben plötzlich einen Blackout. Da gilt dasselbe. Mit Sätzen wie **Da bin ich wohl gerade gestolpert** oder **Der Strom scheint irgendwie weg zu sein**, werden Sie nicht weit kommen.

Sprechen Sie lieber Ihre Gefühle aus, lassen Sie uns an Ihren Gedanken in der Situation teilhaben. Es gibt so viele Empfindungen, die Ihnen gerade durch den Kopf schießen. Das Einfachste wäre, genau darüber zu sprechen. So bleiben Sie bei sich und können die Situation am ehesten entschärfen. Die Teilnehmer meiner Seminare erinnere ich dann immer daran, was ein König oder eine Königin tun würde, und die würden bestimmt nicht labern.

KEIN BILD

Was ist aber, wenn kein Bild auftaucht? Sie hören das Wort **Ehre** oder **Anmut?** Da taucht zunächst mal kein Bild auf. Da können Sie nicht von Ihren Empfindungen erzählen, weil Sie vielleicht keine haben. Mir fällt auch da ein Bild ein. Bei **Ehre** sehe ich den Freibeuter Sir Francis Drake in einem Film im Auftrag seiner Königin und bei **Anmut** eine Balletttänzerin.

Aber jetzt nehmen wir mal an, Sie hätten kein Bild, wie bei **Dschibuti** oder **binomischer Formel**. Ihnen will partout nichts dazu einfallen. Und bei dem, was Ihnen einfällt, sind Sie nicht sicher.

Sie müssen überlegen. Sie wollen gerne nachdenken. Aber Sie können nicht nachdenken, während Sie hundert Menschen anstarren oder die koreanischen Geschäftspartner auf Ihre Einschätzung der aktuellen Lage warten.

Sie können sagen, dass Sie nichts sagen können. Das ist immer möglich. Aber das wollen Sie ja eigentlich gar nicht ausdrücken. Sie können bestimmt etwas sagen, nur nicht so schnell, nur nicht auf Kommando, nur nicht jetzt…

Missverständnis Nr. 11

Im Rhetorikkurs werden vier Tricks unterrichtet, wie man Zeit gewinnt, um über eine Frage oder einen Zwischenruf nachzudenken. Sie sollen erstens eine Gegenfrage stellen. Sie könnten auch die anderen fragen, ob die eine Antwort geben wollen. Die dritte Technik besteht im Wiederholen der Frage und besonders gut geschulte Teilnehmer wenden die vierte Technik an und fangen an, die außerordentlich gute Qualität der Frage zu loben. **Das ist eine sehr spannende Frage.** Sie ahnen, was ich davon halte. Das sind Tricks, und die sind nichts für Königin oder König.

Sie könnten sich einfach die Zeit nehmen und nachdenken. Aber sollten Sie das mal gemacht haben, dann werden Sie festgestellt haben, dass da ein kleiner Zwerg auf Ihrer Schulter turnt, der in Ihr Ohr schreit, dass Sie sich gefälligst beeilen sollen: **Dschibuti! Das kann doch nicht so schwer sein. Nun mal los. Die warten. Was denkst Du Dir eigentlich!** Und weil dieser Zwerg so einen Lärm macht, kommen wir zu einem garantiert nicht: Zum Nachdenken, welches Bild da auftaucht. Adrenalin schießt ein, wir fangen an zu stottern und laufen vielleicht auch noch rot an. Das Adrenalin braucht Minuten, um abgebaut zu werden. Keine gute Voraussetzung, um jetzt gelassen fortzufahren.

Es gibt eine deutlich einfachere Möglichkeit, die angespannte Situation zu entkrampfen: Sagen Sie, dass Sie darüber einen Moment nachdenken müssen. Sprechen Sie Ihre Gedanken laut aus. Sagen Sie, was Ihnen durch den Kopf geht. Dabei schießt kein oder deutlich weniger Adrenalin ein, Sie bleiben Herr der Situation und finden viel schneller den verlorenen Faden. Das ist mein zweiter Tipp. Verschaffen Sie sich Zeit, indem Sie artikulieren, welche Bilder und Gedanken bei Ihnen auftauchen, wenn das Stichwort oder das Thema plötzlich zur Diskussion steht.

Missverständnis Nr. 12

Damit ist ausdrücklich nicht gemeint, dass Sie bei einer unangenehmen Frage auf ein vorher vorbereitetes Thema ausweichen sollen. Das bringen viele Medientrainer ihren Kunden bei. Das ist sicher auch einer der Gründe, warum uns Politiker manchmal so unsympathisch sind. Aber wenn Sie von **Rumkugeln** sprechen, kann es um Essen oder um Bewegung gehen. Sie können nichts dafür, welches Bild da auftaucht. Aber reden Sie nicht über Löffel, wenn Sie nach einem Messer gefragt werden.

Gut vorbereitete Profis antworten in Situationen, auf die sie nicht vorbereitet sind, sehr oft mit persönlichen Gedanken.

> Mit der Frage habe ich ja gar nicht gerechnet...
> Da brauche ich ein bisschen. Warten Sie, das war...
> Jetzt überfallen Sie mich...
> Na, Sie fangen ja gut an.
> Sind Sie sicher, dass ich mit Ihnen darüber reden will?

Das sind genau die Antworten, die wir in einer privaten Situation geben würden. Wenn wir überrascht sind, sagen wir, dass wir überrascht sind, wenn wir nicht wissen, wo wir anfangen sollen, dann sagen wir das einfach.

Auf eine Frage zu ANTworten, heißt nicht, sie zu BEantworten.

Antworten Sie auf alle Fragen. Sie sind hoffentlich ein höflicher Mensch. Aber beantworten Sie eine Frage nur, wenn Sie das wollen.

NICHT WISSEN

Nun kann es aber auch sein, dass Sie gar keine Zeit zum Überlegen brauchen. Sie wissen gleich, dass Sie etwas nicht wissen. Sie erkennen sofort, dass Sie keine Ahnung haben. Das können Sie nie ganz vermeiden. Das Wissen der Welt verdoppelt sich rasend schnell. Wenn ich mich in dieser Welt zurechtfinden will, muss ich täglich dazulernen.

Wollen sie wirklich auf alle Fragen vorbereitet sein, die da so kommen können? Ich hätte dazu die Zeit nicht. Wenn Sie sagen, ich weiß es nicht, ist das nicht die beste Lösung. Aber möglicherweise die beste aller möglichen Lösungen. Im Falle, dass Sie es wirklich nicht wissen, sind alle anderen Lösungen deutlich schlechter. Es gibt Menschen, die können genau erklären, was Mukoviszidose ist oder eine Arachnophobie. Aber Sie gehören vielleicht nicht dazu.

Was soll das für ein Vorbild für Ihre Fans, für Ihre Mitarbeiter oder für Ihre Familie sein, wenn Sie sich nicht trauen, Ihr Nichtwissen offen zur Schau zu stellen? Geben Sie zu, wenn Sie etwas nicht wissen. Das ist einfacher als Sie denken. Sie müssen es sich nur trauen.

Es gibt im Internet den großartigen Vortrag von Peter Bregman[74], der uns sehr überzeugend erklärt, dass es die allergrößte Stärke erfordert zuzugeben, etwas nicht zu wissen. Wir akzeptieren damit, dass auch wir im Leben unvollkommen sind, und das ist eine eindrückliche Botschaft.

Und wenn Sie es mit Sicherheit wissen müssten? Wenn Sie sich besser hätten vorbereiten sollen? Dann geben Sie es zu und schämen sich. Ich werde Ihnen kei-

---

74 TED Talk, Bregman, Peter: I don't know

ne Tricks verraten, wie Sie mit mangelnder Vorbereitung und oberflächlichem Halbwissen vor einem Publikum davonkommen. Das bin ich Ihrem Publikum schuldig. Entschuldigen Sie sich, und die Sache ist dieses eine Mal in Ordnung.

ALARM SCHRILLT

Jetzt wird es noch einmal deutlich schwieriger. Das Wort, die Bemerkung, das Thema, zu dem jemand etwas wissen will, löst bei Ihnen regelrecht Alarm aus. In meinen Seminaren nehme ich Begriffe aus dem sexuellen Bereich wie **Swinger Club** oder **Libido**. Aber auch sehr private Dinge sind normerweise schwierig wie **Zärtlichkeit** oder **Prostitution**.

Keine Ahnung, wo bei Ihnen der Alarm ausgelöst wird. Das kann genau da sein, wo Ihre Argumentation eine Schwachstelle hat, da wo Sie auf keinen Fall eine Nachfrage beantworten wollen oder wo ein Thema berührt wird, auf das Sie auf gar keinen Fall angesprochen werden möchten. Das kann auch so ein vermeintlich harmloses Stichwort wie **Vater** oder **Strafe** sein.

Wenn bei der Übung in meinen Seminaren ein solches Stichwort auftaucht, dann sieht man demjenigen, der gerade vorne sitzt, den Schreck meist sofort an. Manchmal stottert er oder sie, manchmal stutzt er erschrocken und manchmal fängt er mit vielen Pausen und dem Blick zur Decke gerichtet an, über die Formen der Prostitution in Deutschland zu reden.

Die einfachste Lösung entdecken die meisten erst, nachdem wir darüber gesprochen haben: Sie reden nicht über dieses Thema. Sobald die Alarmglocken losklingeln, sollte das Thema tabu sein, und zwar komplett. Keine witzige Bemerkung, keine Andeutung, kein Beweis, wie tolerant und souverän Sie sind. Wenn das Thema einen Alarm auslöst, weil der Teilnehmer zum Beispiel eine Frage stellt, die ganz vom vorgegebenen Thema abweicht, oder wenn die Gefahr besteht, dass eine Zuschauerin den Vortrag für sich instrumentalisiert, lehnen Sie das Thema ab.

> Darüber möchte ich nicht sprechen.
> Oh, jetzt verlassen Sie vertrautes Terrain.
> Seien Sie mir nicht böse, aber darüber rede ich heute nicht.

Sie können lange darüber reden, warum Sie nicht darüber reden. Sie können eine Diskussion anfangen, ob es jetzt wirklich nötig ist, Sie mit diesem Thema zu behelligen. Aber zum Thema selbst sagen Sie nichts. Denn es gibt einfach ein paar Themen, bei denen Sie entschieden haben, sich dazu nicht zu äußern, zumindest jetzt nicht. Weil das nicht hierher gehört, weil Sie das anders geplant haben oder weil das nicht in Ihr Konzept passt. Königin oder König entscheiden, worüber Sie reden und worüber nicht. Sie werden sehen, wenn Sie das mal geübt haben, macht das richtig Spaß. Meine Teilnehmer haben dann beim zweiten oder dritten Mal, wenn ich ein schlüpfriges Thema anschneide, ein sehr gewinnendes Lächeln um die Mundwinkel…

TRICKS ENTLARVEN

Jetzt gibt es noch eine fünfte Situation, in der Sie um eine Antwort nicht verlegen sein sollten. Das ist, wenn jemand versucht, Sie hereinzulegen. Wenn jemand Tricks anwendet, wenn jemand mit Absicht versucht, Sie aus dem Rhythmus zu bringen. Natürlich können Sie sich das verbitten, sobald Sie es bemerken.

> **Das kann man auch anders sagen.**
> **In dem Ton spreche ich nicht mit Ihnen.**
> **Jetzt hören Sie auf, so destruktive Fragen zu stellen.**

Das kann funktionieren, aber meist funktioniert es eben nicht. Zumal der andere in der besseren Position ist. Die Scheinwerfer sind schließlich auf Sie gerichtet und die Schweißperle rinnt auf dem Kamerabild an Ihrem Nasenflügel vorbei.

Hier brauchen die meisten Menschen am längsten, um eine praktikable Lösung zu finden. Zu sehr sind wir darauf aus, uns gleich zu verteidigen oder uns schmollend zurückzuziehen. Schließlich ist es gemein, wenn die anderen solche Sachen sagen oder tun.

Die naheliegende Lösung ist wieder die beste: Sie enttarnen die Taktik. Wenn Sie jemand provozieren will, dann fragen Sie ihn genau danach und wenn jemand versucht, Sie zu verunsichern, sprechen Sie ihn darauf an.

> **Ich habe das Gefühl, dass Sie mich provozieren wollen.**
> **Kann es sein, dass es darum geht, mich mit dieser Frage zu verunsichern?**

Weg vom Thema! Ab in die sogenannte Metaebene! Eine mit einem höhnischen Lächeln gestellte Frage ist keine Frage, auf die der andere eine sachliche Antwort erwartet. Ein wütender Angriff ist kein Beginn für eine Sachdiskussion und ein Trick ist kein Versuch, das Thema zu vertiefen. Wenn der andere die Sachebene verlässt, holen Sie ihn nicht dahin zurück, sondern verlassen Sie ebenfalls die Sachebene.

> **Warum sagen Sie das so sarkastisch?**
> **Kann es sein, das Sie wütend sind?**
> **Sie stellen mir da gerade eine Fangfrage.**

Jetzt geht es nicht mehr weiter, ohne dass der andere Farbe bekennt. Es kann sein, dass er jetzt laut lamentierend alles abstreitet oder Ihre Frage lächerlich macht, aber er kann mit seiner Taktik nicht fortfahren.

> **Sie fangen jetzt schon wieder hinten herum mit einem anderen Thema an.**
> **Kann es sein, dass wir uns im Kreis drehen?**
> **Ich bin ein bisschen müde, immer dasselbe zu sagen**.

Jetzt sind Sie am längeren Hebel. Jetzt sind Sie in der mächtigeren Position. Ich höre oft, dass es viele Unternehmen und Situationen gibt, in denen man die Technik nicht anwenden kann. Vielleicht. Ich bin nicht überall und habe nur einen ganz schmalen Ausschnitt des Lebens kennengelernt. Aber in einem bin ich mir sicher. Wenn Sie eine Taktik aufdecken, kann der andere sie nicht mehr anwenden.

> **Ich habe eine Vermutung, warum Sie das tun.**
> **Geht es Ihnen wirklich um eine Antwort?**

Und wenn Sie falsch liegen? Dann liegen Sie falsch und der oder die andere wird es korrigieren. Sie können ja alles als Vermutung formulieren. Aber Sie zeigen, dass Sie sich auf keine Spielchen einlassen. Mit Ihnen muss man direkt kommunizieren. Wenn jemand Tricks anwenden will, sollte er das nicht bei Ihnen versuchen. Sie antworten nur sachlich auf Sachfragen und gehen sachlich auf sachliche Bemerkungen ein. Sobald aber eine Emotion im Spiel ist, sobald der andere ein Spiel mit Ihnen spielt, sobald Sie ahnen, dass der andere Hintergedanken hat, sprechen Sie diese offen aus. Sie können sich immer noch entschuldigen, wenn Sie Unrecht hatten, aber wenn Sie ins Schwarze getroffen haben, haben Sie die Taktik des anderen gerade durchkreuzt.

> **Bitte jetzt keine Fragen mehr zu meiner Mutter.**
> **Wenn ich darauf eingehe, dann werde ich mich verzetteln.**
> **Ich habe mir fest vorgenommen, darauf nicht zu antworten.**

Sie sind in dieser Minute der oder die mit dem Mikrofon, und Sie bestimmen, was passiert. Seien Sie sich der Machtverteilung in dieser Situation immer bewusst. Trickser enttarnt man am besten, indem man ausspricht, dass es sich eventuell um einen Trick handeln könnte. Das geht ganz ohne laut oder ärgerlich zu werden.

LAMPENFIEBER

Darüber gibt es dicke Bücher. Von Jerry Lewis stammt der Satz: „Wer nicht nervös ist, ist entweder ein Lügner oder ein Dummkopf, aber niemals ein Profi." Das Lampenfieber wird nicht irgendwann aufhören. Es verlagert sich vielleicht in Richtung eines anderen Schwierigkeitsgrades, aber aufhören wird es nie. Die meisten Profis haben ihren kleinen Freund mit Namen Lampenfieber inzwischen so lieb gewonnen, dass sie nicht mehr ohne ihn sein wollen. Angst und Freude sind gar nicht so weit voneinander entfernt. „Angst ist nur Freude ohne Atmen.", sagt Fritz Perls und Dr. John Medina schreibt in „Gehirn und Erfolg"[75], dass es für den Körper sehr schwierig sei, Erregung und Angst zu unterscheiden. Habe ich Angst oder freue ich mich? Ihr Körper kennt den Unterschied nicht.

Es gibt eine Menge Untersuchungen, dass z.B. unter Orchestermusikern Nervosität vor dem Konzert ganz natürlich ist. Jedes Instrument hat andere Ängste. Trockenheit des Mundes, Zittern beim Führen des Bogens, Solisten vergessen die Partitur. Laut Schätzungen müssen 95% der Musiker mit solchen Ängsten leben. Aber sie sind eben auch in der Mehrzahl der Meinung, dass leichtes Lampenfieber die Qualität hebt, die Aufmerksamkeit und damit auch die Intensität steigert.

Natürlich kann es sehr störend sein, wenn der oder die da vorne auf der Bühne hochgradig nervös ist. Die Spiegelneuronen sorgen dafür, dass wir mitleiden und vom Vortrag bekommen wir wenig mit. So jemand gehört noch nicht auf die Showbühne.

Aber eine leichte Nervosität? Eine paar fahrige Bewegungen? Ein hochroter Kopf? Das ist normal, und das werden Sie aushalten. Sie müssen erst einmal lernen, dass man da vorne weder verletzt wird, noch einen bleibenden Schaden davonträgt. Wenn Sie das nicht erfahren haben, könnte es sein, dass Sie glauben, dass es so ist. Das hat natürlich damit zu tun, was ein Mensch in seinem Leben schon alles erlebt hat. Von hübschen Klassenkameradinnen ausgelacht worden zu sein oder vor den versammelten Eltern von der Bühne gerannt zu sein, sind Situationen, die man sein Leben nicht vergisst und die alles, was danach im Bereich Rhetorik kommt, deutlich schwieriger machen.

Ich glaube, wir haben zunächst mal Angst vor Kontrollverlust, weil wir erfahren haben, dass da oben Dinge passieren, die wir uns nicht vorgenommen haben.

---

75 Zit. nach Berkun, Scott: Bekenntnisse eines Redners. Köln: O'Reilly 2010, S. 18

Daran kann man nichts ändern. Die Situation verselbständigt sich. Das macht Angst.

Vielleicht schämen wir uns für unser Äußeres? Vielleicht fällt uns gerade auf, wie sehr wir uns in diesem Moment in den Vordergrund spielen, und das ist uns peinlich? Wir denken auf einmal über alles nach, jede Faser unseres Körpers wird uns bewusst und in diesem Moment finden wir alles gleichzeitig so richtig schlecht. In so einer künstlichen Situation natürlich zu sein, ist viel schwieriger als es klingt.

Missverständnis Nr. 13

Legen Sie die Angst ab.

Einen Mantel könnten Sie ablegen, Angst leider nicht. Lampenfieber werden Sie haben. Ganz sicher sogar. Wieder nutzt es leider gar nichts, dem Lampenfieber einfach zuzurufen, es möge doch bitte verschwinden. Noch zwei mittelgute Tipps aus der Literatur:

Sorgen Sie dafür, dass Sie entspannt sind!

Wie, das ist jetzt Ihnen überlassen. Ich kann mich ja nicht um alles kümmern.

Wirken Sie lässig, dann sind Sie glaubwürdiger!

Und wenn ich nicht lässig bin, wirke ich unglaubwürdiger? Auch das halte ich für fragwürdig. Wenn jemand nervös ist, dann ist er nervös. Aber deswegen ist er doch nicht unglaubwürdig. Das hat damit nichts zu tun.

Ein Manuskript deutet darauf hin, dass Sie nervös sind.

Richtig. Deswegen benutzen Sie es. Und wenn Sie ein Profi sind wie Anne Will, lesen Sie vom Teleprompter.

Zitternde Hände und Bühnenangst sind kein Zeichen mangelnder Ausbildung. Schweißperlen auf der Stirn entstehen nicht aufgrund von Fehlzeiten im Rhetorikkurs der örtlichen Volkshochschule und die Stimme bleibt nicht weg, weil ich mehr Bücher über Rhetorik hätten lesen sollen. Nein, die Situation macht mir Angst. Die Gründe dafür sind so vielfältig wie die Menschen. Das hat vielleicht mit schlechten Erfahrungen, mangelndem Selbstwert oder ratgeberresistenten Eltern zu tun. Aber es kann eben auch mit schlechtem Rhetorik-Unterricht zusammenhängen. Mit Äh-Zählern, Auf-Hände-Achtern und Rede-Dramaturgen, die völlig enttäuscht sind, dass ich da vorne alles durcheinander bringe. Das sagt zumindest meine dreißigjährige Erfahrung.

Es kann sehr beeindruckend sein, wenn ein Mensch nach vorne geht, der sichtbar Angst hat und diese Angst dann vor unseren Augen überwindet, weil es um etwas Höheres geht als die eigene Befindlichkeit.

VORTEILE

Lampenfieber ist nicht nur negativ. Wenn Sie so richtig nervös sind oder Angst davor haben, so richtig nervös zu sein, dann sind Sie besser vorbereitet als jemals zuvor. Das wird Ihr Publikum beeindrucken.

Außerdem ist Lampenfieber etwas sehr menschliches. Dass Sie das auch haben, macht Sie eher sympathisch als unsympathisch. Sie können doch nichts dafür. Sie können sich gerne entschuldigen, wenn Sie zu spät kommen oder mir auf den Fuß treten. Aber für Nervosität entschuldigen? Wo kommen wir denn da hin! Der Grund warum wir nervös sind, ist manchmal so irreal! Unsere Grundschullehrerin sitzt im Publikum, das Kleid zwickt, die ganze Firma fiebert mit mir mit… Sie der große Wirtschaftsboss, die erfolgreiche Rechtsanwältin, der weltbekannte Prominente, der 13jährige Schüler… sind nervös. Das ist normal Sie können jetzt nichts dagegen machen. Alle im Publikum wissen, dass Sie jetzt ganz viel dafür geben würden, nicht nervös zu sein. Sie sind es aber trotzdem. Damit gehen Sie um.

Ist es nicht auch eine Form der Wertschätzung? Sie wären nicht so nervös, wenn genau diese Zuschauer nicht da wären. Aber Sie sind genau deswegen nervös. Sie wollen, dass genau diese Menschen einen schönen Abend oder Tag haben, dass sie etwas mitnehmen, dass sie sich wohlfühlen, dass sie etwas lernen und dass es für sie unterhaltsam ist. Deswegen sind Sie so nervös. Was für eine schöne Botschaft.

DIE ENTSCHEIDUNG

Zu dem Zeitpunkt, an dem Sie dieses Buch lesen, haben Sie ja schon einen ganzen Lebensweg hinter sich. Sie sollten sich schon ganz gut einschätzen können? Hörte Ihnen als Schüler die ganze Klasse zu? Wurden Sie zum Klassensprecher vorgeschlagen? Waren Sie der Clown auf jeder Party? Hat Ihre Klasse auf Sie gehört? Ihr Team? Ihre Familie? Stellen Sie sich bestimmte Situationen vor und fühlen Sie, ob diese Situationen Ihnen Angst machen.

Niemand zwingt Sie. Es gibt so viele schöne Berufe, bei denen das Sprechen zu Gruppen von Menschen überhaupt keine Rolle spielt. Egal ob Sie Kaninchen hüten oder Baumwolle pflücken, es kann Sie niemand zwingen, auf eine Bühne zu gehen. Zum runden Geburtstag Ihres Vaters können Sie ein schönes Fotoalbum verschenken.

> **Sie müssen ja auch nicht auf die Bühne.**

Ach, Sie wollen? Ja, dann müssen Sie sich entscheiden. Wenn Sie wollen, dann geht das. Dann ist das möglich. Dann können Sie das auch. Aber Sie werden nervös sein. Es wird eine Zeit geben, in der Sie wünschten, Sie hätten für die

Rede oder den Vortrag nicht zugesagt. In jeder Schauspielergarderobe will sich in der Stunde vor der Premiere jeder so bald wie möglich umschulen lassen. Während des Schlussapplauses will das keiner mehr, egal wie lang und laut der Applaus wird.

Reden vor Gruppen verursacht nun mal Stress. Aber das wissen Sie jetzt vorher und Sie können später nicht sagen, ich hätte Sie nicht darauf vorbereitet.

Was für mich als Trainer und Coach am schwersten zu ertragen ist, ist das Gejammer. Die Fernsehmoderatorin würde so viel lieber vor lebenden Menschen sprechen als vor dem kalten Auge der Kamera. Der Bankmitarbeiter würde ja so viel lieber Vorträge halten als diese unnatürlichen Telefonkonferenzen. Die Vertriebschefin mit den Videokonferenzen ärgert sich, dass sie auf der Bühne jeder sehen kann. Der Speaker, der auf der Bühne steht, ärgert sich über jeden, der länger redet als er. Wer vor 15 Leuten spricht, sehnt sich nach der großen Halle. Die in der großen Halle möchte einmal im intimen Rahmen parlieren. Redner, die viele Zwischenfragen bekommen, wollen nichts mehr als ein ruhiges Publikum, und die, die niemand fragt, verzweifeln, weil sich keine Sau für sie interessiert, was sie in mühevoller Arbeit… Es kann sehr herausfordernd sein, jeden zu beruhigen und ihm zu erklären, dass das, was er gerade hat, von den anderen sehnsüchtig herbeigewünscht wird?

Entscheiden Sie sich bewusst für die Bühne!

Entscheiden Sie sich dafür, das Lampenfieber auszuhalten, weil es wichtig ist, dass Sie das machen, weil es auf Sie ankommt, weil alle Augen auf Ihnen ruhen, weil sie Verantwortung übernommen haben. Da ist jetzt keine Zeit für kleinliche Selbstzerfleischung oder Abwertung Ihrer Aufgabe.

Der beste Schritt auf die Bühne und das Bollwerk gegen das Lampenfieber muss das Akzeptieren der Situation sein. Sonst tun Sie sich nur selbst Leid. Oder Sie sollten eine Stunde „mentalen Aufbau" bei mir buchen. Wenn das Schmerzensgeld hoch genug ist, mache ich das gerne. Ich weiß inzwischen genau, was ich da sagen muss. Erst bedauere ich Sie ein bisschen und dann rede ich mit Ihnen, ob Sie nicht besser einen anderen Job… da hört das Gejammer dann schnell auf. Meistens jedenfalls. Es kann sehr motivierend sein, wenn man den Grund kennt, warum man das alles auf sich nimmt. Wenn Sie am Tag der Präsentation todkrank sind, wenn Sie Tage lang nicht schlafen, wenn Sie an nichts anderes mehr denken können, dann ist die Aufgabe zu groß für Sie. Dann haben Sie sich übernommen.

Aber so ein bisschen Lampenfieber, auch wenn es ganz schön beängstigend sein kann? Sie müssen sich bewusst entscheiden, eine Rede halten zu wollen. Wer Englisch nur mal so in seiner Freizeit lernt, kommt deutlich langsamer weiter als jemand, der in zwei Monaten eine Verhandlung auf Englisch führen muss.

AUSREDEN

Sie haben nichts zu sagen? Dann lassen Sie es. Einfache Antwort auf eine einfache Frage. Bitten Sie nur um die Zeit anderer Menschen, wenn wenigstens Sie die Hoffnung haben, dass es sich anschließend gelohnt hat.

Werden wir uns ärgern, wenn Sie fertig sind? Werden wir denken, dass hätten wir uns sparen können? Wenn Sie da nicht sicher sind, dann lassen Sie es doch. Ich danke Ihnen schon jetzt im Namen aller hart arbeitenden Menschen, die eigentlich sowieso lieber mit ihrem Liebling entweder Canasta oder... suchen Sie sich was aus.

Andere können es besser? Was? Den Inhalt vermitteln? Besser reden? Die wissen mehr über das Thema? Überlegen Sie gut, warum Sie auf die Bühne wollen. Wenn Ihre Kollegen gerade in Ceylon eine Ayurveda-Kur machen, sind Sie die bessere Alternative. Wenn die anderen zu teuer sind, sind Sie die bessere Alternative. Wenn die anderen privat ziemliche Ekel sind, wären Sie mir auch da lieber. Oder vielleicht wäre es ja auch nur günstig, wenn Sie noch eine zusätzliche Gelegenheit zum Üben bekämen. Aber einen Grund sollte es geben, Sie auf die Bühne zu lassen. Sie sollten diesen Grund kennen. In den meisten Fällen ist es eine Ehre, sprechen zu dürfen. Sie können nein sagen. Es kann Sie (kaum) jemand zwingen, wenn Sie nicht wollen.

Es wird sicher ganz furchtbar werden? Sprechen Sie mir nach:

Ja, es ist hell auf der Bühne.

Ja, ich werde ganz anders anfangen, als ich es mir vorher überlegt habe.

Ja, der Name meiner Mutter wird mir nicht einfallen.

Ja, ich werde eine komische Figur abgeben, vor allem am Anfang.

Ja, an meiner Haltung gibt es etwas auszusetzen.

Ja, meine Hände sehen entsetzlich aus.

Ja, ich lächle verquält.

Ja, es gibt attraktivere Menschen als mich.

Erst wenn Sie das laut vorlesen können, ohne Schweißausbrüche zu bekommen, sind Sie so weit. Sie müssen nach vorne wollen und nicht darum bitten, dass Ihnen diese Probleme aus dem Weg geräumt werden.

Redner und Speaker werden für ihr Wissen und ihre jahrelange Erfahrung bezahlt. Für den Reisestress und die vielen Kilometer, die sie zurücklegen, um irgendwo auftreten zu können. Sie werden für die Spannung und das Lampenfieber bezahlt, das sie jeden Tag überfällt. Für den Druck, eine Gruppe von Menschen gut unterhalten oder überzeugen zu müssen, für die Angst zu versagen und Fehler zu machen. Ein großer Teil der Gage ist genau dafür. Den Schlussapplaus würden wir alle auch ohne Bezahlung entgegennehmen. So gesehen, ist das Lampenfieber gar nicht so schlecht bezahlt.

DER SCHWIERIGKEITSGRAD

Vor vielen Jahren habe ich einmal die Betreuer einer Gerichtssendung gecoacht, die überwiegend mit Laien gearbeitet haben. Die meisten dieser Realisatoren, die Drehbuchautoren, Gästebetreuer, Dialogregisseure und psychologische Berater für schauspielernde Laien in einem sein mussten, fragten irgendwann, ob ihre dilettierenden Schauspieler aufgeregt seien. Das beantworteten alle mit einem großen **JA** und anschließend wurden sie beruhigt. Nur eine einzige von ihnen fragte jeden, der zum ersten Mal gleich in einer Fernsehsendung mitspielen würde **Und, freust du dich?** Zunächst waren alle ganz verdutzt, weil sie mit der Frage nicht gerechnet hatten (**Freuen? Ja, also... schon irgendwie...**) und dann huschte tatsächlich bei den meisten ein Lächeln übers Gesicht. Eine viele bessere Vorbereitung als jedes **Ist doch nicht so schlimm!** oder **Du schaffst das schon!**

Die Angst vor der großen Gruppe oder vor der Kamera ist normal – für jeden Menschen. Nur haben Menschen unterschiedliche Schwellen, was sie genau an den Rand ihrer Leistungsfähigkeit bringt und was nicht. Für mich ist es mit großem Stress verbunden, mich in einem englischsprachigen Workshop auf einer internationalen Convention einzumischen, möglicherweise mit einer konträren Meinung. Eine Gruppe von 400 Menschen, die auf Deutsch mehrere Stunden unterhalten werden muss, erzeugt den Stress nicht mehr merklich.

Wenn wir so auf die guten rhetorischen Fähigkeiten besonders in angelsächsischen Ländern verweisen, dann besteht diese „Ausbildung" vor allen Dingen in mehr Übung. Wenn Schulkinder am ersten Tag nach den Ferien vor der Klasse erzählen sollen, was sie denn so in den Ferien getrieben haben, dann ist das der beste Rhetorikkurs der sich denken lässt. Denn was die Kinder dort lernen, ist vor allem eines: Das Publikum ist gar nicht so böse, wie sie gedacht haben, es ist nicht schwer, wenn man auf die Regeln pfeift, und man ist ziemlich stolz auf sich, wenn es vorbei ist. Das ist die beste Schule zum Thema reden. Tu es und sei stolz wenn es klappt. Wie gering die Hürde auch immer war, die Du heute überschritten hast.

BÜHNE ODER STERBEN

Ja, es gibt diese Umfrage, dass unter den Dingen, die Menschen ängstigen, das Halten einer Rede noch vor dem Tod kommt. Aber die Liste kam durch die einfache Frage zustande: **Wovor haben Sie am meisten Angst?** Man konnte beliebig viele Antworten geben und es gab keine vorgegebenen Antwortmöglichkeiten.

Vergleichen wir doch mal eine einfache Rede auf einem Fest des Tennisvereins mit einem qualvollen Tod nach einer Lebensmittelvergiftung. Oder erinnern Sie sich einfach mal an die Nacht nach dem Genuss unzureichend gekochter Bohnen. Wollen Sie jetzt immer noch lieber sterben als ein paar Worte vor einer Gruppe vom Blatt abzulesen?

Diese Umfrage wurde also überwiegend von Menschen ausgefüllt, die noch nie am Seil über dem Abgrund hingen und noch nie drei Tage Fieber nach einem Schlangenbiss hatten.

Viel Erfahrung haben Sie aber mit dem Sprechen vor Gruppen, entweder weil sie es gemacht oder weil sie es sich nicht getraut haben. Das ist natürlich deutlich bedrohlicher als ein ruhiges Entschlafen im Alter von 98. Jeder, der mal nach dem Genuss verdorbenen Schafskäses vier Tag in einem Zelt auf einem marokkanischen Zeltplatz dahinvegetiert ist (und ich weiß, wovon ich rede) oder bei dem unter Wasser der Tauchautomat versagte, der macht eine andere Liste. Das Ergebnis ist also weder repräsentativ, noch lässt sich damit die Aussage treffen, dass Menschen mehr Angst vor einer Rede als vor dem Tod haben. Im Gegenteil, es gibt ja auch die vielen, die auf der Bühne stehen und ehrlich beklatscht wurden. Die wollen ein zweites Mal. Die kommen sicher wieder.

LERNEN IN STUFEN

Fangen Sie klein an. Wenn Sie zittern, als hätten Sie Schüttelfrost, nur weil sie bei einem Abendessen mit vielen Menschen fragen wollen, ob Sie noch etwas Wein haben können, ist eine Rede erst mal nichts für Sie.

Ich habe erlebt, wie in einer Vorstellungsrunde der Eltern im Kindergarten einige anfingen zu schwitzen. Die sechste Mutter in der Runde sagte erst einmal, wie aufgeregt sie sei, nur weil sie jetzt ihren Namen und den Namen ihres Kindes sagen sollte. Alle lachten, weil es ihnen genauso ging. Die übernächste Mutter vergaß eines ihrer Kinder, und auch ich mit meiner ganzen Professionalität kam leicht ins Schwitzen, weil ich mir nicht mehr sicher war, ob mein Kind jetzt in der Floh- oder in der Mäusegruppe war.

Das sind die Gelegenheiten zu lernen, wie man eine Rede hält. Dann kommt Onkel Rudis Geburtstag. Dann die abgelesene Rede hinter dem Rednerpult, dann die PowerPoint-Präsentation, bei der Sie fast alle Folien vorlesen. Wenn Sie dann wirklich weitermachen wollen (oder müssen), dann arbeiten Sie sich von der kleinen auf die große Bühne vor, dann arbeiten Sie daran, die Massen zu bewegen und sich ein Denkmal im Himmel der besten Redner zu verdienen. Aber erst dann. Wenn Sie ohne Erfahrung losziehen, ein begnadeter Redner zu werden, dann unterscheiden Sie sich kaum von dem rüstigen Rentner, der beschließt, Europameister im Stabhochsprung zu werden.

In dem Buch „Machen, nicht denken"[76] von Richard Wiseman finden sich eine Menge wissenschaftlicher Beweise, dass das eine sehr wirkungsvolle Methode ist, die Angst vor dem Reden zu verlieren.

Eines der effektivsten Verfahren gegen Phobien stammt von dem südafrikanischen Psychiater Joseph Wolpe. Er nennt es systematische Desensibilisierung und bringt Klienten im ersten Schritt bei, sich zu entspannen. Im zweiten werden sie aufgefordert, ihre Varianten der Phobie in eine Tabelle von „wenig beängstigend" gleich 0 bis „sehr beängstigend" gleich 100 einzutragen. Im dritten Schritt setzt er die Patienten (imaginär oder wirklich) der Angst der ersten Stufe aus, solange bis sie ihre Angst auf unter 10 einschätzen. Dann geht es denn nächsten Schritt weiter.

Jetzt fängt natürlich jeder auf dieser Skala der Desensibilisierung anders an. Ich war Stadtgruppenleiter einer Jugendgruppe. Als ich das erste Mal zu einem größeren Treffen von Stadtgruppenleitern nach Frankfurt fuhr, hatte ich bis zur Mittagspause noch keinen Ton gesagt. Ich traute mich nicht. Kurz nach dem Mittagessen hörte ich mich dann in die große Runde fragen, wann denn am Abend Schluss sei. Ich bekam die Antwort, und der Bann war gebrochen. Ich hatte mich in dem großen Raum mal gehört und fand es eher angenehm als schlimm.

Vielleicht bereitet es Ihnen schon Schwierigkeiten, die Gruppen im Sportverein einzuteilen. Ansonsten wäre das ein guter Anfang. Ein kleiner Monolog auf dem Elternabend, eine Diskussion mit den Tierschützern in der Fußgängerzone. Arbeiten Sie sich Richtung Bühne. Dann könnte ein Plan zum Reden lernen in Stufen so aussehen:

---

76 Wisemann, Richard: Machen, nicht denken. Frankfurt/Main: Fischer Taschenbuch 2013, S. 161

1. Vom Blatt abgelesene Rede mit Rednerpult
2. Das Redemanuskript ist mit einem senkrechten Strich geteilt. Links nur die Stichwörter rechts der Text. Nun können Sie je nach Nervosität wechseln.
3. Ihr Redemanuskript enthält neben dem Text immer wieder ein paar Stichwörter, die für Geschichten stehen. Wenn Sie nicht zu nervös sind, bringen Sie die Geschichten. Wenn doch, lassen Sie die Geschichten weg.
4. Sie haben den größten Teil des Textes auf der PowerPoint Folie und orientieren sich sehr stark daran.
5. Sie haben auf den Folien nur Stichworte, die für Ihre Sterne stehen.
6. Sie reden nur nach Sternen auf einer Moderationskarte.
7. Sie lassen die Moderationskarte dann vielleicht einfach mal auf dem Tischchen rechts auf der Bühne liegen und gehen erst hin, wenn es nötig ist.
8. Sie haben nur eine Liste mit Sternen, auf die Sie nur gucken, wenn Sie nicht wissen, wie der nächste Stern heißt.
9. Sie haben die Liste griffbereit, aber versteckt.
10. Sie sprechen frei ohne Hilfsmittel.

Wichtig ist nur, dass Sie jeden Schritt schaffen. Wenn Sie sich zu viel vornehmen, geht es nicht einen, sondern mehrere Schritte zurück.

Deswegen finde ich es auch so falsch, Menschen ihr PowerPoint wegzunehmen. Wer sich damit zum freien Reden vorkämpft und diese Zwischenstufe nutzt, um sicherer und souveräner zu werden, da kann man doch nur Bravo! rufen.

ENTSPANNUNG

Je entspannter, desto besser. Ich weiß, dass das meistens nicht funktioniert, aber das Ziel wäre schon mal definiert. Nur, wie kommen wir da hin?

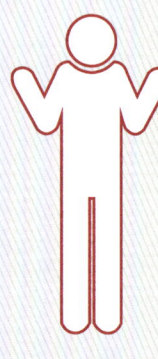

Missverständnis Nr. 14

Ich gebe Ihnen jetzt mal einen richtig guten Tipp, der Sie Ihr ganzes Speakerleben begleiten wird. Ich würde es sogar ein kleines Geheimnis nennen, weil es so perfekt funktioniert:

Lassen Sie sich nie aus der Ruhe bringen!

Na, was sagen Sie? Ist das nicht ein genialer Tipp? Nein, das ist hilft nicht. Paul Watzlawick nennt das eine paradoxe Intervention. Ich kann niemanden bitten, lieber mit den Kindern zu spielen. Es gibt Dinge, auf die haben wir keinen Einfluss, so sehr uns das vielleicht ärgern mag.

Nehmen Sie die Aufmerksamkeit weg von sich.

Ein Fingerschnippen und meine zitternden Knie sind mir scheißegal, mein Selbstbewusstsein lässt mich stolz auf meinen kleinen Bauch sein und dass die Batterie der Fernbedienung gerade leer ist, interessiert mich einfach nicht? Ich bin mit voller Aufmerksamkeit bei meinen Zuhörern?

Entspannung stellt sich nicht einfach so ein, wenn wir uns das wünschen. Auf der Bühne locker zu sein, ist meinen Augen vor allen Dingen eine Sache der Erfahrung und der Übung. Je mehr Routine ein Auftritt ist, desto intensiver können Sie sich auf ihr Publikum konzentrieren.

Es gibt ein paar Dinge die helfen: Sorgen Sie dafür, dass Sie vorher nicht noch tausend andere Dinge machen. Am Morgen des Auftritts gehe ich nicht nochmal meine Mails durch oder führe mit meiner Frau ein grundsätzliches Gespräch über unsere Beziehung. Wenn mich der Auftritt sehr fordert, lese ich nicht mal die Zeitung.

Dass Ihr Körper zwischen einem Tag am Strand und der Vorstellung eines Tages am Strand nicht unterscheidet, spart uns jede Menge Geld. Manche meditieren, manche träumen oder machen autogenes Training. Mir tut vor allem Sport gut. Körperliche Bewegung, vielleicht sogar ein Saunabesuch nach dem Sport. Das hilft mir für den nächsten Morgen, wenn ich auf die Bühne muss. Eine sechsstündige Zugfahrt ist keine gute Vorbereitung für einen Auftritt, der mit viel Nervosität verbunden ist. Wer mit Aufputschmitteln wie Kaffee, Tee, Bitterschokolade oder anregenden Softdrinks arbeitet, könnte versuchen, das am Tag des Auftrittes mal wegzulassen. Nur Alkohol geht gar nicht. Sie reden mit Sicherheit schlechter. Sie fühlen sich nur besser dabei.

MENTALES WARM-UP

Begrüßen Sie Leute im Zuschauerraum schon lange, bevor es losgeht. Halten Sie sich irgendwo im Zuschauerraum auf, machen Sie Smalltalk mit dem Veranstalter, blödeln Sie mit dem Techniker und schütteln Sie Hände von freundlichen Menschen. Das nimmt Ihnen unter Umständen die Angst.

Wie oft fahre ich zu einem Vortrag und bin ein bisschen nervös wegen der anspruchsvollen Zuschauer in den dunklen Anzügen mit den hohen Erwartungen, die schon alles gesehen haben. Schon nach den ersten Gesprächen mit dem Hausmeister, mit Zuschauern oder Seminarteilnehmern stelle ich jedes Mal wieder erstaunt fest, dass die richtig nett sind. Menschen wie Du und ich. Sympathisch, locker, gespannt auf was Neues und richtig gut drauf.

Das ist nicht immer so. Ich bin schon mal eine halbe Stunde zu spät gekommen, in eine Gruppe, der das Training mit mir verordnet wurde. Das war nicht einfach. Aber nach so vielen Jahren werde ich auch mit so etwas fertig. Wenn nicht, dann geht eben auch mal ein Vortrag oder ein Seminar daneben. Meine Misserfolge erspare ich Ihnen jetzt, sonst habe ich keine Lust weiter zu schreiben.

Aber vielleicht machen Sie die Gespräche mit den Zuschauern vorher auch nervös. Ich kenne bekannte Speaker, mit denen Sie vor dem Auftritt kein Wort wechseln können. Die sind in Gedanken schon auf der Bühne und wollen nicht abgelenkt werden.

Sich die Zuschauer nackt vorzustellen, halte ich für keine gute Idee. Das macht es schwerer und nicht leichter. Und das nicht nur, wenn Lena Meyer-Landrut in der ersten Reihe sitzt. Aber dieser Rat klingt irgendwie total clever. Deswegen vervielfältigt sich der Rat unter Rhetoriktrainern. Mach die anderen zu Kohlköpfen, dann bist du der einzige intelligente Mensch im Raum und wirst Deine kleine Rede doch wohl hinkriegen. Der Ansatz und das Menschenbild, das dahinter steckt, hat mir noch nie gefallen. Sehr oft glaube ich Rednern anzumerken, dass sie sich gerade vorstellen, ich sei ein nackter Kohlkopf…

Missverständnis Nr. 15

Rhetoriktrainer machen es sich wieder einfach:

Sagen Sie sich: Ich liebe jeden Menschen im Publikum.

Der Redner glaubt so fest daran, dass das toll ist, was er sagt, dass er nicht merken will, wie wir im Zuschauerraum alle leiden. Aber solche Affirmationen klingen toll.

Ich bin gut!

Ich bin ein professioneller Redner!

Alle werden mir zuhören!

Bei einem Fußballer, der während des Spiels in der Nähe des gegnerischen Tores auf den Ball wartet, fänden wir solche Sätze völlig durchgeknallt. In Lehrbüchern über Rhetorik füllt man damit ganze Kapitel. Wenn einer wirklich gut ist, dann soll der gefälligst auch an sich glauben (was manche nicht tun). Aber der Glaube allein versetzt nicht nur keine Berge.

Werden Sie sich Ihrer Einzigartigkeit bewusst.

Ein hohes Selbstwertgefühl ist zweifellos wichtig. Ich muss schon daran glauben, dass ich und mein Thema es wert sind, dass sich mehrere Menschen in einem Raum versammeln. Aber auch das passiert nicht auf Knopfdruck.

BLACKOUT

Die Angst vor einem Blackout ist verdammt real. Das kann Ihnen passieren. Immer. Auch wenn Sie viel Erfahrung haben. Die wirklichen Blackouts, die ich als Schauspieler hatte, verfolgen mich noch heute. Ich träume auch heute noch alle 14 Tage, ich stände auf der Bühne, wüsste kein Wort Text und alle Kollegen um mich herum zischeln erbost, wieso ich diesen blöden Text nicht gelernt habe. Und das obwohl mein letzter Auftritt als Schauspieler ewig lange her ist.

Rechnen Sie mit einem Blackout und bereiten Sie sich vor. Legen Sie irgendwo ein Manuskript oder einen Stichwortzettel hin, möglicherweise sogar zweimal. Ich habe immer Angst, dass einer verschwindet. Schreiben Sie sich Eigennamen auf und wichtige Daten. Überlegen Sie sich vorher, was Sie sagen, wenn Sie hängen wie eine Glocke. Das, was Sie vorbereiten, wird Ihnen nicht einfallen, und trotzdem können Sie mit der Situation leichter umgehen, wenn Sie sie schon mal durchgespielt haben.

Die Fachliteratur ist voll von Hunderten von Tipps gegen Blackout: das letzte Wort wiederholen, einen Schluck Wasser trinken, eine Kunstpause machen, zusammenfassen. Ich merke sofort, wenn jemand Tricks anwendet. Und ich finde es im höchsten Maße albern. König oder Königin machen so was nicht.

> **Am einfachsten ist, dass Sie erzählen, dass Sie einen Hänger haben.**

Die perfekten Reden sollen die anderen halten. Sie gehören zu denen, die zugeben, wenn etwas daneben geht, schon als Botschaft an die Kollegen, die das bitte in Zukunft auch tun, anstatt darauf zu beharren, den letzten Fehler ihres Lebens während des Abiturs gemacht zu haben.

Körpersprache

Körpersprache ist immens wichtig. Das weiß heute jeder Grundschüler. Die Körpersprache ist wichtiger als alles andere. Da kann man Lügen erkennen, da kann man in die Seele blicken, da kann man die Profis von den Laien unterscheiden. Jeder Ratgeber besteht aus Tipps wie

Arbeiten Sie an Ihrer Körpersprache!

Das wird nicht hinterfragt. Ist das wirklich so wichtig? Komme ich ohne Training der Körpersprache denn direkt in die Vorhölle zu all den schlechten Rednern?

Was gewinnen Sie zum Beispiel, wenn Sie dauernd Ihre Körpersprache kontrollieren und sich furchtbar finden? Und Sie finden sich furchtbar, wenn Sie sich im Spiegel sehen und so tun, als könnten Sie sich beobachten, während sie gleichzeitig ganz unbefangen einen Vortrag halten. Menschen, die vor dem Spiegel üben, lernen etwas über die Wirkung von Kleidung, aber Sie werden dadurch nie bessere Redner.

Training

Auch wenn uns viele Bücher über Rhetorik etwas ganz anderes sagen: Die Qualität von Rednern können Sie nicht anhand von Fotos beurteilen. Die Körpersprache ist bei einer guten Rede absolut zweitrangig. Redner muss ich hören, ich muss ihnen zuhören und am besten nehmen sie mich derart mit auf ihrer Reise, dass ich weder fuchtelnde Hände, noch wippende Füße oder zuckende Mundwinkel bemerke.

Über die Körpersprache meiner Mitmenschen könnte ich dicke Bücher schreiben und Ihnen viele Bücher empfehlen. Es lohnt sich auch für Sie diese Bücher zu lesen. Das kann Ihnen helfen, andere Menschen besser zu verstehen. Aber Ihre eigene Körpersprache trainieren Sie bitte nicht, wenn Sie mich fragen. Denn so einfach, wie sich das anhört, sind diese Tipps doch nicht umzusetzen. Wenn Bewegungen mit den Inhalten synchron ablaufen sollen, dann arbeitet ein Schauspieler viele Stunden daran. Aber nur, wenn er begabt ist, sonst dauert das Tage. Das ist nur was für Profis.

Benutzen Sie Gesicht, Mimik, Gesten und Körpersprache um Ihre Geschichte zu illustrieren.

heißt es im Rhetorik-Ratgeber. Aber wie, um Gottes Willen? Das ist es doch gerade. Damit schlägt man sich auf der Schauspielschule jahrelang herum, und glauben Sie nicht, dass es am Ende alle hinbekommen.

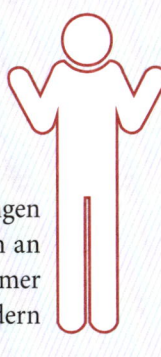

LÜGEN

Zum Thema Körpersprache genügt eigentlich ein einziger Satz. Der lautet:

> **Der Körper kann nicht lügen!**

Das sagen alle Körpersprachetrainer im Chor. Aber schon nach dem Vorwort, in dem die Trainer das betont haben, fangen sie an, anhand der Gebrauchsspuren auf unserer Schuhsohle auf unseren Seelenzustand zu schließen. Dann kommt die Empfehlung, anders zu gehen.

Nein: Der Körper kann nicht lügen. Wenn das stimmt, dann werden Sie als Mensch, der sich zwingt, eine offene Körperhaltung einzunehmen, nie erreichen, als ein Mensch mit einer offenen Körperhaltung wahrgenommen zu werden, sondern immer als ein Mensch, der sich zwingt eine offene Körperhaltung einzunehmen. Das ist etwas anderes. Es gibt nun mal keine „richtige Körpersprache", genauso wie es kein richtiges Gesicht und kein richtiges Fluchen gibt. Die Körpersprache erzählt nur jedes Mal eine andere Geschichte. Ich bin dafür, dass es eine ehrliche, offene Geschichte ist, ohne Tricks und den Verdacht auf Verdunklungsgefahr.

Folgen wir denn wirklich einem Redner nicht, der mit hängenden Schultern und leiser Stimme spricht? Wenn er zu leise ist, braucht er ein Mikrofon, das ist keine Frage. Aber die hängenden Schultern sind doch bei vielen keine Frage der Übung oder des mangelnden Interesses an einer zuhörergerechten Haltung. Nein, das Leben ist zu schwer. Die Rednerin hat den falschen Mann geheiratet, der Sportlehrer in der Schule war ein Idiot oder beim Fallschirmspringen ist letztes Mal was schief gegangen. Wenn einer brillant redet, dann könnte er sich auch gerade halten. Aber wenn sich einer nur gerade hält, dann langweilt er uns eben in gerader Haltung. Noch schlimmer: Vor lauter Denken an die Haltung redet er noch mehr Unsinn als er ohnehin schon vorhatte zu sagen. Ärgern Sie sich über den Leistungssportler, der sich am Kopf kratzt, wenn ihm der Sportreporter eine dumme Frage stellt?

Keiner wünscht sich einen VHS-Kursleiter der nuschelt, eine Uni-Professorin die ständig hin und herläuft oder einen Geburtstagsredner der ununterbrochen „ähm" sagt. Aber wenn das keine Profis sind, dann sind wir ganz groß im Verzeihen. Wenn was rüberkommt, wenn es interessant, spannend, lehrreich, wichtig, neu, überraschend oder rührend ist, stört uns keine hängende Schulter und kein Gekratze im Gesicht.

Bei den Profis stört uns das. Wir haben Geld bezahlt. Wir verlangen Leistung. Kleine, sich oft wiederholende Gesten können in der Tat stark ablenken. Aber meist fällt uns das erst auf, wenn auch noch ein paar andere Dinge nicht stimmen. Sie können in einer Stresssituation nicht auf die Körpersprache achten, weil Sie zu viele Signale gleichzeitig bekommen. Erst wenn es so oft geübt worden ist, dass Sie nicht mehr daran denken müssen, und die dumme Angewohnheit taucht trotzdem nicht mehr auf, dann ist es geschafft. Aber das braucht Zeit und Geduld.

Der im Dunkel des Zuschauerraums hat leicht reden. Wenn das Auto fertig gebaut ist, sieht auch mancher Konstrukteur, dass da etwas nicht so ganz gelungen ist. Die meisten Kuchen sehen nicht so aus wie auf dem Foto zum Rezept. Auch ein Redner weiß hinterher, dass es besser gewesen wäre, er hätte sich nicht den Kopf an der Bühnendekoration gestoßen.

KÖRPERHALTUNG

Es ist unbestritten, dass die Körperhaltung die innere Einstellung unterstützt. Aber dass Selbstbewusstsein oder gar Souveränität im Anblick von 500 Kunden oder 100 gehässigen Kollegen aus einer geraden Haltung entsteht, ist schlicht Unsinn.

Das einzige Ergebnis wird sein, dass durch die Anspannung der Muskeln beim Geradestehen der letzte Rest von Text oder der Hauch von der Idee eines Themas verschwindet wie Eiswürfel in heißem Tee.

Natürlich ist kerzengerade, anmutig und voller Spannung schöner als schlaff und kraftlos. Aber wenn Sie auf der Bühne eine Körperhaltung einnehmen, die Sie sonst nie einnehmen, wird das richtig schwer. Das Anspannen von Muskeln bindet Energie, die Sie aber für etwas anderes brauchen. Muskelspannung kostet

Aufmerksamkeit. Versuchen Sie nur mal, die Pobacken anzuspannen, während Sie den nächsten Abschnitt lesen. Es wird Ihnen deutlich schwerer fallen mitzubekommen, was ich geschrieben habe.

Wenn der schwere Koffer auf der Bühne wirklich schwer ist, vergisst der Schauspieler seinen Text. Deswegen gibt es bei der Probe ein oder zwei Mal einen wirklich schweren Koffer, später bei der Vorstellung wird das Gewicht des Koffers gespielt.

Wenn ich mich in einen Türrahmen stelle, beide Fersen an den Rahmen, Schulter an den Rahmen und den Hinterkopf an den Rahmen, gelingt mir das nur unter Anspannung. Durch das viele Sitzen recken wir meist den Kopf nach vorne wie ein Schwan, ich besonders. Ich werde daran arbeiten, das besser hinzukriegen, ich nehme mir vor, den Körper in Zukunft besser in Balance zu halten. Ich mache Übungen dazu, regelmäßig. Aber das mache ich zu Hause, im Fitnessstudio, beim Physiotherapeuten. Wenn ich die Bühne betrete, ist es zu spät. Da muss ich mich selbst nehmen wie ich bin. Das ist auch meine Empfehlung an Sie. Lieber krumm und schief mit tollem Inhalt, anstatt eine makellose Haltung und Sie rudern durch das Meer von seelenlosen Sätzen. Bei einem Redner, der mich mit dem, was er sagt, ärgert, ist mir schon oft eine schlechte Haltung aufgefallen. Auf einer Party ist die Haltung eines Menschen nur in absoluten Ausnahmefällen von Bedeutung.

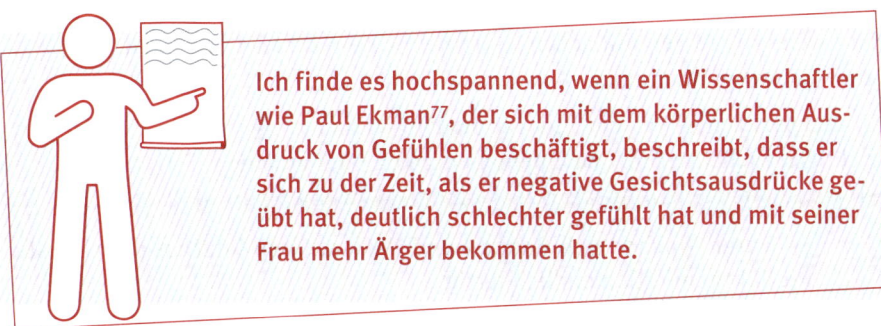

Ich finde es hochspannend, wenn ein Wissenschaftler wie Paul Ekman[77], der sich mit dem körperlichen Ausdruck von Gefühlen beschäftigt, beschreibt, dass er sich zu der Zeit, als er negative Gesichtsausdrücke geübt hat, deutlich schlechter gefühlt hat und mit seiner Frau mehr Ärger bekommen hatte.

Da ist viel Nachdenkenswertes drin. Aber einfach durch die Macht des Lippenverziehens Menschen zu Begeisterungsstürmen hinreißen? Wohl eher nicht.

GESICHT

Die Gefühle aller Menschen auf der Erde sind universell und es gibt eine begrenzte Anzahl von Emotionen, die sich auf unserem Gesicht ausdrücken. Es ist besonders schwer, dieses Gesicht zu kontrollieren. Meist reagiert unser Gesicht schon, bevor unser Verstand weiß, was uns da freut oder aufregt. Unser Gesicht entlarvt am besten unsere Lügen oder Verstellungen.

---

77 www.paulekman.com

Deswegen sollten Sie Irritationen auf jeden Fall sofort zugeben. Wenn Sie merken, dass die Hose gerissen ist, wenn die Fernbedienung nicht da ist, dann sehe ich Ihnen das sofort an. Ist es da sinnvoll, jetzt eine Menge Tricks anzuwenden, um den kleinen Zwischenfall geschickt zu überspielen? Meine Empfehlung ist, darüber zu reden. Wenn man Sie gerade aus dem Mittagsschlaf geweckt hat, um für einen Redner einzuspringen, der im Stau steht, ist es am einfachsten, das zu sagen. Nicht um gelobt oder gemocht zu werden, sondern um die Sorge los zu sein, die anderen könnten etwas bemerken, was sie nicht bemerken sollen. Nein, ich zeige es ihnen, und ich bin die Sorge los.

LÄCHELN

Ein lächelnder Mensch ist etwas Faszinierendes. Er wird schöner, anziehender, liebenswerter und das Lächeln wertet alles auf, was er sagt. Aber das Lächeln braucht einen Grund. Einfach mal so durch die Gegend zu lächeln wirkt albern und kommt uns komisch vor.

Auch wenn Sie sich zum Lächeln zwingen müssen, stellt sich dieser positive Effekt nicht ein. Ich stelle mir vor, wie Sie tapfer lächelnd die Bühne rocken, damit nur ja niemand merkt, dass das heute ihr erster Tag als professioneller Redner ist. Es ist sehr schwer, ein Lächeln zu fälschen. Meist lachen die Augen nicht mit. Decken Sie mal bei einem Politikerplakat die Mund und Nasenregion eines lächelnden Portraits ab. Jetzt gucken Sie zwei ganz ernste Augen an. Nur wenn die Augen mitlachen, erkennen wir ein echtes Lächeln, das uns den anderen sympathisch macht.

Ein echtes Lächeln verschwindet außerdem schon nach kurzer Zeit wieder. Ein richtiges Lächeln gehört zu einem Gedanken oder zu einem Satz, aber nie zu einem Kapitel, einem Absatz oder womöglich zu einer ganzen Rede.

Es waren Wochen voll Bangen und Hoffen. Doch jetzt ist die nächste Produktgeneration endlich fertig.

Das Lächeln gehört in diesem Fall nur zum zweiten Satz. Wenn Sie beim Bangen und Hoffen über das ganze Gesicht strahlen, irritieren Sie die Zuschauer. Das würden Sie natürlich nie tun, aber wie viele Radiomoderatoren schwärmen von Schneestürmen und teilen Autofahrern voller Begeisterung mit, dass es nachts spiegelglatt wird. Man arbeitet ja schließlich bei einem Gute-Laune-Sender.

In der Süddeutschen Zeitung stand mal in einer Kritik über mein Lieblingsrestaurant eine Hymne auf das Essen, aber eben auch: **Die jungen Service-Damen sind schnell und für unseren Geschmack a bisserl zu „angelernt" freundlich, ein klein wenig mehr Authentizität und weniger „gerne" würde besser zur Atmosphäre passen.** Das war den Kritikern wohl wichtig zu erwähnen.

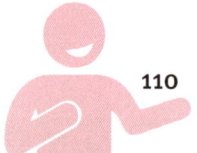

Ein Team der Universität Jena konnte zusammen mit Forschern aus Münster und Australien nachweisen, dass künstliche Freundlichkeit noch nicht einmal den angestrebten wirtschaftlichen Nutzen bringt. Die Forscher haben 275 reale Beratungs- und Verkaufsgespräche analysiert. Die Freundlichkeitsoffensiven wirkten nur dann verstärkend auf die Kundenzufriedenheit, wenn sie der tatsächlichen Stimmung des Angestellten entsprachen.

Wenn Sie dauerlächeln und sich womöglich zur Übung vorher im Spiegel minutenlang angrinsen, um ihr Selbstwertgefühl zu heben, blickt Ihnen nach kurzer Zeit eine seelenlose Maske entgegen, deren Anblick sie den meisten Menschen lieber ersparen sollten.

Missverständnis Nr. 17

Was stand doch noch im Rhetorik-Ratgeber?
Lächeln Sie in jedem Fall.
Aber es gibt auch Ratgeber, die nicht ganz so hart sind.
Lächeln Sie ein bisschen mehr als sonst.
Nein, tun Sie das nicht. Sie arbeiten nicht bei McDonalds oder in einem Ferienclub, wo die gelächelte Zeit direkt in die Höhe des Gehaltes einfließt.
Zeigen Sie ein echtes warmes Lächeln!
Das würde ich ja gerne, sehr gerne sogar. Aber ich bin so nervös. Da draußen sitzen 86 Menschen, und mindestens vier davon kenne ich. Wie soll ich da entspannt lächeln?

FREUDE

Im Magazin der Süddeutschen Zeitung gibt es seit langer Zeit in jeder Ausgabe ein Interview ohne Worte. Prominente beantworten Fragen mittels eines Fotos. Wenn da Schauspieler gefragt werden, wie bei ihnen echte Freude aussieht oder wie es aussieht, wenn es ihnen wirklich gut geht? Was glauben Sie, ist auf dem Foto? Ein Luftsprung? Ein kreischend verzogenes Gesicht? Jubelnd in die Luft geworfene Arme. Nein, der Schauspieler oder die Schauspielerin lächeln fast scheu in die Kamera. Echte Freude geht nach innen und nicht so sehr nach außen. Irgendwann schreie ich nach einem Lottogewinn das Haus zusammen, aber die erste Reaktion sind vielleicht Tränen oder ein Zusammenbruch oder vor das Gesicht geschlagene Hände.

Haben Sie also das Ei des Kolumbus wirklich gefunden, sollten Sie mit den Emotionen auf der Bühne eher sparsam umgehen. Die großen Emotionen wirken auf der Bühne deutlich besser, wenn sie gefühlt und nicht gebrüllt werden. Wenn Sie Ihr Publikum anschreien, wie begeistert Sie sind, heute hier sprechen zu dürfen, erreichen Sie genau das Gegenteil von dem, was Sie erreichen wollen. Die großen Wahrheiten werden einfach verkündet.

BLICKKONTAKT

Es ist albern, Rednern Anweisungen für die Benutzung ihrer Augen vor einem größeren Publikums zu geben. Deswegen mache ich das auch nicht. Das Anschauen der Zuschauer ist kein Problem. Das machen wir von selbst, automatisch, wie in jedem Gespräch. Es sei denn, wir sind auf etwas ganz anderes konzentriert, auf das Behalten von Text zum Beispiel. Oder darauf, nur ja nichts falsch zu machen. Dann gucken wir zwar auch in die Runde, aber wir sehen nichts. Unser Blick ist leer. Und dann, ja dann muss ich darauf achten, mit dem leeren Blick auch alle anzugucken. Wenn ich wach und aufmerksam und ganz bei meinen Zuschauern bin, brauche ich mich nicht zu konzentrieren, die Menschen anzugucken, die gekommen sind, um mich zu sehen.

Augenkontakt bedeutet nicht nur in eine bestimmte Richtung zu gucken oder in alle Richtungen zu gucken in denen jemand sitzt. Augenkontakt bedeutet, da auch etwas zu sehen. Menschen wahrzunehmen. Reaktionen zu sehen. Menschen das Gefühl zu geben, das man genau für sie jetzt spricht. Das ist viel mehr als in eine Richtung zu starren, die man sich vorher überlegt hat, um so zu wirken, als habe man alle im Blick. Menschen, die mich ansehen, und von denen ich merke, dass sie gerade in ihrem Kopf kramen, um herauszusuchen, was sie für Gespräche mit Kunden über 1,90 Metern gelernt haben, ärgern mich. Das wenigste, was mein Gegenüber tun könnte, ist mich anzusehen.

Die Zuschauer wirklich im Blick zu haben, ist tatsächlich etwas sehr Wichtiges. Wer nicht angeschaut wird, ärgert sich. Der professionelle Festredner Volker Dymel[78] hält den Blickkontakt mit dem Publikum in seinem Beruf für den wichtigsten Faktor einer Rede. Seiner Erfahrung nach ist das freie Sprechen, bei dem man eben nicht abliest, die Voraussetzung, dass seine Worte auch ankommen.

Meist wird dem Redner ein schweifender Blick empfohlen, ein schweifender Blick ist ein Blick, der niemanden sieht. Ein Blick sollte über Felder schweifen oder über den weiten Horizont, aber nicht über Zuschauer. Die sehe ich mir kuchenstückweise an, mal vorne mal hinten. Und das auch, wenn vor mir nur

---

78 [79] www.volkerdymel.de

eine schwarze Wand ist. In diesem Fall muss der Zuschauer sich „angeguckt fühlen". Die zweitbeste Möglichkeit, aber besser als gar kein Blick.

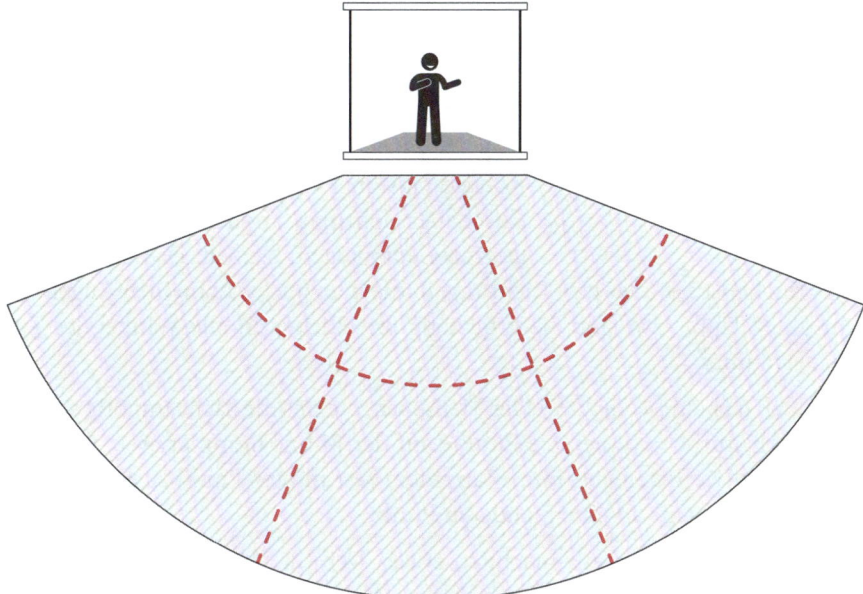

Tourneeschauspieler werden ins Theater gebracht, bevor die Zuschauer in den Zuschauerraum dürfen, damit Sie sich die Struktur des fremden Raumes ansehen können. Gibt es einen Rang, wie breit ist der Zuschauerraum, wie weit ist die erste Reihe entfernt? Nur dann können Sie während des Theaterstücks wissen, wo die Zuschauer sitzen. Denn während der Vorstellung sieht man nur eine schwarze Wand.

Sprechen Sie nicht zum Publikum oder für das Publikum, sondern mit dem Publikum. So komisch das klingt:

**Eine gute Rede
ist ein Dialog**

nur dass sich das Publikum nicht in Wörtern oder in Sätzen, sondern in Räuspern, Lächeln, Kopfschütteln, also non-verbalen und a-verbalen Äußerungen beteiligt.

Die Kuchenstücke im Zuschauerraum werden nach dem Zufallsprinzip ausgewählt. Anweisungen wie „Gucken Sie …" bringen Sie nur durcheinander. Als ob man darauf achten könnte. Als ob man auf der Bühne zu irgendetwas anderem fähig wäre, als durch seinen Text zu kommen.

> **!** **Gucken Sie zu 80% ins Publikum und zu 20% in Ihr Manuskript.**

Gehen Sie nicht zu schnell weiter, um möglichst viele Zuschauer anzusehen. Mein geschätzter Kollege Gaston Florin[79] empfiehlt, bei jedem Zuschauer den man anguckt, auch für einen ganzen Gedanken zu bleiben. Dasselbe gilt für jedes Kuchenstück oder jede Richtung, in die man guckt. In meinen Augen ein sehr guter Tipp. Also sind Sie großzügig mit Blicken in alle Winkel des Zuschauerraumes.

Aber auch da kommen jetzt wieder Menschen, die uns die Sache unnötig schwer machen. Natürlich können Sie Punkte auf der Bühne nummerieren, um zum Beispiel positive Statements immer an einem bestimmten Punkt zu machen und negative Statements an einem anderen Punkt.

Ein guter Theaterregisseur macht so etwas, weil die verschiedenen Teile der Bühne verschiedene Geschichten erzählen. Aber: Er wird es seinen Schauspielern nicht sagen. Die würden sich wehren gegen ein so seelenloses, von außen aufgestülptes Gegehe. Für den Regisseur ist es viel einfacher, es einfach so zu inszenieren, ohne sich in Bezug auf das Weshalb und Warum in die Karten gucken zu lassen. So ein Sprechen nach Nummern auf der Bühne ist für Redner albern und außerdem schwer. Deswegen ist das den Profis vorbehalten.

LIEBLINGSZUSCHAUER

Das Heraussuchen von jemandem, der Sie mag, und den Sie dauernd angucken, empfehle ich Ihnen ausdrücklich auch nicht. Wenn Sie das mit einer Person des anderen Geschlechts machen, ist der das außerordentlich peinlich, dauernd angestarrt zu werden. Wenn die Person, die Sie sich ausgesucht haben, plötzlich bemerkt, dass sie ihr Bügeleisen zu Hause angelassen hat, dann denken Sie, dass Sie gerade etwas Unsinniges gesagt haben und kommen durcheinander, Ihr Musterzuschauer steht auf, verlässt die Reihe… Oh je, denken Sie, bin ich so schlimm? Sie stottern, ein Raunen geht durch den Saal, Rednerin und Zuschauer haben eine heimliche Beziehung, Sie sind auf der Bühne zusammengebrochen…

Nur zwei Menschen gefällt es, wenn Sie sie von der Bühne dauernd anstarren: Ihre Mutter oder Ihr Vater. Da können Sie, wenn Sie unprofessionell sein wollen, eine kleine Ausnahme machen.

---

79 www.gaston–florin.de

Lächeln Sie Ihre Mama oder Ihren Papa in der zweiten Reihe an. Richtig. Das klappt. Das hilft. Mama hat Sie lieb und bewundert Sie allein dafür, dass Sie da vorne stehen. Für alle anderen Menschen gilt das nicht. Wir werden nicht gerne von einem wildfremden Redner ausgesucht als Sparringspartner, damit es ihm da vorne gut geht. Denn wenn Sie mich dauernd angucken, was mögen da die anderen 99 Zuschauer denken? Will ich mit Ihnen in eine intimere Beziehung gebracht werden? Nein, nicht mal oder vielleicht erst recht nicht, wenn wir diese Beziehung hätten.

HÄNDE

Wenn Sie eines meiner Videos im Internet gesehen haben, dann haben Sie gesehen, dass ich einen großen Lacher bekomme, wenn ich erst den Satz sage und dann die passende Bewegung dazu mache. Dabei ist es umgekehrt. Erst kommt der Gedanke, dann kommt die Bewegung, dann kommt der Satz.

Wenn die Bewegung nach dem Satz kommt (wie bei schlechten Schauspielern, Sängern oder Rednern), ist das sehr komisch.

Aber das mit den Händen ist wohl für die meisten Menschen nicht so einfach. Warum beachten Sie Ihre Hände überhaupt? Lassen Sie doch los. Die machen schon das Richtige. Die Hände helfen uns beim Reden. Selbst Blinde, die mit anderen Blinden reden, reden mit den Händen. Es gibt den netten Witz, dass ein Italiener aufhören muss zu reden, wenn ich ihm die Hände fessle. Die Hände zu bewegen, ist also für den Redner wichtig. Aber nur, wenn die Hände tun dürfen, was Sie wollen. Wenn Sie die Handbewegungen choreografieren, behindert das den Redefluss eher. Vor lauter Denken an die Hände werden Sie Ihren Text oder Ihr Konzept vergessen.

Es ist denkbar, dass jemand sagt Toller Vortrag, aber der hat viel zu viel mit den Händen gemacht. Es ist nicht denkbar, dass jemand sagt Ich war so abgelenkt, dass der nichts mit den Händen gemacht hat, ich konnte mich gar nicht konzentrieren.

Hände sind gut, wenn Sie nicht auffallen.

Keine Handbewegungen stören nicht.

Wenn weder der Redner noch die Zuschauer anschließend was über die Hände sagen können, dann war alles richtig. Gestik macht man nicht, die hat man. Wenn die Gestik aus irgendeinem Grund komisch ist, dann ist sie komisch. Wer bestimmt, was komisch ist? Meistens ist es nur für den komisch oder seltsam, der sich selbst anschließend in der Videoaufnahme sieht. Der findet sich grausam.

Vergessen Sie auch den Satz mit den zwei Gehirnhälften und der Hand für die Sachinformationen und der Hand fürs Gefühl und was da alles so gecoacht wird.

Forscher finden, dass diese Ideen reif für den Ruhestand sind, weil sie nicht stimmen.[80]

Sollen andere beurteilen, ob wir uns gerade auf der Bühne mental durchbeißen oder Zahlentennis auf der Sachebene spielen. Für unsere Rede spielt das keine Rolle.

GESTIK

Sie wissen doch nach dieser Überschrift längst, was jetzt kommt:

Missverständnis Nr. 18

Da gibt es doch ganz einfache Regeln:
    Niemals die Hände in die Hosentasche!
    Niemals die Arme verschränken!
Aber die Anweisungen der Rhetoriktrainer gehen ja noch weiter:
    Am besten zeigen Sie die Innenfläche der einen Hand und berühren mit den Fingerspitzen die andere Hand.
Jetzt wird es ganz gruselig. So stehen die alle in der nächsten Drogerie herum, wenn nichts los ist. Ein Geschäftsführer, der so vor seinen Mitarbeitern steht, erntet Gelächter, weil die wissen, dass er im selben Kurs war, wie die Drogerieangestellten. Aber die Einwände wird der Trainer dann entkräften, zum Beispiel mit folgendem Original:
    Das ist am Anfang nicht angenehm, aber es gibt keine Alternative.

---

80 Brockman, John: Welche wissenschaftliche Idee ist reif für den Ruhestand? Frankfurt: S. Fischer Verlag 2016, S. 362ff.

Ja, wenn der Blödsinn alternativlos ist, was soll man da machen? Nein, das ist in meinen Augen falsch. Weil man das so nicht sagen kann. Weil das ganz viele Menschen zu schlechten Rednern macht, deren einziger Fehler ihre Unsicherheit und Schüchternheit ist. Natürlich stecke ich die Hände in die Hosentaschen, wenn ich nicht weiß, wohin damit. Wenn ich die Queen begrüße, hole ich sie wieder heraus.

Ich bin dafür, die Hände einfach hängen zu lassen. Die machen schon das Richtige. Und zwar ohne, dass ich darauf achten muss. Die frühere amerikanische Filmdiva Mae West sagte: Ich spreche zwei Sprachen: Englisch und Körper. Das gilt für uns alle. Unter einer Voraussetzung: Wir müssen einigermaßen entspannt sein. Wer hochgradig nervös ist, bewegt wahrscheinlich nur die Lippen und die Ohrläppchen. Erst wenn die Gesten kommen, wenn Menschen anfangen, auch mit den Händen zu reden, dann ist jemand bei seinem Thema angekommen.

Redner, die bewusst die Anzahl der Bewegungen reduzieren, verwenden komplexere Sätze, haben mehr Versprecher und mehr sinnwidrige Pausen. Auch die Anzahl der Satzbrüche und Blackouts ist erhöht. Das belegen Untersuchungen der Universität Regensburg[81]. Wenn jemand denkt, was er sagt, erhöht das die Anzahl der Gesten. Menschen mit größeren verbalen Fähigkeiten haben automatisch auch mehr Gesten.

Aber umgekehrt klappt das eben nicht. Wenn jemand darauf achtet, viele Gesten zu machen, kommt er dadurch nicht ins Thema rein. Gesten muss man nicht lernen, üben, trainieren, sich ausdenken, einsetzen, wenn man kein Schauspieler ist. Die muss man nur zulassen. Die Körpersprache kommt mit dem Reden. Die Schultern hängen nicht mehr, wenn man da vorne für etwas brennt. Man nuschelt auch nicht mehr, wenn die Leute lachen. Der pieksende Zeigefinger hört ja nicht auf zu pieksen, wenn Sie ihm sagen, dass er das nicht mehr tun soll. Der Finger hört auf zu pieksen, wenn es nichts mehr zu kämpfen gibt. Sie sollten sich eher fragen, warum Sie nicht gleich einen Colt kaufen? Fühlen Sie sich so in die Ecke gedrängt? Fühlen Sie sich bedroht? Haben Sie Angst? Auf die Gefahr hin, dass ich es noch nicht oft genug wiederholt habe. Die Königin kämpft nicht gegen andere Menschen. Zumal gegen Menschen, von denen sie vielleicht anschließend noch etwas möchte.

---

81 Allhoff, Dieter W., Allhoff, Waltraud: Rhetorik & Kommunikation, Regensburg 1996, S. 41

Missverständnis Nr. 19

Wenn Sie Wärme und Verständnis ausdrücken wollen, brauchen Sie einen weichen Blick und eine von Herzen kommende Gestik.

Hier hätte ich nicht mal als Profi die leiseste Ahnung, wie das denn jetzt aussehen könnte. Ehrlich gesagt, graut mir vor Menschen, die eine von Herzen kommende Gestik inszenieren. Dagegen liebe ich Menschen, deren Gestik von Herzen kommt.

Benutzen Sie nur Gesten, die Ihre Geschichte illustrieren!

Wie zeige ich Mut mit den Händen? Die geballte Faust? Aber wie Langeweile, wie Gelassenheit oder Teambildung? Wenn die Anweisungen einfacher werden, werden sie schnell ziemlich albern.

Zeigen Sie auf sich, wenn Sie sich meinen.

Die Schüler dieses Trainers sehe ich dauernd im Fernsehen. Die malen einen Kreis, wenn sie vom Mond sprechen und klimpern mit den Fingern beim Zählen und machen eine Kurve in die Luft, wenn sie von einer attraktiven Frau sprechen. Was das soll, habe ich noch nie verstanden. An einer Schauspielschule sind alle diese Standardgesten verboten. Wenn wir uns beim Nachdenken am Kopf gekratzt haben oder bei Wut mit der geballten Faust auf den Tisch geschlagen haben, wurde die Szene sofort abgebrochen.

DIE GÜRTELLINIE

Wer sagt, dass wir rund um den Gürtel eine neutrale Zone haben und die Hände ungefähr in dieser Höhe halten sollten? Darüber ist ja der positive Bereich, und darunter das ist der negative Bereich. So wird das in tausenden von Kursen unterrichtet. Aber ein Beweis? Eine Studie? Das klingt so schrecklich logisch, dass das keiner hinterfragt. Ein Schauspieler nimmt so etwas gar nicht erst ernst. Wir haben keine neutrale Zone und es gibt keinen Grund, die Hände künstlich in Höhe der Hüften zu drapieren. Das sieht immer komisch aus.

Die gleiche Mystik rankt sich um die sogenannte **offene Haltung**. Da versucht jemand körpersprachlich Offenheit zu suggerieren (die meist nicht da ist, sonst würde es derjenige ja nicht tun).

Wenn Ihnen jemand die offene Handfläche hinhält, erwartet er entweder einen Euro, oder er hat im Rhetorikkurs gelernt, dass das eine offene Körperhaltung ist, die allen anderen Körperhaltungen vorzuziehen ist. Im Zusammenhang mit Kleidung und Gang werden Sie sehr schnell erkennen, um welche der beiden Möglichkeiten es sich handelt.

118

Verschränkte Arme sind natürlich immer verboten. Außer Ihre Krawatte ist mit einer nackten Seeräuberbraut bedruckt. Verursachen verschränkte Arme wirklich ein ungutes Gefühl? Ist es nicht viel mehr so, dass jemand, der sehr darauf achtet, seine Arme nicht zu verschränken, ein ungutes Gefühl verursacht? Denn das muss ein Trickser sein, jemand, der was zu verbergen hat. Der Typ mit der dunklen Seite. Wir überprüfen anhand der Körpersprache wie ehrlich jemand ist. Und sollten wir dann tatsächlich diese Körpersprache üben?

Dann gibt es noch jede Menge Tricks, wie man die Hände halten soll. Die Schwester von Frau Merkel ist Ergotherapeutin, und die hat ihr den Supertrick verraten, dass man die Hände nur wie eine Raute halten muss… und schon macht sich jeder Redner in Deutschland über Frau Merkel lustig.

Wissen Sie, wie man jemanden nennt, der die Hände auf der Hüfte parkt? In englischsprachigen Ländern nennt man diese Haltung Teekanne. Ich glaube nicht, dass das bewundernd gemeint ist. Die doppelte Teekanne gibt es natürlich auch.

Missverständnis Nr. 20

Rhetoriktrainer bringen es fertig, die einfachsten Dinge hochkompliziert zu machen. Ein amerikanischer Trainer macht aus den zwei Verlängerungen unserer Arme eine Riesensache:

Lösen Sie das Handproblem zuerst!

Da taucht ein Problem auf, das Sie noch nie wahrgenommen haben (und das überhaupt keines ist). Haben Sie schon mal darüber nachgedacht, in welches Auge Ihres Gesprächspartners Sie bei einem schwierigen Gespräch schauen? – Sie haben jetzt auf einmal ein Problem, das Sie vorher nie hatten.

Konzentrieren Sie sich auf die Nasenwurzel Ihres Gegenübers.

Ich hoffe, Sie lachen jetzt. Aber auch dieser Satz ist ein Original. Da wird etwas thematisiert, was Ihnen noch nie schwer gefallen ist.

Aber warum regen sich so viele Menschen über die Hände auf? Weil das das erste ist, was man mit Sicherheit beurteilen kann.

Der hat die Hände in den Hosentaschen. Das geht ja gar nicht!

Derjenige, der diesen Satz sagt, hat sich geärgert. Entweder wurde er selbst in einem Rhetorikkurs mal so richtig rangenommen und auf seine komischen Hände angesprochen. Oder der Vortrag, den er gerade gehört hat, war so schlecht, dass ihm diese blöden Hände jetzt mal gerade recht kommen. In einem Vortrag, der mir gefallen hat, habe ich in meinem ganzen Leben die Hände nicht einmal bemerkt.

Löwen fuchteln nicht.

Ja natürlich nicht. Aber wenn Sie das dritte Mal in Ihrem Leben auf der Niko-lausfeier im Verein und bei der Verleihung des Abiturzeugnisses auf einer Bühne stehen, dann sind Sie kein Löwe. Dann sind Sie eine Anfängerin, ein Rednerlaie, eine Suchende und Tastende, bestenfalls eine Gazelle oder ein Löwenbaby. Und dann fuchteln Sie eben. Aller Anfang hat mit fuchtelnden Händen zu tun.

Natürlich wirken wenige Gesten souveräner, mächtiger, klarer. Aber wenn Sie nun mal der Innovations-Freak sind, bei dem die tollen Ideen nicht einfach ge-ordnet Schlange stehen, sondern alle gleichzeitig raus müssen? Dann würden Sie sich einsperren müssen, Sie würden sich stellenweise fesseln müssen. Sie würden etwas ganz Natürliches reglementieren müssen. Das macht Ihre Rede in jedem Fall schlechter und nicht besser. Die Ruhe und Gelassenheit, die Souveränität und die Bestimmtheit der Bewegungen kommt bei den meisten Menschen mit dem Alter ganz von allein. Wenn nicht, dann sorgen Sie mal dafür, dass Sie was Brillantes zu sagen haben.

Missverständnis Nr. 21

Demonstrieren Sie Kraft und Stärke mit einer geballten Faust.

Das können Sie jetzt ausprobieren und wenn es gelingen sollte, dann können Sie an dieser Stelle aufhören, in diesem Buch zu lesen. Wenn es für Sie so einfach ist, dann sollten Sie dieses Buch am besten gleich wieder verkaufen.

Kein Mensch macht zu viele Bewegungen, aber manche Menschen machen hektische Bewegungen, zum Beispiel weil sie nervös sind. Die einfachste Lö-sung wäre jetzt, die Nervosität zu bekämpfen. Oder die Hände sind total be-wegungslos und hängen herunter. Aber auch das hat mit Nervosität zu tun. Je nach Charakter. Es gibt eben auch Menschen, die zur Säule erstarren, wenn sie nervös sind. Auch hier ist die Ursache die Nervosität und nicht die bange Frage, was sie um Gottes Willen mit ihren Händen machen sollen.

Wenn ich Menschen im Seminar bitte, eine natürliche Handhaltung einzu-nehmen und diese 30 Sekunden zu halten, kommt jedem seine Handhaltung komisch vor. Das gilt für jede Handhaltung. Warum dann nicht einfach die Hände hängen lassen (oder sich hinstellen, dass die Hände sich locker berüh-ren). Jetzt sollten Sie nur noch eines tun:

Beachten Sie Hände nicht mehr!

Wenn Sie sich Mühe geben, die Hände beim Reden nicht zu bewegen, wird das Einfluss auf Ihre Rede haben. Wenn Sie zu den Viel-Bewegern gehören hat Ihre Überenergie keine Möglichkeit abzufließen und Sie gehen ständig hin und her oder nicken mit dem Kopf. Ist das eine Lösung?

Außerdem haben Sie da oben genug zu tun. Seien Sie froh, wenn Sie über die Hände nicht nachdenken sollen. Das ist meine Empfehlung. Wenn nachher jemand kommt und sagt Du hast aber komische Sachen mit den Händen gemacht dann antworten Sie: So bin ich nun mal!

Oder Sie wählen das Reden als Beruf. Dann haben Sie einen Regisseur, einen Dramaturgen, einen Coach, eine Witzeschreiber, einen Körpersprachetrainer, einen Rechercheur... nur um mal einige zu nennen. Die fragen Sie dann ab und zu mal nach Ihren Händen. Wenn die sich über Ihre Hände ärgern, dann wartet Arbeit auf Sie.

Was ist denn so schlecht daran, die Hände hinter dem Rücken festzuhalten, zu verschränken oder in die Hosentaschen zu stecken? Im Grunde genommen nichts. Es hat nur einen Nachteil, wenn mein Gegenüber die Hände nicht sieht. Die Anthropologen sagen uns, dass er annehmen könnte, dass wir eine Waffe haben, und das verursacht ein unangenehmes Gefühl.

Stellen Sie sich vor, Sie gehen mit jemandem aus, der den ganzen Abend die Hände unter dem Tisch und nicht auf dem Tisch hat. Das ist Ihnen mit großer Wahrscheinlichkeit unangenehm. Deswegen ist es mir ziemlich egal, was Sie mit den Händen machen. Ich habe nur eine kleine Bedingung: Zeigen Sie mir Ihre Hände, sonst könnte das einem sehr archaischen Teil meines Gehirnes Angst machen.

Eine Möglichkeit ist es, etwas in die Hand zu nehmen. Das kann eine Hilfe sein, vorausgesetzt, der Gegenstand, den Sie in der Hand halten, macht keine Geräusche wie ein Schlüsselbund oder ein klickender Kugelschreiber. Aber wenn Sie unbedingt die Fernbedienung Ihres Beamers oder ein Handmikrofon halten wollen, ist dagegen zunächst nichts einzuwenden. Wenn es Ihnen hilft, ist alles ok. Wenn Sie ein bisschen Übung haben, werden Sie froh sein, die Hände frei zu haben.

BEINE

Bei einem Wolfsrudel ist der ranghöchste Wolf am entspanntesten und gut daran zu erkennen, dass er wenige Bewegungen macht. Nur die jungen Hitzköpfe rasen herum und balgen sich. Hunde oder Wölfe, die einen hohen Rang bekleiden, regen bei Rangkämpfen kaum den Kopf. Das kann für einen Redner eine gute Anregung sein.

Bei den Armen und Händen, habe ich ja erklärt, dass hier die Bewegungsenergie abfließen sollte. In Bezug auf die Füße bin ich da anderer Meinung. Bewegungsenergie bedeutet hier, auf der Bühne herumzulaufen. Wenn Sie das machen, weil Sie nervös sind, drücke ich noch ein Auge zu. Aber dieses Hin- und Hergerenne, weil man möglicherweise die ganze Bühne nutzen will, geht allen ziemlich auf die Nerven. Ich habe schon Großveranstaltungen erlebt, bei denen sich 1700 Menschen darüber unterhielten, warum ihre Chefs alle dieselbe Rinne in den Bühnenboden laufen. Sie ahnen die Pointe. Der Tipp stammt von einem Rhetoriktrainer.

GEHEN

Für das Gehen auf der Bühne gibt es nur eine Regel: Ihr Gang braucht ein Ziel. Auf die linke Seite der Bühne zu gehen, um dann gleich wieder umzudrehen und auf die rechte Seite der Bühne zu gehen, hilft möglicherweise Ihnen, aber für den Zuschauer ist es irritierend.

Erstaunlicherweise verschwindet das Gegehe in meinen Trainings sofort, wenn der Vortrag für die Rednerin oder den Redner eine Herausforderung darstellt. Das Auf- und Abtigern finden wir vor allem bei Rednern, die von sich selbst gelangweilt sind: Der Professor bei der Hundertsten Vorlesung über dasselbe Thema, die Speakerin mit auswendig gelerntem Text oder die Moderatorin, die jedes Publikum gleich begrüßt.

Stellen Sie sich vor, wir gehen zusammen durch die Stadt, und ich frage Sie, was 134 mal 213 ist? Mit großer Wahrscheinlichkeit bleiben Sie stehen, um zu rechnen. Das Gehen würde Sie ablenken. Denken Sie mal nach, ob Ihr Grund für das Gehen auf der Bühne nicht Unterforderung ist. Dann wissen Sie, was Sie tun können.

In allen anderen Fällen achten Sie darauf, dass Sie irgendwo hinwollen. Sie gehen zum Beamer, um dort anzukommen, Sie wollen auf die linke Seite der Bühne, um den Zuschauern da etwas zu erklären. Jetzt fällt Ihnen die rechte Seite ein, und Sie gehen dort rüber.

Den Rückweg zum Rednerpult, zum Manuskript, zur Fernbedienung können Sie auch mal nutzen, um Ihre Gedanken zu ordnen. Manchmal kann so ein notwendiger Gang ein Segen sein. Aber rennen Sie nicht oder beeilen Sie sich nicht. Sie machen so schnell es geht, aber keine Sekunde schneller.

Dass wir uns in privaten Gesprächen dauernd ansehen stimmt nicht. Viele Forscher sagen, dass mehr als 3 Sekunden Blickkontakt vom anderen als unangenehm empfunden werden.

Warum dann Fernsehmoderatoren auf ein Zeichen der Regie im Passgang nach links laufen, über Stühle klettern oder einen schwierigen Parcours abgehen, ohne den Blick vom Zuschauer abzuwenden, habe ich nie verstanden. Ich habe immer Angst, dass da ein offener Gullideckel lauert. Moderatoren kokettieren noch mit dem Problem, und in Videos für angehende Moderatoren wird erklärt, dass die so-

> **Je mehr wir erzählen, desto weniger schauen wir uns an.**

genannte „bewegte Moderation" besonders schwierig sei. Das stimmt wohl, aber die Frage ist erst einmal, ob es sinnvoll ist. Würden sich die Zuschauer ärgern, wenn der Moderator zwischendurch immer wieder in die Richtung guckt, in die er geht? Wer sagt, dass Sie den Zuschauer, live oder durch eine Kamera, anstarren müssen? Bitte schauen Sie immer mal wieder in die Gangrichtung. Achten Sie auch auf den Weg, den Sie gehen. Etwas, das Sie im Alltag auch nicht vergessen würden, nur weil Sie sich mit jemandem unterhalten. Ich habe bei vielen Fernsehsendungen eine Menge zu lachen.

FESTER STAND

Auch hier wäre es so einfach: Stehen Sie fest auf beiden Beinen und sorgen Sie dafür, dass die Fußspitzen Richtung Publikum zeigen. Verteilen Sie Ihr Körpergewicht am besten auf die in Beckenbreite stehenden Füße. Damit ist alles gesagt.

Frauen wenden jetzt meist ein, dass sie lieber auf einem Bein stehen wollen, während das andere Bein in einer dekorativen Haltung nach schräg vorne drapiert ist. Das können Sie machen.

Aber wer auf beiden Beinen steht, steht sicherer. Ein sicherer Stand führt zu einer sicheren Sprechweise. So empfehle ich auch Frauen, sich in einem festen Stand zu präsentieren. Wenn Sie einen Vortrag über Atomphysik halten oder den Weltmeister im Bowling ehren, dann sind Sie nicht als Model engagiert, sondern als Rednerin. Da ist es völlig egal, welches die optisch für Sie vorteilhafteste Körperhaltung ist.

Etwas anderes ist es, wenn Sie mit einem Blumenstrauß in der Hand als Hingucker neben dem Preisträger engagiert sind. Dann sind Sie als Dekoration engagiert und können sich so hinstellen, dass Sie möglichst hübsch aussehen.

123

Es gibt auch Regisseure, die mit Speakern regelrechte Szenen inszenieren. Da sehen Sie dann Verletzte am Boden liegen, da setzen sich Redner auf bereitgestellte Stühle oder gehen nachdenklich das Kinn kraulend über die Bühne.

Das machen sehr, sehr viele. Sie spielen die Szene vor. Bei einem Telefongespräch haben sie entweder ein Handy dabei oder formen einen Hörer mit der Hand. Davon lebt eine ganze Seminarindustrie. Für mich heißt das dann meistens Fremdschämen, weil es nicht so einfach ist, mal eben eine Szene zu spielen, auch wenn es so selbstverständlich aussieht, wenn es gut gemacht ist.

Es gibt noch einen Grund, warum das vielleicht der falsche Ansatz ist: Keiner von den ganz großen Speakern macht das. Ich habe noch nie einen der Großen der Branche gesehen, der eine Szene vorspielt. Kann ich nicht auch telefonieren, ohne mir einen imaginären Hörer ans Ohr zu halten? Kann ich nicht auch wütend sein, ohne mit dem Fuß zu stampfen? Ist es nicht besser von meinem Lehnstuhl zu erzählen, als mich wirklich reinzusetzen? Möglicherweise haben die Top-Speaker mal so angefangen. Aber irgendwann war das lästig, hinderlich, nervig, und sie haben es probiert, ohne die Szene zu spielen. Und siehe da: Es funktioniert genauso und reißt sie nicht aus ihrer Performance.

Bevor Sie sich da oben nicht richtig wohl fühlen und ganz einfach dieses Flow-Gefühl erleben, in dem die Rede wie von selbst entsteht, würde ich mir das ganze Ballett sparen. Sie können nicht falsch stehen, wenn Sie sich nicht gerade im Dunkeln oder auf der falschen Seite des Vorhangs befinden.

SPRECHEN

STIMME

Sie wissen inzwischen, dass ich ein großer Fan von Üben aber nicht von Training bin. Beim Training der Stimme lasse ich aber mit mir reden. Gelegenheitsredner können einfach loslegen, ohne stundenlang zu trainieren. Aber wer regelmäßig auf die Bühne geht, sollte mit seinem Instrument umgehen können. Ein Anstreicher kann eine Rolle mit Farbe so halten, dass er nicht das ganze Zimmer bekleckert, und ein Jongleur sollte drei, besser vier oder fünf Bälle gleichzeitig in der Luft bewegen können, sonst kann er nicht erwarten, dass irgendjemand Eintritt zahlt.

Theoretisch ertrage ich bei einem weltbekannten Professor mit bahnbrechenden Ansichten eine Stimme wie die von Heidi Klum oder Kermit, dem Frosch. Aber das ist dann eine Frage der Verhältnismäßigkeit. Wenige Stunden Training und Sie können Ihre Stimme für den Rest Ihres Lebens wie eine Stradivari benutzen. Ich finde, bei den meisten Menschen lohnt sich der Einsatz. Und zwar egal, ob Sie piepsen, lispeln, schwäbeln oder einen feinen Sprühnebel über der ersten Reihe verbreiten. Sprechfehler sind wie das Ansehen eines Fernsehfilms mit Flimmern. Am Anfang denkt man, das sei auszuhalten. Nach 20 Minuten entscheidet man sich, es nicht mehr auszuhalten, wenn in der Szene nicht gerade Bruce Willis auftaucht, der in die Mündung von zehn Maschinengewehren blickt.

Zuschauer haben an die Stimme eines Redners nur einen Wunsch: Sie wollen nicht darüber nachdenken, dass da jemand mittels einer Stimme zu Ihnen spricht.

Sobald sie sich über die Stimme ärgern, sobald ihnen die Stimme auffällt, ist die Wahrscheinlichkeit groß, dass etwas nicht stimmt. Wenn sich die Zuschauer fragen, warum die Stimme komisch klingt, warum sie zu laut oder nuschelig ist, warum der Sprecher komische Bögen macht oder Satzenden verschluckt, dann stimmt etwas nicht. Denn wenn er das denkt, dann lenkt ihn das vom Inhalt ab.

> **Sobald sie die Stimme bemerken, läuft etwas falsch.**

Die Arbeit an der Stimme ist nichts fürs Online-Seminar oder fürs Üben im Keller. Sie brauchen dazu einen Sprechererzieher oder Logopäden, sonst machen Sie alles nur schlimmer.

Auch wenn Redner in ein Mikrofon brüllen, weil der Raum ja so groß ist, kann das sehr störend sein. Mit einem Mikrofon wird nicht lauter gesprochen. Im Gegenteil: Sie sprechen eher leiser, und dadurch klingt die Stimme voll und voluminös. Je lauter sie schreien, desto enger und kehliger klingt Ihre Stimme.

125

Anweisungen in Bezug auf Ihre Stimme und auf Ihre Sprache haben alle dasselbe Problem. Sie lenken Sie vom Inhalt Ihrer Rede ab. Für jedes Problem, das Sie beseitigen, tauchen zwei neue auf.

Achten Sie bei „Authentizität" auf die einzelnen Silben

Das wäre genauso, als ob ich Ihnen zurufe

Achten Sie darauf, dass man nicht merkt, dass Ihr linkes Bein zwei Zentimeter zu kurz ist.

Das muss man nicht ausprobiert haben, um festzustellen, dass die Ergebnisse, nun sagen wir mal, unbefriedigend sind.

Wenn der Zuschauer die Manipulation auch noch bemerken würde, wäre viel mehr kaputt. Jede Analyse des Vortrages macht ja das Erlebnis des Vortrages kaputt. Im Seminar kann ich einen Hollywoodfilm sezieren, wenn ich es im Kino tue, würde für den Film keiner mehr Eintritt zahlen. Aber möglicherweise für die Analyse.

Missverständnis Nr. 22

Anweisungen, wie

Sagen Sie es mit einer mahnenden, besorgten, eindringlichen Stimme

die ja ganz konkret sind, bekommen Sie als Laie meiner Meinung nach nicht hin. Entweder sind Sie wirklich besorgt, dann höre ich das. Oder Sie sollten auf diese Emotion als gestalterisches Mittel verzichten. Und das gilt für die meisten anderen Emotionen auch. Redner sind keine Schauspieler.

DEUTLICHKEIT

Ich habe mal ein mehrstündiges Hörbuch gehört, dessen einzelne Kapitel von verschiedenen Autoren gesprochen wurden. So hatte ich die seltene Möglichkeit, die Wirkung verschiedener Stimmen und die Vorlesequalitäten verschiedener Sprecher beim selben Sujet zu vergleichen. Das Ergebnis wird für Sie verblüffend sein, mich aber hat es nicht überrascht. Wer war am langweiligsten? Was für eine Unart war am schwersten zu ertragen? Nein, es war nicht der Dialekt, auch nicht der Sprecher, der gegen die manchmal schwierigen Satzkonstruktionen ankämpfte. Nein, das unangenehmste waren die Deutlich-Sprecher, die Worte-Kauer, die Überartikulierer. Das war störender als alles andere. Daran stimmte zweierlei nicht: Erstens würde niemand im Alltag, selbst unter Strafandrohung, so reden und zweitens wäre es eine Vergewaltigung der deutschen Sprache, in der es nun mal nicht **Guteeen Abeeend meeeiine Daaaamen und Heeeeren** heißt. Auch die **glän-zendst hervor-ge-stoßen-en Kon-so-nanten-häuf-ung-en** lenkten derart vom Inhalt ab, dass ich mit Sehnsucht auf den nächsten Sprecher wartete.

Es gab eine Zeit, die noch nicht allzu lange her ist, da hörte man in der Münchner S-Bahn an jeder Haltestelle, eine wohlklingende weibliche Stimme, die

Bitte rechts aussteiGEN

sagte und das **GEN** wie **Genf** ausgesprochen hat oder wie in **Generell**. Das war nicht zu ertragen. Da habe ich mich lieber mit dem Auto in den Stau gestellt. So ein Unsinn an jeder Haltestelle. Man hätte schreien können. Gott sei Dank war der Spuk nach ein paar Monaten vorbei. Heute sagt die Dame im Zug **„Bitte rechts aussteig'n"**, und damit kann ich wieder S-Bahn fahren. Denn **aussteig'n** ist Standardaussprache, alles andere ist Kauderwelsch.

Das zweite **e** in **Leben** oder das zweite **e** in **aussteigen** heißen in der Sprechererziehung stummes ə, und wie der Name sagt, wird es nicht gesprochen. Egal, wie oft Ihnen der Sprecherzieher sagen will, dass da in der letzten Silbe noch etwas zu klingen habe.

Missverständnis Nr. 23

Es wird auf der Bühne nicht „deutlicher" gesprochen. Wenn Sie nicht wie ein pensionierter Oberstudienrat klingen wollen oder ein Grundschullehrer beim Diktat. (**Deutlich** kann man ja eigentlich nicht steigern) Wieviel Energie haben unsere Lehrer darauf verwendet, dass wir deutlich sind! Im Business-Alltag spielt das heute kaum eine Rolle. Mir ist ganz selten ein Redner begegnet, der zu undeutlich war. Die Lehrer werden jetzt sagen, dass ihre Arbeit also doch Früchte trägt. Von mir aus. Ich weiß nur, dass nichts nerviger ist, als wenn jemand versucht, besonders artikuliert zu reden. Die Menschen, die nicht verstanden werden, weil sie nuscheln, hören das öfter und haben bereits daran gearbeitet oder sitzen wieder vor dem Computer, anstatt von einer Rednerkarriere zu träumen.

DIALEKT

Ich mag Dialekte und wenn die, die ihn sprechen, nicht anwesend sind, mache ich sie auch nach. Es gibt keinen Grund, seine Rede nicht im Dialekt zu halten, es sei denn, die Zuschauer verstehen nichts. In manchen Gegenden der Schweiz oder Österreichs tue ich mich auch schwer. Wenn sich der Zuschauer anstrengen muss, dann ist das für den Vortrag sehr störend. Es gibt auch in meinen Augen keine schönen und hässlichen Dialekte.

Zur Zeit Goethes und Schillers in Weimar zum Beispiel galt Sächsisch als die Sprache der Gebildeten. Als die Sachsen Friedrich II. dann unterlagen, haben die Preußen begonnen, das Sächsische schlecht zu machen. Solche Sympathien und Antipathien wirken zum Teil bis heute nach. Ob Sie also einen Dialekt schön finden oder nicht, hat vielleicht Ursachen, die Sie nie bewusst hinterfragt haben.

Gar nicht begeistert bin ich aber, wenn jemand versucht auf eigene Faust, jeden Dialekt zu vermeiden. Das ist schwerer als man glaubt. Wer kennt sich schon aus, wie ein Wort im Deutschen richtig ausgesprochen wird? Heißt es

Liiiiiter oder Litter
MOtorroller oder MoTORroller
Mekklenburg oder Meeeeklenburg
Tellefon oder Tehlefon

Für den Profi ist das einfach: **Liiiter, MOtorroller, Meeeklenburg** oder **Tehlefon**. Aber das können wir den Wörtern nicht ansehen.

Das Problem ist, dass unsere Schrift nicht zu unserer Sprache passt. Die lateinische Schrift und die deutsche Sprache bilden nicht unbedingt ein Dreamteam. Unsere Schrift hat vor allem zu wenige Vokale. Und trotz **ä, ö, ü, ei, eu** und **au** reicht es immer noch nicht. Deswegen sind wir auf den Trick verfallen, für verschiedene Laute denselben Buchstaben zu nehmen. Die beiden **i** in **Wirkung** und **wir** sehen gleich aus. Aber das erste ist ein kurzes, offenes **i** und das zweite ist ein langes, geschlossenes **i**. Beim **e** ist es noch komplizierter. Da kann ein geschriebenes **e** auf fünf verschiedene Arten ausgesprochen werden.

Da ich in der Regel nicht weiß, welches **e** es in diesem Wort gerade sein soll, lerne ich eine Sprache am besten übers Hören. So spreche ich dann auch, wie ich es gehört habe. Das hängt wiederum davon ab, wo ich wohne oder arbeite. Da sagt man dann **China, Schina** oder **Kina**. Laut den deutschen Ausspracheregeln wäre nur die erste Version erlaubt, und zwar mit dem **ch** wie in dem Wort **ich**, aber damit sollten Sie sich nur beschäftigen, wenn Sie viel reden müssen und einen unverständlichen Dialekt sprechen.

Vor allem, wenn Sie Ihr eigener Dialekt stört. Wenn es Sie stört, stört es auch mich. Also entweder akzeptieren oder ab zum Sprechererzieher. Nötig ist das nicht. Ich habe immer wieder festgestellt, dass ein leichter Akzent ja ganz charmant sein kann. In meinen Augen haben österreichische Redner dadurch immer einen kleinen Vorteil…

KORKENSPRECHEN

Für undeutliche oder nuschelnde Sprecher gibt es einen Supertipp:

Missverständnis Nr. 24

Klemmen Sie sich einen Korken zwischen die Zähne.

Diese Übungen, bei denen Sie lernen müssen zu sprechen, während Sie einen Korken mit den Zähnen festhalten, klingen nicht nur komisch, sie sind in meinen Augen keine Hilfe. Diese Übungen kommen in Spielfilmen über Schauspielschulen vor, weil das filmisch besser kommt. Filmregisseure brauchen Bilder und Schauspielschüler mit Korken sehen deutlich doofer als, als wenn sie summen oder Kaubewegungen machen.

Ja, da bekomme ich jetzt normalerweise viel Widerspruch. Aber am Ende werden diejenigen vielleicht einen S-Fehler haben und einen starren Unterkiefer (der den Korken ja ständig festhalten muss). Der ist am Ende schlimmer als jede verschluckte Silbe.

Wenn Sie nicht Schauspieler werden wollen oder wirkliche Stimmprobleme haben, dann sprechen Sie einfach so, wie Sie sprechen. Wenn Sie Lust darauf haben, an Ihrer Stimme zu arbeiten, dann gehen Sie zu einem Profi und lassen sich helfen. Das kann sehr spannend sein und man kann eine Menge über sich lernen. Dabei gibt es nur zwei Kriterien. Kommen Sie voran und macht es Ihnen auch Spaß?

ATEM

Die Atmung spielt beim Reden eine deutlich geringere Rolle, als Sie vielleicht glauben. Jeder, der mal auf der Bühne atemlos war oder vor Aufregung keine Luft mehr bekommen hat, hat das Gefühl, an seinem Atem arbeiten zu müssen.

Mit unserem Atem ist (fast) immer alles in Ordnung. Dass der in einer Stresssituation nicht so funktioniert, wie wir uns das vielleicht vorstellen, ist ganz normal.

Missverständnis Nr. 25

Am schönsten wird es immer dann, wenn der Trainer uns empfiehlt, etwas einfach nicht zu beachten. Das kann doch nicht so schwer sein.

Ihren Atem machen Sie sich am besten nicht bewusst.

Was man alles kontrollieren soll! Stimme, Körper, Sprache, Unterlagen, Mikrofon, Publikum, Harndrang. Vergessen Sie es! Gehen Sie vorher auf die Toilette und zeigen Sie Ihrer Blase die lange Nase. Die will sie nur ärgern. Da gibt es nichts auszuscheiden.

Aber auch die anderen Dinge zu kontrollieren, ist schlicht unmöglich. Auch ein Pilot oder der technische Leiter eines Kernkraftwerkes ist im Katastrophenfall nur in der Lage, alles nacheinander unter Kontrolle zu bringen und nicht gleichzeitig. Versuchen Sie also erst gar nicht, Herr der Lage zu sein. Versuchen Sie, so zu sein, wie Sie immer sind, wenn andere Menschen im Raum sind. Mit allem, auch mit dem, was anderen nicht gefällt. Denn falsch machen können Sie ja nichts.

Man kann in Bezug auf den Atem viel falsch machen. Sie können die Schultern beim Einatmen hochziehen und damit unnötige Muskeln anspannen, sie können zu flach atmen oder nicht genügend Atemdruck aufbauen und damit zu leise sein.

Es kann sehr spannend sein, daran zu arbeiten und das sollten Sie vielleicht auch tun, wenn da ein Problem regelmäßig auftaucht. Aber wenn Sie einmal im Jahr die Unternehmenszahlen vorstellen oder die Hochzeitsrede für Ihren Lieblingsneffen halten, ist das zu viel Aufwand.

Leichter ist einfacher

Warum wollen Sie denn gleich in die Top 100 der deutschen Redner aufsteigen? Machen Sie es sich bei Ihren ersten Reden doch so komfortabel wie möglich. Es gibt eine Menge Dinge, die Ihnen das Leben unnötig schwer machen, zum Beispiel ein Ehepartner in der ersten Reihe oder ein Kleidungsstück aus Seide mit sich ständig vergrößernden Schwitzflecken unter den Armen. Hören Sie auf den Profi und lassen Sie für Ihre ersten Versuche ein paar Dinge weg. Vereinfachen Sie und halten Sie sich an ein paar simple Tipps.

Begeisterung

Wenn Sie begeistert sind von dem, was Sie sagen, haben Sie es leichter. Das ist eine Binsenweisheit. Aber wenn Sie das ernst nehmen, dann könnten Sie daran arbeiten, begeistert zu sein. Die Zahlen sind oben, Sie sind begeistert. Die Zahlen sind unten, Sie packen mit Begeisterung an, das Rettungsboot zu rudern. Die Zahlen sind wie immer. Sie haben sich vorgenommen jetzt erst recht mehr zu wollen. Die Zahlen sind ganz zufriedenstellend. Für Sie als Spitzenkraft kann genug nie genug sein. Die Zahlen sind erfreulich. Sie sind begeistert für ein so solides Unternehmen zu arbeiten. Eine Emotion zum eigenen Inhalt zu haben heißt nicht immer, bunte Fähnchen zu schwenken. Bei einer Dankesrede können Sie begeistert sein, eingeladen worden zu sein, als Experte können Sie begeistert sein, dass Sie endlich die Gelegenheit haben und als Speaker können Sie begeistert sein, dass sich so viele Menschen gegen „Germany's next Topmodel" und für Ihre Veranstaltung entschieden haben.

Ich motiviere mich oft selbst, indem ich mir überlege, was das Tolle daran ist, dass ich hier und heute auftreten darf. Ehrlich gesagt bin ich immer wieder voller Ehrfurcht, dass sich viele Menschen in einem Raum versammeln, um einem anderen Menschen zuzuhören. Schon der erste Grund, begeistert zu sein.

Aber seien Sie vorsichtig. Auf amerikanischen Rednertreffen steht das Wort passionate, also leidenschaftlich, auf dem Index. Nicht weil ein Redner nicht leidenschaftlich sein soll, sondern weil es auf einer durchschnittlichen Rednerseite 98 Mal vorkommt. Jemand, der versucht, den begeisterten Enthusiasten zu geben, ohne es zu sein, kann ziemlich anstrengend sein. Die Zuschauer sollen Ihre Begeisterung bemerken und nicht auf Ihrer Website davon lesen.

Keine Zeit

Je weniger Zeit Sie für die Vorbereitung haben, desto persönlicher sollten Sie sein. Ein paar Geschichten zu sammeln, die Sie erlebt haben, ist unter Zeitdruck die einfachste Möglichkeit. Ich überlege immer, ob mir eine Geschichte zu meiner Zielgruppe einfällt, egal ob das Zahnärzte, Hochseilartisten oder Tierpfleger sind.

Stegreifreden sind für mich einfach. Ich suche meinen persönlichen Bezug zum Thema, erzähle die Geschichten und garniere sie mit ein paar persönlichen Gedanken. Wenn ich das in meinem Seminar zu einem Thema vormache, das man mir zuruft, sind alle immer ganz erstaunt, wie einfach das geht. Aber es hilft natürlich, jeden Tag eine Tageszeitung zu lesen, am besten eine seriöse Tageszeitung.

Dabei verwechseln Sie bitte nicht persönlich mit privat. Ihre privaten Geschichten haben auf der Bühne nur etwas verloren, wenn Sie das ausdrücklich wünschen. Ansonsten könnte das auch peinlich sein. Aber persönlich ist immer erwünscht. Wie oft Sie Ihren Liebling am Tag küssen ist privat und geht niemanden etwas an. Dass Sie sich oft fragen, wie eine Pflegerin in einem Hospiz ihre Arbeit aushält, ist persönlich und vielleicht auch für andere Menschen von Interesse.

WIEDERHOLUNGEN

Wiederholungen sind etwas Herrliches. Nicht erst seitdem Martin Luther King in seiner Rede acht Sätze mit I have a dream begann. Aber die Wiederholung ist nicht deswegen so toll, damit unsere Zuschauer das Gehörte behalten. Das gilt nur für Vorlesungen oder Lehrveranstaltungen.

Nein, es war leichter für ihn. Er hat auch fünf Mal Wir können nicht zufriedengestellt sein... wiederholt.[82] Da kann man ja sicher nicht davon sprechen, dass er eine Kernbotschaft wiederholt hat.

Wiederholungen können ein herrliches Stilmittel sein, weil es die Rede erleichtert. Wenn ich als Redner den halben Satz schon fertig habe, kann ich auch bei großer Nervosität besser reden. Es ist deutlich einfacher, einen halben Satz bilden zu müssen, als einen ganzen, z.B. auf einem Vortrag zum Thema „Geldanlage".

> Wir haben uns das schon lange gefragt.
> Wir haben uns das eigentlich schon immer gefragt.
> Wir haben uns immer vorgenommen, endlich danach zu fragen. Was geschieht mit unserem Geld?

Vergessen Sie bitte die Forderung des Deutschlehrers nach einem Wechsel im Ausdruck. Nicht erst Frühjahr, dann Lenz, dann die Maienzeit. Auch Wörter wie Letzter, ersterer, der ebengenannte, der schon mehrfach erwähnte nur um eine weitere Erwähnung des Namens zu vermeiden, halte ich für albern. Und nicht nur ich.[83] Auch diesbezüglich oder hinsichtlich kann man vermeiden.

---

82 Göttert, Karl-Heinz: Mythos Redemacht.. Frankfurt: S. Fischer Verlag 2015, S. 128
83 LaRoche, Walther von, Buchholz, Axel, Hrsg.: Radio-Journalismus. Wiesbaden 2017, 11. Auflage, S. 15f.

Das kann von mir aus für einen Roman eine legitime Forderung sein. Schließlich gibt es ja auch in der literarischen Sprache so etwas wie eine Ästhetik. Aber in einer Rede? Bei jemandem, der eigentlich ja so reden möchte wie sein Nachbar? Mein erster Herausgeber und Mentor Walther von LaRoche hatte fürs Radio eine ganz strikte Haltung:

> **Zentrale Begriffe wiederholen, und zwar so oft wie erträglich.**[84]

Er war der Meinung, dass nicht Abwechslung Verständlichkeit schafft, sondern Wiederholung. Das wirkt weder altbacken, noch langweilig, noch einfallslos oder platt. Nein, so reden wir. Jeden Tag. Alle. Wir machen das, weil es am einfachsten zu sprechen und am einfachsten zu verstehen ist.

> **Wenn ich Frühling sage, dann meine ich Frühling, in der ganzen Schönheit, die der Frühling uns schenken kann, damit wir sagen: Mein Gott, es ist Frühling!**

Wenn Sie es noch einfacher wollen, dann trauen Sie sich. Ich verspreche Ihnen, dass Sie anschließend niemand auf Ihre wenig literarische Ausdrucksweise ansprechen wird.

> **Wir brauchen keine...**
> **Wir brauchen keine...**
> **Wir brauchen auch keine...**

Im Gegenteil. Man wird Ihren drive bewundern, Ihr Kommittent, Ihre Emotion, die Sie jetzt mit geballter Kraft unter die Sätze legen können, weil Sie über die Wörter mal einen Absatz nicht nachdenken müssen. Das Fachwort dafür ist Anaphora – die Wiederholung des Satzanfanges.

Im Mündlichen benutzen wir eben viel mehr Wiederholungen.

> **Ich war 17, mein Gott mit 17 hast du keine Ahnung, ich hatte mit 17 nicht mal einen Sexfilm gesehen, 17 ist ein Alter, in dem 17jährige....**

So würden wir das nie schreiben, weil wir das Gefühl hätten, dass die dauernde Wiederholung überflüssig wäre. Das ist sie auch. Aber im Mündlichen hilft das dem Redner und dem Publikum.

WÖRTLICHE REDE

Wörtliche Rede macht jeden Vortrag besser. Sie ist leicht zu behalten und auch von einem unbegabten Redner sofort authentisch zu verwenden, weil er ja sozusagen den Ton des Satzes im Ohr hat. Er weiß, wie der Satz gesagt wurde, er kann sich in die Situation versetzen und damit nicht nur einen Satz zum Leben erwecken, sondern für den Zuschauer entsteht die ganze Szene.

---

84 Ebenda. S. 14

Kannst du nicht ein einziges Mal…
Mein Gott, dass Du daran gedacht hast…

Wenn Sie versuchen, diese Sätze möglichst authentisch nachzusprechen fällt Ihnen das nicht schwer. Die Situation ist Ihnen vertraut.

Ich weiß nicht, was ich sagen soll…

Bei diesem Satz ist das schon schwerer. Er kann überrascht gemeint sein, liebevoll oder voller Ärger. Aber Sie kennen die Situation ja, und wissen, wie er oder sie das gesagt hat. Deswegen hilft es ja so, den Satz einfach so zu sprechen, wie man ihn gehört hat. Die zusätzlichen Informationen liefert man für die Zuschauer gleich mit. Vergleichen Sie mal die indirekte mit der direkten Rede:

Da behauptete er gut gelaunt, dass ich ein Dummkopf sei und dass es in der anderen Richtung weitergehe, worauf ich brummend erwiderte, dass ich das längst herausgefunden hätte und er mich in Ruhe lassen solle.

mit

Er rief gut gelaunt: „Du Dummkopf! Hier geht es lang!"
„Lass mich in Ruhe!", brummte ich. „Das habe ich längst herausgefunden!"

Wenn Sie jetzt schauspielerisch nicht völlig unbegabt sind, brauchen Sie alles, was Sie spielen können, nicht mehr zu sagen:

Du Dummkopf! Hier geht es lang!
Lass mich in Ruhe. Das habe ich längst herausgefunden.

In einer Rede verwendet man kein **sagte er** und **antwortete sie**, wenn man es ohne Bedeutungsverlust weglassen kann. Sorgen Sie dafür, dass zwei, die sich unterhalten, unterschiedlicher Meinung sind, dass sie unterschiedlicher Stimmung sind, dass sie unterschiedliche Charaktere haben, und jeder Grundschüler wird verstehen, wer gerade spricht.

„Wer ist noch meiner Meinung?" Es war mucksmäuschenstill.
„Ich nicht!"
„So, so… du also nicht!"

KONKRET

Viele Reden sind deswegen so langweilig, weil es so allgemein ist, dass es mich nicht berührt.

Ein interessanter Vortrag mit vielen Erkenntnissen und aktuellen Informationen.

Hätten Sie etwas anderes erwartet, als **viele Erkenntnisse** und **aktuelle Informationen**? Vor lauter politischer Korrektheit des Redners geht jede Kraft verloren. Ich kann während des Hörens nicht übersetzen, und ich langweile mich.

> Das Wetter war schön. Es hat richtig Spaß gemacht. Wir haben nette Leute kennengelernt. Es gab exzellentes Essen. Ich habe mich gut erholt. War eine echt schöne Insel.

Wenn Sie so sprechen würden, bekäme ich das Gefühl, als wollten Sie sich nicht mit mir unterhalten. Wer so allgemein erzählt, der will nicht wirklich erzählen, sondern einfach irgendwas sagen, um den anderen loszuwerden. Erst wenn Sie konkret werden, habe ich Lust Ihnen zuzuhören:

> Wir hatten drei Wochen herrliches Wetter. Keine Wolke am Himmel und immer über 25 Grad. Wir haben jeden Abend draußen gesessen. Meistens mit einem Ehepaar aus Emden. Den Mann kennst du auch, der ist oft im Fernsehen und Sie ist Epidemiologin...

Die zweite Version klingt nicht nur spannender, sondern ist auch viel besser zu verstehen. Außerdem ist es für den Redner deutlich einfacher. Er muss das, was er vorhat oder erlebt hat, nicht übersetzen.

Allgemein:

> Die Getränkepreise sind moderat.

Konkret:

> Bei einem Preis von einem Euro für ein Glas Wein können Sie es sich wirklich gemütlich machen.

Allgemein:

> Wir haben heute eine Menge interessanter Themen.

Konkret:

> Es ging um tanzende Leguane, schreiende Fußballspieler und eine Frau, die nicht älter wird.

Allgemein:

> Er hilft, wo er kann.

Konkret:

> Egal ob Ihr Auto liegen bleibt oder Sie nicht wissen, wie man einen Kreditantrag stellt, er hilft.

Begriffe wie Faktor, Projekt, Basis, Geschehen, Bereich usw. lassen sich fast immer ersetzen durch etwas ganz Konkretes. Die jeweils kleinere Einheit ist meist viel interessanter als das große Ganze.

Wenn Sie Herrn Karl Huber aus der Goethestraße meinen, dann sprechen Sie nicht von einem Menschen.

Das Konkrete schlägt das Allgemeine.

Ist das jetzt schon was für die Fortgeschrittenen oder ein Tipp für Anfänger, wie man einfacher redet? Probieren Sie das aus. Meiner Meinung nach ist es viel einfacher zu erzählen, was man konkret erlebt, erlitten oder erfahren hat, als es so allgemein zu sagen.

Egal ob Situation oder Werkstück, ob Geburtstagskind oder Preisträger, egal ob Lebensweisheit oder wissenschaftliche Untersuchung. Sprechen Sie über das Besondere, das Schwierige, das Gelungene, das Verborgene, das Schöne, das Auffällige, das Neue, das Herausfordernde, das Andersartige, das Grandiose, das…

Der Nutzen muss schon für die Zuschauer entstehen. Wenn Sie jemanden überzeugen wollen, können Sie ihm eine Liste der Möglichkeiten eines Produktes oder einer Dienstleistung aufzählen. Besser wäre es, ihm zu erklären, was für ihn dabei herausspringt.

Schlecht: Das Auto fährt sich superleise.
Aber: Die Geräusche im Auto wurden um die Hälfte reduziert.
Besser: Sie können bei 220 ein Gespräch in ganz normaler Lautstärke führen.
Schlecht: Die Möhren schälen sich mit dem neuen Schäler wie von selbst.
Aber: Die Schälzeit mit dem neuen Schäler reduziert sich um 30%
Besser: Sie brauchen für ein Kilo Spargel im Durchschnitt 6 Minuten.

Lieber weniger Beispiele, die dafür konkret und möglicherweise bildhaft sind, als eine Liste, die sich kein Mensch merken kann.

ZEIGEN

„Show, don't tell!", das ist ein viel zitierter Spruch englischsprachiger Rhetoriktrainer. Zeige es mir, anstatt es mir zu erzählen. Diesen Spruch kann ich in verschiedener Hinsicht interpretieren. Zeigen kann zunächst mal wirklich zeigen heißen, wie einen Gegenstand zu zeigen, anstatt über ihn zu sprechen, eine Handlung oder einen Handgriff zu zeigen, anstatt ihn zu erklären, einen Film zu zeigen anstatt zu besprechen, was in welchem Fall passiert.

Anstatt einen Vortrag über Zeitmanagement anzukündigen, hat Hans-Uwe L. Köhler[85] zum Beispiel 21 Weihnachtsbäume auf der Bühne aufgestellt. Stellvertretend für die Anzahl der Jahre, die er mit 51 wohl noch vor sich hat. Sie erleben die Begrenztheit des Lebens jetzt physisch.

Aber zeigen heißt eben auch, die Figuren leben zu lassen, anstatt über sie zu sprechen. Anstatt zu erzählen, dass jemand schüchtern ist, zeigen wir, was passiert.

Er stand mit hochrotem Kopf vor dieser Frau gluckste nur und brachte kein Wort hervor.

85 Köhler, Hans-Uwe. L.: Die perfekte Rede. Offenbach: Gabal Verlag GmbH, S. 172

Anstatt zu sagen, dass ihr schlecht war, erzähle ich, welche Berge von Essen sie hintereinander gegessen hat. Ich beschreibe nicht, sondern lasse es den Zuschauer erleben.

Ich habe bei amerikanischen Speakerveranstaltungen schon tolle Sachen erlebt. Ein Speaker hat über Angst gesprochen und hat uns diese Angst erleben lassen, indem er einem zufällig ausgewählten Zuschauer suggeriert hat, er solle jetzt vor 2500 Zuschauern eine bedrohliche Aufgabe lösen. Wir sahen erst die Angst, dann die Erleichterung, als er die Möglichkeit bekam, jemand anderen zu benennen. Nach einem Pfeifkonzert des Publikums war wieder die Verzweiflung zu sehen, was er tun sollte, bis er sich zum Schluss für die Aufgabe entschied, die unter dem Jubel der Menge ganz einfach zu lösen war.

Ein anderer hat uns Angst miterleben lassen, indem wir einen kurzen Filmausschnitt einer sehr aufregenden Achterbahnfahrt miterleben durften, inklusive markerschütternder Schreie der Insassen.

In dem lesenswerten Buch „As we speak"[86] gibt es noch viele Beispiele: „Sagen Sie nicht: Er war nervös, sagen Sie: seine Hände waren verschwitzt. Sagen Sie nicht: Es war ein wunderschöner Tag. Sagen Sie: Die Sonne strahlte durch die Palmen und ein leichter Wind wehte. Sagen Sie nicht, dass die Mutter richtig traurig war, als ihr Sohn zur Armee ging, sondern sagen Sie: Als sie ihren Sohn wegfahren sah, drehte sie sich ab und wischte sich eine Träne aus dem Augenwinkel."

Gestern habe ich eine Radiowerbung für eine Autoglas-Reparaturfirma gehört. Er fragt seine Frau, ob er noch etwas aus der Stadt mitbringen soll, und sie ruft ihm nach, er solle den Steinschlag bei dieser Firma reparieren lassen und eine Laugenbrezel mitbringen. Das klingt deutlich besser als Wir sind schneller als Sie glauben.

TEILWEISE

Hören Sie auch dauernd Reden, wo Menschen durchschnittlich groß sind, fünfstellig verdienen und an einem kalten Tag im Januar in einer mitteldeutschen Kleinstadt in einem Restaurationsbetrieb ein Stück Hefegebäck erstehen? Alle sind kundengesteuert, marktorientiert und die Zukunft des Unternehmens hängt vom Faktor Mensch ab. Das müssten Sie sich gar nicht abgewöhnen, wenn Sie es sich nicht irgendwann angewöhnt hätten. Das ist langweilig und solche Reden ermüden das Publikum.

Pars pro toto, wie der Lateiner sagt, heißt die Lösung. Seien Sie inkorrekt. Geben Sie Beispiele, nennen Sie mir einen konkreten Fall, und ich verstehe, was Sie mir in Bezug auf das große Ganze sagen wollen.

---

86 Meyers, Peter, Nix, Shann: As we speak. New York: Atria Paperback, S. 82

Bei uns sitzen immer mindestens drei Nationen am Tisch. Die Tagesordnung bereitet jedes Mal ein anderer vor. Wir sind mal im Besprechungsraum, aber auch mal draußen, und wir sind immer bestens mit Getränken versorgt.

Ach, zu Essen gibt es nie etwas? Ist das Pflicht mit den drei Nationen, dann wird es aber stressig. Muss denn immer eine Tagesordnung sein? Im Büro seid Ihr nie? – Natürlich essen wir auch mal, es besteht weder ein Zwang zur Diversität noch zu einem bestimmten Raum. Es sind alles Beispiele, die Situation ein bisschen besser zu verstehen.

Beim Versuch, etwas über Beispiele auszudrücken, gehen ein paar Feinheiten verloren. Ein paar Ausnahmefälle werden nicht erfasst. Ein paar Möglichkeiten nicht erwähnt. Aber dazu haben Sie ja das zwölfbändige Begleitlexikon zu Ihrer Rede, das Sie anschließend zum Download anbieten können. Eine Rede ist nie vollständig und schon gar nicht bis in jede Kleinigkeit politisch korrekt. So etwas können Menschen, die frei sprechen, nicht leisten.

Würzmittel

Magic Moments

Wenn Sie sich berühmte Reden ansehen, so haben die meisten von ihnen einen Höhepunkt, eine tolle Idee, einen Magic Moment. Der ergibt sich manchmal im Nachhinein, aber meist nicht einfach so. Der entsteht, wenn man lange genug leere weiße Blätter angestarrt, oder eine Kreativitätstechnik nach der anderen ausprobiert hat.

Bill Gates hat in einer seiner Reden so getan, als ließe er im Zuschauerraum Moskitos frei, die stechen und Krankheiten übertragen können. Eine faszinierende Idee, die Wand zum Zuschauer zu durchbrechen. Hans Rosling demonstriert die technische Entwicklung mit einer Waschmaschinenattrappe, in der sich ein schwarz gekleideter Mensch versteckt hat, der die Wäsche dreht, als sei die Maschine in Betrieb. Steve Jobs zieht ein Ipad aus einem Briefumschlag. Jamie Oliver schüttet Zuckerwürfel aus, um zu demonstrieren, wie ungesund Ketchup ist und der Verkaufsguru Martin Limbeck[87] klebt unter einen Zuschauerstuhl einen 5-Euro-Schein. John Bohannon[88] lässt seine Reden von einer Gruppe Balletttänzer um ihn herum tanzen, und Thorsten Havener[89] wird von einem Zuschauer blind zu einem Versteck geführt. Stephan Ehlers[90] kann nicht nur jonglieren, sondern er bringt es Hunderten von Menschen gleichzeitig bei. Lothar Seiwert zerbricht einen Zollstock, um die Vergänglichkeit zu demonstrieren. Der Marketing-Profi Siegfried Haider[91] lässt zum Thema Helium-Marketing einen Helium-Ballon aufsteigen und Erik Wahl[92] malt vor den Augen der Zuschauer ein modernes Bild aus lauter wild durcheinandergeratenen Pinselstrichen. Und erst wenn er nach 3 Minuten das Bild umdreht, können wir deutlich das Porträt einer bekannten Persönlichkeit erkennen. Soll ich weitermachen?

Vielleicht sind die Verkaufszahlen einen Tusch wert? Vielleicht wollen Sie den Moment inszenieren, in dem wir erkennen, dass wir mit dem neuen Fotoapparat auch Äpfel schälen können oder Sie kosten den Moment aus, an dem wir mitbekommen, dass alles ganz anders ist, als wir uns das gedacht haben.

Denken Sie über einen magischen Moment in Ihrer Rede nach!

---

87 www.martinlimbeck.de
88 TED-Talk: Bohannon, John, Dance your PhD
89 www.thorsten-havener.com
90 www.jonglierschule.de
91 www.siegfried-haider.com
92 www.theartofvision.com

Auch Zaubertricks sind möglich, aber das müssen Sie gut können. Nichts ist peinlicher als ein guter Redner mit peinlichen Tricks. Aber die können Sie z.B. von Gert Schilling[93] lernen. Mein Lieblingsregisseur und guter Freund Celino Bleiweiß[94] hat auf der ersten Probe immer nach den besonderen Fähigkeiten seiner Schauspieler gefragt. So haben dann die Räuber im gleichnamigen Stück von Friedrich Schiller, wenn sie nicht gerade auf Raubzug waren, auch mal Geige gespielt oder jongliert.

UNTERSUCHUNGEN

Wissen steht uns heute in nie dagewesenem Ausmaß zur Verfügung. Deswegen sagt man heute nicht mehr, dass in einem wissenschaftlichen Buch beschrieben wird, dass etwas Neues untersucht wurde, sondern man zitiert genau, wer was gemacht hat.

Die Universität von Wisconsin hat in den 60iger Jahren...

Aber das sagt man nicht, sondern man packt es auf die Folie. Und wenn es keine Folien gibt, so kann man eventuell anschließend in der Fragerunde alle Informationen nachliefern.

Wie oft passiert es nach meinen Vorträgen, dass mich einer fragt, wo ich die Untersuchung denn herhabe! Der will das bewiesen haben, der will das nachlesen, aus welchem Grund auch immer. Und dann sollte ich eine Antwort haben.

Noch ein Tipp: Zelebrieren Sie Ihr Wissen nicht, es sei denn, Sie hätten das Mittel gegen die lebensbedrohliche Krankheit gerade selbst entdeckt. Wenn Sie die 10 Jahre alte Untersuchung als bahnbrechende Erkenntnis verkaufen, nur weil die Untersuchung für Sie neu war, wird nicht nur müde gelächelt, nein, viele Zuschauer ärgern sich. Es ist ein Unterschied, etwas zu erwähnen und etwas als nobelpreisverdächtig zu feiern.

Meine persönliche Meinung ist, dass ich nichts ausführlich vorstelle, das man im Internet oder in Büchern von anderen finden kann. Das wäre mir viel zu gefährlich. In zwei Sätzen auf eine Umfrage verweisen ist ok, ausführlich die Untersuchung von Professor Weiß-Es zu zelebrieren, wäre mir ein zu großes Risiko. Es sei denn, Sie haben Lust, alle, die vor Ihnen auftreten mal kurz anzurufen, ob sie vielleicht dieselbe Untersuchung...

SPANNUNG

Beim Jahrestreffen eines großen Unternehmens begann der Unternehmensjurist mit der letzten Seite eines Mietvertrages, die er formatfüllend auf der Leinwand zeigte.

---

93 www.gert-schilling.de
94 de.wikipedia.org/wiki/Celino_Bleiweiß

> **Im zweiten Abschnitt dieses Vertrages finden sie einen Formfehler, der den Vertrag ungültig macht.**

Das hätte er dann sagen können. Aber das wäre langweilig gewesen und viele wären der Meinung gewesen, dass der Fehler ja wohl so offensichtlich ist, dass sie ihn auch gefunden hätten. So hat er das aber nicht gemacht. Er hat erst mal Spannung aufgebaut. Wir haben den Vertrag eine Zeit lang in Ruhe angesehen.

> **Dieser Vertrag ist nicht gültig. Aus dem Mietvertrag sind wir ohne Kündigungsfrist herausgekommen. Warum?**

Jetzt starren alle auf den Vertrag und wollen den Fehler finden, damit ihnen das bei ihren Mietverträgen nicht passiert. Spannung ist eine tolle Möglichkeit, Aufmerksamkeit zu bekommen.

Kinder lieben es, Rätsel zu lösen, und bei der Quizshow im Fernsehen ist immer genügend Zeit, damit wir mitraten können. Das gilt auch für jede Mördersuche oder jedes Sportereignis. Nicht zu wissen, wie es weitergeht, ist spannend.

Rätselgeschichten sind hervorragende Mittel, das Interesse des Publikums zu gewinnen und festzuhalten. Wir behalten die wesentlichen Punkte besser, wenn der Redner sie wie in einem Krimi präsentiert.

RHYTHMUS

Wir mögen es sehr, wenn das, was wir sagen, einen Rhythmus hat. Was schön klingt, prägt sich besser ein. Deswegen wiederholen wir bei Aufzählungen oft den Klang, Silben oder ganze Satzteile

> **Veni, vidi, vici.**
> **Unsinn, Unsicherheit und Unwissen**
> **Wir haben Glück, wir haben Verstand und wir haben einander.**

Die größte Wasserstraße in Venedig heißt nicht etwa **Canale Grande**, sondern **Canal Grande** und Churchill hat gesagt **blood, toil, tears and sweat**. Herausgegeben wurden seine Reden unter dem Titel **blood, sweat and tears**, weil das einen besseren Rhythmus hat. Wie oft der Rhythmus benutzt wird, um es einprägsam zu machen, können wir leicht erkennen, indem wir Werbeslogans verändern.

> **Ein Bier, das so ist wie Bayern.**
> **Ich bin doch nun wirklich nicht blöd.**
> **Wir machen den Weg für Sie frei.**

Der Rhythmus ist also ein erstklassiges Mittel, wenn ich möchte, dass sich meine Zuhörer etwas merken oder weitererzählen. Wir könnten auch mittels des Rhythmus Geräusche hörbar machen.

> **Toni hackte mit wuchtigen Schlägen.** (wenige starke Betonungen)
> **Karin hämmerte lustlos herum** (viele leichte Betonungen)

Eine wichtige Funktion hat der Rhythmus noch im Schlusssatz. Natürlich weiß jeder, dass Sie fertig sind, wenn Sie **danke** gesagt haben. Wenn Ihr letzter Satz aber ein wichtiger Satz ist und Sie sagen vielleicht nicht **danke** und wollen, dass danach geklatscht wird, dann sollten Sie den letzten Satz verlangsamen und ihm einen Rhythmus geben.

> **Es fängt gerade erst an!**
> **Wir haben tatsächlich Glück gehabt.**
> **Wenn wir heute ernten, werden wir morgen säen.**

Ein solches Ende gibt der Rede den letzten Schliff.

RHETORISCHE FIGUREN

Rhetorische Figuren wären etwas Wunderbares, wenn sie nichts anderes darstellten als Beschreibungen einer bestimmten Art und Weise zu sprechen und zu schreiben. Aber das ist eben nicht so. Manfred Fuhrmann[95] schreibt, dass es sich um eine kunstmäßig gestaltete Form des Ausdrucks handelt, die von der gewöhnlichen und sich zuerst anbietenden Weise abweicht.

Die rhetorischen Figuren sind nicht etwa durch Belauschen alltäglicher Gespräche entstanden, sondern wurden zum Teil bewusst erfunden, um Sprache zu bereichern und Material für den Unterricht an Rhetorikschulen zu haben. Dabei sind auch Figuren festgelegt worden, die nie in der Alltagssprache Verwendung fanden.

Es heißt nicht, dass Redenschreiber sich nicht inspirieren lassen könnten, noch ein Trikolon oder eine Evidentia einzubauen. Aber im Alltag ist das völlig unnötig. Wenn Sie sprechen, wie Sie nun mal sprechen, benutzen Sie so viele verschiedene rhetorische Figuren, dass Sie staunen würden. Zumal sich Sprachwissenschaftler bei deren Benennung und Analyse wieder kräftig in die Haare kriegen können. Denn Sprache ist eben nicht so leicht zu katalogisieren und einzuordnen, wie man glauben könnte.

Möglicherweise wirken Sie gebildeter, wenn Sie eine Anadiplose verwenden, sich in Alliterationen ergehen oder mit Hyperbeln um sich werfen. Aber ich habe da so meine Zweifel. Und zwar weil Sie ja diese ganzen schönen Begriffe nicht dranschreiben können. Wie sollten Sie mit etwas Eindruck schinden, das Sie jeden Tag verwenden, und die anderen auch? Wir alle sprechen ständig in rhetorischen Figuren, ohne dass wir wüssten, dass es rhetorische Figuren sind. Möglicherweise rufen Sie beim Anblick einer faszinierenden Plastik aus: **Mein Gott, wie schön. Wunderschön. Eine wahre Schönheit.** Nutzt es Ihnen jetzt etwas, wenn ich Ihnen erkläre, dass es sich bei dieser rhetorischen Figur um eine

---

95 Fuhrmann, Manfred: Die antike Rhetorik. Mannheim: Artemis & Winkler Verlag 2011, 6. Auflage S. 127

Repetitio handelt? Oder müssen Sie lernen, dass der Ausdruck **pro Kopf** eine Synekdoche ist? Das ist doch eher etwas für Sprachwissenschaftler. Sie finden einfach, dass **pro Kopf** besser klingt als **pro Bundesbürger** oder **pro Steuerzahler** und deswegen verwenden Sie es. Soll doch die Wissenschaft nach Ihrem Tode die Videos von Ihren Reden analysieren und Studenten an der Uni zeigen, wie wortgewaltig Sie waren. Das zu üben, halte ich für überflüssig.

Wenn Sie Ihre Argumente ausführlich erklären, nennt man das Amplificatio. Das hilft Ihnen jetzt sicher ungemein. Auch Kürze ist ein Stilmittel (Brevitas). Aber ist es wirklich eine Frage des Stils, Unwichtiges wegzulassen? Sie lassen Unwichtiges nach Möglichkeit immer weg. Alles was selbstverständlich ist, alles was jeder weiß, sagen Sie nicht. Das ist doch klar, oder sollte es zumindest sein. Einfacher gesagt:

Ein guter Redner lässt alles weg, was seine Zuhörer langweilen könnte. Alles was langweilig sein könnte und er trotzdem erzählen will, das hat er so zu erzählen, dass es spannend wird. So einfach ist das. Völlig ohne intellektuellen Überbau.

> **Ohne Brevitas wird's immer schlecht.**

RHETORISCHE FRAGEN

Von ein paar wenigen Ausnahmen abgesehen sind die rhetorischen Figuren was für die Profis unter den Redenschreibern. Ein guter Redner werden Sie dadurch nur bedingt. Es gibt allerdings ein paar Figuren, die so effektiv sind, dass es sich lohnt, kurz darauf hinzuweisen.

Immer wieder rhetorische Fragen einzustreuen, die sich der Redner selbst und damit seinen Zuschauern stellt, kann eine große Hilfe sein.

Neulich war ein Techniker bei mir im Coaching, der sich lange darüber ausließ, wie schwierig doch so eine Rede sei und wie überfordert er sei und dass er die hohe Kunst der Rede nicht beherrsche... Die Fragen im Anschluss, die wären für ihn einfach. Aber die Rede …

Also machten wir aus der Rede die Beantwortung von acht Fragen, die er sich jeweils zu Beginn der acht Teile seiner Rede selbst stellte. Dazu eine vorgelesene Begrüßung und ein auswendig gelernter Schlusssatz. Was war daran schwierig? Gar nichts mehr.

Ein neues Kapitel, ein neuer Abschnitt, die nächste Stufe, vieles geht oft mit einer Frage los, die dann schrittweise beantwortet wird. Wenn die Frage sehr nah am Leben der Zuschauer ist und sie ähnliche Fragen auch haben, ist dem Redner die Aufmerksamkeit sicher.

METAPHERN

Die ersten Metaphern hat schon Aristoteles im Jahre 350 v. Christus verwendet. Das Tolle an diesen Metaphern ist, dass man eine Sache oder einen Vorgang völlig neu betrachten kann, indem man eine Metapher anwendet. Stellen wir uns eine Familie als Projektgruppe vor, und die Urlaubsplanung bekommt eine völlig neue Dimension? Die Fahrt mit der Bundesbahn als Expedition in eine völlig neue Welt und der menschliche Körper als Motor, der bestimmte Stoffe braucht, um zu funktionieren.

Sprachliche Bilder können sehr helfen, einen Sachverhalt verständlich zu machen. Ich habe Vorstände erlebt, die ihr Team ins Cockpit eines Raumschiffes gesetzt haben, mir die Bankfiliale der Zukunft als virtuellen Raum ausgemalt oder mich auf Traumreisen mitgenommen haben, damit ich verstehe, wie schön das Leben mit einem bestimmten Gegenstand oder einer bestimmten Einstellung sein kann. Außerdem vergessen wir Metaphern nicht. Vor gefühlt hundert Jahren hat mir Dr. Despeghel[96] in einem Vortrag erklärt, dass ich morgens aussehe, wie eine Mandarine, die man tagelang im Obstkorb vergessen hat. Durch ein Glas Wasser werde die Mandarine wieder glatt und leuchtend. Seitdem trinke ich morgens Wasser. Oder diese Beispiele aus einem Buch über moderne Unternehmenskultur

> **Agilität in einer Linienorganisation einzuführen gleicht dem Versuch, in einem Fachwerkhaus nachträglich einen Fahrstuhl einbauen zu wollen. Das Ergebnis ist in der Regel ein Treppenlift. Deswegen ist es besser, irgendwann in ein neues Gebäude umzuziehen.[97]**

> **Das aktive Zuhören verlangt von den Paaren, Gymnastik auf olympischem Niveau zu betreiben, während ihre Beziehung kaum mehr kriechen kann.[98]**

Ich könnte Dutzende Beispiele finden. Die Beziehung als gemeinsamer Weg, der den Scheideweg erreicht, der wieder nirgendwo hinführt, auf dem man sein Päckchen zu tragen hat und bei dem es manchmal mit dem Schnorchel durch das Tränental geht. Die beiden großen Metaphern in der Literatur sind der Garten und der Fluss.

> **Die zarten Pflänzchen, die wir auf die fruchtbare Erde setzen, auf der wir vorher gerodet haben.**

---

96 www.despeghel-partner.de

97 Oesterreich, Bernd, Schröder, Claudia: Das kollegial geführte Unternehmen. München: Franz Vahlen GmbH 2017, S. 22

98 Gottman, John M: Die 7 Geheimnisse einer glücklichen Ehe. Berlin: Ullstein Buchverlage GmbH 2007, 7. Auflage, S. 21

> Der nie endende Strom, auf dem es in einer Richtung ganz leicht ist, vorwärts zu kommen, wenn nicht die Untiefen und die Wasserfälle wären.

Ein paar besonders schöne Bilder aus meiner Sammlung: Feedback ist das Frühstück der Champions oder Mike Robertson: Ja aber ist nein im Smoking[99]. Penn Jillette[100]: Links ist das Geld, rechts der Sex, und ich gehe immer geradeaus. Der Arzt und Speakerkollege Volker Busch[101] bezeichnet das Hirn als eine parlamentarische Demokratie und die Angst als den Diktator. Herrlich! Die Schriftstellerin Virginie Despentes schreibt: Schreiben ist wie Licht machen.[102] Und Luca Turin spricht in seinem TED-Talk von der Upper eastside des Periodensystems, ein nettes und ruhiges Viertel.[103] Ein wahrer Meister im Finden guter Metaphern ist Hans Uwe Köhler. In seinem außerordentlich geistreichen Buch „Die perfekte Rede", begründet er, dass nicht auf jede Folie das Logo muss mit der Metapher: Kein Bühnenbildner des Staatstheaters käme auf die Idee, ständig die Nationalflagge ins Bühnenbild einzufügen. [104] Die Speaker-Kollegin Katja Schleicher[105] nennt mich gerne Körpersprache-Schlampe, wenn ich mich mal wieder nicht gerade genug halte.

Der Fallschirm als Beispiel für Vertrauen, die Achterbahn, auf der wir gerade oben oder unten sind, als Beispiel für turbulente Zeiten. Die Umkleidekabine als Einleitung eines Change-Prozesses und auch das Essen bietet viele Möglichkeiten von Metaphern: die Wurst, um die es geht, die Beilage, die satt macht oder der Salat den wir jetzt haben und den wir hübsch anrichten sollten. Der Geschäftsführer der German Speakers Association Klaus Dombrowski sagte mal in Bezug auf die angespannte finanzielle Situation: Wir haben nicht mehr Luft zum Atmen, wir haben ein bisschen weniger Wasser in der Lunge.

Es lohnt sich also darüber nachzudenken, ob man für das, was man sagen will, nicht eine Metapher findet. Es muss ja nicht immer die Bergsteigergruppe und das Segelschiff sein. Eine Veranstaltung von Finanzunternehmen ohne die Metapher des Segelschiffs in Vorträgen und Prospekten ist kaum vorstellbar. Da hat einer eine schöne Metapher gefunden und die anderen haben kopiert. Wobei die Metapher selbst sehr alt ist. Beim lateinischen Dichter Horaz ist es das Staatsschiff und sein Kollege Vergil benutzte das Segeln als Metapher für das Dichten.[106]

99 www.isthismikeon.com
100 en.wikipedia.org/wiki/Penn_Jillette
101 www.drvolkerbusch.de
102 de.wikipedia.org/wiki/Virginie_Despentes
103 TED-Talk: Turin, Luca, The science of scent
104 www.hans-uwe-koehler.de
105 www.interview-training.eu
106 Steinfeld, Thomas: Der Sprachverführer. München: dtv 2013, 2. Auflage, S. 18

Vergleiche

Wenn man nicht so schnell eine Metapher findet, ein Vergleich findet sich immer. Auch er hilft, den Sachverhalt zu vereinfachen. Außerdem kann ich den Vergleich auf die Gedankenwelt meiner Zuschauer zuschneiden.

Ehrbarkeit ist wie Schwangerschaft. Entweder du bist es oder du bist es nicht.

David Christian[107] beginnt in seinem außergewöhnlichen TED-Talk über die Geschichte der Welt damit, den Ursprung der Welt mit einem Rührei zu vergleichen. Das macht richtig Spaß. Zwei sehr schöne Vergleiche von Hans Rosling findet man in seinem Buch Factfulness[108]

> **Das wäre ebenso hilfreich, wie der Versuch, zu viel Zucker durch mehr Salz auszugleichen.**
> **Wer schon einmal vom Dach eines hohen Gebäudes nach unten geschaut hat, weiß, dass es von da oben schwierig ist, die Höhe der niedrigeren Gebäude zu schätzen. Sie wirken alle ziemlich klein.**

Auch die Bücher von Noah Yuval Harari[109], die gerade die ganze Welt liest, sind voller Metaphern und Vergleiche, die erhellend und unterhaltsam zugleich sind. Wenn Wissenschaft oder Geschichte Spaß macht, interessieren sich deutlich mehr Menschen dafür.

Ironie

Für Ironie haben wir grundsätzlich fünf Möglichkeiten. Die einfachste ist, etwas so zu beschreiben, dass wir wissen, dass es so nicht gemeint ist:

> **Was dann folgte, war von suboptimaler Qualität.**
> **Der Applaus war endenwollend.**

Deutlicher wird es, wenn ich das sprachlich mit einer Pause vor dem Wort, das ich ironisieren will, unterstütze

> **Was dann folgte, war von – suboptimaler Qualität.**
> **Der Applaus war – endenwollend**

Eine Pause vor dem Wort ironisiert das Wort also. Deswegen ist also Vorsicht geboten.

> **Sie sah – wunderhübsch aus.**
> **Das Plakat war – sehr geschmackvoll.**
> **Als Beruf gibt er – Personal Coach an.**

107 TED-Talk, Christian, David: The history of our world in 18 minutes
108 Rosling, Hans: Factfulness. Berlin: Ullstein Buchverlage 2018, 7. Auflage, S. 61/91
109 Harari, Yuval Noah, Eine kurze Geschichte der Menschheit. München: Deutsche Verlags-Anstalt 2013

bedeutet das Gegenteil von dem, was die Worte eigentlich sagen. Stehen Wörter wie **angeblich** oder **scheinbar** im Satz, können Sie die Pause weglassen. Das Wort drückt schon alles aus.

Er ist angeblich Personal Coach.

Die Pause können Sie auch nach dem Wort setzen, um es zu betonen. Aber die Wirkung ist nicht ganz so stark.

Eine weitere Möglichkeit das Gegenteil von dem auszudrücken, was man sagt, besteht darin, den Satz zu übertreiben. Wenn ich bei dem Satz

Das Essen war exquisit.

ganz verzückt gucke und so ordentlich dick auftrage, wenn ich von der Imbissbude um die Ecke spreche, weiß jeder, dass das nicht gemeint sein kann.

Die vierte Möglichkeit besteht darin, den Satz mit einem Ton zu unterlegen, der das Gegenteil von dem bedeutet, was man sagen will.

(entsetzt) Sie sah hinreißend aus.
(verblüfft) Es hat allen geschmeckt.
(gelangweilt) Ich war total begeistert.

Eine fünfte Möglichkeit empfehle ich Ihnen ausdrücklich nicht: Die Hände hochzuhalten, und dann den Zeigefinger und Mittelfinger mehrmals Richtung Zuschauer umzuklappen, um zu sagen, dass das, was Sie jetzt sagen, in Anführungsstrichen steht. Das kann man sich regelrecht angewöhnen, und dann macht man es überall. Auch an Stellen, wo es nicht hingehört. Mir hat man von einem Chef eines großen Kommunikationsunternehmens erzählt, der das bei dem Wort **Mitarbeiter** gemacht hat…

Refrain

Der Speaker Philipp Riederle[110], der als jüngster Deutscher auf der großen Bühne der National Speakers Association in Amerika aufgetreten ist, sprach von einem **Shitstorm** im Internet nach einem unangemessenen Post und erklärte, dass man das in Deutschland so sage. Das fanden die 2000 Amerikaner sehr witzig. Und das wurde fortan zum Running Gag der Veranstaltung. Wenn ein Redner ein ungewöhnliches Wort benutzte, vermutete er, dass es vielleicht aus dem Deutschen kommen könnte, wie ja wohl das Wort **shitstorm.** Den Vortrag von Philip hat auf dieser Veranstaltung niemand vergessen.

Was hier möglicherweise Zufall war, können Sie natürlich steuern. Der Speaker Roman Szeliga[111], betont in seinen Vorträgen über Humor mehrmals, dass er

---

110 www.philippriederle.de
111 www.roman-szeliga.com

Arzt ist und sorgt für einen running gag. Susanne Nickel[112] erwähnt mehrfach entschuldigend, dass ihr Mann ja Psychiater sei. Ich habe schon Speaker erlebt, die Ihrem Publikum beigebracht haben, den Refrain-Satz dann auch noch immer selbst zu beenden.

STORYTELLING

Dass das Erzählen von Geschichten eine tolle Möglichkeit ist, eine Rede aufzuwerten, dürfte sich inzwischen rumgesprochen haben. Wenn ich nach einem guten Vortrag nach Hause komme, dann sind es vor allem die Geschichten, die ich in einem Vortrag gehört habe, die ich meiner Frau oder meinen Söhnen weitererzählen kann. Ohne große Mühe kann ich Kernaussagen des Redners wiederholen, wenn sie in eine Geschichte verpackt sind. Dazu muss man sich nicht an jedes Detail erinnern. Die Geschichte als Ganzes zu erfassen, genügt oft.

Was ist Storytelling anderes, als mein Publikum an meiner Geschichte, meinen Gedanken und Erlebnissen teilhaben zu lassen, nur damit sie dann zu einer eigenen Entscheidung kommen? Ich bin noch nie vor Begeisterung aufgesprungen, weil mir jemand gesagt hat, ich soll mal nach Amerika reisen. Aber wenn mir jemand von seinem Bummel durch New York erzählt, habe ich schon oft in Gedanken meinen Terminkalender studiert.

Die Sozialwissenschaftlerin Traci Freling von der University in Texas hat in der Zeitschrift „Organizational Behaviour and Human Decision Processes"[113] eine Metaanalyse vorgestellt, unter welchen Bedingungen sich Menschen eher von Daten oder Anekdoten überzeugen lassen: Je mehr für denjenigen auf dem Spiel steht, desto eher lässt er sich von Anekdoten überzeugen, besonders wenn es um Gesundheit geht. Wenn wir emotional weniger beteiligt sind, sind uns die Zahlen und Fakten wichtiger. Wenn es um andere geht, denken wir klarer.

Wenn Sie wissen, was man bei Keuchhusten tun muss, dann sagen Sie das. Wenn Sie die Gehälter erhöhen, dann sagen Sie das. Wenn Sie ein Gerät erfunden haben, mit dem man Wasser reinigen kann, dann sagen Sie das. Aber wenn es nicht in erster Linie um Sachinformationen geht, wenn Sie Geld für das

---

112 www.susannenickel.com
113 Zit. nach Süddeutsche Zeitung vom 24.4.2020

Wasserreinigungsgerät brauchen, dann erzählen Sie am besten die Geschichten, die erzählen, warum Sie so begeistert bei der Sache sind, warum Sie sich Sorgen machen und warum sie ziemlich überrascht sind.

Wissenschaftler erzählen uns, dass wir 65% der Zeit mit Klatsch bei informellen Gesprächen verbringen.

Was ist denn das faszinierende an einem privaten Gespräch? Wenn mein Gesprächspartner für etwas brennt, wenn er begeistert ist, wenn er mich in seine Welt eintauchen lässt. Das hinterlässt einen bleibenden Eindruck und verstärkt meinen Wunsch, mal seine Lebens- oder Denkweise wenigstens auszuprobieren.

> **Klatsch ist nichts anderes als Geschichten.**

Möglicherweise wird durch seine Geschichte etwas in mir berührt, das mich in eine gute Stimmung versetzt – oder welche Stimmung sich der Redner auch immer für mich überlegt hat. Wenn Sie Ihre Lieblingsmelodie hören, sind Sie gut gestimmt. Dasselbe gilt für einen nette Anekdote, eine skurrile Begegnung oder eine tolle Geschichte.

KLEINE GESCHICHTEN

Die Geschichten, von denen ich hier schreibe, sind nicht nur die großen Geschichten, wie jemand am Nordpol nackt gebadet oder zum ersten Mal lebende Heuschrecken gegessen hat. Wirklich große Geschichten haben nur wenige Menschen zu erzählen.

Die Geschichten, die manchmal gar keine richtigen Geschichten sind, aber schöne Beispiele, wie vielfältig diese Welt ist. Der Taxifahrer, der eine Stunde auf mich einredet, um mir dann zu erklären, er sei der beste Zuhörer der Welt. Der Mann, der die Teller spült, bevor sie in die Spülmaschine kommen oder die Mutter, die den Müll immer ins Zimmer der Tochter

> **Für eine Rede eignen sich vor allem auch die kleinen Geschichten.**

stellt, wenn die den Mülleimer nicht ausleert. Die Geschichte vom Außendienstler, der nichts mehr verkauft hat, als er das Produkt verstanden hatte, und von dem Mercedesfahrer, der seinen Tacho auf Meilen umgestellt hat, damit seine Frau nicht immer meckert, dass er zu schnell fährt. Die Mail von dem Chat-Teilnehmer, über den sich alle aufregen, weil er alles klein schreibt, in der er schreibt, dass er querschnittgelähmt ist und die Geschichte von dem sechsstelligen Deal mit dem Hotel, der an 13 Euro für die Tiefgarage während der Besprechung gescheitert ist.

Ich habe eine spezielle Datei für diese Geschichten. Wer weiß, wann ich sie brauchen werde. Die Beispiele gerade waren aus dieser Datei. Wenn ich nach Hause komme, stehen Sprüche und Geschichten auf Zetteln, auf Papiertaschentüchern, auf Kotztüten der Lufthansa oder auf Buchseiten. Die werden bei nächster Gelegenheit in ein paar Stichworten in eine Datei meines Computers eingetragen.

Bei Vorträgen merke ich mir oft die Geschichten rund um die Veranstaltung. Wenn jeder Teilnehmer an derselben Rezeption im Hotel eingecheckt hat, denselben Zettel auf dem Zimmer hatte und dieselben Gummibärchen auf dem Tisch, lässt sich daraus vielleicht etwas machen.

Ich habe schon erlebt, dass in einer Vortragsserie niemand mit mir Mittag essen wollte, weil er wusste, dass ich Teile unseres Gespräches, wenn sie zum Thema passen, auf die Bühne bringen würde. Wenn es nett gemeint ist (und es sollte immer nett gemeint sein), ist das auch eine Form der Wertschätzung. Anstatt die tolle Veranstaltung zu loben (was schnell schleimig wirken kann), sage ich lieber, dass ich mit einem Teilnehmer der Veranstaltung gesprochen habe, der mir ungefragt mitgeteilt hat, wie cool er es hier findet. Unnötig zu sagen, dass dieser Dialog wirklich stattgefunden haben muss.

Ich hatte mal am Vorabend einer Veranstaltung eine sehr anregende Unterhaltung in der Sauna, von der ich am nächsten Morgen auf der Bühne erzählt habe. Anschließend kam derjenige zu mir, wie toll er das gefunden hätte, dass ich unser Gespräch erwähnt habe.

Wenn Sie jetzt denken, dass Ihnen so etwas alles nicht passiert, haben Sie nicht lange genug nachgedacht. **Tolle Geschichten passieren denen, die sie auch erzählen können** (Ira Glas).

Überall sind Geschichten. Wie haben Sie das Geburtstagskind kennengelernt? Erzählen Sie von der ersten erfolgreichen Versuchsreihe des neuen Produktes! Lesen Sie eine E-Mail eines begeisterten Kunden vor! Erinnern Sie sich an die Lektüre des ersten Buches des heutigen Preisträgers! Zeigen Sie uns, wie unser Jubilar einen Kaffee trinkt! Oder berichten Sie uns, was Ihre Kinder gesagt haben, als Sie sich heute Morgen verabschiedet haben, um auf diese Veranstaltung zu gehen. Vielleicht lässt sich das für einen guten Einstieg nutzen.

PERSÖNLICHE GESCHICHTEN

Einen weiteren Vorteil hat so eine Geschichte: Sie zu erzählen, fällt dem Redner leicht, entweder, weil er sie selbst erlebt hat oder weil sie ihn so beeindruckt hat, als sie ihm jemand anderer, eine Zeitung oder ein Film erzählt hat. Gerade Redner, die sehr nervös sind und am Anfang Fakten durcheinanderwerfen, kommen mit Geschichten zu Beginn deutlich besser zurecht. Das Erzählen ist so nah dran an unserer täglichen Kommunikation, dass wir damit leicht in einer Rede einsteigen können. Es genügt ein einziges Stichwort – und die Geschichte ist wieder da.

Erzählen Sie am besten persönliche Geschichten und geben Sie Beispiele aus Ihrem Leben. Das ist nicht nur der ultimative Tipp eines guten Rhetorikbuches, das ist nicht nur eine Geheimwaffe aller guten Redner, sondern – es ist auch das Einfachste. Eine Geschichte, die Sie selbst erlebt haben, oder von der Ihr Mann ständig erzählt, ist leicht wiederzugeben. Dass sie die komplett vergessen, ist unwahrscheinlich. Sie werden wörtliche Rede einbauen. Sie werden Bilder entstehen lassen und Sie werden bei guten Geschichten leuchtende Augen bekommen und bei ärgerlichen Geschichten sehr diabolisch aussehen. Sie müssen nichts dafür tun, als es einfach nur zu machen. Das ist derselbe Grund, warum wir Ihnen im Urlaub an der Bar auch gerne zuhören wollen. Weil es IHRE Geschichten sind.

Ist Ihnen schon mal aufgefallen, dass unterschiedliche Menschen von Filmen oder Geschichten ganz unterschiedlich berührt werden? Wo der eine nicht mehr aufhören kann zu heulen, zuckt der andere nur die Schultern.

Eine gute Geschichte handelt am besten von denen, die sie hören. Wenn ich mich wiedererkenne, berührt mich eine Geschichte viel eher. Meine Lieblingsszenen im Film kann ich auswendig mitsprechen, weil diese Szene etwas mit meinem eigenen Leben zu tun haben. Wenn ich die Zuschauer mit einer Geschichte berühren will, muss ich dafür sorgen, dass die Zuschauer in der Geschichte vorkommen. Wenn Sie also Geschichten für Ihren Vortrag auswählen, dann sollten Sie versuchen, die Welt aus der Sicht Ihrer Zuhörer zu sehen.

In seinem außergewöhnlichen TED-Talk „Der Schlüssel zu einer großartigen Geschichte" erzählt Andrew Stanton[114] von einem social worker, der einen Zettel im Portemonnaie hat, auf dem steht: „Es gibt niemanden, den du nicht liebst, wenn du seine Geschichte kennst."

GUTE GESCHICHTEN

„Entweder es ist ok, oder Du hast eine Geschichte." Den Satz habe ich von Shula Wolkow[115] gehört, und ich finde ihn fabelhaft. Wenn ich mich ärgere oder mir ein Missgeschick passiert, dann tröste ich mich damit, dass daraus eine Geschichte wird, die ich bei meinen Vorträgen gebrauchen kann. Denn wenn die Situation überstanden ist, lachen wir über die furchtbarsten Erlebnisse.

Die meisten Daten und Fakten, die wir hören, vergessen wir sofort. An Gefühle erinnern wir uns deutlich länger. Wissen Sie noch, wie unerträglich langweilig diese Weihnachtsfeier war? Oder wie spannend das Pferderennen? Ja, das wissen Sie noch. Aber können Sie mir aus dem tollen Sachbuch, das Sie vor drei Wochen gelesen haben, auch nur einen einzigen relevanten Satz sagen? Aber nicht mogeln. Wenn Sie den Satz aufgeschrieben haben, dann gilt es nicht.

---

114 TED-Talk: Stanton, Andrew, The clues to a great story
115 de.wikipedia.org/wiki/Shulamit_Volkov

Die Gehirnhälfte, die die Entscheidungen trifft, ist die mit den Gefühlen. Ist es da sinnvoll nur mit der Hälfte des Gehirns zu reden, die die Sachinformationen sammelt? Sprechen Sie mit der Sekretärin, wenn Sie den Chef überzeugen wollen?

Die meisten Geschichten handeln von etwas Negativem, das bewältigt oder überstanden worden ist. Deswegen sorgen Sie dafür, dass wir erst ein bisschen leiden. Wir freuen uns später viel mehr, wenn wir vorher ohne Hoffnung und Aussicht auf Erfolg waren. Einem rundum glücklichen Menschen eine Million zu schenken, macht nicht so wirklich Spaß.

Ein paar Eindrücke zu schildern, ein Stimmungsbild zu liefern oder ein paar aufgeschnappte Gesprächsfetzen widerzugeben, ist langweilig. Eine gute Geschichte hat ein Thema, sie hat ein Ziel, sie bewegt sich vorwärts zu einem Ende hin. Je konkreter Sie wissen, wovon Ihre Geschichte handelt, desto besser.

> **Als wir das letzte Mal mit Freunden in einem Exit-Room waren, habe ich etwas ganz Entscheidendes über mich gelernt...**
> **Eines werde ich sicher nicht mehr machen...**
> **Verzweiflung ist ein schlechter Ratgeber. Es war vor zwei Monaten...**

Eine gute Geschichte ist einfach.

Eine gute Geschichte hat viele Wendungen. Am besten Wendungen, mit denen man nicht gerechnet hat.

Wenn es zu kompliziert wird, steigen wir aus, also nicht zu viele Personen, Schauplätze und Nebenhandlungen. Wenn jetzt noch viele Emotionen der handelnden Personen wie Angst, Freude, Schreck, Ekel usw. dazukommen, kann nicht mehr viel schiefgehen. Jetzt muss ich die Geschichte nur glauben. Gerade bei Geschichten, die sehr unglaubwürdig sind, besteht die Gefahr, dass wir aussteigen und Sie für einen Lügner halten.

Ich kann auch Geschichten von Fremden erzählen oder Geschichten, die ich in Büchern oder Zeitschriften gefunden habe. Aber ich muss meinen Blickwinkel finden, meine Sichtweise. Warum erzähle ich gerade diese Geschichte und was hat mich begeistert, fasziniert, irritiert? Nicht ganz so gute Geschichten fangen an mit

> **Ich liebe es spazieren zu gehen...**
> **Es ist ein wichtiges Thema für uns alle...**
> **Beginnen wir mit einem Blick in die Geschichte...**
> **Mein Vater hat immer gesagt...**

Gute Geschichten beginnen mit

> **Ich werde niemals vergessen, wie...**
> **Es war einer der aufregendsten Tage meines Lebens...**

Noch nie habe ich so viel Angst gehabt...
Das Haus sah noch ganz friedlich aus...

In einer guten Geschichte lege ich am Anfang einen Köder aus und sorge dafür, dass möglichst viele Menschen mit aufgerissenen Augen warten, wie es denn nun weiter geht.

Wo anfangen?

Wo soll ich eigentlich mit der Geschichte anfangen? Vereinfacht gesagt lautet die Antwort: Kurz vor dem ersten Wendepunkt. Ein Film oder ein Theaterstück, genauso wie eine gute Geschichte, die wir erzählen, ist verdichtete Wirklichkeit. Wir erzählen nicht alles, was passiert ist. Wir wählen aus, was für die Aussage der Geschichte wichtig ist. Mündliche Geschichten werden ohne viel Ballast erzählt. Sie kommen mit wenigen Details aus.

Wenn Sie wissen, dass Ihr Publikum nicht weglaufen wird und wenn Ihr Publikum Sie mag und Zeit hat, können Sie ruhig vorne anfangen. Die Anekdoten, die Sie auf Ihrer Geburtstagsparty erzählen oder die Reise vom Chef nach Peking kann dauern. In diesem Fall legen Sie den Köder aus und erzählen chronologisch. Aber in den meisten Fällen fangen wir gleich mit etwas Spannendem an und nicht vorne. In einem Seminar erzählte ein Schüler mal von einem Klassenausflug nach Amsterdam.

Wir wollten alle einen Klassenausflug machen. Da hatten wir verschiedene Alternativen. Endlich haben wir uns dann für Amsterdam entschieden. Wir sind dann da auch hingefahren. Mit dem Zug. Das war eine ziemlich lange Reise. Wir sind dann endlich auch angekommen. Und da es erst Nachmittag war, sind vier von uns noch in einen Coffeeshop gegangen. Da haben wir dann einen Joint geraucht. Da ist dann überhaupt nichts passiert. Dann haben wir den Kellner gefragt. Der hat gesagt, das dauert ein bisschen. Dann ist immer noch nichts passiert. Dann haben wir noch einen Schokoladenkuchen bestellt. Dann ist immer noch nichts passiert. Dann sind wir zum Hotel zurück. Und da haben wir dann alle vier die Lobby vollgekotzt.

Wahrscheinlich würde man das im Alltag so nicht erzählen. Man würde mit dem Höhepunkt anfangen. Wie war es denn auf dem Klassenausflug?

Du wir waren in Amsterdam, und am ersten Abend haben vier von uns die Lobby vollgekotzt...

Jetzt haben wir die ganze Aufmerksamkeit unseres Gegenüber, der jetzt mit großer Wahrscheinlichkeit Näheres wissen will. In einem Schulaufsatz müssten wir lange, lange warten, ehe es richtig spannend wird.

Bei einem schlechten Hörbuch oder einem langweiligen Musiktitel spulen Sie vor. Wie wäre es, wenn der Redner in der Vorbereitung seiner Rede auch vorspult. Wenn er das, was langweilig werden könnte, einfach weglässt. Er muss sich ja ohnehin beschränken, er darf ja ohnehin nicht alles sagen. Also sagt er am besten nur das Spannende, das Tolle, das Überraschende. Beim Film muss man das schon aus Kostengründen so machen. Nehmen wir mal folgende Geschichte:

> Ich frühstücke ausgiebig,
> dann gehe ich in den Flur,
> nehme mir meinen Mantel von der Garderobe,
> dann ziehe ich ihn an,
> plötzlich bekomme ich einen stechenden Schmerz in der Brust.

Sie sehen selbst, dass der „Anlauf" zu lang ist. Sie können eine bedrohliche Musik unterlegen, dann geht das vielleicht. Doch besser wäre es, wenn wir ein paar Schritte, die nicht auf den stechenden Schmerz hinarbeiten, einfach streichen, damit es nicht langweilig wird.

> Nach dem ausgiebigen Frühstück will ich die Teller abräumen. Als ich die Spülmaschine aufmache, ist da dieser stechende Schmerz.

Stellen Sie sich wieder den Aufwand für eine Filmcrew vor. Wie viel einfacher ist diese Szene, als die Szene in der Küche, dann Kamerafahrt in den Flur, dann Mantel vom Haken, dann Umschnitt, damit ich den Helden von vorne habe, wenn er die Tür öffnet… Es ist schön, wenn der stechende Schmerz in einer Bewegung zum ersten Mal auftaucht, weil der Schauspieler jetzt mehr zu spielen hat. Aber da tut es auch die Spülmaschine. Wenn jetzt noch ein Teller runterfällt und zerbricht…

Wenn Sie sich also fragen, welche Details Sie weglassen oder welche Sie erzählen sollen, kommt es immer darauf an, ob das Detail den Höhepunkt der Szene (in diesem Fall den stechenden Schmerz) unterstützt oder nicht. Das Anziehen des Mantels bringt gar nichts, der Weg in den Flur auch nicht. Dass der Schmerz plötzlich in der Bewegung kommt, hilft. Wenn Sie nicht lügen wollen, weil der Schmerz nicht an der Spülmaschine aufgetreten ist, dann nehmen Sie die Tür. Aber dann beginnen sie gleich im Flur, haben den Mantel schon an und lassen Sie den Rest weg.

> Ich hatte die Türklinke schon in der Hand, um noch schnell einzukaufen, als dieser stechende Schmerz meinen ganzen Körper durchzuckte und mich in der Wohnungstür zusammenbrechen ließ.

Das heißt nicht, dass Sie alle Details weglassen sollen. Eine gute Geschichte braucht ein bisschen mehr Zeit, als man für die Aufzählung von Fakten brauchen würde. Schließlich geht es ja darum, auch beim Zuhörer Gefühle entstehen zu lassen. Da brauchen wir eben nicht nur die relevanten Informationen, sondern auch die, die vielleicht für Stimmung und Atmosphäre zuständig sind. Aber jede Kleinigkeit, die ich meinen Zuschauern erzähle, muss für die Geschichte notwendig sein. Geschichten sind verdichtete Zeit, und da kommt es auf jedes Detail an. Die Details, die wir erzählen, und die, die wir weglassen.

MÜNDLICH

Unter dem Motto „Der Anfang von etwas" einfach mal eine kleine Geschichte, wie sie oft auf Partys oder Einladungen erzählt werden.

> **Es war ein Tag im Frühsommer. Wir waren italienisch essen und keiner von uns wollte sich vom anderen trennen. Ich wollte nicht nach Hause und sie wollte nicht in ihr Hotel. Also fuhren wir an den Starnberger See. Ich kannte mich aus und die Decke lag schon im Kofferraum. Ein einsamer Steg, die Decke, ein paar Kerzen... Als der Morgen dämmerte waren wir ein Paar.**

So würde sich das anhören, wenn man es erzählt. Wenn man es schriftlich festhält, sind die beschreibenden Teile deutlich länger.

> **Die Sonne war schon untergegangen, aber die Luft war warm und es roch nach Sommer. Das italienische Essen war gut und reichlich gewesen. Unschlüssig, was wir machen sollten, schlenderten wir zum Auto. Keiner sagte etwas. Was sollten wir jetzt tun? Nur eines wussten wir sicher. Der Abend war noch nicht zu Ende. Ich schloss die Autotür auf und hielt einen Moment inne...**

Das merkt man sofort, dass das eher ein Roman, als eine mündlich erzählte Geschichte ist. Dafür ist es zu ausführlich und es kommen zu viele Adjektive vor. In mündlichen Geschichten benutzen wir einfachere Wörter und meist wenig Abstraktes.

> **Die Unsicherheit war mit den Händen zu greifen, die Stimmung war angespannt und gleichzeitig extrem locker. Wobei ihr Lachen manchmal etwas Diabolisches hatte.**

Das ist auch nicht mündlich. Das muss ein Roman oder eine Erzählung sein. Mündliche Geschichten enthalten auch mal Klischees, das macht sie schneller und einfacher zu verstehen. Da trinkt man Rotwein, schaut sich tief in die Augen und wird von der Berührung elektrisiert. Die Sätze sind kürzer und die Satzkonstruktionen einfacher.

Die folgende Geschichte habe ich auf einem Etikett einer IPA-Bierflasche vom Riedenburger Brauhaus gefunden.

> 19. Jahrhundert / British Indien / Engländer sitzen auf dem Trockenen / Bier muss her / Problem: Bier wird schlecht auf See (nicht seekrank) / Lösung: Mehr Alkohol, mehr Hopfen, dann vor Ort verdünnen / Verdünnen? Nö. Schmeckt super / India Pale Ale erfunden / 21. Jahrhundert / Braumeister schickt zwei Söhne in die Welt / Neues Bier muss her / Finden altes IPA / Machen neues IPA / Schmeckt richtig Spitze /Alles Bio! / Alle glücklich! / Alle Prost!

Alles klar, oder? So könnte man das in einem Vortrag unterbringen und würde trotzdem bestens verstanden. Alfred Hitchcock war in einem seiner berühmten Zitate der Meinung, dass der Film das Leben ist, bei dem man alle langweiligen Teile weglässt.

Wie machen das Filmregisseure? Nach seinem Satz zu ihr Du bist ja noch nicht angezogen! sehen wir nicht etwa, wie sie sich etwas überzieht, sondern wie beide umgezogen im Auto sitzen. Das Anziehen selbst ist (in den meisten Fällen) langweilig und wird deshalb gar nicht erst gedreht.

FALLHÖHE

In der Theorie für Geschichtenschreiber und Drehbuchautoren gibt es den Begriff der Fallhöhe. Wenn die Fallhöhe hoch ist, dann ist es gut. Wenn Sie also für Verwirrung am Anfang sorgen, für Unverständnis, für Ratlosigkeit, und dann erkennen alle lachend oder erleichtert oder seufzend, worauf Sie hinauswollen, erreichen Sie die volle Fallhöhe. Das machen Artisten im Zirkus, bei denen die Nummer zweimal danebengeht oder Zauberkünstler, deren Tricks nicht das erste Mal zu funktionieren scheinen, genauso. Aber auch ein guter Flashmob wirkt so gut wegen der hohen Fallhöhe. Keiner hat damit gerechnet, dass sich alle um einen herum verabredet haben.

Am leichtesten kann man die Sache mit der Fallhöhe an einem Beispiel erklären. Nehmen wir mal an, Sie wollen einen Krimi verfilmen, in dem sie ihn umbringt. Um es spannend zu machen, müssen wir mit der Erwartung des Zuschauers spielen. Wenn der Zuschauer weiß, dass in der Tasse Gift ist, die der Ehemann gleich trinken wird, muss er die Tasse zwei oder drei Mal absetzen, bevor er trinkt, zum Beispiel, weil ihm noch etwas einfällt oder er abgelenkt wird. Wir denken immer, jetzt trinkt er, jetzt stirbt er, aber er setzt die Tasse wieder ab, und die Spannung wird hinausgezögert. Dann trinkt er endlich – und nichts passiert. Er setzt die Tasse wieder ab und plaudert weiter. Wir denken: doch kein Gift. Habe ich mich geirrt? Seine Mörderin wird nervös, er bleibt seelenruhig. In dem Moment, in dem wir schon glauben, dass wir was nicht richtig verstanden haben, rutscht er unendlich langsam vom Stuhl und stirbt.

Weiß der Zuschauer nicht, dass die Tasse vergiftet ist, dann ist die Dramaturgie der Szene eine völlig andere. Der Mann muss nach dem ersten Schluck Tee urplötzlich auf den Tisch klatschen und am besten das ganze Kaffeeservice runterschmeißen, so dass der Lärm uns richtig erschreckt. In beiden Fällen suche ich nach der größtmöglichen Überraschung oder Fallhöhe für den Zuschauer.

Vielleicht haben Sie sich ja schon gewundert, dass Frauen, die in Filmen in ihrem eigenen Haus nachts auf Einbrecherjagd gehen, immer zuerst auf die Katze treffen (oder feststellen, dass der Wind ein Fenster geöffnet hat). Sie sterben erst, nachdem sie die Katze gestreichelt und sich beruhigt haben. Die Spannung, es könnte ein Einbrecher da sein, bis zur wirklichen Entdeckung, dass einer da ist, lässt keine Fallhöhe entstehen. Wir brauchen erst die Entspannung, bevor es wieder spannend wird.

Auf Pointe erzählen

In der Schule haben wir gelernt, wie man „richtig" erzählt.

> Gestern bin ich vor meinem Vortrag noch in ein Restaurant gegangen. Dort habe ich Nudeln mit Tomatensoße gegessen und mir dabei Hemd und Anzug besprenkelt. Deswegen musste ich noch in ein Bekleidungsgeschäft, um mir ein neues Hemd und ein neues Jackett zu kaufen.

So ist das nicht wirklich eine gute Geschichte. Es ist die Chronologie der Ereignisse, aber nicht mehr. Es fehlen die Gefühle, und es fehlt das Auf und Ab, das eine Geschichte so spannend macht. Die Geschichte ist nicht „auf Pointe" erzählt.

> Es war gestern, kurz nach 18 Uhr. Ich hatte solchen Hunger, dass ich Angst hatte, auf der Bühne umzukippen. Ich musste unbedingt vorher was essen. Das einzige Restaurant, das schon offen hatte, war so ein italienischer Imbiss, den ich sonst nicht für Geld betreten hätte. Spaghetti mit Tomatensoße, da konnte man nicht viel falsch machen. Die Spaghetti waren auch ganz ok. Aber sie waren verkehrt. Sie waren völlig verkehrt: Hemd und Jackett waren nach vier Gabeln Nudeln über und über mit Tomatensoße gesprenkelt. So konnte ich unmöglich auf die Bühne. Und ich hatte nichts zum Wechseln. Also raus und im Laufschritt durch die Stadt, ins erstbeste Bekleidungsgeschäft. Ich kaufte in Windeseile, was mir passte, ohne auf den Preis zu achten. Eine Stunde später stand ich im teuersten Outfit meines Lebens auf der Bühne und sprach über die täglichen Herausforderungen des Lebens.

So ist das eine Geschichte. Das ließe sich sicher noch mehr ausbauen, aber wir haben die typischen Merkmale einer Geschichte zusammen. Sie hat Emotion, sie hat Wendepunkte, alles wird in kurzen Sätzen erzählt und es gibt ein Ziel, das der Held unbedingt erreichen muss. Das ist deutlich länger als die erste Geschichte, aber um die Situation nacherleben zu können, muss ich eben nicht nur erleben, was passiert ist, sondern auch, welche Gefühle und Stimmungen im Spiel waren.

> **Ich habe mal ein Seminar in einer Schule gegeben. Ich habe danach noch aufgeräumt. Als alle weg waren, habe ich den Raum verlassen. Aber die Schule war abgeschlossen. Ich habe überall herumgesucht, aber keine offene Tür gefunden. Dann habe ich verschiedene Telefonnummern ausprobiert. Es hat sich niemand gemeldet. Ich habe die Polizei angerufen. Die haben den Hausmeister alarmiert. Und der hat mich dann rausgeholt.**

Das ist wieder falsch erzählt. Interessant an einer Geschichte sind eigentlich nur die Wendepunkte. In einem Film werden ausschließlich diese Wendepunkte gedreht. In unserer Beispielgeschichte haben wir zwei Drehpunkte. Ich merke, dass ich aus der Schule nicht mehr rauskomme. Dann finde ich einen Weg rauszukommen. Je größer das Problem ist, je größer die Fallhöhe, desto besser die Geschichte. Es fängt ruhig an.

> **Das Seminar war zu Ende. Die Lehrer der Schule verlassen den Klassenraum und lassen mich alleine. Glücklich und zufrieden packe ich meine Sachen zusammen und will die Schule verlassen.**

Wenn ich gleich erzählen werde, dass ich nicht rauskomme und damit in eine Notsituation gerate, sollte ich jetzt bestens gelaunt und tiefenentspannt sein, damit wir den größtmöglichen Gegensatz haben.

> **Aber ich komme nicht raus. Nicht durch den Haupteingang und nicht hinten. Es ist inzwischen stockdunkel. Der Strom ist abgestellt. Ich öffne ein Fenster, aber es ist viel zu hoch, um herauszuspringen. Ich gerate in Panik. Ich schreie, ich schlage mit einem Stock auf Metallteile, ich bearbeite die Heizkörper, aber nichts rührt sich.**

Jetzt müssen wir wieder eine neue Phase einleiten, damit es nicht langweilig wird. Hektik und Panik haben wir schon genügend ausgekostet.

> **Da fällt mir mein Handy ein.**

Jetzt gibt es ein paar vergebliche Anrufe, dann endlich die Polizei. Die Stimmung ist eher ruhig und konzentriert. Die Polizei macht mir wenig Hoffnung, dass es schnell geht. Ich habe Hunger und Durst. Es dauert eine gefühlte Ewigkeit und endlich öffnet mir der Hausmeister die Schule. Jetzt kommt die Phase, in der ich erleichtert bin und mich möglicherweise sogar freue.

Wenn wir Ihr Leben in wenigen Minuten verfilmen wollen, dann sind vor allem die Momente interessant, in denen sich etwas Entscheidendes ändert. Wie Sie Ihre Schulurkunde überreicht bekommen oder zu zweit zum Hochzeitsmarsch durch die Kirche gehen, wäre für den Film eine sterbenslangweilige Szene. Wir brauchen die Szene, in der Sie erfahren, dass Sie die Abschlussprüfung an der

Schule bestanden haben und die Szene in der Ihr Partner zu Ihrem Heiratsantrag ja sagt. Das sind die Szenen, die wir sehen wollen.

Außer vielleicht in einem französischen Kunstfilm, der bei uns ein Gefühl der Frustration erzeugen will.

Überlegen Sie also, wo in Ihrer Geschichte diese Drehpunkte sind, beginnen Sie mit der Geschichte kurz vorher, um den ersten Drehpunkt vorzubereiten, und dann schicken Sie mich möglichst oft durch die Kurven einer Achterbahn, damit mir nicht langweilig wird. Nehmen wir einmal an, Sie wollten sich während Ihres Vortrages bei Ihren Eltern bedanken. Dann können Sie das einfach tun.

> **In einer Filmszene geht mindestens eine Person verändert wieder heraus.**

> **Jetzt möchte ich mich vor allem bei meinen Eltern bedanken, die mich in den letzten Jahren immer wieder unterstützt haben.**

Für einen Vortrag spannender und für die Eltern emotionaler wäre es, die Geschichte auf die Pointe hin zu erzählen.

> **Jetzt möchte ich mich noch bei jemandem bedanken, der mich all die Jahre unterstützt hat. Immer wieder ohne lange zu fragen. Und ich Trottel habe so oft vergessen Danke zu sagen. Danke für all die Kraft, für die Unterstützung, für die bedingungslose Liebe. Danke an zwei einzigartige Menschen: Meine Eltern.**

Oder nehmen wir einmal an, Sie wollten über die Fortschritte der Digitalisierung in Ihrer Firma sprechen.

> **Inzwischen ist unsere Firma zu 10,7 Prozent digitalisiert. Das ist ein exzellenter Wert. Konkurrent A ist nur bei 1%, Konkurrent B bei immerhin 2%.**

Wenn Sie das auf Pointe erzählen, könnte das so klingen:

> **Was glauben Sie, zu wieviel Prozent unsere Firma digitalisiert ist? Ich gebe Ihnen einen Anhaltspunkt. Konkurrent A 1%, Konkurrent B schon bei ganzen 2%. Wie hoch ist das bei uns? – Wir liegen bei sagenhaften 10,7 %.**

Je weniger die Wettbewerber haben, im Vergleich zur eigenen Firma, desto besser. Je stärker der Feind, je unbarmherziger das Schicksal, je höher die Hürden sind, die es zu überwinden gilt, desto stärker wird der Held der Geschichte. Deswegen fangen so viele Redner ihren Vortrag mit einer absolut ausweglosen Situation an, in der Sie sich mal befunden haben.

Komik in der Tragödie

Ich wundere mich immer wieder, wie viel Komik in tragischen Geschichten steckt. Ich hatte die Möglichkeit die wunderbare Immaculée Illibagiza[116] zu hören. Sie erzählt davon, wie sie sich während des Genozids in Ruanda mit acht Frauen 91 Tage lang in einem Badezimmer versteckt hat, während draußen bewaffnete Soldaten herumliefen, die sie sofort getötet hätten, wenn sie sie denn gefunden hätten.

Sie werden es nicht glauben: Wir haben so viel gelacht. Dazwischen haben 2000 Menschen wieder geweint, und dann haben sie wieder gelacht. Bei diesem Thema! Wenn jemand das persönlich schildert, ist im Nachhinein eben auch sehr vieles sehr komisch.

Haben Sie keine Angst, es könnte zu langweilig oder tragisch werden und die Stimmung runterziehen. In jeder Tragödie ist ganz viel Humor versteckt. Zumindest, wenn man ein bisschen Abstand dazu hat.

Es kann sehr komisch sein, wenn der gehörnte Ehemann seiner Frau nachspioniert, oder wenn der Reihe nach alle meine Aquarienfische sterben. Die 10 Tipps zur Bewältigung von Schicksalsschlägen sind dagegen nie spannend.

Die Moral

Die Geschichte ist erzählt und jetzt beginnt meist ein schrecklicher Teil der Rede. Jetzt bekommt der Zuschauer sie nämlich erklärt.

Was will uns diese Geschichte sagen?
Warum erzähle ich Ihnen das?

Bei diesen Sätzen schüttelt es mich, auch wenn ich sie gerade nur als Beispiel aufschreibe. Wenn eine Geschichte erklärt werden muss, ist es eine schlechte Geschichte. Bei einer kurzen Geschichte kann ich ein paar Brücken zur Erlebniswelt meiner Zuschauer einbauen. Der Speaker Rainer Petek[117] erzählt sehr spannend, wie er zwei Tage in luftiger Höhe in einer Steilwand verbracht hat, um ganz nach oben zu kommen. Muss er mir das anschließend erklären, was das für mich bedeuten könnte?

Was ist denn die Steilwand Ihres Lebens?
Vielleicht sind Sie ja auch mal heruntergeklettert, wo Sie es lieber nicht getan hätten?

Während der Geschichte ist das Kopfkino der Zuschauer längst angesprungen. Entweder Ehrgeiz triggert mich nicht, und dann muss es mir auch nicht erklärt werden. Oder die eigenen Steilwände schieben sich ins Bewusstsein, ohne dass

---

116 www.immaculee.com
117 www.rainerpetek.com

der Speaker daran erinnern müsste. Mir wird bewusst, dass ich so ehrgeizig gar nicht bin, wie ich sein könnte. Sie erzählen vom Ultra Marathon, und ich denke an die letzte Party, auf der ich die tolle Frau nicht angesprochen habe. Sie schwimmen am Nordpol und mir Weichei fällt ein, dass ich den Anruf beim Kunden immer noch nicht gemacht habe. Sie erzählen, wie Sie die Gehaltserhöhung durchgesetzt haben, und mir fällt ein, dass ich mich um die leitende Position gar nicht beworben habe.

Das passiert automatisch und was den Zuschauer berührt, das müssen wir ihm überlassen. Vielleicht hat er Ostfriesland nie verlassen, war bisher nur in den Bergen, hat sich noch nie richtig angestrengt oder sich durchgebissen oder er ist einfach nur so beeindruckt, wie spannend das Leben anderer Menschen sein kann. Die Steilwände seines Lebens kennt er.

Sehr oft ist es für die Zuschauer viel schöner, eine Methode gezeigt zu bekommen, die sie anwenden können, anstatt Ihnen einfach das Ziel zu nennen.

Wollen Sie nicht einfach die Geschichte einen Moment wirken lassen und dann weitermachen? Eine gute Geschichte zieht uns mitten in Ihr Thema.

WAS SIE SICH SPAREN KÖNNEN

Eigentlich hat es wenig Sinn, Ihnen zu erklären, was Sie alles nicht tun sollten. Daran würden Sie nämlich besonders häufig denken. Ich habe mal bei einer dreistündigen Livesendung versucht, eine Fernsehmoderatorin bei den Zuschauerfragen davon abzuhalten zu sagen, dass „die Leitungen glühen". Das hat nur dazu geführt, dass sie es deutlich häufiger gesagt hat, als es im Manuskript stand.

Stellen Sie sich mal vor, ich würde Sie bitten vom letzten Urlaub zu erzählen, aber Sie sollen gleichzeitig auf das Wort **und** verzichten. Eine flüssige Erzählung wäre unmöglich. Deswegen halte ich auch so wenig von Verboten für Redner, was sie alles auf gar keinen Fall und unter gar keinen Umständen tun sollten.

Aber in diesem Kapitel geht es nicht ums **müssen**, sondern ums **können**. Wenn Sie vorher üben wollen, wenn Sie sich vorbereiten wollen oder anschließend nacharbeiten, oder vorhaben, sich kritisch mit Ihrer Arbeit auseinanderzusetzen, dann habe ich ein paar Tipps für Sie, was Sie besser lassen könnten. Es sind alles keine Vorschriften oder Regeln, sondern ein paar Tipps, die das Leben auf der Bühne leichter machen sollen.

AUFZÄHLUNGEN

Sobald Sie anfangen aufzuzählen, wird es richtig kompliziert. Da ist die Zahl drei schon eine richtige Herausforderung. Die Youtube-Bibliothek ist voll von Menschen, denen in einer Dreierreihe der dritte Begriff nicht mehr einfällt.

Der Wein ist fruchtig, frisch... er schmeckt... fruchtig.

Im freien Sprechen sind drei Dinge schon eine Überforderung, wenn Sie die Liste nicht hinter sich auf einer PowerPoint-Folie an die Wand werfen.

Es gibt vier Dinge, über die ich heute sprechen möchte.

Ende! Stoppen Sie hier. Ab hier geht gar nichts mehr ohne Folie oder Spickzettel. Wie wäre es, wenn Sie erst mal über den ersten Punkt sprechen, ihn erläutern, abklopfen, untersuchen, dann kommt der nächste. Wenn es dann vier werden, dann werden es vier. Nur vorher zu sagen, dass es vier werden, das ist nun mal ziemlich kompliziert und gehört in ein Seminar, nicht in einen spannenden Vortrag. Wenn das unbedingt jemand wissen muss, dann packen Sie es auf die fotokopierten Blätter, die Sie vorher ausgeteilt haben. Die haben den Vorteil, dass Sie nach dem zweiten Punkt auch selbst draufschauen können, um den dritten Punkt wieder ins Gedächtnis zu rufen. Überfordern Sie sich nicht. Im Anblick von 400 Menschen sind solche einfachen Dinge eine große Aufgabe. Noch problematischer sind Formulierungen wie

Auf der einen Seite...
Zum einen...

Wenn die zweite Aussage in der ersten Aussage schon mitschwingt, müssen Sie bei allem, was Sie zum **entweder** sagen schon das **oder** im Kopf haben. Wir Zuschauer wissen außerdem, dass da noch etwas kommt, und bleiben auch nicht bei Aussage eins. Wir warten auf das zweite Argument. Das führt dazu, dass das erste Argument geschwächt wird und nachher womöglich nicht erinnert wird. Außerdem hat der Redner alle Hände voll zu tun, über das erste Argument zu sprechen und gleichzeitig das zweite Argument nicht aus den Augen zu verlieren. Was im Schriftlichen kinderleicht ist, ist auf einer Bühne, frei gesprochen, die ganz große Kunst.

Mit einer PowerPoint-Folie im Hintergrund wird es dann wieder leicht. Aber dann wäre es auch unsinnig mit **Einerseits...** anzufangen, anstatt erst in Ruhe den ersten Punkt zu behandeln, dann auf die Folie zu blicken und den zweiten Punkte anzusprechen.

ÜBERLEITUNGEN

Ein weiterer Rest von Schulwissen macht vielen Rednern das Leben schwer.

Das war der zweite Punkt und jetzt kommt der Dritte.

Ich weiß nicht, warum uns Redner immer mit der Struktur ihrer Rede behelligen. Um Zeit zu gewinnen? Weil Sie es so gelernt haben? Die Struktur kann ja in die Einladung, auf eine Folie oder jedem schriftlich ausgeteilt werden. Aber während der Rede reißt mich der Bezug auf die Struktur immer wieder heraus.

Wenn eine Rede erst dann gut wird, wenn ich alles Überflüssige weglasse, dann ist so eine Überleitung als erstes dran. Sie ist weder unterhaltsam, noch berührend, noch neu und gehört deswegen nicht in einen guten Vortrag.

Bevor Sie jetzt aufschreien, weil ich Ihnen die Überleitungen wegnehmen will, die Sie Ihr ganzes Rednerleben doch so treu begleitet haben, dann denken Sie doch mal an ihre letzte Rede. Wenn ich Videos von Rednern ansehe, dann sind die kryptischen Sätze, die unsinnigen Formulierungen, die albernen grammatikalischen Kleinode immer in den Überleitungen. Wenn ich mich nämlich an der Überleitung abarbeite, dann bin ich mit den Gedanken nicht mehr beim alten Punkt, aber auch noch nicht beim nächsten, und das schadet der Überleitung. Da kommt meistens gehäckselter Wortmüll raus. Überleitungen sind also nicht nur redundant, sondern eine ständige Quelle für die abenteuerlichsten grammatikalischen Fehler.

Im Schriftlichen sind Überleitungen sehr sinnvoll. So viele Zeilen können Sie zwischen den Abschnitten gar nicht machen, dass ich wirklich von einem Punkt zum anderen umschalte. Das Lesen von Büchern oder Artikeln mit vielen Sprüngen wäre sehr anstrengend.

Aber im Mündlichen brauchen wir das nicht. Zwischen den acht Nachteilen des Baus von Müllverbrennungsanlagen in Wohngebieten gibt es keine Überleitungen. Das heißt auf keinen Fall, dass man keinen roten Faden haben sollte, aber man muss die Themen nicht wie Waggons aneinanderhängen. Denn ein Flugzeug und ein Fahrrad bilden nun mal keinen Zug. Auch Radiomoderatoren, die von „I shot the sheriff" auf „Happy birthday" überleiten, werden massenhaft durch Senderwechsel mundtot gemacht.

Wenn Sie allerdings die ideale Überleitung haben, so eine mit Esprit und Witz und einem charmanten Wortspiel, dann bitteschön. Aber fragen Sie vorher einen nicht von Ihnen abhängigen Verwandten, ob der das auch witzig findet.

Ausnahmen sind auch hier wieder Vorlesungen oder alles, was mit Unterricht zu tun hat. Viele Menschen lernen leichter, wenn Sie die Struktur des Stoffes vorher erfasst haben, wenn sie wissen, wo es langgeht. Aber wir reden hier über das Bewegen von Zuschauergruppen, über hohe Beträge für einstündige Vorträge, über Menschen, die lachen, weinen oder erstaunt nicken wollen. Die wollen keine Überleitungen. Sie lesen ja anschließend ohnehin das Handout.

Eine Überleitung, die der Anfänger dazu benutzt, Zeit zu gewinnen, ist möglich. Es wäre allerdings einfacher, einen Moment öffentlich zu überlegen, was als nächstes kommt.

Ein guter Vortrag hat eine klare Struktur. So haben Sie es vorbereitet und so führen Sie es durch. Und wenn Sie dabei mal ein bisschen abschweifen, macht das nichts. Da können Sie mit einem kurzen **Zurück zum Thema!** den Faden wieder aufgreifen. Problematisch ist in meinen Augen, den Zuschauer oder die Zuhörerin ständig an Ihrer Struktur teilhaben zu lassen.

> **Darauf komme ich gleich nochmal zurück!**
> **Da greife ich jetzt ein bisschen vor.**
> **Sie erinnern sich, dass ich das schon mal angedeutet habe.**
> **Wie schon gesagt…**

Was soll das bringen? Wir haben ja kein Raster im Kopf, in das wir das alles einsortieren. Bei einem Buch oder einer Dissertation wünsche ich mir das, bei einem Vortrag verwirrt es nur. Solange die Geschichte, die Sie gerade eingebaut haben, zum Thema gehört (und das sollte sie eigentlich immer), gehört sie genau da hin, wo Sie entschieden haben, die Geschichte zu erzählen. Für den Zuschauer ist alles logisch und folgerichtig, wenn es für Sie folgerichtig ist.

Wenn Sie denn wirklich mal den Faden verloren haben, dann sagen Sie das kurz. Sie müssen nicht perfekt sein.

ZITATE

Sie wollen nach allem, was Sie bisher gelesen haben, noch ein Zitat von jemand anderem einbauen? Wirklich? Also gut, ich kenne Ihr Zitat nicht. Ich benutze ehrlich gesagt auch manchmal Zitate. Aber nur so lange, bis ich merke, dass alle anderen das Zitat schon kennen. Das geht in meinen Kreisen ziemlich schnell. Aber wenn Sie schon zitieren, dann bitte nicht so:

> Ein kluger Mann hat einmal gesagt...
> Wie sagte Churchill doch so schön...
> Cicero wusste schon vor über 2000 Jahren...
> Ich glaube es war Shaw, der vor langer Zeit einmal...

Das fällt alles unter Bullshitbingo für Redner. Langweiliger geht es nicht. Wobei ich alle Zitate von Cicero, Lincoln, Shaw und Steve Jobs ohnehin auf unbestimmte Zeit verbieten würde.

Machen Sie einfach Pausen vor und nach dem Zitat und dann sagen Sie den Autor. Oder noch besser, Sie werfen den Mega-Spruch einfach mit Autor auf einer Folie an die Wand und lesen ihn anschließend nicht vor. Könige lernen keine Zitate auswendig.

Von wem stammt das Zitat: Wir sollten innehalten und uns fragen, was unser Land für jeden von uns geleistet hat, und was wir im Gegenzug für unser Land tun können. Nein, reingefallen, das war nicht Kennedy, erklärt uns Verdutzten Scott Berkun[118], obwohl die meisten das vermutet haben. Kennedy hat dieses Zitat von Oliver Wendell-Homes vom 30.Mai 1884 für seine Rede benutzt. Soweit zum Thema Genialität der großen Geister. Sie können also nicht einmal beim Zitieren von Kennedy sicher sein, dass es sich um ein Original handelt. Wenn die Beispiele aus guten Reden berühmter Redner kommen, dann muss meist nicht der Redner dafür gelobt werden, sondern der Redenschreiber. Nur der wird meistens nicht erwähnt.

Und wenn Sie glauben es heiße Nicht für die Schule, sondern für das Leben lernen wir irren Sie. Im Original heißt der Satz des römischen Philosophen Seneca Non vitae, sed scholae discimus (62 nach Christus) und sagt im Original eigentlich das Gegenteil. Und wenn Sie das nächste Mal den Film Casablanca sehen, werden Sie feststellen, dass Humphrey Bogart kein einziges Mal Spiel's nochmal, Sam sagt. Auch die Sache mit Kaiser Wilhelm und den Autos, die er für eine vorübergehende Erscheinung hält, ist nicht so klar, wie es vielleicht scheint. Das Zitat tauchte nämlich erst im Jahr 2000 auf. Der Experte für sogenannte Kuckuckszitate Gerald Krieghofer[119] empfiehlt vor der Verwendung

---

118 Berkun, Scott: Bekenntnisse eines Redners. Köln: O'Reilly 2010, S. 64
119 https://falschzitate.blogspot.com

eines Zitates auf jeden Fall „google books" zu fragen. Da würden sich dann 95% aller Missverständnisse klären.

Wollen Sie wirklich als ersten Satz eines Redners ein Zitat von Martin Luther King hören, den manche dann noch mit Luther verwechseln, der in Wittenberg seine Thesen an die Kirche genagelt hat, und sich wundern, was der für ein eigenartiges Deutsch gesprochen hat? Muss jedes Buch über Rhetorik mit Winston Churchill oder Cicero beginnen?

Wie oft genügt doch eine kleine Andeutung von der Grube, die man gräbt, von dem großen Schritt für die Menschheit, und von der Sache mit dem Angler, der keine Würmer isst. Wenn Sie ein bekanntes Zitat lieben, dürfen Sie es ja benutzen, aber wenn es sehr bekannt ist, genügt es, wenn Sie es nur andeuten. Ich wurde gerade auf einer Online-Veranstaltung mit verschiedenen Speakern sechs Mal angefleht, doch bitte wieder aufzustehen, wenn ich gefallen bin. Das hätte ich doch beim Laufenlernen genauso gemacht.

Meinen Sie nicht, Sie kriegen Ihre Formulierungen besser hin als jemand, der schon hundert Jahre tot ist oder gefühlte hundert Jahre keine Elektronikprodukte mehr entwickelt?

Inzwischen haben meiner Erfahrung nach die Zitate von Goethe & Co. deutlich abgenommen und werden durch Zitate von Elon Musk, Richard Branson oder Monika Gruber ersetzt. Man fragt sich sehr oft, warum überhaupt das Zitat? Das hätte man in einfachem Deutsch mit eigenen Worten sehr viel treffender sagen können.

Deswegen können Sie auch auf einen Stichwortzettel oder in ein Manuskript gucken, um ein Zitat abzulesen. Brille auf- und absetzen und ins Manuskript sehen macht klar, dass es um ein Zitat geht. So einfach ist das. Und wenn Sie es dann ankündigen wollen, machen Sie es so einfach wie möglich.

> **Sokrates sagt**
> **Bei Sokrates heißt das**
> **Der Satz ist von Sokrates.**

Je weniger Trommelwirbel Sie veranstalten, desto weniger sind die verärgert, die Ihr Zitat schon kennen. Aber beiläufig erwähnt, erinnern Sie alle daran, und das kann anregend sein für das, was noch kommt. In einem Buch sollten Sie erklären, dass Willibald Irgendwer ein verkannter Psychiater des 18.Jahrhunderts ist, der diesen anregenden Satz nach einer durchzechten Nacht geprägt hat. Auf einer Folie genauso (sie müssen ja nicht alles vorlesen, was da steht).

> **„Man sollte dem anderen die Wahrheit wie einen Mantel hinhalten, dass er hineinschlüpfen kann, und sie ihm nicht wie einen nassen Lappen um die Ohren schlagen."**
> **(Max Frisch, Tagebuch 1966-1971, Frankfurt am Main, S. 30)**

In der Rede kosten Hintergrundinfos zu viel Zeit. Es sei denn, die Tatsache, dass Willibald Irgendwer Psychiater ist, ist notwendig, um in Ihrem Thema weiterzukommen.

Satz. Pause. **Max Frisch.**

Das ist einfacher und genügt bei einer Rede völlig. Es wird sich niemand fragen, warum Sie jetzt Max Frisch erwähnen. Wir wissen, dass es sich um den Autor des Zitates handeln muss. Besteht das Zitat aus mehreren Sätzen, dann kürzen Sie so stark wie möglich. Wenn schon fremde Menschen in Ihrer Rede zu Wort kommen, so geben Sie denen nicht so viel Zeit.

Ich möchte den hören, der im Programmheft angekündigt wurde. Darum bin ich gekommen. Dafür habe ich Geld bezahlt oder mein Chef lässt in der Zeit mein Gehalt weiter laufen. Die Sprüche zum Thema kenne ich nämlich meist. Übrigens genauso wie die Übungen und die geklauten Beispiele. Nur wer macht, was andere nicht machen, berührt mich.

Oder man macht es witzig. Der Zeitmanagement-Papst Lothar Seiwert[120] beginnt seine eigenen Sprüche oft mit dem viel kopierten Satz: **Jetzt kommt ein Zitat eines Autors, den ich sehr schätze.** Der Speaker Udo Gast[121] schlägt augenzwinkernd vor, doch mal ein Zitat von sich selbst von einer Moderationskarte abzulesen. Mir gefällt die Idee.

ALTBACKENES

Es gibt eine Reihe von Wörtern, die wir nicht mehr hören wollen. Da sind zunächst mal die Worte, die aus der Mode gekommen sind, wie **Festivität, drohendes Ungemach, tunlichst, das stille Kämmerlein, die wärmeren Gefilde, die Pforten, die geöffnet werden**… Wörter, die in unserem täglichen Sprachgebrauch nicht vorkommen, haben auch in einer guten Rede nichts zu suchen. Ich habe auch kein **Oberstübchen** und **spitze nicht meine Ohren.** Warum ist die **Erfahrung** immer **schmerzvoll** und die **Störungen** sind fast nie **nennenswert.** Ins Bett kann ich im Notfall noch **schlüpfen,** aber in eine Jeans? Warum ist der **Ernst** immer **bitter** und die **Köstlichkeiten kulinarisch?** Warum sind **Anschläge** immer **feige, Unfälle** immer **tragisch** und der **Ruhestand** immer **wohlverdient?** Weil der Autor ein paar Minuten zu wenig nachgedacht hat. Was mich ärgert, sind nicht die Fehler oder die Stilblüten, die sich ergeben, wenn man aus Aufregung oder falscher Vorbereitung sich nicht mehr richtig konzentriert. Nein, was mich manchmal ein bisschen ärgert, ist die Tatsache, dass es sich manche Redner zu einfach machen. Da wird immer der erstbeste Begriff genommen.

---

120 www.lothar-seiwert.de
121 www.gast-redner.de

Der Kreativitätsexperte Nils Bäumer[122] sagt: „Bleibt nicht bei der ersten Idee. Die zahlt auf eure Routine ein."

Trotzdem ist es das erste, was mir bei angehenden Rednern auffällt. Wenn wir uns Reden ausdenken, fangen wir an, anders zu sprechen.

Manche Wörter werden nur in Reden häufig benutzt, über den Tellerrand hinaussehen oder last but not least. Dann gibt es viele Modewörter, die ich persönlich nicht mehr hören kann (das kann bei Ihnen natürlich anders sein). Aber ich schmunzle sehr, wenn wir zeitnah über die zielführenden Problematiken sprechen, die darauf einzahlen, dass wir uns proaktiv zu einigen Must-Haves rückkoppeln, damit wir uns besser verorten können.

Redner sollten klingen wie ganz normale Menschen. Also müssen sie auch reden wie ganz normale Menschen. Warum müssen alle sagen Vielen Dank für die Aufmerksamkeit? Da gäbe es so viele schöne Varianten.

> Danke, dass Sie mir so aufmerksam zugehört haben.
> Sie waren sehr aufmerksam, das hat mir den Vortrag erleichtert.
> Wie schön, dass Sie mir zugehört haben.

Wollen wir weitermachen? Sie müssen sich nicht für die Aufmerksamkeit bedanken, aber wenn Sie es tun, sollten Sie es mit Ihren Worten tun. Auch Sprichwörter, die wir schon hundert Mal gehört haben, bis zur Erschöpfung totgerittene Metaphern wie Werfen wir einen Blick, Ostern steht vor der Tür, hält die Welt in Atem, fällt die Decke auf den Kopf, wird zur Geduldsprobe... können wir weglassen. Die Beispiele stammen jetzt alle aus einer einzigen Anmoderation im Fernsehen. Was für eine Gemeinheit, wenn der Radiomoderator sagt Wo es geht, gute Fahrt! Also, wenn ich im Stau stehe, wünscht er mir ausdrücklich keine gute Fahrt mehr? Das macht nicht ein einziger Moderator, das kopieren Hunderte, und trotzdem bleibt es unfreundlich.

Im Entwurf kann ich alles machen, damit ich mich nicht unterbreche, wenn die Ideen fließen. Aber in der Überarbeitung werde ich dann genauer und individueller und persönlicher. Das, was alle dauernd benutzen ist nicht immer die beste Idee.

WEICHMACHER

Keine Ahnung, warum die meisten Redner, die ich höre, auch nach vielen Stunden des Coachings nicht aufhören, uns erst ihre Absichten mitzuteilen, bevor Sie zur Tat schreiten

> Ich möchte mich kurz vorstellen.
> Ich will das erklären.
> Ich werde Ihnen das zeigen.

---

122 www.nils-baeumer.de

Da scheint irgendein Programm abzulaufen, das wir nicht kontrollieren können. Aber vielleicht sind es ja auch nur diese kleinen Verzögerer, die uns beim Überlegen helfen. Noch bedenklicher ist es, wenn Redner, das, was sie tun wollen, gar nicht tun:

> Ich würde gerne…

Sie tun es jetzt also leider nicht. Denn sie würden sich gerne vorstellen, wenn man sie ließe. Aber da man sie nicht lässt… Wie oft sprechen Menschen im Konjunktiv und sind sich dessen nicht bewusst. Gott sei Dank kann man sich mit einfachen Mitteln filmen und das kontrollieren.

Vorstellungen sollen immer ganz kurz werden, Untersuchungen werden nur mal schnell vorgestellt und wichtige Erkenntnisse werden nebenbei bemerkt. Das schwächt Ihre Botschaften und lässt Sie unsicher wirken. Auch Weichmacher wie prinzipiell, grundsätzlich, quasi oder eigentlich, die, richtig angewandt, durchaus unverzichtbar sind, dienen, wenn Sie wahllos in den Text gestreut werden, nur dazu, Ihre Botschaft zu verwässern.

Vielleicht verschiebt sich ja irgendwann die Bedeutung. Ich möchte Sie begrüßen heißt vielleicht irgendwann nicht mehr, dass ich es will und nicht tue, sondern: ich möchte es und tue es deswegen hiermit. Auch der verdiente Politiker ist ja für uns ganz normal, auch wenn es bei genauerer Betrachtung eine sehr abenteuerliche Konstruktion ist.

> **Unsere Sprache verändert sich.**

UNSINN

Wir reden ganz schön viel Blödsinn zusammen, und wenn wir das öffentlich tun, fällt es auch noch auf.

> Ein zweiseitiges Konzept hat zwei Seiten.
> Leinen ist ein dankbares Material.

Viele Bilder sind schief und werden immer schiefer, je häufiger sie benutzt werden.

> sich zwischen alle Stühle setzen
> am laufenden Band geändert
> eine paar neue Dimensionen
> Ihr Flug ist zum Einsteigen bereit
> die wachsende Unfähigkeit

Das ist alles Unsinn, aber wir verstehen, was gemeint ist. Auch unnötige Vorsilben haben schlagartig zugenommen.

Aber ich bin inzwischen vorsichtig geworden. Ein Fehler, den alle machen, ist möglicherweise kein Fehler mehr, sondern ein Vorbote für eine neue Regel. In meiner Jugend, hat es **je... desto** geheißen**, je... umso** war ein Fehler. Das Gegenteil von **normal** war **anomal**, wie die **Anomalie**, das Wort **unnormal** oder **anormal** war ein Fehler, von falschen Konjunktiven und dem Gebrauch des Dativs mal ganz zu schweigen.

Man kann die ständige Verwendung von **es macht Sinn** als den Untergang der deutschen Kultur sehen, weil es eigentlich eine schlechte Übersetzung aus dem Englischen ist. Man kann es aber auch als Bereicherung sehen, weil die Bedeutung gegenüber der Formulierung **es ist sinnvoll** ein bisschen eine andere sein könnte. Und dann lese ich voller Erstaunen bei meinem Lieblingssprachpfleger Eike Christian Hirsch[123], dass die Formulierung, etwas **mache Sinn**, schon bei Luther und Lessing vorkam, also wohl sehr deutsch ist.

Wenn sich die Sprachpfleger wieder mal darüber lustig machen, wie viele Menschen lieber **wegen dem** statt **wegen des** sagen, könnte man ihnen erklären, dass der Genitiv erst viel später kam. Hunderte von Jahren war der Dativ richtig. Aber das kann man sich auch sparen. Menschen, die an Sprache oder Sprechweise herumnörgeln, gibt es immer. Wichtig ist, sich davon nicht beeindrucken zu lassen. Solange der andere oder die Zuschauer verstehen, was wir sagen, ist alles in Ordnung. Wenn das der einzige Kritikpunkt ist, können Sie die Champagnerflasche öffnen. Niemand macht absichtlich Fehler, von den Clowns im Zirkus und Comedians bei RTL mal abgesehen.

DRUCK

Neben dem Wort **begeistert** oder **begeisternd** ist kein anderes Wort in Rednerkreisen so beliebt wie das Wort **intensiv.** Die Erfahrung des Zuschauers sollte **intensiv** sein, der Redner muss **intensiv** sein, die Folien müssen eine **intensive** Erfahrung vermitteln und wir wollen uns **intensiv** mit einem Thema beschäftigen.

---

123 Hirsch, Eike Christian: Ist das Deutsch oder kann das weg? München: C.H.Beck Verlag 2019, 2. Auflage, S. 34

Es wäre jetzt schön, wenn es so einen Schalter für Intensität gäbe. Da drücken wir drauf und schon sind wir so intensiv, dass man eine Stecknadel fallen hören kann und die Zuschauer wie gebannt nach vorne blicken. Die Luft flimmert geradezu vor Intensität.

Viele Redner glauben, diesen Knopf längst gefunden zu haben. Sie lösen das mit Druck. Sie atmen ein, warten mit dem Ausatmen und pressen ihre Wahrheit mit einem solchen Druck unters Volk, dass man ja wohl von intensiv sprechen muss.

Es wird nicht besser, wenn ich keine Luft bekomme, lauter als die anderen bin und mit geballten Fäusten Begeisterung verbreite. Besonders Teilnehmer von Redner-Wettbewerben bekommen oft Sonderpunkte für eine Intensität, die im Grunde nur künstlicher Druck ist.

> **Aber Druck ist keine Intensität.**

Die großen Wahrheiten werden einfach gesprochen und nicht zum Klang der Trompeten von Jericho herausposaunt. Dann wirken sie intensiver. Ein intensives Erlebnis entsteht nur, wenn man eine Zeit lang zusammen verbracht hat. Man hat dem Schauspieler oder Redner zugehört, man ist ihm gefolgt, man hat sich verzaubern lassen, und mit viel Glück entsteht am Ende eine intensive Erfahrung.

EMOTIONEN

Wenn der Redner ergriffen ist, muss das ehrlich sein. Und er sollte mit den Emotionen umgehen können. Das Lied, das ich meiner Frau auf der Hochzeit singen wollte, musste ich sehr lange üben, bis die Tränen nicht mehr kamen. Dabei werden Emotionen am besten einfach nur angesprochen. Wenn Sie sagen, dass der Veranstalter der netteste Mensch ist, der Ihnen je begegnet ist, dabei verzückt lächeln und den Kopf zur Seite legen, wird das lange nicht so stark, als wenn Sie den Satz ganz schlicht, ohne große Gestaltung sagen. Je gefühlvoller der Satz, desto mehr müssen Sie in der Art, wie Sie vortragen, dagegen arbeiten. **Lasst uns anpacken** oder **Ich freu mich** oder **Das ist einfach fantastisch?** sind Sätze, die ich ganz ohne Emotion sagen würde, damit sie die größte mögliche Wirkung entfalten.

Wenn Sie jetzt entgegnen, dass die großen Diktatoren ihre Wahrheiten auch in die Menge gebrüllt, geschrien und all ihre Kraft in die Lautstärke gesetzt haben, um die Menge mitzureißen, dann haben Sie Recht. Das funktioniert aber nur, wenn die Menge lange zugehört hat und so langsam in Stimmung gebracht wurde.

Bei sehr charismatischen Rednern passieren in einem Vortragsraum oft Dinge, für die man sich als Zuschauer unter Umständen nachher schämt oder die einem zumindest unangenehm sind. Wildfremde Menschen werden umarmt, man fasst einander an oder singt völlig begeistert alberne Lieder. Wenn ein Redner in der Lage ist, mit den Emotionen seiner Zuschauer gekonnt zu spielen, kann so eine Rede einen Effekt haben, der weit über eine Informationsvermittlung hinausgeht. Aber erst geht es darum, das Vertrauen der Zuschauer zu gewinnen.

Beim Zuschauer Emotionen hervorzurufen, die ihn vielleicht auch noch zu Handlungen bewegen, gehört zur ganz großen Kunst eines guten Redners. Aber wie macht man das?

Ich bin fest davon überzeugt, dass positive Emotionen die Zuschauer mitreißen. Ein Redner, der von seiner Idee oder seiner Sache überzeugt, begeistert, fasziniert oder gefangen ist, schafft es deutlich leichter, mich zu überzeugen, als ein Redner, der von der Emotion nur redet.

Ich kenne keine Untersuchungen darüber, aber ich glaube auch, dass das mit negativen Emotionen anders ist. Ein Redner, der wütend ist, sich aufregt, gegen andere hetzt, kann zwar meine Meinung verstärken, wenn ich vorher schon auf seiner Seite war, aber er kann mich dadurch nicht überreden. Im Gegenteil, wir ergreifen sehr oft Partei für den Angegriffenen, wir gleichen aus, wir stellen uns auf die Seite des Schwächeren. Auf andere zu schimpfen, führt also nicht dazu, dass ich mitschimpfe, sondern meist dazu, dass ich den Beschimpften verteidige. Sie können ja mal überlegen, wie das bei Ihnen war oder ist.

Schimpfen Sie besser nicht. Schon gar nicht auf andere. Wenn Sie dazu noch aufgeregt sind, macht Sie das dümmer. Sie bekommen Scheuklappen und Ihre Aufnahmefähigkeit wird eingeschränkt. Das kann im Stress Ihre Position enorm schwächen. Man sollte alles, was Sie sagen, abends im Fernsehprogramm senden können. Dazu muss man seine Rede manchmal einem anderen Menschen zu lesen oder zu hören geben. Wenn ich meine Frau manchmal frage, ob in dem, was ich sagen oder schreiben will, noch Aggression steckt, bin ich oft verwundert, wie viel sie davon findet.

DEFINIEREN

Ob Sie jetzt eine Uni-Vorlesung unter die Reden zählen oder nicht, ist Geschmacksfrage. Es gibt aber im Bereich der Wissensvermittlung durch gesprochene Sprache ein großes Problem.

Ein Buch beginnt sehr oft damit, erst einmal etwas zu definieren, zu katalogisieren, die Begriffe festzulegen. Da wird die Realität in Raster eingeteilt, Sachverhalte bekommen Pfeile, die sie verbinden, und eine Sammlung zusammengehörender Begriffe wird durch ein Akronym (aus den Anfangsbuchstaben der Merkwörter kann ich ein weiteres Wort bilden) zusammengefasst.

Das ist in einer Vorlesung oder noch besser in einer Vorlesungsreihe auch eine gute Möglichkeit. Aber die meisten Reden dauern nicht mehr als 90 Minuten und wenn ich so viel Zeit mit dem Definieren verliere, kommt genau das nicht mehr, was die Zuschauer am meisten interessiert: Der Transfer in den Alltag, die Lösung des Problems, die Idee, was man anders machen könnte.

Wenn Sie die verschiedenen Eskalationsstufen bei der Teamfindung kennen, löst das immer noch nicht das Problem, wie jetzt die Aufgaben im Team verteilt werden. Wenn Sie einen Witz den verschiedenen Arten von Humor zuordnen können, werden Sie trotzdem nicht witziger. Wenn der praktische Anwendungsteil nicht oder zu spät kommt, sind die Zuhörer unzufrieden.

> **Die Struktur der Wirklichkeit ist noch keine Botschaft.**

In einer Vorlesung oder in einem Buch wäre es anders. Da kommen erst die Begriffe und die Kernaussagen und die Untersuchungen.

Die nächste Technik, die wir kennenlernen, ist die Ja-Aber-Technik

Jetzt wird die Technik erklärt. Bei einer Rede würden die Überflieger, die Schon-ein-bisschen-was-Wisser oder die Schnelldenker ahnen, worum es bei der Ja-Aber-Technik geht und anfangen, sich zu langweilen. Deswegen gibt es in der Rede erst die Situation, den Fall, die Geschichte und zum Schluss sage ich dann die Technik, oder ich enthülle, dass alle Begriffe, die ich bisher benutzt habe, ein Akronym bilden. Viel zu viele Redner gehen die Buchstaben während ihres Vortrages einzeln durch.

Das erste E steht für Entschlusskraft…

Jetzt erklären Sie, was Sie mit Entschlusskraft meinen. Eine einfache Möglichkeit, seine Zuschauer zu Tode zu langweilen. Zumal ich ja weiß, dass einige Begriffe an den Haaren herbeigezogen sind, nur damit ich einen Begriff für das X in E X I T habe.

EIGENWERBUNG

Lange Lobesreden auf sich selbst sind immer langweilig. Am Anfang halten sie nur auf und am Ende zerstören sie einen möglicherweise witzigen oder emotionalen Schluss. Also stellen Sie Ihre Bücher zwischendurch mal vor, oder Sie machen Ihren Shop auf, haben aber am Ende Ihrer Rede nochmal zehn emotionale Minuten, um Ihre Rede zu beenden.

Eine gute Möglichkeit ist es, zwischendurch immer mal wieder einzuflechten, mit wem man wo und wie arbeitet. Auch ein Buch lässt sich in einem Nebensatz gut erwähnen. Die Zuschauer brauchen heute keine ISBN-Nummer, um es zu kaufen.

Es kann nämlich auch ganz wichtig sein, den Zuschauern den Beweis zu liefern, dass man der Richtige ist, der genau über dieses Thema spricht. Zwischen einem Therapeuten mit jahrzehntelanger Erfahrung und jemandem, der an der Volkshochschule drei Workshops gegeben hat, klaffen Welten. Wer über Pokern spricht, der sollte ein exzellenter Pokerspieler sein wie Jan Heitmann[124], eine Anlageberaterin vermögend und jemand, der über Verkaufen spricht, sollte bewiesen haben, dass er das auch kann. Die Speakerin und Trainerin Gaby Graupner[125] spricht von der Kompetenzvermutung. Ist der Herr Doktor ein Doktor der Physik oder leitet er eine Spezialklinik? Hat der Redner einen Marathon bisher nur im Fernsehen gesehen, oder hat er schon den dritten Ultra-Trail gewonnen? Manchmal braucht der Zuschauer eine Einordnung, und die überlässt ein guter Redner nicht dem Zufall.

Wenn ich mit Managern arbeite...
Ich habe darüber mit Prof. Denk gesprochen...
In hundert Seminaren taucht bei der Hälfte die Frage auf...

Die Speakerin und China-Expertin Sabrina Weithmann[126] erzählt in einem Vortrag, wem sie alles begegnen durfte und sagt unter anderem

Ich weiß, wie ein Raum sich anfühlt, wenn der Dalai Lama drin ist.

Ich fand das sehr charmant. Aber übertreiben Sie es nicht. Ich habe nach Vorträgen schon viel Bewunderung bekommen, was ich so alles mache. Aber mindestens ebenso oft meinte jemand, dass ich doch das dauernde Unterbringen von Prominenten und tollen Orten nicht nötig hätte.

Speaker sind nämlich manchmal richtige kleine oder ziemlich große Angeber. Da schließe ich mich nicht aus. Ist es wirklich sinnvoll, dauernd bekannte Namen einzubauen, um zu zeigen, wie erfolgreich man ist?

Ich weiß, dass viele Kollegen dafür gefeiert werden, die Dinge endlich beim Namen zu nennen. Erfolg soll man auch feiern. Aber ich weiß genauso, dass Vorgänger oder Nachfolger von mir bei großen Veranstaltungen, die vorher Videos über ihre Einzigartigkeit haben laufen lassen, weniger gut angekommen sind. Dann kommen Zuschauer, die mir sagen, wie wohltuend es gewesen sei, dass es bei mir ganz anders gewesen ist…

Noch schlimmer ist es, wenn Sie lang und breit ausführen, dass Sie ja selber gar nicht verstehen können, wieso Sie so gefeiert werden. Entscheiden Sie selber, wie Sie das machen wollen. Aber ich kann Ihnen aus eigener Erfahrung sagen, dass viele Zuschauer da sehr empfindlich sind.

---

124 www.jan-heitmann.de
125 www.gabysgraupner.de
126 www.weithmann.com

Auf der anderen Seite fragen sich viele in meinen Coachings, ob sie nicht zu arrogant rüberkommen. Die Antwort darauf ist immer einfach. Wenn jemand sich die Frage stellt, ob er vielleicht zu arrogant rüberkommt, ist mit großer Wahrscheinlichkeit das Gegenteil der Fall. Der wirklich Arrogante hat sich noch nie gefragt, ob er arrogant ist.

LÜGEN

Es gibt inzwischen eine Reihe von Speakern, mit denen ich kein Bier mehr trinken würde, weil sie Geschichten von anderen so erzählen, als hätten sie sie selbst erlebt, oder ihre Biographie durch ein paar Universitäten aufpeppen, die sie nur durch deren Internetseiten kennen. Eine Lüge, die rauskommt, ist nicht nur unangenehm, sondern Zuschauer oder Kunden stellen plötzlich alles in Frage, was derjenige sonst noch so gesagt hat. Das Risiko wäre mir zu groß.

Natürlich ist es ärgerlich, wenn ich das wenig bekannte Buch eines Amerikaners kenne, aus dem ein Speaker wortwörtlich seine tolle Geschichte nimmt. Wenn jemand etwas erzählt, was in meinen Augen Blödsinn ist, bin ich gnädig. Vielleicht hat er ja Recht. Aber wenn einer das Wissen von anderen als sein eigenes ausgibt, bekomme ich schlechte Laune.

Aber es gibt Ausnahmen. Der blinde Extremsportler Erik Weihenmayer[127] witzelte auf einer NSA-Convention, er hoffe, dass wir auch die richtigen Folien sehen, denn er hätte gestern Krach mit seiner Frau gehabt.

Jeder weiß, dass er den Krach nicht gehabt hat. Aber die Pointe ist nett. Also für einen Lacher ist eine für jeden durchschaubare Lüge in meinen Augen erlaubt. Lügen bei ernsten Themen und Lügen, die nicht als solche zu erkennen sind, schaden in meinen Augen dem Speaker mehr als alles andere. Ist die Reputation mal zum Teufel, kann ich die nicht einfach wiederherzaubern. Wenn ich Ihren Namen in die Suchmaschine eingebe, sollten positive Artikel auftauchen.

ENTSCHULDIGEN

Viele Redner lieben es, einen Witz zu machen oder auch mal zu provozieren, aber die meisten entschuldigen sich danach dafür oder erwähnen zumindest, dass das jetzt ein Witz war, damit niemand auf den Gedanken kommen könnte, es sei ernst gemeint gewesen.

> Scherz beiseite
> War natürlich nicht so gemeint
> Jetzt mal ernsthaft
> Ich mache nur Witze
> Da habe ich wieder einen kleinen Spaß gemacht

---

127 www.erikweihenmayer.com

So wirkt das klein und übervorsichtig. Meines Erachtens sollten Sie sich ruhig was trauen. Selbst wenn jemand nach dem Vortrag zu Ihnen kommt, weil er etwas klarstellen will, oder eine Frage hat, so haben Sie den schon mal aktiviert. Sowohl bei Pointen, als auch bei einer Provokation sollte man beides sofort erkennen können und eine Erklärung dessen, was Sie da gerade gemacht haben, ist nicht nötig.

Eine Rede ausformulieren

Zwischen gesprochener und geschriebener Sprache gibt es erhebliche Unterschiede. Wir sagen mündlich viel mehr Überflüssiges, verstoßen gegen grammatikalische Regeln und bilden so manchen Halbsatz. Der Begriff Satz im Zusammenhang mit gesprochener Sprache, ist ohnehin irreführend, da wir ja nicht in Sätzen sprechen, sondern in Gedanken. Der Gedanke kann genauso lang sein, wie ein entsprechender Satz. Aber ein Gedanke kann auch nur aus Hey bestehen, oder, auf der anderen Seite, aus einer komplizierten, mathematischen Regel in 25 Wörtern. Wenn Sie nur einmal den Versuch unternommen haben, ein aufgezeichnetes Gespräch in Sätze zu fassen, wissen Sie, was ich meine. Das müssen Sie bearbeiten, und sehr oft stehen Sie vor der Frage, wie Sie denn die Satzzeichen setzen sollen.

> Wir haben oft / das heißt / anders / wir wollen nicht / wir doch nicht / wir die Münchner / immer ein bisschen vorne weg / aber selbstbewusst / so sind wir / immer schon gewesen / dass wir nicht blöd dastehen / darum geht es.

Jetzt helfe ich Ihnen mal gar nicht mehr und lasse noch die letzten Reste von Satzzeichen weg. Das verstehen Sie nur auf den ersten Blick, wenn Sie mit dem Sprecher verheiratet sind.

> Sag mir nur nicht jetzt noch wenn wir segeln wollen hast du die Sachen von der Kommode vergessen mit all dem was ich gesagt hatte was mir wichtig war und wo ich gesagt habe denk dran.

Deswegen kann umgekehrt eine Rede, die ausschließlich aus grammatikalisch richtigen Sätzen mit eindeutig festgelegten Satzzeichen besteht, kein Vorbild sein, wie wir ein Saalpublikum begeistern und mitreißen.

Es ist nicht nur keine Hilfe, einen Text vorher aufzuschreiben, nein es schadet, weil auf einmal alles nach Text klingt und nicht nach frei gesprochen. Sie sprechen auf Ihr Aufnahmegerät, egal ob Smartphone oder Diktaphon:

> Frankfurt, ein regnerischer Nachmittag, herzlich willkommen.

Das wäre ein guter Anfang für eine Rede. Kurz, leicht zu lesen und hört sich frisch und unverbraucht an. Aber es sieht wieder komisch aus, oder? Das können Sie jetzt schreiben wie Sie wollen.

> Frankfurt! – Ein regnerischer Nachmittag! Herzlich willkommen!
> Frankfurt... ein regnerischer Nachmittag; herzlich willkommen.

Wenn Sie dann lange genug auf das Konzeptblatt für Ihre Rede geschaut haben, dann schreiben Sie ja doch wieder

> Herzlich willkommen an diesem regnerischen Nachmittag in Frankfurt.

Jetzt ist die Welt in Ordnung, aber die Lockerheit zum Teufel. Das ist langweilig. Es ist so konventionell, dass ich damit die Visitenkarte abgebe, auf der steht, dass es jetzt möglicherweise noch schlimmer kommt. Die Sätze im Mündlichen sind viel variantenreicher und weniger geordnet, als Sätze in Büchern oder Aufsätzen. Sprechen Sie also erst, was Sie schreiben wollen, und schreiben es möglicherweise so auf, dass es ein klein wenig komisch aussieht.

Mir? So was passieren!?! Mein Gott???? Darauf muss man erst mal... Nein! Den Satz führe ich jetzt nicht – Sie haben Recht: Das kann auch mir passieren.

NEBENSÄTZE

Im Mündlichen benutzen wir weniger Nebensätze. Aus

Als ich gestern ins Büro kam, war niemand da

wird

Ich komme gestern ins Büro. Niemand da.

Das heißt nicht, dass man Nebensätze grundsätzlich vermeiden sollte, aber sie machen es komplizierter. Schwierig wird es aber in jedem Fall, wenn der Nebensatz dem Hauptsatz vorangeht. Das hängt damit zusammen, dass sich mit vorangestelltem Nebensatz die Reihenfolge von Subjekt und Prädikat ändert.

Wenn die Bienen sterben, verschwinden irgendwann die Pflanzen.

Wenn der Satz jetzt länger wird, führt das zu Problemen.

Wenn die Bienen sterben, und dafür gibt es gerade nicht nur ein Anzeichen sowohl in der Stadt als auch in ländlichen Gebieten... verschwinden irgendwann auch die Pflanzen.

Die einfachste Lösung des Problems ist es, den Nebensatz einfach hinten dranzuhängen.

Die Pflanzen verschwinden irgendwann, wenn die Bienen sterben.

Grundsätzlich ist gegen vorangestellte Nebensätze nichts zu sagen, aber die Konstruktion darf nicht zu kompliziert werden. Sonst verlieren wir unweigerlich den Faden.

Wir könnten es uns einfach machen und in Reden einfach nur Hauptsätze verwenden. Aber wir haben so eine schöne Sprache und das würde mechanisch klingen und abgehackt. Wir benutzen ja auch in unserer Alltagssprache eine Menge Nebensätze, und das ist gut so. Aber die wichtigen Aussagen, die Botschaft, das, von dem wir wollen, dass es von anderen verstanden wird, packen wir nicht in einen Nebensatz.

Ich habe mich entschieden, dass ich für die Kindergarten-Initiative kandidieren werde

178

Dieser Satz ist lange nicht so stark und klar, wie ohne den Vorsatz.

Ich werde für die Kindergarten-Initiative kandidieren.

Notfalls hilft es auch, die Grammatik ein wenig durcheinander zu bringen, auch wenn unsere Deutschlehrer das gar nicht gerne sehen.

Ich habe mich entschieden, ich kandidiere für die Kindergarten-Initiative.
Wenn Sie mir jetzt ein Angebot machen, ich würde jubeln.
Wer würde jetzt denken, das ist typisch für dich?
Also für mich ist typisch, ich raste dann immer aus.

Ja, im Aufsatz wären solche Satzbrüche alle Fehler, im Mündlichen klingen die Sätze deutlich besser. Im Deutschen haben vorangestellte Sätze wie

Ich meine... ich betone ausdrücklich... es ist klar...

einen Umbau des Satzes zur Folge. Aus dem kraftvollen

Wir müssen einen neuen Anfang wagen

wird das kraftlose

Ich betone, dass wir einen neuen Anfang wagen müssen.

Wenn Sie wollen, machen Sie doch einen Doppelpunkt rein, und der Sprachpfleger in Ihnen ist einigermaßen beruhigt:

Wissenschaftler sagen: Wir sind zu wenig mutig.

Pfeifen Sie auf die Grammatik, wenn Sie inspirierende Reden halten wollen. Bei längeren Sätzen wird es noch komplizierter. Widerstehen Sie zum Beispiel der Versuchung, ein tolles Zitat „geschickt" einzubauen. Das ist viel schwieriger als Sie glauben. Das Max-Frisch-Zitat aus dem Zitate-Kapitel hört sich dann so an:

Max Frisch sagte einmal in seinen Tagebüchern, dass man jemandem die Wahrheit wie einen Mantel hinhalten, in den er hineinschlüpfen könne und nicht wie einen nassen Lappen um die Ohren schlagen solle.

Puh. Dazu noch die unangenehme Sache mit dem Konjunktiv... Das ist nur was für akademische Vollprofis, die sich vorgenommen haben, uns mit ihrer Brillanz zu beeindrucken.

HALBE SÄTZE

Noch etwas ist im Schriftlichen deutlich anders. Wir schreiben fast ausschließlich grammatikalisch korrekte Sätze. Es wäre sehr ermüdend, einen Roman mit Halbsätzen, Ausrufen und Satzbruchstücken zu lesen, die wir im Mündlichen benutzen. Bei der Rede gehen wir sozusagen den Mittelweg. Es gibt halbe und verkürzte Sätze, aber z.B. keine Sätze, die neu angefangen werden, weil der Sprecher sich in seiner Konstruktion verheddert hat.

Es war im Jahre 2001, als wir zu sechst nach Jesolo fuhren.
Wir waren auf einem Campingplatz.
Die anderen gingen zum Strand.
Dazu hatte ich keine Lust.

Wenn wir schreiben, gibt es Haupt- und Nebensätze. Meistens folgen auf das Subjekt, Prädikat und Objekt. Es muss ja alles seine Ordnung haben. So erzählen wir aber nicht. Wenn wir frei reden, hat nicht jeder Satz ein Verb

Auf einem Campingplatz.
Mit einer tollen Frau.
25 Jahre älter als ich.
Als wäre es gestern gewesen.

Solche Satzteile würden wir nie aufschreiben und schon gar keinen Punkt danach machen, weil wir Angst davor hätten, dass unsere Deutschlehrerin uns im Traum erscheint.

Ihnen einen schönen Abend.
Nicht zu fassen.
Bei der Antriebsleistung – kein Problem.

Das sind alles vollständige Gedanken und damit sehr geeignet, eine Rede kraftvoll klingen zu lassen. Auch einzelne Wörter können vollständige Gedanken sein. Wir schreiben das dann oft mit einem Doppelpunkt auf.

Sensationell: Der 1.FC...
Auch dabei: Terry Wichtig.
Das Thema heute: Führung!
Phantastisch: Wir hatten gleich...

Es passiert im Mündlichen oft, dass wir einen Satz nicht zu Ende bekommen. Auch da empfiehlt es sich, einfach abzubrechen und wieder in einer Hauptsatzkonstruktion weiterzumachen. Das ist sehr einfach.

Bei der Erforschung der finnischen Möbelschreinerei Anfang des letzten Jahrhunderts haben wir – wir haben da einiges herausgefunden.

Das wirkt nicht etwa komisch oder stümperhaft und sieht nach Anfänger aus. Nein, so sprechen die meisten von uns jeden Tag. Auch das Anhängen von Ergänzungen ist ein Kennzeichnen mündlicher Kommunikation. Dem Sprecher fällt noch etwas ein, was er hinten dranhängt.

Man möchte ihn nach Jena verlegen. Dort ins Krankenhaus.
Die Kirche wurde 1857 erbaut. Von Karl-Heinz Kirchenbauer.
Wir sollten helfen. Und zwar mit Geld.

Auch in der Umgangssprache gibt es den Trend zur Verknappung. Man lässt im Satz einfach bestimmte Teile weg, die aus dem Zusammenhang klar werden.

Er hat sich nicht gefühlt.
Es geht mir danke.
Das ist doch kein Preis.
Sie ist mir über.
Der kann Vorstand.

Ich mag diese sehr stark verkürzte Sprache nicht. Andererseits finde ich die Formulierung Ute kann nun mal mit Heinz nicht zum Beispiel oder du bist mir vielleicht einer ganz charmant. Wenn die Kellnerin fragt Wer ist die Blutwurst? wird sie wohl jeder sofort verstehen.

KRAFTVOLLE VERBEN

Gerade wenn wir es gewohnt sind, auch sonst viel zu schreiben, lieben wir es, alles mit möglichst vielen Substantiven auszudrücken.

Wir sind gerade in der Anfahrt auf München und dort müssen wir ins Tun kommen, wofür uns verschiedene Handlungsoptionen offen stehen. Bei der Durchführung dürfen wir aber die Einführung der Leitlinien nicht vergessen, wenn es Sinn machen soll. Wir haben aber so viel Potenzial in der Pipeline, dass der Output einen Mehrwert darstellen dürfte, und wir sollten Lösungen generieren.

Irgendwann kommen wir nicht nur ins Tun, sondern auch in die Menschlichkeit, in die Gemütlichkeit oder in die Bespaßung. Aber ein kraftvolles Verb schlägt im Mündlichen jedes Substantiv. Für die mündliche Rede, bei der es nicht auf die Anzahl der Zeilen ankommt, sind Verben den Substantiven immer vorzuziehen. Das Namensänderungsformular ist ein Wortungetüm, aber das Formular mit dem ich meinen Namen ändern kann ist einfach zu erklären. Auch die Abbuchung, die zustande kommt, weil ich jemandem erlaubt habe, Geld von meinem Konto abzubuchen ist im Gegensatz zur Einzugsermächtigungslastschrift leicht zu verstehen, zumal ich während eines Vortrages keine Zeit habe, darüber nachzudenken, was damit jetzt genau gemeint war. Verben sind in jedem Fall direkter

Sie fieberten dem Match entgegen und ermunterten sich gegenseitig, zu kämpfen.
Die alte Lok pufft und stampft und stottert und pfeift, bevor sie sich ächzend vorkämpft.

Natürlich passt hier auch in Bewegung setzt, aber das ist eine Ausdrucksweise, bei der ein schwaches Verb mit einem Substantiv kombiniert wird, und das geht im Deutschen ganz leicht.

in die Umsetzung gehen
in Betracht ziehen

181

Einfluss nehmen
Arbeit leisten
für etwas Verwendung finden
ein Geständnis ablegen

Wir können aus jedem Verb ein Substantiv machen, wie **das Gehen, das Begreifen, das Schaffen, das Zufrühkommen, das Aneinandervorbeireden** oder der Radiomoderator guckt sich das **Wettergeschehen** an. Für die mündliche Kommunikation ist das aber nur bedingt zu empfehlen.

Verben, die gebeugt wurden, sind ein wichtiges Kennzeichnen mündlicher Kommunikation. Am besten in der Gegenwartsform und am besten ohne Hilfsverb. Konstruktionen im Perfekt oder im Plusquamperfekt kommen in mündlichen Erzählungen eher weniger vor.

Benutzen Sie aktive Verben wie **rennen, schreien, hüpfen, stinken, brechen, explodieren** usw. Schwache Verben sind **repräsentieren, anzeigen, fordern, überlegen, herstellen** usw. Beschreiben Sie ein Fußballspiel:

Die Mannschaft bekam stehende Ovationen von 80 000 Fans. Der Beifall dauerte fünf Minuten.

oder

80 000 Fans sprangen auf, klatschend, schreiend, die Arme schwenkend, in einem Freudentaumel, der ganze fünf Minuten anhielt.

Eine Produktvorstellung wird viel anschaulicher, wenn wir mitbekommen, was da in der Entwicklungsphase alles passiert ist.

Es waren Stunden, in denen wir ausprobiert haben und getestet, verworfen und neu begonnen, Stunden in denen wir gekämpft haben, dann wieder zweifelten und uns dann endlich umarmten, weil wir es geschafft hatten.

Außerdem stellen die Substantivierungen eine gewisse Verharmlosung dar. Ich habe im Fernsehen mal einem kirchlichen Würdenträger zugehört, der in seiner Predigt bedauert hat, dass Kinder heute **die Erfahrung der Kälte und des Hungers machen müssen**. Was für eine Beschönigung! Wollen wir nicht lieber sagen, dass viele Kinder heute frieren und hungern?

SATZSTELLUNG

Natürlich werden Sie mich für einen Pedanten halten, aber auch durch die Stellung im Satz ergeben sich sehr feine Unterschiede in der Bedeutung.

Definiere Deine Ziele exakt.

heißt, dass ich mir beim Definieren meiner Ziele diese ganz genau angeben soll, und nicht wieder so wie das letzte Mal…

Definiere exakt Deine Ziele.

Hier geht es jetzt darum, die Ziele wirklich genau zu definieren. Bei

Erstaunlich gut hat er alles gelöst.

ist die Begeisterung möglicherweise noch ein bisschen größer als bei

Er hat alles erstaunlich gut gelöst.

In Nachrichtentexten in den Medien sorgt der Sprecher häufig dafür, dass das Wichtigste an den Satzanfang rutscht.

Wasser in rauen Mengen. Das hätten die Feuerwehrleute in Naumburg heute gerne gehabt.
Tief schockiert sind Verwandte vor allem über den Ablauf des tödlichen Unfalls.

Gerade wenn Sie Reden schreiben, also genug Zeit für die Formulierung haben, können Sie solche Besonderheiten nutzen, um Ihre Botschaft glasklar zu formulieren.

Wenn ich Informationen innerhalb eines Satzes oder Gedankens anordne, entscheide ich immer auch über deren Wichtigkeit. Dabei ist vor allem der Anfang und das Ende entscheidend. Ich kann den wichtigen Begriff auch ans Ende holen, um ihn zu betonnen.

Wie er das gemacht hat, super!
Weil man ihn immer tragen muss, war es einfach nur anstrengend.

Wir finden heute in vielen Texten eine Verlagerung wichtiger Teile, die betont werden sollen, in das sogenannte Nachfeld des Satzes, also ans Ende.

Politiker haben meist nur ein einziges Ziel: wiedergewählt zu werden.
Die Feier hatte nur den Sinn, beiden ein gutes Gefühl zu geben: Manfred und Martin.

PARTIZIPIEN

Auch die Partizipien gehören zu den Informationsverdichtern und führen zu einer geringeren Anzahl von Buchstaben, weil ich sozusagen zwei Dinge in einem Satz gleichzeitig sage

Die schon vor Wochen aussortierte Hose lag auf dem Tisch.

Im Mündlichen machen wir zwei Sätze draus.

Die Hose lag auf dem Tisch. Es war genau die, die ich schon vor Wochen aussortiert hatte.

oder

Ich hatte die Hose vor Wochen aussortiert. Jetzt lag sie auf dem Tisch.

Partizipialkonstruktionen haben daher beim freien Sprechen oder in Reden nichts verloren. Die **eben durchgeführte Untersuchung, das gerade erhaltene Geschenk** und **die von großen Teilen der Belegschaft gewünschte Versammlung** gibt es nur in schriftlicher Sprache.

EINSCHÜBE

Es gibt Autoren, die lieben Einschübe mitten im Satz. Das kann ein schönes Stilmittel sein, um zu zeigen, dass der handelnden Person gerade etwas eingefallen ist.

> **Ich möchte – und das übrigens schon lange – jemandem danken.**

Wenn Ihnen im Vortrag etwas einfallen sollte, weil Sie frei reden, ist es durchaus möglich, in den Gedanken einen anderen Gedanken einzuschieben.

> **Wenn man groß ist, vor allem mit diesem Anzug, das ist nicht optimal.**

Doch Einschübe sind wieder komplizierter zu sprechen und zu verstehen. Deswegen ist meine Empfehlung, sie nur sehr dosiert zu verwenden, wenn man genügend Zeit für die Vorbereitung hat.

Wenn Sie es doch versuchen wollen, dann muss der Einschub entweder einen anderen Unterton haben oder eine andere Tonlage.

> **(Achtung) Wir haben...**
> **(na klar) Kurt weiß, wen ich meine**
> **(Achtung) ...heute ein Geburtstagskind.**

oder

> **(begeistert eher helle Stimme) Wir haben alle**
> **(ruhige tiefe Stimme) Geld war nicht vorhanden**
> **(begeistert, eher helle Stimme) improvisiert.**

Wenn der Einschub aber sehr kurz ist und uns lange Relativsätze spart, kann er eine Rede auch beleben. Bei Steinfeld[128] habe ich ein sehr schönes Beispiel gefunden. Wie hässlich ist die Konstruktion

> **Mein Bruder, der gerade erst gekommen ist, ist schon wieder abgereist.**

verglichen mit

> **Mein Bruder, heute erst gekommen, ist schon wieder abgereist.**

128 Steinfeld, Thomas: Der Sprachverführer. München: dtv 2013, 2. Auflage, S. 71

VERKNÜPFUNGEN

Verknüpfungen sind in gesprochener Sprache oft überflüssig. **Ich habe Hunger. Deswegen lass uns etwas essen gehen.** Das klingt komisch. Wir brauchen in der Alltagssprache die Verknüpfung nicht. Wir würden das wahrscheinlich ohne Bindewort ausdrücken. **Ich habe Hunger. Lass uns was essen gehen.**

In einem Zitat aus dem Jahre 1728 in Gottscheds „Ausführlicher Redekunst" heißt es: „Es ist nichts lächerlicher, als wenn sich einfältige Stilisten immer mit ihrem obwohl, jedoch, gleichwie, also, nachdem, als, alldieweil, daher, sintemal und allermaßen behelfen: gerade als ob man nicht ohne diese Umschweife seine Gedanken ausdrücken könnte."[129] Besonders aufwendige Konstruktionen vermeiden wir im Mündlichen. Ein Satz der mit

Nachdem wir die Boote verlassen hatten...

beginnt, ist wahrscheinlich aus einem Text. Dasselbe gilt für viele andere Konjunktionen. Es gibt Untersuchungen, dass Kinder in polizeilichen Vernehmungen schon Schwierigkeiten haben, Konjunktionen wie **nachdem** sofort zu verstehen.

Daraufhin machten wir uns auf...
Dementsprechend ist es auf der anderen Seite...
Indem wir die anderen einbezogen...
Sobald das Thema feststand...

Das hört sich alles sehr nach Text und nicht nach Rede an. Auch hier geht es wieder darum, nicht darauf zu achten die Konjunktionen zu vermeiden, sondern es nicht zu bedauern, wenn sie fehlen. Sie kommen in gesprochener Sprache einfach seltener vor.

Präpositionen gehören auch zu den Verknüpfungen, und je mehr davon vorkommen, desto schwieriger für Hörer und Sprecher.

Wir gehen in die Gespräche mit den Partnern auf dem Treffen über die Feiertage damit wir nach dem Entwurf am Dienstag neben der Abstimmung von jedem einen Beitrag haben.

Viele Präpositionen deuten also darauf hin, dass Ihr Satz zu lang ist. Außerdem haben manche von uns eine Vorliebe für bestimmte Verknüpfungen. Die vielen **und**, die Sätze im Schriftlichen verketten, kann man in einer Rede beim zweiten Lesen herausstreichen. In diesem Buch habe ich nach dem ersten Entwurf an über hundert Stellen das **Und** am Satzanfang weggestrichen, und es fehlt nichts.

---

129 Zit. nach Leupold, Gabriele, Passet, Eveline (Hrsg.): Im Bergwerk der Sprache. Göttingen: Wallstein Verlag 2012, S. 20

GEGENSÄTZE

Zum Ausdrücken von Gegensätzen haben wir jede Menge Konjunktionen zur Verfügung, wie

entweder – oder, weder – noch, sowohl – als auch

und Sie können damit sehr gut Zusammenhänge herstellen, besonders wenn der Gegensatz kurz ist.

Je kürzer, desto besser.
Entweder kurz oder gut strukturiert.
Sie können damit sowohl schneiden als auch hacken.

Aber wenn die Satzkonstruktion länger wird, wird es schnell unübersichtlich.

Es gibt da zum einen die Stadtbibliothek, das ist die größte Bibliothek in Bayern, die ja vor zwei Jahren gegründet wurde, aber es gibt auch mehrere kleine Bibliotheken, die …

Besonders schwierig wird es dann, wenn die Gegensätze über Kreuz angeordnet sind.

Die Gäste aßen 44 Hummer in drei Schichten, wobei die ersten zwei Schichten alleine auf 33 Hummer kamen.

Kinder wollten eher Bücher und Baukästen, Jugendliche wollen Computerspiele und eher weniger Bücher.

So schön Gegensätze, Aufzählungen und Gliederungen schriftliche Texte strukturieren und damit das Verständnis erleichtern, so kompliziert sind sie im Mündlichen. Sagen Sie lieber erst das Eine, und stellen anschließend das Andere dazu in Gegensatz.

Es gibt die Befürworter, die sich schon ausführlich geäußert haben. Eine andere Gruppe vergessen wir leicht.

Wenn sie aufzählen, sagen Sie das erste Argument, und teilen Sie erst danach mit, dass es noch ein zweites Argument gibt. Möglicherweise kommen Sie dann erst auf ein drittes Argument. Es riecht sehr nach Seminar, wenn man einzelne Punkte in einer bestimmten, vorher angegebenen Struktur abarbeitet.

PASSIV

Auch im Alltag sind uns Menschen nicht unbedingt sympathisch, die sich **leben lassen** anstatt **selber zu leben**. In einer Rede ist es besonders nervig, wenn **die Dinge getan werden** als wenn ein gut gelaunter tatkräftiger Mensch **die Sache in die Hand nimmt**.

Es verunsichert einen, wenn sich die Marktsituation anders darstellt und angebotene Chancen sich einer Nutzung durch Verschwinden entziehen.

186

> **Aber ein neues Ziel hilft, den Einsatz und die Aufmerksamkeit fokussiert zu halten, wenn sich ein angestrebtes Ziel als nicht glücklich gewählt herausstellt.**

Schreiben Sie Ihre Rede aus dem Bauch heraus. Dann sehen Sie sich jeden Satz nochmal an und ersetzen eine passive Konstruktion durch einen Satz im Aktiv.

> **Verheiratet wurden wir am 1. Juli.**
> **Der heutige Tag wurde gut vorbereitet.**

Sie merken, dass sich auch der Sinn leicht ändert. Ich wollte eigentlich nicht heiraten und mit der Vorbereitung hatte ich praktisch nichts zu tun. Bildlich gesprochen stecken Sie sozusagen die Hände in die Hosentasche und halten sich aus allem raus. Es ist immer besser, wenn Sie

> **eine Sache erledigen**

als wenn die gleiche Sache

> **von Ihnen erledigt wird.**

Aktiv ist besser zu verstehen, anschaulicher und leichter zu sprechen als eine Passivkonstruktion. Ausnahmen ergeben sich dann, wenn das Objekt im Mittelpunkt steht. Wenn der Schwerpunkt auf einem Vorgang liegt, dann kann auch das Passiv richtig sein.

> **Die Registratur wurde mit Anfragen überhäuft.**
> **Der Motor ist gestern gecheckt worden.**

VERNEINUNGEN

Verneinungen an sich sind schon kompliziert. Aber mehrere Verneinungen hintereinander gehören zu den am schwierigsten zu verstehenden Konstruktionen, die es gibt. **Ich empfehle Ihnen nicht, sich nichts zu kaufen** geht ja noch. Aber was ist mit **Ich warne Sie, nicht zu rülpsen.** Da sollten Sie rülpsen, weil ich sonst ungemütlich werde. Ich warne Sie ja nur für den Fall, dass Sie nicht rülpsen. Wenn Sie es tun, nicke ich wohlwollend.

> **Dein Benehmen war besser als erhofft.**
> **Der Orkan war heftiger als befürchtet.**

Da müssen Sie jetzt ein bisschen länger überlegen, wie das genau gemeint sein könnte. Oder was ist mit **nicht unweit**. Das ist nämlich ziemlich weit weg. Oder **nicht unstrittig.** Da könnten wir einfacher **strittig** sagen. Was es jetzt bedeutet, dass Sie **mit einem nein verhindern können, dass es nicht wieder vorkommt,** können Sie jetzt mit detektivischem Spürsinn herausbekommen. Wenn Sie also sofort verstanden werden wollen, dann vermeiden Sie Verneinungen und lösen vor allem zweifache Verneinungen auf.

ADJEKTIVE

Das richtige Adjektiv kann vor allem in schriftlichen Texten an der richtigen Stelle etwas Wunderbares sein.

> **Ein gut gebauter Surflehrer**
> **Ein festlich gedeckter Tisch**

Wenn Sie allerdings des Guten zu viel tun, wird das, was Sie sagen, leicht schwülstig. Beim freien Sprechen benutzt man nicht so viele Adjektive, weil man mit jedem Adjektiv einen neuen Gedanken einleiten würde.

> **Die schneeweißen, hellen, feinkörnigen und völlig unberührten Sandstrände...**

Dass die Strände schneeweiß sind, ist der erste Gedanke. Dann folgt der Gedanke, wie hell es dort ist. Jetzt müsste ein weiterer Satz die Tatsache beschreiben, dass der Sand feinkörnig ist, um dann anzufügen, dass die Strände völlig unberührt sind. usw. Nur wenn ich Zeit habe zu planen und zu konstruieren, packe ich ganz viele Eigenschaften in einen einzigen Gedanken. Aufzählungen von Adjektiven kommen im Alltag also seltener vor.

Außerdem habe ich im Mündlichen noch die Möglichkeit, Eigenschaften über den Unterton zu beschreiben. Wenn ich etwas **bewundernd** sage oder **verblüfft**, brauche ich die Bewunderung oder Verblüffung nicht mehr mit Worten auszudrücken.

Es gibt aber Adjektive, die Sie dringend brauchen, weil sie die durch eine bestimmte Art zu sprechen nicht ausdrücken können, wie

> **reich, weich, hübsch, quadratisch, durchsichtig, rot, verlassen, salzig, nackt, hell**

Aber so schön Adjektive in Romanen und Erzählungen sind, beim Redenhalten erzählen sind sie oft zu langatmig und werden auch leicht kitschig.

KURZE WÖRTER

Ein kurzes Wort ist einfach zu merken und einfach zu verstehen. Richard Dowis[130] schlägt kurze Wörter vor und schreibt einen Text ausschließlich aus einsilbigen Wörtern, um im zweiten Schritt vielsilbige Wörter zu verwenden. Das kann eine gute Hilfe sein.

> **Nimm ab. So heißt es. Dünn sein ist das Ziel. Und es muss schnell und leicht gehen. Ein Schritt nach dem andern. Ich weiß, dass es geht, aber will ich das?**

---

130 Dowis, Richard: Lost Art of the Great Speech. New York: AMA Publications 1999, S. 88

Das ist sicher einfacher vorzutragen. Ob der ganze Text so sein sollte, kommt, wie so oft, drauf an. Mir wäre es wichtig, die Rede einmal durchzugehen, um nach Wortungetümen wie Fußballweltmeisterschaftsendrundenteilnehmende oder Arbeitslosenversicherungsnummernvergabe zu suchen und die Wörter zu streichen. Die haben in Reden nichts verloren, weil sie es beiden Seiten schwer machen. Doch im Duden finden sich auch Wörter mit 36 Buchstaben, die für uns ihren Schrecken verloren haben und uns locker über die Lippen gehen, wie:

KOMPLIZIERTE KONSTRUKTIONEN

Ich habe keine Ahnung, warum manche Redenschreiber eine Vorliebe für Satzkonstruktionen haben, die so schwer zu sprechen (und zu verstehen) sind, dass man schon beim ersten Teil der Konstruktion Angst hat, dass der Redner gleich stecken bleibt. Oder würden Sie einen Freund fragen, ob er des Englischen mächtig ist (oder heißt es dem Englischen?) Heißt es um des Aufstehen Willens um des Aufstehens Willen? Da muss man mit der deutschen Sprache aber schon sehr gut umgehen können. Trotzdem höre ich im Radio, Fernsehen und auf der Bühne oft die komplizierten Satzgebilde ungewöhnlich häufig. Es ist fast so, als legten wir es darauf an, uns gewählt auszudrücken.

> Er hat sich dem Gemeinwohl verschrieben.
> Ihn treibt die Frage um.
> Es kann sich Bahn brechen.
> Es bedarf jahrelanger Arbeit.
> Die Verletzung geht einher mit Schmerzen.
> Die Messungen, innerhalb derer wir uns fragen…
> Meine Jugend war geprägt von…
> Das entzieht sich meiner Kenntnis.
> Ich kann mich des Eindrucks nicht erwehren…

Das sind alles Originale die ich in einer Publikumsreihe sitzend oder beim Medienkonsum mitgeschrieben habe.

Warum ist dein Stuhl eine Sitzgelegenheit und Probleme werden zu Problematiken. Wir sprechen von Heilungsverlauf, Lärmentwicklung, Gefahrensituation und Steuerungsprozeß. Da wird ständig nähergebracht, beleuchtet oder eingebunden. Stellen Sie sich vor, Sie sagen zu Hause:

> Schatz, können wir dem Umstand gerecht werden, dass ich heute später zum Abendessen komme?

Wenn das aber so komisch wäre, warum benutzen wir solche Begriffe für unsere Reden? Ich bin ganz gegen Übungen, die helfen sollen, den Wortschatz zu vergrößern. Einen Roman können Sie damit besser machen, eine Rede nicht.

Außerdem verwenden wir so viele **weiße Schimmel**, dass man mit dem Zählen nicht mehr hinterherkommt. **Ich bin restlos überzeugt, dass er in den steilen Felswänden seinen schweren Verletzungen erlag. Ich möchte betonen, dass Unbefugten der Zutritt strengstens verboten ist und wir deswegen Stillschweigen vereinbart haben. Aber wegen der Mitkonkurrenten setzen wir auf Zeitverzögerung, bevor wir die Rückantwort zum Schlussfazit geben.** Haben Sie alle 10 Pleonasmen gefunden? An 10 Stellen in diesem Text wird etwas doppelt gesagt, und das ist nicht nötig. Einmal reicht.

EIGENNAMEN

Die Aussprache von Eigennamen erfordert eine ganz große Sorgfalt. Eine Christine ärgert sich wenn man sie als Kristina bezeichnet und Herr Hofmann und Herr Hoffmann unterscheiden sich in der Aussprache des Nachnamens deutlich. Schreiben Sie mal bei einem Vortrag für die Fraunhofer-Gesellschaft **Frauenhofer-Gesellschaft** auf das Flipchart und verwechseln damit möglicherweise auch noch die Gesellschaft mit dem Institut. Was danach von Ihnen an Inhalt kommt, interessiert schon niemanden mehr, der dort arbeitet. Die ärgern sich alle über Ihre schlechte Vorbereitung.

Das ist natürlich besonders wichtig, wenn Namen aus anderen Ländern oder Kulturkreisen vorkommen. Nun gibt es da kein richtig oder falsch, die chinesische Sprechweise können wir schwer nachahmen. Deswegen gibt es nur zwei Möglichkeiten:

Erstens können wir vielleicht denjenigen fragen, wie er ausgesprochen werden möchte. Dann schreiben wir uns das so auf, wie wir das im Deutschen schreiben würden und benutzen den Eigennamen ab jetzt in dieser Sprechweise. Da stände dann bei mir **Ross-JEEE**, damit Sie sich beim Vorlesen noch erinnern, wie das gesprochen wird.

Die zweite Möglichkeit besteht darin, die Schwierigkeiten, das Wort auszusprechen, zu thematisieren.

> **Ich habe versucht herauszubekommen, wie man...**
>
> **Ich nehme an, das spricht sich...**
>
> **Ich versuche gar nicht erst... geschrieben wird der Name...**

Bei bekannten oder prominenten Namen empfiehlt sich die Recherche, zum Beispiel mit einer App oder einer Internetanwendung, die einem jedes gesprochene Wort vorspricht. Für viele Radio- und Fernsehmoderatoren ist diese Recherche Alltag. Auch die meisten Übersetzungs-Apps haben eine Aussprachefunktion, mit der man die richtige Aussprache eines Namens gut herausbekommen kann. Eine weitere Hilfe sind die Medien.

Wichtig ist nur, dass der Eigenname flüssig und selbstverständlich ausgesprochen wird. Jedes Mal an einem Namen hängenzubleiben, wirkt sehr unprofessionell.

KRIEGSBEGRIFFE

Wenn Sie Ihren Kollegen empfehlen, sich besser **in Stellung zu bringen**, dann haben die unweigerlich die Assoziation, dass sie in den Krieg ziehen.

Wenn mit **Lager** nicht die Regale bei meinem Autohändler gemeint sind, ist es ein Kriegsbegriff, genauso wie die **Manöverkritik, die Front, ins Feld führen** und **für Nachschub sorgen.** Auch wenn Sie von **Gegner** sprechen, vom **Kampf** und dem **Halten der Stellung,** verschärfen Sie die Situation.

Wenn Sie sich des Bezuges und der Wirkung allerdings bewusst sind, dann können Sie die **Bombe** natürlich auch mal **platzen** lassen. Für mich die Ausnahme: es ist witzig:

> **Hey, Chef, kurze Nachricht vom Fußsoldaten an der Frontlinie. Es ist ein bisschen bedrohlich hier unter dem Beschuss und wir sind unterversorgt. Wie wäre es, wenn Sie mir Munition schicken.**

In diesem schönen Beispiel von Peter Meyers und Shann Nix[131] benutzt der Mann vom Außendienst die Kriegsbegriffe, um seinem Chef begreiflich zu machen, dass er Hilfe braucht.

Ob Sie als engagierter Tierschützer das auch noch auf Wörter wie **Rabeneltern, Schweinerei, Hasenfuß, dumme Gans, Versuchskaninchen** und **den Stier, den man bei den Hörnern packt,** ausdehnen möchten, sei Ihnen überlassen.

Außerdem gibt es natürlich jede Menge Möglichkeiten mit Sprache zu manipulieren. Sind die Demonstranten **Chaoten** oder **besorgte Bürger** und hinterlässt

---

131 Meyers, Peter, Nix, Shann: As we speak. New York: Atria Paperback, S. 87

der Amokläufer ein **Pamphlet** oder ein **Manifest**? Politiker haben das längst erkannt. Oder können wir wirklich etwas gegen ein **Gute-Kita-Gesetz** haben? War der **Euro-Rettungsschirm** nicht eigentlich ein **Bankenrettungsschirm?**

ZAHLEN

Was wissen Sie, wenn ich Ihnen sage, dass der Kaninchenzüchterverein in diesem Jahr 30 Punkte auf internationalen Turnieren gemacht hat. Ist das viel oder wenig? Das können Sie nicht sagen, bevor Sie den Vergleichswert nicht kennen. Ist ein Schaufelbagger, der 1 Million kostet teuer? Sind 100 g Chiasamen für 3,97 € billig?

Machen Sie Zahlen vergleichbar! Oder Sie entwickeln ein Bild, damit die Zahl für mich vorstellbar wird.

> **Wenn unser Bewusstsein die Strecke von einem Meter wäre, dann wäre unser Unterbewusstsein die Strecke von Leipzig nach Berlin.**[132]

> **Ungefähr 80% aller Tiere auf unserem Planeten haben sechs Beine.**

> **Wenn Sie sich vornehmen, nicht mehr zu schlafen und nichts mehr zu sich zu nehmen und 3 Sekunden für eine Zahl bräuchten, würden Sie die Milliarde erst in 95 Jahren erreichen.**

Wenn die Zahlen zu groß sind, sind sie für uns ebenfalls nicht mehr vorstellbar. Rechnen Sie den Verbrauch an Agavendicksaft in Deutschland besser auf das Jahr oder den Tag um.

Und runden Sie. In einer Rede ist man nicht so genau, wie in einem Buch. Rund eine Million, etwas mehr als 500 g oder knappe 1000 m sind einfacher zu verstehen und zu lernen.

DUZEN

Meistens sieze ich die Zuschauer. Das ist einfach praktischer. Wenn sie fünf Vorträge in der Woche halten, in denen gesiezt wird, wird der eine, in dem Sie duzen wollen, sehr schwer.

Aber es gibt Ausnahmen. Manchmal werde ich noch vor meinem Auftritt darauf hingewiesen, dass im Unternehmen eine Duz-Kultur herrsche, an die sich der Michael bitte halten möge. Vielleicht sind alle sehr jung oder es fühlen sich alle so wohler. Wenn Manager ihre Krawatten ablegen, kommen oft ganz offene und unkomplizierte Menschen dabei heraus.

Manchmal kenne ich den größten Teil der Teilnehmer. Dann biete ich ein Arbeits-Du an, das nur für dieses Seminar gilt. Trifft mich jemand nach dem

---

132 Gunster, Berthold: Ja – aber, was wenn alles klappt. Frankfurt/New York: Campus Verlag GmbH 2011, S. 118

Seminar wieder und siezt mich, sieze ich ihn zurück. Duzt er mich, mache ich das auch.

Nach Untersuchungen von Prof. Dr. Uwe-Peter Kanning[113] möchten Menschen im Berufsalltag nicht vorgeschrieben bekommen, wen sie duzen und wen nicht. Auch Bewerber in Bewerbungsgesprächen werden nicht gerne zwangsgeduzt. Duzen hat also per se keine eindeutigen Vorteile. Man sollte von Fall zu Fall entscheiden.

DER TITEL

Viele Reden kommen ohne Titel aus. Der Vorstand erklärt die Zahlen, Eva hat Geburtstag oder der Pfarrsaal wird eingeweiht. Aber es gibt auch Vorträge, zu denen die Leute das Haus verlassen, weil es genau dieser Vortrag ist, der gleich stattfindet. In der Flut von Reden und Vorträgen und Präsentationen kommt dem Titel eine viel größere Bedeutung zu als früher. Den Titel plant man am besten nicht als erstes, weder beim Buch noch bei einer Rede. Wenn man die Rede fertig hat, ist es viel leichter, einen passenden Titel zu finden.

Natürlich sollte man beim Titel sofort wissen, worum es geht. Wenn die Zuschauer gar keine Ahnung haben, wohin die Reise geht, ist das irritierend. Nicht nur amerikanische Prediger stellen ihre Reden immer unter ein Thema. Das ist einfacher für den Redner und leichter für die Zuschauer.

Aber das kann man auch im Untertitel sagen: **Fünf tolle Wege reich zu werden – wie Sie Ihr Geld richtig anlegen** oder **Der Jo-Jo-Effekt kann mich mal – wie Sie abnehmen ohne zu Hungern.** Der erste Teil des Titels will nichts anderes als Aufmerksamkeit, damit das Interesse Ihrer Zuschauer mit einem Paukenschlag geweckt wird.

Nehmen wir einmal an Sie halten einen Vortrag über Glück und Zufriedenheit. Der Untertitel lautet also **Ein glückliches Leben führen.** Für den ersten Teil hier mal ein paar Vorschläge

Provozieren:	**Leben auf dem Sofa ist so anstrengend.**
Wie Sie...:	**Wie Sie nie vergessen, worum es im Leben geht.**
Die x Wege:	**5 Wege in eine bessere Zukunft!**
Achtung:	**Achtung: Schluss mit Rumlungern!**
Persönlich:	**Wie ich mein Glück fand!**

---

133 Video der Hochschule Osnabrück: Siezen Sie noch oder duzt du schon?

Frage:	**Haben Sie die Antwort auf „Warum das alles?"**
Beispiel:	**Was glückliche Menschen anders machen!**
Fachmann:	**Was mich 100 Glücksbücher gelehrt haben.**
Anleitung:	**Der leichteste Weg zum glücklichen Leben.**
Begründung:	**Warum das Leben mehr ist, als Sie glauben.**
Wette:	**Wie Sie Dinge erreichen, die Sie nie für möglich hielten.**

Uns interessieren Wörter wie **Fehler, Geheimnis, Stopp, Falsch** oder Superlative, wie der **Beste, der Einfachste, der Schönste.** Außerdem Satzanfänge wie **Stell Dir vor** oder **Nehmen wir an…**

Attraktiv ist ein Titel, wenn er witzig ist, wenn er provoziert oder wenn er ungläubiges Nachfragen auslöst. Der Titel ist nicht der Vortrag, er muss in vielen Fällen aber Menschen anlocken, man muss ihn interessant finden, um ihn zu besuchen oder zu buchen.

> **Nie mehr arbeiten**

ist besser als

> **Die Arbeitswelt im beginnenden 21.Jahrhundert**

oder

> **Mein Team kann mich mal**!

ist besser als

> **Gruppenarbeit leicht gemacht**.

und

> **Das Geheimnis der Attraktivität**

ist besser als

> **Der effektive Einsatz der Körpersprache**

Die Botschaft, die der Titel verheißt, muss Menschen treffen, deren Problem damit gelöst wird.

Ich war mal auf einer Veranstaltung, bei der das Motto mit Musik zu tun hatte. Alle Workshops hatten Titel, die im weitesten Sinne etwas mit Musik zu tun hatten. Da verließ dann die Hälfte der Teilnehmer den Saal des Workshops, als sie merkte, dass die Anspielung auf die Musik nur ein Marketing-Gag für den Arbeitskreis war. Da die Teilnehmer sauer waren, so hereingelegt worden zu sein, verlief der Auszug der Zuschauer nicht ohne deutliches Geschiebe und Gerumple.

UNTERSTELLUNGEN

Was ich gar nicht mag sind Titel wie

> **Wie Sie endlich glücklich werden!**
> **Fangen Sie an zu leben!**
> **Schluss mit Ihrem alten Leben.**
> **Sie verdienen viel zu wenig!**
> **Warum sind wir nur so dick?**

Die suggerieren nämlich, dass mit mir etwas nicht stimmt.

Wie Sie sich nie mehr unter Wert verkaufen!
Schluss mit dem ewigen Zögern!
Endlich glücklich!

Ich könnte die Liste beliebig fortsetzen. Es mag Menschen geben, die das anziehend finden. Mich ärgert das! Da behauptet jemand einfach, dass mir etwas fehlt, dass ich nicht komplett bin, dass ich etwas falsch mache, und er will mir bei meinen Problemen helfen. Da kriege ich schlechte Laune. Ich schmolle und sage innerlich: Stimmt ja gar nicht. Auch wenn ich der größte Idiot wäre, möchte ich das von jemand anderem nicht gesagt bekommen.

Vielleicht ist es ja wirklich so. Vielleicht brauche ich wirklich Hilfe. Aber da muss der Redner mir erst mal beweisen, dass mit mir was nicht in Ordnung ist. Wenn ich erstaunt über mich selbst bin, wenn ich merke, dass die Ideen des Redners auch für mich gelten könnten, dann werde ich auf einmal aufmerksam.

KONKRET

Je spitzer die Zielgruppe, je konkreter der Titel, desto besser. Ich habe viel mehr Vortragstitel auf meiner Internetseite, als ich Vorträge habe. Denn wenn der Vortrag für Rechtsanwälte ist, dann wollen die am liebsten einen Titel, in dem das Wort Rechtsanwalt auch vorkommt. Das gilt auch für Flugbegleiter und Karpfenzüchter.

Wir haben große Angst davor, dass es zu allgemein wird, und wir am Ende für uns nichts mitnehmen. Ein Vortrag voller Managementgeschwurbel interessiert niemanden. Für den Redner ist es vielleicht nur eine knappe Stunde, für das Publikum kann es eine Ewigkeit sein.

Wenn viele Substantive im Titel vorkommen, möglicherweise noch auf die Endung **–ung, -ion, -keit, -heit** und **-ät,** dann sollten Sie vielleicht nochmal überlegen.[134]

Die Optimierung der Digitalisierung bei der
Kundengewinnung im Online Marketing durch
strategische Positionierung...

kann man ganz einfach durch

Hilfe, wir sind ausverkauft!

---

134 LaRoche, Walther von, Buchholz, Axel, Hrsg.: Radio-Journalismus. Wiesbaden 2017, 11. Auflage, S. 18

ersetzen. Der Vortragstitel

Der bewusste Einsatz verschiedener Kommunikationsmittel für ein besseres Miteinander...

und

Alles Spinner außer mir!

sind zwei verschiedene Titel für denselben Inhalt. Schon an der Art der Auswahl lerne ich, die Veranstaltung einzuschätzen. Der Auftraggeber, der den jeweils ersten Titel gebucht hat, ist deutlich konservativer. Das hilft mir sehr bei der Vorbereitung.

WOHLKLINGEND

Es hilft, wenn der Titel schön klingt. Ein Titel wie

Online – und zurück

ist knackig und klingt gut. Ein Titel wie

Führung – einmal hin und zurück

klingt sperrig. Wenn Sie oft mit demselben Vortrag auftreten, sollten Sie sich mit dem Titel Mühe geben, oder sich Hilfe von einem Profi holen. Ob Sie brav oder provozierend sind, spielt keine so große Rolle. Der Titel sollte griffig sein und man sollte ihn im besten Falle behalten können. Gereimt ist auch nicht schlecht.

Motivation? – Das kann ich schon!
Lust auf Ideen? – Wir sollten uns sehen!

Ein Vortragstitel von Gerriet Danz[135] heißt

Scheiter! Weiter! Heiter!

Das macht neugierig. Auch Werbeslogans oder Filmtitel, in die andere Menschen schon eine Menge Energie gesteckt haben, lassen sich prima umarbeiten. Bei dem Vertriebsprofi Klaus J. Fink[136] heißt das

Bei Anruf Termin!

und bei dem ehemaligen Agenten und Speaker Leo Martin[137] heißt es

Mission Führung

So ein Titel verrät, dass da jemand Arbeit investiert hat. Eine gute Botschaft, wenn Menschen fürs Zuhören bezahlen sollen.

---

135 www.gerrietdanz.com
136 www.klaus-fink.de
137 www.leo-martin.de

Zwei Autorinnen, die keinen Titel für ihr Buch fanden, verbrachten mal eine Stunde in einer Buchhandlung und versuchten die Titel sämtlicher Bücher, die dort lagen, auf ihr Thema zu beziehen. Danach hatten sie so viele Titel, dass die Auswahl schwer fiel.

Seien Sie vorsichtig mit Sprüchen von berühmten Persönlichkeiten. Wenn ich mir Kataloge von Speakeragenturen ansehe, finde ich so viele Zitate von fremden Menschen als Motto von Speakerkollegen. Sie ahnen, was ich denke: Wenn dem schon kein eigener Titel einfällt, was wird das wohl für ein Vortrag werden?

Fragen

Titel, die Antworten geben, sind nicht attraktiv. **Führen durch aktives Zuhören** ist ein langweiliger Titel. Ich weiß, was kommt, zumindest glaube ich zu wissen, was kommt, und das ist nicht attraktiv. Da wird mir jemand erklären, dass ich mit aktivem Zuhören alle Führungsprobleme löse, und mir dann zeigen, wie das geht.

Körpersprache als Erfolgsfaktor im Business

ist deutlich langweiliger als

Mit Charisma Menschen gewinnen.

Mich interessiert Ihre Methode erst, wenn es losgeht; ein Lockmittel für den Vortrag ist sie nicht. Im Gegenteil: Wenn ich mit der Lösung schon mal konfrontiert war oder die Methode schon kennengelernt habe, wäre das unter Umständen ein Grund, nicht hinzugehen.

Stellt der Titel aber eine Frage, auf die ich schon immer eine Lösung wollte oder spricht ein Problem an, das mir bekannt vorkommt, werde ich mit großer Wahrscheinlichkeit im Zuschauerraum sitzen.

Im Internet gibt es unzählige Videos und Texte, wie man Titel und Thumbnails (Vorschaubilder) von Videos optimiert. Provokationen, Widersprüche, Erstaunliches. Das kann gute Hinweise für tolle Titel liefern. Außerdem zeigt sich wohl, dass Filme mehr geklickt werden, wenn sie eine Frage stellen, als wenn sie eine Antwort geben.

EINE REDE AUFSCHREIBEN

Eine geschriebene Rede vorzutragen ist verhältnismäßig einfach. Vorausgesetzt, Sie können flüssig lesen. Sie stellen sich hinter ein Rednerpult und lesen Ihnen bekannte Sätze einen nach dem anderen vor. Was jetzt folgt, sind nur Vorschläge. Was für Sie passt und womit Sie am besten zurechtkommen, müssen Sie selbst herausfinden. Sind Sie kurzsichtig oder nicht, arbeiten Sie mit bestimmten Schriften besonders gerne, wie groß sind Ihre Moderationskarten, können Sie etwas ablegen? Davon hängt viel ab, wenn Sie Ihre Rede aufschreiben.

Man kann mit Verdickungen und Unterstreichungen arbeiten, aber auch mit Symbolen für ruhiges Stehen oder Einsatz eines Requisits oder für eine Interaktion mit dem Publikum. Ein Piktogramm sagt manchmal mehr als ein langer Text. Außerdem bilden Sie Abschnitte. Sie erkennen sofort, wo ein neuer Gedanke beginnt und finden sich im Text leichter zurecht, nachdem Sie ins Publikum geschaut haben.

Wenn ein Fehler im Manuskript steht, ist das immer die erste Stelle, an der der Redner sich verliest, sich verhaspelt oder irritiert innehält. Auch wenn das Manuskript nur für Sie ist, arbeiten Sie das Manuskript mehrmals durch, um Tippfehler zu vermeiden. Am besten bitten Sie eine zweite Person, sich das noch einmal durchzulesen. Auf der Bühne stehen Sie unter Stress, egal wie lange Sie das schon machen. Jede noch so kleine Irritation sollten Sie vermeiden. Es ist nicht egal, wie Sie Ihre Rede aufgeschrieben haben.

Meine Texte, ganz gleich ob für Manuskript oder Teleprompter, schreibe ich immer linksbündig. Jeder Satz beginnt am linken Rand, so dass ich, wenn ich in den Zuschauerraum gucke, den Faden sofort wiederfinde, weil es links weitergeht. Außerdem erfährt mein Unterbewusstsein etwas über die Länge des Satzes.

So schön einfache Hauptsätze sind, weil sie das Lesen und das Verstehen enorm erleichtern, so sehr müssen Sie aufpassen, dass die Sätze nicht klappern.

> **Die Dummheit der Menschen ist antastbar.**
> **Das wissen alle von uns seit Jahren.**
> **Und trotzdem schauen wir tatenlos zu.**

Alle drei Sätze werden auf dem letzten Wort betont und wirken in dieser Abfolge eintönig. Wenn ich das jeweils linksbündig aufschreibe, merke ich das sofort. Ich kann das beim Vorlesen ein bisschen kaschieren, in dem ich im zweiten Satz zum Beispiel **wissen** betone. Aber wenn meine Sätze so klappern, dann schreibe ich sie nochmal um. Es sei denn, ich will einen bestimmten Effekt erzielen. Merken kann ich mir einen Flattertext ohnehin besser als im Blocksatz.

> **Heute ist ein besonderer Tag.**
> **Für mich und für Sie.**

Wir feiern.
Wir feiern mit allem was dazugehört und werden so schnell nicht damit aufhören.

Dazu mindestens ein eineinhalbfacher Zeilenabstand und Schriftgröße 14 pt. In dunklen Räumen, oder wenn der Raum wegen der Präsentation abgedunkelt wurde, kann die Schrift durchaus auch größer sein.

SCHRIFT

Serifen sind die kleinen Verdickungen bei Schriften wie Times New Roman oder Bookman Old Style. Tests haben ergeben, dass man diese Schriften besser lesen kann, weil man leichter in der Zeile bleibt.

Lesen Sie ein Manuskript aber auf einem Computer oder einem Tablet, haben wir das Problem, dass so eine Serifenschrift deutlich mehr Rundungen, und damit Flimmereffekte enthält. Da ist Tahoma deutlich ruhiger. Doch die Qualität der Geräte wird immer besser, und wir können mehr nach unserem persönlichen Geschmack gehen.

Also entscheiden Sie selbst. Wenn man sich einmal an eine Schrifttype gewöhnt hat, bleibt man in der Regel dabei.

ohne Serifen	mit Serifen
Verdana	Times New Roman
Tahoma	Bookman Old Style
Trebuchet	Courier New
Arial	Century

Längere Texte schreibt man mit Serifenschriften, für Überschriften bieten sich serifenlose Schriften an. Die sind klarer und sehen besser aus. Es gibt noch eine Unterscheidung bei Schriften, nämlich die nicht-proportionalen Schriften wie Times New Roman oder Verdana, bei denen jeder Buchstabe unterschiedlich viel Platz braucht oder zum Beispiel die alte Schreibmaschinenschrift Courier New, die die Bedingung hatte, dass jeder Buchstabe gleichviel Platz verbrauchen muss, damit sich ein angenehmes Schriftbild ergibt. Das ist eine nicht-proportionale Schrift.

Ich benutze zum Konzipieren eine nicht proportionale Schrift, weil ich da ein i zwischen zwei ll (lil) zum Beispiel leichter korrigieren kann. Anschließend wandle ich das Ganze in eine proportionale Schrift um. Das hat den zusätzlichen Vorteil, dass mir der Text jetzt fremd vorkommt, und ich finde bei der Korrektur deutlich mehr Fehler.

Manche Trainer empfehlen **fette Schrift**, <u>Unterstreichungen</u> und GROSSBUCH-STABEN. Die drei in der Intensität sprachlich zu unterscheiden, wäre sogar für mich unmöglich. Wie wird das werden, bei den Wörtern in Großbuchstaben, die auch noch unterstrichen sind. Der Redner wird auf das Wort drücken wie ein verzweifelter Politiker vor der drohenden Abwahl. Die Zuschauer seufzen und denken: Was für ein schlechter Schauspieler!

Fast alle Autoren empfehlen, die wichtigsten Wörter zu unterstreichen, damit Sie sie betonen und in die Menge donnern können. Aber die Sache hat einen Haken: Das ist nicht einfach. Das lernen Radiomoderatoren oder Autoren von Fernsehshows, die Teleprompter mit Texten bestücken. Das lernen Redenschreiber oder Hörspielautoren. Da gibt es nicht unendlich viel zu lernen, aber dennoch so viel, dass ich sofort unterscheiden kann, ob sie das können oder nicht.

Wenn Sie sich das tollste Werkzeug für Ihr Auto kaufen, können Sie das Auto trotzdem noch nicht reparieren. Einfach mal ein paar Schrauben zu lockern oder festzuziehen, sieht nach intensiver Arbeit aus, bringt aber gar nichts. Es gibt nichts, was Schauspieler mehr in Rage bringt, als wenn der Autor des Stückes ihnen Sprech- oder Pausenzeichen in den Text gesetzt hat. Sie empfinden das als Beleidigung ihres Berufsstandes, zumal die Zeichen fast immer völlig verkehrt sind. Hier ein leicht verfremdetes Original aus der Rede eines CEO mit seinen falschen Betonungszeichen.

> Und auch für die Banken hat sich <u>vieles</u> zum Besseren gewendet. Das zeigen nicht zuletzt die jüngsten Zahlen – <u>auch</u> aus unserem Hause. Gleichwohl ist die Krise noch <u>nicht</u> ausgestanden.

Mir wäre hier wichtig, dass sich vieles zum BESSEREN gewendet hat. Die Betonung von vieles wäre nur sinnvoll, wenn wir im Satz davor von wenigem gesprochen hätten. Im zweiten Satz wäre mir das AUS UNSEREM HAUSE deutlich wichtiger als das auch. Was weiß ich, wenn ich ein auch höre? Gar nichts. Im letzten Satz wird hier die Verneinung betont. Auch das würde ich nicht machen.

> Gleichwohl ist die Krise noch nicht AUSGESTANDEN.

Das waren noch wenige Betonungszeichen. Manche Reden von Managern sind gespickt mit Betonungen und der Redner wird viel Aufmerksamkeit auf die Betonungen lenken, so dass er nicht mehr im Auge hat, was er eigentlich sagen will.

Wenn Sie die Grundbegriffe des richtigen Betonens nicht wenigstens mal gehört haben, werden Sie falsch betonen. Sehen Sie sich mal den folgenden Text an. Alles richtig betont? Oder entdecken Sie Fehler?

> WIR haben heute ALLE VIEL gehört. VIEL Gutes, aber auch VIEL Schlechtes.

Dieser Satz enthält ganze 15 Betonungsfehler. Also unterstreichen Sie nicht wild in Ihrem Text herum oder drucken jedes zweite Wort in Großbuchstaben aus. Das, was Ihnen helfen soll, verwirrt Sie am Ende nur. Wenn wir den Text einigermaßen kennen, werden wir mit Betonungszeichen genauso viele Fehler machen wie ohne. Lesen Sie doch nur mal als abschreckendes Beispiel den Text oben laut.

Wir zu betonen ist falsch, das wird ja gesagt, aber wir setzen es nicht gegen jemand anderen ab, wieso auch? Wer hat heute denn nicht viel gehört? Alle und viel würde ich auch nicht beide betonen. Der Satz klappert ja richtig vor lauter Betonungen.

Alle könnten einen kleinen Ton abbekommen, aber besser ist es, gehört zu betonen. Das ist sinnvoll. Ein Wort mit einer hohen Informationsmenge. Wenn Sie nur gehört mitbekommen, dann können Sie ahnen, was der Sprecher sagen will. Im zweiten Satz wird dann Gutes betont und Schlechtes. Viel noch zwei Mal zu betonen ist sinnlos.

Wenn Sie sich mit einem Stift kleine Regieanweisungen in den Text machen, ist das eine Hilfe. Sie geben sich selbst Tipps, wie Ihr Text zu sprechen ist, und Sie können sich selbst helfen, bestimmte Angewohnheiten zu vermeiden, indem Sie sich daran erinnern. Da es für die Form keine allgemein gültigen Regeln gibt, mache ich Ihnen hier ein paar Vorschläge.

/	(zwischen den Wörtern)	Atempause, Staupause<<XE „Staupause">>, Zäsur
===	(unter dem Wort)	Betonung<<XE „Betonung">> Hauptton<<XE „Hauptton">>
------	(unter dem Wort)	Betonung<<XE „Betonung">> Nebenton<<XE „Nebenton">>
	oder:	
//	(über dem Wort)	Betonung<<XE „Betonung">> Hauptton<<XE „Hauptton">>
/	(über dem Wort)	Betonung<<XE „Betonung">> Nebenton<<XE „Nebenton">>
↓	(hinter dem Wort)	Ende des Gedankens (Stimmführung<<XE „Stimmführung">> nach unten)
↑	(hinter dem Wort)	Gedanke geht trotz Pause<<XE „Pause">> weiter (Stimmführung<<XE „Stimmführung">> nach oben)
→	(hinter dem Wort)	Pause<<XE „Pause">> im Gedanken (Stimme bleibt in der Schwebe)

Vor allem, wenn es für ein Wort verschiedene Betonungen gibt, je nach Textzusammenhang, hilft ein Zeichen sehr, richtig zu lesen.

> **Du redest ja nur blöd daHER. DAher rede ich nicht mehr mit Dir.**
> **Er findet sich DAmit ab, daMIT er mitfahren darf.**

Aber bitte nicht zu viel des Guten. Leuchtstifte in unterschiedlichen Farben, Bleistifte in vier Stärkegraden und aufgeklebte Smileys verwirren nur. Sie sind da vorne unter Stress. Die Zeichen müssen einfach und auf den ersten Blick zu erfassen sein.

Wenn Sie das häufiger machen, immer denselben Text benutzen oder möglicherweise literarische Texte vortragen, dann können Sie die Anzahl der Sprechzeichen stufenweise steigern. Was Sie betonen müssen und wie Sie die Sprechzeichen setzen, erfahren Sie im Kapitel „Eine Rede vorlesen".

SATZZEICHEN

Egal, welche Note Sie in der Schule hatten, jetzt kommt Ihre große Stunde. Jetzt dürfen Sie endlich das tun, was Sie eigentlich schon immer wollten: Sie dürfen die Satzzeichen nach Gefühl setzen. So wie Sie sprechen wollen oder derjenige, für den Sie die Rede schreiben. Wenn Sie Ihre Rede erst in Ihr Smartphone sprechen, lassen Sie Ihre Sekretärin, wenn Sie eine haben, die Satzzeichen so setzen, wie Sie geredet haben, und nicht wie es richtig ist. Wenn Sie selber aufschreiben, pfeifen Sie auf die richtige Grammatik und schreiben einfach, wie Sie gesprochen haben. Dann besteht anschließend die Hoffnung, dass Sie Ihre Rede wiedererkennen.

> **Ich habe einen Traum:**
> **Den Traum von einer Beratung die berät –**
> **Einer Beratung die hilft –**
> **Einer Beratung deren Mitarbeiter immer willkommen sind.**
> **(und das sage ich ohne jedes Selbstmitleid)**
> **Gelaber: gibt's bei uns nicht.**
> **Lange Diskussionen... gab es bei uns – nicht.**

Ein Satzzeichen ist eine Hilfe, die Struktur eines Satzes zu verstehen. Satzzeichen und Rechtschreibung helfen, den geschriebenen Satz besser zu verstehen. Wir können dadurch genau festlegen, was der Satz genau bedeutet. Wir unterscheiden z. B.

> **Max flüstert: Weil der Fernseher läuft.**
> **Max flüstert, weil der Fernseher läuft.**

Er las im Boot von Lothar Günther Buchheim.
Er las „Im Boot" von Lothar Günther Buchheim.

Ein Paar Störche
Ein paar Störche

Gestern überraschte die Feuerwehr Leute.
Gestern überraschte die Feuerwehrleute...

Lesen Sie mal die folgende Passage. Allein durch die Satzzeichen bekommen Sie ein Gefühl, wie unterschiedlich beide Passagen gesprochen werden sollen.

Mit mir?
Jetzt?
Keine Chance!!!

oder

Mit mir jetzt keine Chance...

Klammern ändern ihre Bedeutung in einem Redemanuskript. Wenn eine Klammer bedeuten sollte, dass etwas nicht gesagt wird, so gehört es gar nicht aufgeschrieben. Aber eine Klammer kann Ihnen Regiehinweise geben, wie Sie etwas sprechen sollen.

Nun zu Barbara (von Markus später mehr)
Martin (er ist gerade gekommen) wird dazu noch was sagen.

Dasselbe gilt für Gedankenstriche. Ich kann sie mitten im Satz setzen, um nach der entsprechenden Pause die Pointe herauszulassen, oder ich kann etwas spannend machen.

Wir haben im letzten Jahr – 4% Prozent mehr Umsatz gemacht.
Vorbereitet habe ich mich heute – nicht.

Normalerweise bin ich gegen diese Pausen mitten im Satz, die ich Ihnen hier vorschlage. Die Unterscheidung ist ganz einfach. Bei

Gestern Abend – gingen wir spazieren.

geht es nach der Pause mit demselben Ton weiter, wie der Satz angefangen hat. Das ist sinnlos. Doch bei

Wir werden – 40 neue Mitarbeiter einstellen.

sollte ich bei den 40 den Ton wechseln. Ich ändere mitten im Satz den Ton, weil ein neuer Gedanke kommt. Ich will das, was ich sage, verstärken. Wenn Sie das nicht dauernd machen, kann das ein schönes Stilmittel sein. Lassen Sie Ihrer Phantasie freien Lauf. Wichtig ist ja nur, dass Sie sich selbst zurechtfinden.

DAS MANUSKRIPT

Wenn Sie ein Manuskript brauchen, dann schämen Sie sich nicht dafür. Sie können ja nicht alles im Kopf haben. Wichtig ist, dass das Manuskript gut nummeriert ist, und das Papier kann auch dicker als 80 g sein. Mit verschwitzten Händen geht vieles schwerer.

Außerdem sparen Sie nicht am Papier. Sie müssen es nicht bis an den Rand vollschreiben. Gerade um die unteren Zeilen zu lesen, müssen Sie sich tief in Ihr Pult vergraben und Ihr Publikum alleine lassen. Deswegen am besten nur zu zwei Dritteln beschreiben, einen Rand lassen für das Festhalten beim Umblättern.

Egal ob Manuskript oder Karten. Nie verknickt, nie mit Eselsohren oder Kaffeeflecken. Das Publikum nimmt es übel, wenn sie etwas geboten bekommen, was seit Wochen bei Ihnen auf dem Küchentisch herumlag und von allen schlecht behandelt wurde.

Nummerieren Sie die einzelnen Seiten sehr groß, damit sie auch im Halbdunkel gut sichtbar sind. Die Wahrscheinlichkeit, dass Sie mindestens einmal alles runterwerfen, ist ziemlich groß.

Die Leiterin der Moderatorenschule Baden-Württemberg, Nicole Krieger[138] bedruckt ihre Moderationskarten mit dem Logo der Veranstaltung und passt sie farblich ihrer Garderobe an. Ein rotes Kleid mit oranger Karte könnte für unfreiwillige Aufregung sorgen.

Diese Moderationskarten sind etwas sehr Intimes. Manchmal stehen sehr private Notizen darauf. Deswegen geben Sie die Karten nicht aus der Hand. Ich habe erlebt, wie die Kommunikationsabteilung eines CEOs ihm immer wieder die Karten für die Bilanzpressekonferenz ausgewechselt hat, um nicht zugeben zu müssen, welche Zahl da jetzt nicht gestimmt hat und geändert wurde. Immer waren die persönlichen Notizen weg und der Umbruch verändert. Wie soll man da mit der Rede vertraut werden?

Legen Sie das Manuskript in eine Mappe, die ruhig schwerer sein darf. Der Psychologieprofessor Robert Cialdini[139] erklärt uns, dass wir einem schweren Klemmbrett mehr Bedeutung geben als einem leichten. Die Rede, die Sie auf der Preisverleihung vorlesen, steckt also in einem Lederordner.

---

138 Krieger Nicole: Die Gastgeber-Methode. Weinheim/Basel: Beltz-Verlag 2017, S. 127
139 Cialdini, Robert: Pre-Suasion. Frankfurt/New York: Campus Verlag GmbH 2017, S. 133

- Beschreiben Sie immer nur eine Seite.
- Flattersatz ermöglicht eine leichtere Orientierung im Text als Blocksatz.
- Vermeiden Sie Trennungen am Ende der Zeile.
- Schalten Sie die automatische Trennfunktion am Computer aus.
- Kennzeichnen Sie Zitate deutlich, damit Sie sie sprecherisch absetzen können.
- Schreiben Sie längere Wörter mit Bindestrich.

Haft-entlassungs-begehren
Straßen-zustands-bericht
Au-then-tizi-tät

Für mich ist es noch einfacher, wenn ich die einzelnen Teile groß schreibe.

Finanz-Dienst-Leistungs-Unternehmen

Da, wo Sie frei auf der Bühne stehen und nicht der ganze Text aufgeschrieben ist, arbeitet es sich am besten mit Stichwortkarten. DINA4 wäre jetzt zu groß und Papier zu dünn.

Karten in DIN A5 oder DIN A6 oder auch ein Drittel DIN A4 helfen sehr dabei, bei dem Satz zu sein, den man sagt und nicht bei dem Satz, den man gleich sagen wird. Wenn Sie immer einen Satz weiter sind, dann können Sie auf den nächsten Versprecher regelrecht warten, von den leeren Augen in Richtung Publikum mal abgesehen.

Wenn Sie den ganzen Abend auf der Bühne sind, brauchen Sie mehrere Stapel. Mehr als 10 bis 15 Karten gleichzeitig in der Hand zu halten ist echt anstrengend. Es spricht aber nichts dagegen, den Stapel nach einem anderen Redner oder einer Einlage auszuwechseln.

ZAHLEN SCHREIBEN

Schreiben Sie Zahlen am besten, indem Sie alle drei Stellen einen Punkt einfügen, von hinten gezählt.

123.345.678
4.300 m

Runde Zahlen schreiben Sie am besten aus

18hundert
400tausend
5 Millionen 600tausend

Das liest sich anschließend deutlich leichter. Besonders bei sehr großen Zahlen, empfiehlt es sich, die Zahl in Worten aufzuschreiben

4 Millionen
12 Milliarden
1 Milliarde 600tausend

Sollen sich die Zuschauer die Ziffern merken, dann sind zweistellige Zahlen ideal.

24 35 67

das ist deutlich einfacher zu merken und zu lesen als

243567

Am PC ergeben 1000 Zeichen eine Sendeminute, aber nur, wenn die Zahlen und Abkürzungen ausgeschrieben werden. Wenn Sie das nicht tun, müssen Sie die Zeit stoppen.

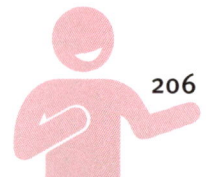

Eine Rede vorlesen

Eine Rede abzulesen, ist nicht die beste Möglichkeit, sein Publikum zu begeistern, aber wenn einer das sicher und souverän macht und der Inhalt neu und überraschend und witzig ist, dann kann er mich trotzdem faszinieren. (Davon abgesehen, dass man auch vorlesen lernen kann). Ich habe Matthias Nöllke[140] zum Beispiel mal ganz fasziniert zugehört, obwohl er seine Rede nur abgelesen hat. Es war trotzdem das Highlight des Tages.

Vielleicht hat der Redner in der Zeit, in der die anderen im Rhetorikkurs waren, die Wirtschaft vor dem Kollaps bewahrt, den nächsten Präsidenten ausgewählt oder dafür gesorgt, dass seine Frau noch ein paar Jahre bei ihm und den Kindern bleibt. Dann freuen wir uns mit ihm an seiner schlechten Leistung. Er hatte schlicht Wichtigeres zu tun.

Sie können reden, ohne das Handwerk des Vorlesens zu erlernen, oder Sie erlernen es. Aber das ist etwas grundsätzlich anderes, als frei zu sprechen. Das eine ist in den meisten Fällen nicht einmal eine gute Vorbereitung auf das andere.

Sprechen nach aufgeschriebenen Worten ist ein komplizierter Prozess. Wenn ich daran glaube, dass die aufgeschriebenen Sätze für Gedanken stehen, dann ist es jetzt wichtig, die Sätze des Manuskriptes nicht einfach nur vorzulesen, sondern den Gedanken dahinter wieder entstehen zu lassen. Dazu ist eine Menge Wissen vonnöten. Wobei ein Medizinstudium deutlich aufwendiger ist.

Wenn Sie das ausgeschriebene Manuskript als Zwischenschritt zum freien Sprechen einplanen, dann wird das nicht funktionieren. Sie werden am Ende nach Stichworten sprechen können. Aber diese Stichworte werden Sie an Sätze erinnern. Dann können Sie die Sätze auch gleich vorlesen. Auswendig gelernte Sätze, die Sie von Ihrem inneren Teleprompter ablesen, sind kein freies Sprechen, so wie ich es verstehe.

Vollständigkeit und Genauigkeit sind die wichtigsten Argumente für eine aufgeschriebene Rede. Wenn Ihr Ziel ist, genau und vollständig zu sein, dann schreiben Sie auf und lesen Sie ab, egal, wie das klingt. Sie wollen es versuchen? Dann hier die wichtigsten Tipps.

Gedanken sprechen

Das größte Problem beim Vorlesen ist der Unterschied zwischen einem Satz und einem Gedanken. **Der Idiot!** ist ein kompletter Gedanke, aber kein Satz.

Ich hatte von anderen gehört, dass er sich mit meiner Frau trifft, ohne mir etwas zu sagen.

---

140 www.nöllke.de

ist ein Satz, aber es sind zwei Gedanken. Es gibt Autoren oder Trainer, die von Sinneinheiten sprechen, aber ich halte den Begriff für verwirrend. Was ist eine Sinneinheit? Gedanke klingt für mich logischer und klarer.

Wenn Menschen vorlesen, dann lesen Sie Sätze vor und achten nicht mehr darauf, aus den Sätzen wieder Gedanken zu machen. Der Laie wird also in dem Beispielsatz bei den Kommas jeweils eine Pause machen.

> **Ich hatte von anderen gehört – dass er sich mit meiner Frau trifft – ohne mir etwas zu sagen.**

Da der Satz aber keine drei, sondern nur zwei Gedanken enthält, ist nur die Pause nach **trifft** sinnvoll. Da sollte man mit der Satzmelodie nach unten gehen. Wenn man den Satz vorlesen will, macht man das am besten gleich deutlich, indem man die Satzzeichen ändert.

> **Ich hatte von anderen gehört dass er sich mit meiner Frau trifft. Ohne mir etwas zu sagen.**

So würde man das fürs Lesen aufschreiben. Bei Menschen, die Reden vorlesen oder auswendig lernen, werden sonst die Kommas gelesen, und es tauchen diese komischen Pausen in jedem Satz auf.

> **Wir achten darauf – dass wir mit der Zeit gehen.**
> **Ist es so schlimm – wenn ich mal zu spät komme?**

Noch schlimmer wird es, wenn die Pausen einfach ohne jeden Sinn mitten im Gedanken stehen.

> **Dieser neue Fotoapparat – läutet eine neue Ära ein.**
> **Ich freue mich wahnsinnig – auf die heutige Veranstaltung.**

Viele von uns haben sich an diese Pausen gewöhnt, die einem lächerlich vorkommen, sobald man darauf achtet. Das kommt daher, weil wir mit synchronisierten englischen oder amerikanischen Fernsehserien aufgewachsen sind. Da macht der Synchronsprecher keine Pause, wenn der Gedanke zu Ende ist, sondern wenn der amerikanische Schauspieler den Mund zu macht, ohne Rücksicht auf den Sinn. Möglicherweise fällt es uns – deswegen nicht – mehr so negativ auf. Aber diese komischen Pausen gibt es auch in anderen Sprachen.

Ein Vorleser ist ja noch gut am Manuskript zu erkennen, das vor ihm liegt. Aber auf diese Weise entlarven Sie auch jeden schlechten Auswendiglerner. Der zerhackt die Sätze in angenehm kurze Teile und liefert die Gedanken stückchenweise.

Ich empfehle, eine Rede gleich in Gedanken aufzuschreiben und beim Vorlesen von Reden zunächst mal festzulegen, wie weit der Gedanke geht, und mit jedem Gedanken eine neue Zeile anzufangen.

> Das letzte Mal, dass ich hier war, ist lange her.
> Sehr lange.
> Ich finde zu lange.
> Deswegen habe ich mir etwas überlegt, was Sie wundern wird.

Keine Pause in der Zeile, aber immer ein Punkt an deren Ende. Lange Sätze schreiben Sie einfach um. Lesen Sie mal beide Fassungen:

> Es ist uns nie darum gegangen, die Teams aufzulösen, nur um damit eine neue Unternehmensstruktur einzuführen, die dann zu den gleichen Problemen führt.

wird zu

> Um eines ist es uns nie gegangen.
> Wir wollten nie die Teams auflösen.
> Nur um damit eine neue Unternehmensstruktur einzuführen.
> Die würde dann zu den gleichen Problemen führen.

Dabei müssen Gedanken nicht immer vollständige Sätze sein.

> Besser, oder?
> Nicht doch lieber anders?
> Nein, nicht anders.
> Sie wissen genau, dass das die einzige Chance ist.
> Wenn nicht die Letzte.

Aber zeigen Sie das nicht Ihrem Deutschlehrer. Der könnte vehement widersprechen. Den fragen Sie erst wieder, wenn Sie das Ganze als Buch herausgeben wollen. Da hat der dann eine Menge nützlicher Tipps.

Pausen machen wir im täglichen Gespräch immer nur zwischen zwei Gedanken. Zwei Themen, zwei Aspekte, zwei Aussagen werden voneinander getrennt. Deswegen sollte ein einzelner Gedanke nach Möglichkeit nicht durch eine Pause getrennt werden. Im Zweifelsfall könnte es sonst sogar zu Missverständnissen kommen.

> Er brät ihm eins. Über.
> Er zog die Blondine. In Betracht.
> Die Puppe ging als erste. Kaputt.

Die folgenden Sätze sind alle jeweils ein kompletter Gedanke, obwohl sie ein Komma enthalten.

> Es ist nichts so, wie es scheint.
> Frauen, die sich sozial engagieren, sind herzlich willkommen.
> Ihr großes Ziel ist es, die Integration zu fördern.

Bei diesen Sätzen würden wir beim Sprechen im Alltag keine Pause machen.

Deswegen sollten Sie das auch beim Lesen nicht tun. Die folgenden beiden Sätze sind ebenfalls jeweils ein Gedanke und werden trotz Komma ohne Pause durchgesprochen, egal wie ich den Satz baue.

Ina hat die Idee, in New York zu singen, niemals aufgegeben.
Ina hat die Idee niemals aufgegeben, in New York zu singen.

Erst wenn ich die grammatikalische Struktur leicht verändere, werden aus dem Satz zwei verschiedene Gedanken.

Ina hat ihre Idee niemals aufgegeben. Sie wollte schon immer in New York singen.

Bei manchen Sätzen ist nun nicht genau klar, wie viele Gedanken sie enthalten. Jetzt geht es darum, dass der Sprecher entscheidet, wie der Satz gemeint ist.

Beim Setzen der Pausen gibt es nicht immer nur eine Möglichkeit. Da hat der Redner sehr viel Spielraum, je nachdem, was er sagen möchte.

Falls die Kinder doch mal stören, kann man sie immer noch abgeben, bei der Oma oder auch mal bei den Nachbarn.

Diesen Satz kann ich in ein, zwei oder drei Gedanken unterteilen, je nachdem was ich sagen will. Wenn ich es für einen Gedanken halte, lese ich durch. Das ist schwer zu sprechen, aber man muss nicht lange nachdenken. Dann dürfen Sie in dem Satz keine einzige Pause machen. Oder es sind zwei Gedanken.

Falls die Kinder doch mal stören, kann man sie immer noch abgeben!
Bei der Oma oder auch mal bei den Nachbarn.

oder

Falls die Kinder doch mal stören, kann man sie immer noch abgeben bei der Oma.
Oder auch mal bei den Nachbarn.

Beide Versionen sind möglich. Sie wissen selbst am besten, worum es Ihnen geht und was Sie sagen wollen. Oder es sind drei Gedanken.

Falls die Kinder doch mal stören, kann man sie immer noch abgeben.
Bei der Oma.
Oder auch mal bei den Nachbarn.

Hier sprechen Sie zwei Punkte und machen drei ganze Gedanken aus dem Satz. Sie entscheiden, wie weit der Gedanke geht. Die einzige Pause in dem Satz, die nicht möglich ist, ist

Falls die Kinder doch mal stören – kann...

Diese Pause zerreißt den Gedanken. Einen Text zu sprechen, heißt eben immer auch zu entscheiden, was der Text aussagt, und wie er verstanden werden soll. Ein Gedanke ist immer dann zu Ende, wenn der Zuhörer abgespeichert hat und

nicht wartet, wie es weitergeht. Dabei spielt es keine Rolle, ob der Satz vollständig ist oder nicht.

> **Das war ein Spiel.**
> **Toll.**
> **Und das ohne Berger.**
> **Spannung bis zur letzten Minute.**

Das sind vier Gedanken, die ich jeweils durch eine Pause voneinander trenne. Aber

> **Wenn Sie müde sind.**
> **Versuchen Sie es doch mal mit Schokolade.**

Das ist und bleibt ein Gedanke, auch wenn ich da jetzt einen Punkt hineingemogelt habe. Wenn Sie zu jemandem sagen **Wenn Sie müde sind** dann wartet der geduldig oder ungeduldig, wie es weitergeht. Deswegen ist das ist kein kompletter Gedanke. Auch wenn der zweite Teil alleine für sich stehen könnte, der erste Teil kann es nicht.

> **Viele junge Wissenschaftler suchen einen Job im Ausland.**

ist ein Satz und sollte in jedem Fall durchgesprochen werden. Nur wenn der Satz sehr lang ist, kann ich eine kleine Pause machen und die Stimme nach oben ziehen zum Zeichen, dass der Satz noch weiter geht.

> **Viele junge Wissenschaftler, die in Deutschland in den letzten Jahren gut ausgebildet wurden, zieht es nach ein paar Jahren vor allem ins europäische Ausland.**

Da kann ein ungeübter Sprecher eine Pause machen. Aber bitte nicht nach Wissenschaftler. Diese Pause wäre überflüssig. Beim Vorlesen spielt es also eine große Rolle, dass Sie schnell erkennen, wo Pausen gemacht werden und wo nicht.

PAUSE IM GEDANKEN

Auch in kurzen Sätzen kann ausnahmsweise eine Pause sinnvoll sein. Zum Beispiel bei Gegensätzen.

> **Einmal lasse ich dir das durchgehen ↑ aber kein zweites Mal.**
> **Je einfacher ↑ desto besser.**
> **Entweder ganz ↑ oder gar nicht.**

Wenn der zweite Teil noch eine Überraschung bietet, dann kann die Pause sogar die dramaturgische Spannung erhöhen.

> **Der Tag geht – Marie kommt.**
> **Je später der Abend – desto mehr Gäste gehen.**

Machen Sie vor einem Wort eine kleine Staupause, also eine Pause, in der Sie nicht atmen, dann betonen Sie das Wort.

> **Der Staat unterstützt die Bank mit – 100 Milliarden.**
> **Sie hat sage und schreibe – zwölf Kinder.**

Auch wenn das Wort sehr ungewöhnlich ist und die Gefahr besteht, dass der Zuschauer das Wort nicht kennt, bietet sich eine kleine Staupause an.

> **Das Computerspiel – World of Warcraft hat...**
> **Die sogenannte – extrinsische Motivation ist...**

Missverständnis Nr. 27

Viele Pausen erhöhen die Verständlichkeit!
Das stimmt so nicht. Egal, ob man Ihnen gesagt hat, Sie sollen mehr Pausen machen oder ob Sie glauben, dass Pausen die Wirkung erhöhen, bitte übertreiben Sie es nicht.

> **Machen Sie nicht dauernd Kunstpausen.**
> **Pausen fürs Publikum.**
> **Pausen für den dramatischen Effekt.**
> **Pausen zum Betonen.**
> **Wirkpausen.**

Das kann Zuschauer leicht ungeduldig machen, weil alles wahnsinnig schwer und bedeutend wird. „Schwer" ist meist auch gleichbedeutend mit „anstrengend". Also sind ausschließlich kurze Hauptsätze und viele Pausen auch keine Lösung. So sprechen Menschen, die uns etwas in den Kopf hämmern wollen.

Pausen zwischen den Gedanken sind oft sehr sinnvoll. Abschnitte oder Themen durch Pausen voneinander zu trennen ist oft noch sinnvoller. Dagegen einfach mal irgendwo eine Pause zu machen, um zum Beispiel langsamer zu werden, ist eine schlechte Idee.

In gesprochener Sprache, in der wir keine Satzzeichen haben, sind es neben den Betonungen vor allem die Pausen, die Sinnzusammenhänge klar machen.

> **Im Herbst wollen die Landwirte im Osten Brandenburgs – auf den Wochenmärkten ihre Produkte verkaufen.**

> **Im Herbst wollen die Landwirte – im Osten Brandenburgs auf den Wochenmärkten ihre Produkte verkaufen.**

Diese beiden Sätze unterscheiden sich, je nachdem wie ich die Pause setze. Die Unterschiede können sogar sehr fein sein. Die umgangssprachliche Aufforderung ma' ma'! (übersetzt: Mach mal!) und das Wort Mama wären wahrscheinlich auch bei unterschiedlicher Melodie ohne einen bestimmten Textzusammenhang nur sehr schwer zu unterscheiden.

SATZZEICHEN LESEN

Satzzeichen bieten nur Anhaltspunkte und sind keine Vorschriften. Wenn Sie die Rede selbst geschrieben haben, werden Sie die Satzzeichen so setzen, dass Sie möglichst das umsetzen, was Sie sich ausgedacht haben. Aber vielleicht lesen Sie ja auch einen Text vor, der anschließend im Journal für Geschäftsführer abgedruckt wird. Da werden Sie nicht wollen, dass Ihre Halbsätze abgedruckt werden (wobei Sie immer noch die Möglichkeit hätten, die Satzzeichen im Journal richtig zu setzen und für Ihre Rede je nach Ihrem Sprachfluss).

Eine paar Tipps zum Lesen. Bitte keine Pause in den Satz:

Immer, wenn er kommt, freue ich mich.

Im nächsten Satz könnten Sie kurze Pausen machen:

Er grübelt, er trinkt, er schimpft und keiner kann ihm helfen.

Hier sprechen Sie das Komma am besten wie einen Punkt:

Er lag lange vorne, jedoch nicht im entscheidenden Moment.

Im nächsten Satz schlage ich Ihnen vor, das Komma wirklich zu sprechen, also eine Pause zu machen, bei der Sie mit der Stimmführung nach oben gehen.

Dabei kommt es nicht auf ihn an, sondern auf sie.

Bei Kommas und Punkten habe ich in der Regel vier Möglichkeiten. Sie können für eine kurze oder längere Pause stehen, sie bedeuten, dass die Stimme nach oben gezogen wird oder sie werden gar nicht gesprochen. Die folgenden beiden Zeilen sind jeweils ein Gedanke und werden ohne Pause durchgesprochen, auch wenn der Autor des ersten Satzes einen Punkt gesetzt hat.

Er sah mich. Und er staunte.

Am einfachsten schreiben Sie das dann gleich ohne Satzzeichen vor dem und.

Das was er sagt meint er auch.

Das gilt auch für Ausrufezeichen. Keine Pause in der nächsten Zeile.

Achtung! Achtung! Gehen Sie zur Seite!

Sie könnten nach dem zweiten Achtung eine kurze Pause machen. Aber nach dem ersten Achtung wäre die Pause albern.

Gerade Doppelpunkte sind in einer Rede sehr willkommen. Besonders an Stellen, wo man sie im Schriftlichen nicht machen würde.

Wir haben gewartet, und dann haben Sie sich entschieden.
Wir haben gewartet: Und dann haben Sie sich entschieden.
Es muss klar sein, dass wir uns das nicht gefallen lassen.
Es muss klar sein: Dass wir uns das nicht gefallen lassen.
Es muss klar sein: Wir lassen uns das nicht gefallen.

Selbst der Duden erlaubt es, Fragesätze auf Punkt zu sprechen und bei Aussagesätzen am Ende die Stimme nach oben zu führen.

Warum sollte ich anderer Meinung sein.
Das hätten Sie jetzt nicht gedacht?

Sie fragte ihn, warum.
Sie fragte ihn. Warum?

Wenn die Zeichensetzung Ihnen nicht reicht, um den Satz gut vorzulesen, machen Sie einfach zusätzliche Sprechzeichen.

Beim Relativsatz wird sofort klar, dass viele Kommas nicht gesprochen werden. Der Relativsatz ist nämlich eigentlich ein Adjektiv, das hinter dem Substantiv steht, zu dem es gehört. Deswegen sollte man es nicht trennen.

Die Hose die mir gefiel
Das Essen das ich nicht mag
Der Held den keiner leiden kann

Eine Ausnahme würde ich lediglich dann machen, wenn der Relativsatz so lang ist, dass ich ohnehin atmen muss. Dann kann ich das auch beim Komma tun.

Ich rede von dem Hund, der mir gestern, als ich alleine durch den Park ging, bestimmt eine Viertelstunde schwanzwedelnd gefolgt ist.

Wir reden von der Reform, die wir jetzt schon zweimal geplant, angefangen, immer wieder verändert und nicht zu Ende geführt haben.

Hier sind die Pausen nach **Hund** und nach **Reform** die Stellen, an denen eine Pause möglich wäre, wenn Sie sonst mit dem Atem nicht auskommen. Im zweiten Satz dann aber keine Pause mehr nach **geplant** oder nach **angefangen**. Dabei geht es immer darum, ob der Hörer alles möglichst leicht verstehen kann.

Auch bei allen anderen Satzzeichen sollte man sich genau überlegen, warum man sie setzt. Klammern? Semikola? Drei Punkte… Titel von Büchern, Veranstaltungen oder Arbeitskreisen zum Beispiel werden nicht durch Kommas abgetrennt, nur weil da Anführungsstriche stehen.

Die „Tagesschau" brachte gestern einen Beitrag…
„Gut leben und sparen" heißt das Motto der diesjährigen…

Erst wenn es zu Verwechslungen kommen kann, mache ich eine Pause.

Ute hatte gestern die (Zeitschrift) „Brigitte" unter dem Arm.

Entscheiden Sie also, ob Sie diese Sprechzeichen überhaupt setzen (was grammatikalisch bei allen drei Sätzen richtig wäre), oder ob Sie einfach so schreiben, wie Sie lesen wollen.

BETONUNGEN

Es gibt wenig, über das man sich am Theater mehr streitet, als um die richtige Betonung. Das liegt daran, dass sich eine Betonung ändern kann, je nachdem, was davor kommt und was danach.

Ich habe einen MANN gesehen.

ist ganz einfach zu betonen. Aber wenn ich den Satz davor kenne, muss ich unter Umständen anders betonen.

Wieso ZWEI? Ich habe EINEN Mann gesehen.

Dasselbe gilt natürlich auch für den Satz, der danach kommt. Wir müssen den Hörer vorbereiten, auf was er achten muss. Wenn ich den Satz schon kenne, der folgt, ist das wieder einfach.

Ich habe einen Mann GESEHEN. Da könnt Ihr Euch auf den KOPF stellen.

Wenn Sie den Text jetzt vorlesen wollen und ihn nicht kennen, werden Sie diese Betonung nicht machen und erzeugen im Kopf Ihrer Zuhörer ein Durcheinander. Texte vorzulesen, die man nicht genau durchgearbeitet und mit Sprechzeichen versehen hat, kann unmöglich gelingen, wenn man gut sein will.

Auf der Suche nach der richtigen Betonung überlegen Sie, welche Wörter in einem Satz betont werden. Dabei suchen Sie am besten nach Substantiven und Verben. Da liegen Sie fast immer richtig. Es geht ja meist darum, dass ein JEMAND oder ein ETWAS irgendetwas MACHT oder BEWIRKT. Aber auch das ändert sich, wenn mehrere Sätze hintereinander kommen.

UTE hat heute GEBURTSTAG.

ist wieder einfach zu betonen. Aber kommt noch ein Satz über Ute, wird beim zweiten Mal der Namen nicht mehr betont.

UTE hat heute GEBURTSTAG. Sie wird FÜNFZIG.

Wenn der zweite Satz alleine stünde, hätte er zwei Betonungen, nämlich **SIE** und **FÜNFZIG**. Mit dem Satz davor genügt aber die Betonung auf der Zahl. Für das leichte Verständnis eines Textes, den jemand vorliest, sind also die richtigen Betonungen enorm wichtig. Was weiß der Hörer schon, was muss ich also nicht mehr betonen. So viel Streit gibt es, weil der Hörer die Information ja schon vor fünf Sätzen bekommen haben kann. Der eine ist nun der Meinung, dass man das wiederholen muss, damit der Hörer das versteht. Der andere nicht.

Richtige Betonung

Eine ganz einfache Methode, die richtigen Betonungen zu finden, besteht darin, aus dem Satz eine Schlagzeile für eine Boulevardzeitung zu machen, und schon haben Sie alle betonten Wörter zusammen. Aus dem gesprochenen Satz machen Sie durch Verkürzung einfach eine Überschrift.

> **Die Mobilfunkmasten auf dem Waldberg sind für viele Anwohner ein Ärgernis.**
> **Mobilfunkmasten auf Waldberg für Anwohner Ärgernis.**
> **Mobilfunkmasten auf Waldberg ein Ärgernis.**
> **Mobilfunkmasten ein Ärgernis.**
> **Funkmasten ein Ärgernis.**

Ob Sie den **Anwohnern** oder dem **Waldberg** einen kleinen Ton geben oder nicht, hängt von Ihnen ab. Wurde von denen schon gesprochen oder nicht? Kennen alle den Berg oder nicht? Ist das schon der zehnte Tag mit einer Meldung zu diesem Thema. Aber um die Betonung von **Funkmast** oder **Mobilfunkmast** und **Ärgernis** kommen Sie nie herum, egal, wie lang der Satz noch werden würde.

Wenn man richtig betont, sorgt man vor allem dafür, Missverständnisse zu vermeiden. Soll man die Hindernisse jetzt **UMfahren** oder **UmFAHREN**. Ein kleiner aber bedeutender Unterschied. Genauso ist es ein Unterschied, ob Sie jemanden beim **Laufen SCHLAGEN** oder **beim LAUFEN SCHLAGEN.** Haben Sie sich nun **in BERLIN verliebt** oder in Berlin **VERLIEBT**.

Lesen Sie mal, ohne sich den Text vorher groß anzusehen.

> **Es gibt viele Möglichkeiten sich lächerlich zu machen: Sie können Sandtorten an Betorten aufstellen, beim Lachsfang Lachsalven ernten oder ihre Patentante zum Patentanwalt ausbilden. Auch ein Transvestit in Transtiefeln, ein Model, das Modell steht, Olivers oliver Pullover oder Dermatologen in Diplomatenlogen regen zum Lachen an. Und haben Sie von der Feuerwehrmannschaft gehört, die für den entlaufenen Dachs in der Dachstube eine Wachstube geöffnet hat?**

Wenn Ihnen das Spaß macht, finden Sie im Internet noch viele solcher Texte.

Überbetonungen

Beim Lesen haben wir es gern, wenn es nicht zu schnell geht. Da gibt es weniger Versprecher und wir können uns in Ruhe im Satz umsehen, wie es weitergeht. Um dieses Ziel zu erreichen, betonen die meisten Redner, die ablesen, zu viel.

Und das sage ich HIER mit ALLER NACHDRÜCKLICHKEIT.

Bei so einem Satz kann man das ja vielleicht noch verstehen aber

> Die BUSSE zur ABENDVERANSTALTUNG fahren HEUTE um NEUNZEHN UHR DREISSIG VOR dem HOTEL ab.

Da wird es jetzt albern. Es ist anstrengend so. Dabei hat der, der das sagt, einfach nur schlechte Erfahrungen gemacht. Es waren nie alle um 19 Uhr vor dem Hotel. Er denkt, die Wahrscheinlichkeit ist größer, wenn er jede Silbe betont. Aber wenn mir jemand etwas in den Kopf hämmert, dann brummt der Kopf. Beim freien Sprechen sinkt die Anzahl der Betonungen eher. Also halten Sie sich nicht an einzelnen Silben fest.

> Ich wollte von den Menschen auf der Straße WISSEN, was der BÜRGERMEISTER eigentlich in seiner Rede GESAGT hat.

Etwas betonen heißt, sich entscheiden. Die meisten Redner betonen zu viel, weil ja alles so wahnsinnig wichtig ist. Das ist für die Zuschauer ermüdend. Wenn der Redner auf jedes Wort draufhaut, als wäre es eine Kesselpauke, wird der Zuhörer zum Kleinkind degradiert, dem man alles in den Kopf hämmern muss. Wenn etwas sehr schwierig, sehr komplex oder kompliziert ist, erhöht sich die Anzahl der Betonungen.

> Das NUTZUNGSRECHT an einer GRABSTÄTTE ist ein PACHTVERHÄLTNIS, das Sie mit dem EIGENTÜMER des FRIEDHOFES eingehen.

Sobald ein Sachverhalt auf möglichst wenige Worte verdichtet wird, steigt die Anzahl der Betonungen. Ein Redner muss jetzt den umgekehrten Weg gehen. Er macht mehrere Sätze draus, und die Anzahl der Betonungen im Verhältnis zur Anzahl der Wörter sinkt.

> Wenn Sie eine GRABSTÄTTE nutzen wollen, sollten Sie ein PACHTVERHÄLTNIS eingehen. Dadurch erhalten Sie das NUTZUNGSRECHT. Und das gibt Ihnen der EIGENTÜMER des FRIEDHOFES.

Das spricht sich leichter und ist einfacher zu verstehen. Außerdem werden Ihre Zuhörer nicht angeschrien.

Einzelwortbetonung

Ich stelle Ihnen die Aufgabe, den Satz zu sprechen

> Ich liebe frisches Erdbeereis!

Sie sollen mit dem Satz ausdrücken, dass Ihnen nichts auf der Welt lieber ist, als dieses frische Erdbeereis. Da werden die meisten von Ihnen die Begeisterung für dieses Eis in ein einzelnes Wort legen

> Ich liiiiieeeebe frisches Erdbeereis!

Das wäre aber falsch, weil wir das im Alltag so nicht machen. Wir legen unsere Begeisterung nicht in ein einzelnes Wort. Wir würden die Begeisterung dem ganzen Satz unterlegen.

(begeistert) **ICH LIEBE FRISCHES ERDBEEREIS!**

Wenn wir die Begeisterung für eine Sache, oder einen Menschen in ein Wort legen, dann steht das im Alltag für eine Lüge. Wir tun das, was ein schlechter Schauspieler tun würde. Vorspielen wollen wir, weil wir die Wahrheit ein bisschen aufblasen wollen. Sparen Sie sich das Aufblasen von einzelnen Wörtern. Einzige Ausnahme sind Sätze, die nur aus einem Wort bestehen.

Fantastisch!
Wie schön!
Igitt!

Das können Sie schön mit einem emotionalen Unterton unterlegen. Aber Sie sollten nicht mitten im Satz den Unterton ändern. Dafür gibt es im Alltag keinen Grund, wenn sich nicht gerade mitten im Satz ein Monster ins Blickfeld schiebt.

Verneinungen

Bevor wir uns da streiten, weil viele Trainer das anders unterrichten als ich es vorschlage, betrachten Sie diesen Abschnitt einfach als Diskussionsbeitrag. Ich bin der Überzeugung, dass wir im Alltag die Verneinung nicht BETONEN.

Wir haben kein ZIMMER.
Denn wir haben nicht GEBUCHT.
Uns wird niemand HELFEN.

Ich bin der Meinung, dass Sie diese drei Sätze im Alltag so sprechen würden. Wenn Sie die Sätze so lesen, dass Sie die Verneinung betonen, dann bekommen die Sätze etwas Trotziges, etwas Ärgerliches. Eine Verneinung würde ich nur dann betonen, wenn nach ihr gefragt worden ist.

Wollen wir wirklich nicht essen gehen? – Nein, diesmal NICHT.

Da ist der Angesprochene ärgerlich, dass er das zweimal sagen soll. Bei Wiederholungen kommt die Betonung der Verneinung häufig vor. Denn wir betonen ja nicht zweimal dasselbe.

Ich werde das nicht UNTERSTÜTZEN. Ich werde NICHT zu allem Ja sagen.

Eine weitere Ausnahme besteht dann, wenn die Verneinung an der betonten Stelle im Satz steht.

Entweder du kommst MIT oder NICHT.
EINER ist besser als KEINER.

Es passiert nichts, wenn Sie das anders machen. Aber es soll ja klingen wie unsere Alltagssprache, und da betonen wir Verneinungen nur in Ausnahmefällen. Nebenbei bemerkt brauchen wir für eine verneinende Aussage knapp fünfzig Prozent mehr Zeit, bis wir sie verstanden haben. Vielleicht können Sie es ja auch positiv formulieren.

Endbetonungen

Vorleser lieben im Deutschen die ENDBETONUNG. Man liest bis kurz vor den PUNKT. Dann betont man das letzte WORT. Das klingt immer wahnsinnig DYNAMISCH. Aber es wird gleichzeitig ziemlich ÖDE. Und an vielen Stellen ist es regelrecht FALSCH.

In dem Absatz stehen nur Sätze, bei denen es richtig ist, das letzte Wort zu betonen. Trotzdem sollte man da ein paar Nebensätze einfügen oder die Betonungen verschieben, damit die Sätze nicht so klappern.

Das Besondere der deutschen Sprache ist, dass sich oft erst im letzten Wort entscheidet, was der Satz eigentlich bedeutet. Deswegen ist Deutsch übrigens als Konferenzsprache nicht zu empfehlen. Aber sehr oft ist es falsch, das letzte Wort zu betonen.

**Wir haben das gestern in Angriff GENOMMEN.
Ihr habt eine Umstrukturierung durchgeFÜHRT.**

Trotzdem kann man das in so vielen Reden hören. Es ist eben einfach leichter, wenn man nach Schema F vorgeht. Außerdem hat die Betonung des letzten Wortes für den Sprecher einen enormen Vorteil. Er gewinnt einen Sekundenbruchteil Zeit, um sich auf den nächsten Satz vorzubereiten. Das empfinden Sprechanfänger als sehr hilfreich. Eine Pause erfordert Mut. Die letzten Wörter einfach mal gegen den Sinn zu betonen, ist deutlich einfacher.

Zweigeteilte Verben

Ist das Verb zweigeteilt, führt das dazu, dass auch Wörter betont werden müssen, die eine eher geringe Informationsmenge haben.

**Das KRIEGT ja hier keiner MIT!
Gib doch nicht so AN!
Der INTENDANT besetzte sie UM.**

Das ist eine Eigenart der deutschen Sprache. Es ist manchmal nicht ganz so einfach bei langen Sätzen den Bogen vom einen Teil des Verbs zum anderen durchzuhalten. Für Redner wäre es viel einfacher, das Verb zusammenzulassen.

**Das mitkriegt doch keiner.
Angib doch nicht so!**

Doch das ist leider kein Deutsch.

> Wir bieten jedem von Ihnen, heute oder morgen, und übrigens auch übermorgen unsere Dienstleistungen... zu einem Sonderpreis an.

Das hat lange gedauert, ehe wir erfahren haben, was uns denn geboten wird.

> Wir bieten unsere Dienstleistungen zum Sonderpreis an, jedem von Ihnen, heute oder morgen und übrigens auch übermorgen.

Das liest sich einfacher und spricht sich einfacher. Immer, wenn die Möglichkeit besteht, sollten wir die beiden Teile des Verbs möglichst dicht zusammenholen, das ist einfacher für Sprecher und Hörer.

Manipulationen

Einen Satz zu sprechen heißt immer auch, ihn zu manipulieren. Sobald ich mich für eine bestimmte Betonung entscheide, erhält der Satz eine Zusatzinformation, die ein geschriebener Satz nicht hat.

> Die Theateraufführung kam beim Publikum zum Schluss gut an.

Betonen Sie Theateraufführung sehr stark, dann schwingt die Information mit, dass da etwas anderes nicht gut ankam. Das Bühnenbild zum Beispiel oder das Premierenbuffet. Betonen Sie überdeutlich Publikum, dann waren wohl die Kritiker nicht so begeistert. Betonen Sie sehr stark zum Schluss, dann war der Anfang ziemlich langweilig. Eine Betonung braucht eine Begründung, warum der Hörer sich genau dieses Wort merken sollte. Damit verändert sich der Zusammenhang.

> Er hat nicht GELÄSTERT, wie die ANDEREN.
> Er hat nicht gelästert wie die ANDEREN.

Ein Komma und schon verwandelt sich der Satz in sein Gegenteil. Einmal haben die anderen gelästert, einmal nicht. Deswegen versteht man viele Dinge einfacher, wenn man sie hört, als wenn man sie liest. Dazu muss der, der vorträgt oder vorliest, diese Kenntnisse aber besitzen. Wenn der nur seelenlos ein Wort an das andere reiht, dann lese ich lieber selbst.

Betonungen lenken die Aufmerksamkeit. Der Sprecher deutet an, was man sich merken muss, damit man besser versteht, wie es weitergeht. Dieses Lenken der Aufmerksamkeit ist in komplizierten Vorträgen eine sehr große Hilfe.

> Wir suchen nicht nach der KLEINSTEN Einheit (sondern nach der Größten)
> Wieso fragen wir uns das HEUTE (da hätten wir eher drauf kommen können)

Wenn Sie das BISHER nicht gemerkt haben, dann wird es Zeit. Wenn Sie das bisher nicht GEMERKT haben, dann sind Sie vielleicht ein bisschen langsam beim Denken. Und **wenn SIE das nicht gemerkt haben**, na dann merken es auch die anderen nicht. Das ist eines der wichtigsten Argumente für Sprechzeichen, die Sie sich vorher in Ihren Text machen.

TITEL

Egal ob es sich um das **Team zur Erarbeitung der neuen Strategie**, die **Agile-work-for-life-Arbeitsgruppe** oder **den neu gewählten zweiten Vorsitzenden des Betriebsrates** handelt, das sind alles Begriffe, die ich nicht trennen darf. Wenn ich wirklich gut lesen kann, trenne ich sie auch nicht von dem, was das Subjekt des Satzes denn nun tut.

> **Der wegen seiner zweideutigen Aussagen oft ins Zwielicht geratene Autor des Buches „Fahrt ins Ungewisse meiner Seele" las heute auf der Frankfurter Buchmesse.**
>
> **Der schmächtige bebrillte Moderator von „Die kleinen Stars aus großen Städten" im frühen Vormittagsprogramm des Zweiten Deutschen Fernsehens meldete sich als Erster zu Wort.**

Die Sätze sind jetzt nicht unbedingt preisverdächtig, aber es geht um das Prinzip. Satzgegenstand und Satzaussage trenne ich nur, wenn ich durch Luftholen dazu gezwungen werde. Profis machen keine Pause vor **las** und auch keine Pause vor **meldete**. Am besten schreiben Sie das gleich anders, solche Bandwurmsätze versteht eh keiner. Aber es soll verdeutlichen, dass Titel, Eigennamen und Bezeichnungen zusammengehören und dass Sie am besten zwischen demjenigen, der etwas tut und dem, was er tut, keine Pause machen.

Außerdem bekommt ein Subjekt immer nur eine Betonung. Ein Mensch, ein Arbeitskreis, eine Maschine oder ein Gegenstand bekommt nur eine betonte Silbe, egal wie lang sein Name auch sein mag.

> **Der Schirmherr der dreitägigen Veranstaltung der Sparkassen in Meerbusch Heinrich RIED ...**
> **Die aus 300 Einzelteilen und vierhundert Schrauben zusammengebaute MASCHINE ...**
> **Der wegen seiner enormen Größe und Hässlichkeit oft belächelte TURM ...**

Eine Betonung, eine Person

> **Die vorjährige, die diesjährige und die zukünftige Vorsitzende des Aufsichtsrates Karin Bürger ...**

Da macht die Frau Bürger die Sache mit dem Aufsichtsrat schon ziemlich lange. Aber vielleicht sind es auch zwei Menschen

> **Die VORJÄHRIGE,**
> **die diesjährige und die zukünftige Vorsitzendes des Aufsichtsrates Karin BÜRGER ...**

Oder waren es drei Menschen

> **Die VORJÄHRIGE**
> **Die DIESJÄHRIGE**
> **Und die zukünftige Vorsitzende des Aufsichtsrates Karin BÜRGER …**

Handelnde Personen bekommen immer nur einen Ton. Der Name würde in einer Schlagzeile einer Zeitung aber immer vorkommen.

ZAHLEN BETONEN

Besonders bei Zahlen die aufeinanderfolgen, spielt die Betonung eine besondere Rolle. Zahlen in Reden stehen immer in einem logischen Zusammenhang und wenn der Redner es nicht schafft, diesen Zusammenhang plausibel zu machen, entsteht im Kopf ein Durcheinander. Aber glauben Sie nicht, dass eine Lottofee, die zwanzig Jahre die Lottozahlen vorliest, diese Zusammenhänge kennt. Beim Zählen ist es noch einfach

> **EINunddreißig, ZWEIunddreißig, DREIunddreißig…**

Es ändert sich immer die Einerstelle, und die wird betont. Ganz einfach. Oder wir verändern die Zehnerstelle.

> **NeunundZWANZIG, NeunundDREISSIG, NeunundVIERZIG**

Das ist auch nicht schwer, jetzt mischen wir das Ganze.

> **NEUNundzwanzig, einundDREISSIG, VIERunddreissig, ZweiundVIERZIG**

Wenn sich die Einerstelle ändert, wird sie betont, aber wenn sich Einer- und Zehnerstelle ändern, ist die Zehnerstelle wichtiger. Schon bei den Lottozahlen oder Temperaturen haben wir also einen Tanz der Betonungen, wenn man denkt, was man sagt.

> **Gestern waren es EINundzwanzig Grad, heute sind es SIEBENundzwanzig Grad.**
> **Gestern waren es EinundZWANZIG Grad, heute sind es zweiundDREISSIG.**

Das gilt nicht für die Zahlen zwischen **dreizehn** und **neunzehn**. Die sind im Sprachgebrauch so zusammengewachsen, dass sie immer auf der ersten Silbe betont werden, egal, was davor oder danach kommt. Die Betonung **dreiZEHN** wäre logisch, kommt aber so nicht vor.

Ein Sonderfall sind noch die runden Zahlen. Wenn anschließend eine andere Hunderter- oder Tausenderstelle kommt, kann ich das **Ein** davor weglassen.

> **Wir haben inzwischen hundert Fahrzeuge.**
> **Wer spendet schon hunderttausend Euro?**

Kommt aber noch ein Mehrfaches der Zahl im selben Satz oder Abschnitt vor, ist es verständlicher mit einem **ein** davor.

> Letztes Jahr waren es einhundert Fahrzeuge, heute sind es über zweihundert.
>
> Ich kenne viele, die einhunderttausend Euro spenden. Manche sogar zweihunderttausend.

Ein weiteres Problem stellt die Zahl **hunderteins** dar, wenn sie mit einem Substantiv kombiniert wird. Möglich sind

> Hundertein Ideen
> Hundertundein Ideen
> Hunderteine Idee
> Hundertundeine Idee

Die einzigen beiden Formen, die der Duden ausschließt, sind

> Hunderteins Ideen
> Hundertundeins Ideen

Das Zahlwort mit einem Substantiv wird immer gebeugt. **Eins Bälle** ist also falsches Deutsch.

AUSNAHMEN

Wenn sie ganz genau hinhören, werden Sie selbst bei Profis auf der Bühne und im Fernsehen eine Eigenart der Betonung bemerken, die ziemlich nervig sein kann. Das ist die Betonung von Bindewörtern, wie **dann, darauf, deswegen, daher** usw. Richtig muss es heißen

> Daraus wächst bei richtiger PFLEGE ein riesiger BAUM.

So liest der Redner aber nicht, sondern er betont mit einem kleinen Paukenschlag das Bindewort.

> DERZEIT wird der Schlachthof desinfiziert.
> DAHINTER steckt die Idee einer neuen Gesellschaft.

Das gilt nicht nur, wenn das Bindewort am Anfang steht.

> LANGWEILIG wird es vor allem DANN, wenn man LÄNGER spielt.

Wenn Sie mir erklären, dass wir unbedingt **DENJENIGEN erwischen müssen, der es getan hat**, dann kriegt der Satz etwas sehr Betuliches. Reden für Begriffsstutzige. Wie wäre es, einfach zu versuchen, **denjenigen zu ERWISCHEN, der es getan hat.**

> Derzeit wird der SCHLACHTHOF DESINFIZIERT.
> Dahinter steckt die IDEE einer neuen GESELLSCHAFT.

Sie ahnen, dass es für jemanden wie mich, der viele Reden hört und auch ab und zu den Fernseher einschaltet, manchmal schwierig ist, ruhig und gelassen zu bleiben.

Außerdem werden beim Vorlesen immer wieder Präpositionen betont, die nicht betont werden sollten. Warum weiß ich nicht. Vielleicht sind die Präpositionen nur regelmäßigen Abständen in genügender Anzahl vorhanden. Es heißt nicht

> **Wir waren gestern IN Köln, AM Neumarkt und haben MIT einem Mikrofon UNTER den Menschen UM 14 Uhr eine Umfrage gemacht.**

Aber natürlich gibt es viele Möglichkeiten, wo der Bruch der Regeln sinnvoll ist. Im Zusammenhang eines Textes ist die Betonung jedes einzelnen Wortes möglich, wie nebensächlich es auch erscheinen mag. Es ist es ein guter Tipp, sich auf die Verben und Substantive zu konzentrieren, aber keine Regel.

> **Was heißt hier NUN MAL?**
> **Kann es sein, dass Du mit HIER unser HAUS meinst?**
> **Wieso ausgerechnet ER?**

Es empfiehlt sich also genau anzusehen, was der Text bedeutet und dann die Betonungszeichen zu setzen. Artikel werden nur in Ausnahmefällen betont.

> **Er ist DER Fachmann für die IT.**
> **Das ist DAS Restaurant für Verliebte.**

Aber auch damit wäre ich vorsichtig. Wenn ich im Internet lese, dass jemand **DER Experte für Führung** ist, und seine Videos haben 27 Klicks, dann ist das wohl eher ein Marketing-Gag.

UNTERTON

Im freien Sprechen hat jeder einzelne Satz einen Unterton, also eine zweite Ebene. Er wird in einer bestimmten Melodie gesprochen, die uns viele weitere Informationen über die Situation und den Sprecher gibt. Diesen Unterton müssen wir beim Ablesen jetzt künstlich herstellen. Das ist für den lesenden Laien die größte Schwierigkeit. Es soll sich am Ende wie frei gesprochen anhören. Ich habe das im Kapitel **Die zwei Ebenen** die tanzenden Sätze genannt.

Den Unterton für einen Satz kann man am besten herstellen, indem man sich die Situation, in der der Satz gesagt wird, möglichst genau vorstellt. Man überlegt, welche Emotion im Spiel ist, und versucht die dann auszudrücken. Das ist am einfachsten bei wörtlicher Rede, weil da kein Satz gesagt wird, der ohne diesen Unterton auskommt. Eine Ausnahme wäre eine monotone Computerstimme. Alle anderen sprachlichen Äußerungen haben diese zweite Ebene. Wenn wir das für den kürzesten deutschen Satz machen, sieht das so aus.

> (ängstlich) **Ja.**
> (arrogant) **Ja!**
> (lässig) **Ja.**
> (genervt) **Ja?**

Da die Anzahl der Stimmungen unendlich ist, kommen wir hier zu vielen verschiedenen Untertönen. Aber Schauspieler haben auch einen ganz einfachen Weg gefunden, den Unterton für jeden Satz schnell künstlich herzustellen, ohne den Weg über die Vorstellung einer Situation. Sie klauen den Unterton von einem anderen Satz, der die Stimmung oder das Gefühl des Untertons am besten ausdrückt und setzen den davor.

(Muss das wirklich sein…) Ja…
(Das ist doch völlig klar…) Ja!
(Jetzt regt Euch ab…) Ja.
(Das sage ich jetzt zum dritten Mal…) Ja!!

Wenn man erst den Satz in der Klammer spricht und dann in demselben Ton ein ja, überträgt sich der Unterton. Bei einem Text, den man jetzt abliest, würde man diesen Vorsatz nur denken, aber mit dessen Melodie sprechen. Wenn wir nun den Trick mit den Sätzen gefunden haben, haben wir deutlich differenziertere Möglichkeiten, zu Untertönen zu kommen.

(Das ist jetzt nicht so leicht zu beantworten) Ja.
(Ich komme ja schon) Ja.
(Das hättest Du nicht gedacht) Ja.

Damit wird aus einem einfachen Ja ein kompletter Satz, wie im richtigen Leben, wo das Ja auch für einen längeren Gedanken steht. Die Liste der Sätze, die ich jetzt dem Ja voranstellen könnte, ist endlos. Jeder Satz klingt vollkommen anders. Wenn ich also meine Rede ablesen will, brauche ich für jeden Satz einen anderen Unterton.

(Ich freue mich sehr, dass Sie hier sind) Herzlich willkommen!
(Das wird jetzt spannend) Herzlich willkommen.
(Mein Gott, wie viele Leute) Herzlich willkommen.
(Ich hatte mit mehr Menschen gerechnet) Herzlich willkommen.

Die Herausforderung besteht jetzt darin, in einer längeren Rede die Töne aufeinanderfolgender Sätze möglichst unterschiedlich klingen zu lassen.

(Moment mal) Eines muss ich noch loswerden!
(Super) Sie werden sich freuen!
(Skeptisch) Nicht alle, aber die meisten.
(Bitte, bitte zuhören) Ich brauche nur 10 Minuten.

Sie können auch mal ein Adjektiv benutzen wie skeptisch. Bestehen Ihre Vorsätze aber nur aus Adjektiven wird es schwerer, denn die Anzahl der Adjektive ist begrenzt, die Anzahl der Vorsätze nicht. Außerdem lässt sich ein Satzanfang leichter in einen Ton übersetzen als ein beschreibendes Wort.

Stellen Sie sich vor, Ihr Text ist vor allem positiv. Da ist dann alles super, toll, großartig, schön, prima, phantastisch… und schon sind wir fast am Ende.

Außerdem klingen alle Sätze gleich und von tanzenden Sätzen kann keine Rede sein. Ein freudiger Satz ist eben ein freudig gesprochener Satz. Mit den Vorsätzen aber kann ich die Freude nach Herzenslust differenzieren.

(Mein Gott wie schön) **Es sind 300 Menschen gekommen.**
(Super) **Und alle sind bester Laune.**
(Das macht mich stolz) **Wir alle haben was gemeinsam.**
(Hey!) **Wir haben Eintritt bezahlt.**

Mit solchen Untertönen, ist es leicht zu unterschiedlichen Tönen zu kommen. Aber das macht auch eine Menge Arbeit. Welche Untertöne Sie benutzen, entscheiden Sie. Nur Sie wissen, warum Sie den Satz sagen, welche zweite Aussage also möglicherweise in dem Satz noch verborgen ist. Die Anzahl der Vorsätze ist beliebig groß.

Erstaunlich, oder...
Ich freue mich...
Ich weiß nicht so recht...
Jetzt mal los...
Kann ich was dafür...
Ich bin ziemlich stolz...
Übrigens, im Vertrauen...

Das klappt auch bei Sätzen, die keine wörtliche Rede sind. Jede Aussage, die wir mündlich machen, hat im Gegensatz zum Text ja noch die zweite Botschaft. Wenn die fehlt, wird Ihre Rede hölzern und blutleer.

Bei der Suche nach den Untertönen haben Sie zunächst drei Möglichkeiten. Nehmen wir einen einfachen Satz mit Subjekt, Prädikat und Objekt.

Vegetarier essen keine Schweine.

Die erste Möglichkeit ist, die Haltung des Vegetariers zu unterlegen.

(bestimmt) **Vegetarier essen keine Schweine!**
(empört) **Vegetarier essen keine Schweine.**
(überlegen) **Vegetarier essen keine Schweine!**

Bei der zweiten Möglichkeit, könnten Sie sich in die Rolle des Objektes begeben und den Satz aus der Sicht des Schweines sagen.

(Gott sei Dank) **Vegetarier essen keine Schweine.**
(Beruhige Dich) **Vegetarier essen keine Schweine.**
(Das weiß doch jeder) **Vegetarier essen keine Schweine.**

Die dritte Möglichkeit ahnen Sie schon. Sie überlegen, was Sie über diesen Sachverhalt denken und unterlegen dem Satz Ihren eigenen Gedanken.

(Echt nervig) **Vegetarier essen keine Schweine.**
(Da gibt es keine Diskussion) **Vegetarier essen keine Schweine!**

oder was auch immer Sie darüber denken.

Bei der künstlichen Wirklichkeit in Film und Fernsehen kommt dann noch ein Problem hinzu. Wenn der Schauspielkollege seine Töne ändert, muss auch ich meine Töne ändern. Zwei schreiende Kommissare wären genauso ein Grund den Krimi abzuschalten, wie zwei Kommissare, die sich beide bemitleiden. Das gilt für jede Figurenkombination in Film oder Theater. Filmszenen leben von der Spannung unterschiedlicher Charaktere.

GEMISCHTE GEFÜHLE

So ein Unterton gehört jeweils zu einem Gedanken. Ein Gedanke kann ganz unterschiedliche Gründe haben, warum ich ihn äußere, aber es gibt immer nur einen Unterton pro Satz. Schwierig wird es jetzt, wenn der Gedanke scheinbar aus zwei Teilen aufgebaut ist.

> **Am Montag, als es mir so schlecht ging und ich am liebsten alles hinge- schmissen hätte, kam mir die Idee, die alles retten konnte.**

Dieser Satz bekommt nur einen Unterton und zwar einen freudigen, auch wenn es zunächst anders aussieht. Es ging ihm oder ihr zwar am Montag schlecht, aber die Aussage des Satzes besteht darin, dass die rettende Idee kam. Das **als** im ersten Teil des Satzes macht klar, dass der eigentliche Gedanke die rettende Idee ist. Etwas anderes wäre es, wenn es zwei Gedanken wären.

> (Furchtbar) **Am Montag ging es mir richtig schlecht und ich hätte am liebsten alles hingeschmissen.**

> (Super) **Dann kam mir die Idee, die alles retten konnte.**

Jetzt sind es zwei Gedanken. Der erste Gedanke hat den Unterton, dass es dem Protagonisten richtig schlecht geht. Im zweiten Gedanken geht es ihm dann besser, weil er eine Idee hat.

> **Während es vielen gut ging und sie die warme Frühlingssonne nutzten, saß ich zu Hause und hätte mich am liebsten umgebracht.**

Hier haben wir das gleiche Problem. Wir können nicht von der Frühlingssonne begeistert sein, weil das **während** am Anfang des Satzes erzählt, dass es eigent- lich um Selbstmord geht.

Ich gebe zu, dass das ein bisschen spitzfindig ist. Aber es macht so schön klar, dass wir uns in Gedanken unterhalten und nicht in Sätzen. Und jeder Gedanke bekommt einen neuen Ton. Aber eben nicht jeder Satz. Ich hoffe, Sie bekommen ein bisschen Ehrfurcht davor, wie komplex unsere tägliche Kommunikation eigentlich ist.

Der Zusammenhang

Es besteht ein großer Unterschied zwischen der Übermittlung von Fakten oder der Weitergabe von Bildern oder Emotionen. Bei den Fakten können wir es uns einfach machen. Es kommt eine Information nach der anderen. Ein typisches Beispiel ist ein Kochrezept.

1. Waschen Sie den Reis unter fließendem Wasser.
2. Schütten Sie den Reis in die 1,5fache Menge Wasser.
3. Geben Sie eine Prise Salz hinzu.
4. Erhitzen Sie den Reis auf der höchsten Stufe.
5. Wenn das Wasser kocht...

Die Aktionen kommen nacheinander, da helfen kurze Sätze. Immer wenn ein Punkt kommt, kochen Sie weiter, wenn ein Komma kommt, lesen Sie weiter. Doch Gedanken, Bilder oder Eindrücke überfluten uns mit einer Vielzahl von Emotionen, die fast gleichzeitig bei uns eintreffen. Würden wir bei der Beschreibung eines Gegenstandes oder einer Landschaft schrittweise vorgehen, tauchte ein großes Problem auf: Das Bild, das wir in unserem Kopf aufbauen, muss ständig korrigiert werden.

> Es ist nur ein kleiner Kasten aus Metall.
> Vorne hat er einen roten Schalter.
> Hinten links kommt eine Antenne heraus.
> Die Oberfläche ist rau wie Sandpapier.
> Der Kasten ist dunkelrot.

Jetzt müssen Sie jedes Mal umdenken, weil sie jede zusätzliche Information einbauen müssen. Deswegen sollten wir bei einer Landschaftsbeschreibung, oder wenn es um Emotionen geht, viel größere Einheiten machen als bei einer Abfolge von Sachinformationen.

> Der See lag ruhig in der Abendsonne mit zwei leuchtend weißen Segelbooten und einem Angler am südlichen Ufer, während der warme Wind die Gräser sanft bewegte.

Hier mache ich weniger Pausen und benutze größere Einheiten, damit möglichst schnell ein Gesamteindruck entsteht, der den Zuhörer die Atmosphäre der Abendstimmung spüren lässt. Der Profi würde den ganzen Satz ohne Pause durchlesen. Oder er geht an dem Komma bei Ufer mit der Stimme nach oben, um klar zu machen, dass die Beschreibung des Sees noch nicht zu Ende ist. Wir dürfen noch nicht „abspeichern", da kommt noch was.

VORLESEN FÜR PROFIS

Wenn Sie einen Text lesen wollen, machen Sie sich also erst mal Gedanken über die Pausen und legen fest, was zusammengehört. Dann ergeben sich daraus die Betonungen. Im nächsten Schritt finden Sie dann zu jedem Satz den dazugehörigen Unterton. In den meisten Fällen sind Sie dann fertig. Enthält Ihre Rede aber noch Geschichten, sprechen Sie über Emotionen, benutzen Sie wörtliche Rede oder noch viele andere Gestaltungselemente, dann gibt es noch ein paar weitere Möglichkeiten, einen Text spannender zu machen.

LAUTSTÄRKEWECHSEL

Vorträge in der immer gleichen Tonlage sind nervend. Richtig. Aber was ist die Lösung? Abwechslungsreich sprechen? Sprechen als ästhetische Form? Schön sprechen, damit es nicht langweilig wird?

Missverständnis Nr. 28

Zuschauer wünschen sich keine Pausen oder eine spannende Stimmführung, wie das in vielen Ratgebern empfohlen wird. Eine Anweisung wie

Sprechen Sie laut und leise. Entscheidend ist der geschickte Wechsel.

wirkt eher komisch. Schütten Sie diese Gestaltungsmittel nicht einfach wie warme Milch über Ihre Sätze. Ein seelenloses Klimpern auf der Tastatur bringt noch keine Sonate hervor. Sie würden einem Maler ja auch nicht den Tipp geben, jetzt einfach mal Türkis zu verwenden, weil er die Farbe lange nicht benutzt hat. Wenn er eine Zeche in Bochum malt oder eine verschneite Winterlandschaft, ist dieser Tipp unsinnig.

Die Veränderung der Lautstärke ist keine Vorgabe für einen guten Text, sondern das Ergebnis, nachdem man mit dem Text gearbeitet hat. Wenn Sie frei sprechen, machen Sie den Wechsel der Lautstärke automatisch. Sie würden nicht alles flüstern oder brüllen. Bei einem Text kann das eine gute Anregung sein. Es muss für den Wechsel allerdings eine Begründung geben, die sich direkt aus dem Text ergibt. Nehmen wir an, Sie stellen eine Forderung an Ihre Zuschauer.

Keine privaten Goldfischteiche!!!
Jedes Tier gehört in Freiheit!!!
Und sei es auch noch so klein!!!

Wenn der Redner jetzt dreimal die Ausrufezeichen liest und seine Forderung in die Menge donnert, nimmt es den Sätzen die Wirkung. Man könnte den mittleren Satz ohne Druck mit einem Schulterzucken sprechen oder den ersten Satz scharf und eindringlich, der zweite Satz wird laut gesprochen. Und beim dritten Satz seufzt man dann resignierend.

Dasselbe gilt natürlich auch für das Tempo. Dadurch erhöht sich die Anzahl der Möglichkeiten enorm. Sie können das Problem von außen lösen, indem Sie überlegen, wo könnte mal ein lauter Satz sein oder einer mit einem schalkhaften Lächeln oder welchen Satz könnt man vielleicht flüstern?

Leichter ist es, den umgekehrten Weg zu gehen. Ich gebe jedem Satz einen eigenen Unterton, und dadurch klingen auch aufeinanderfolgende Sätze unterschiedlich. Wenn ich anschließend bei der Probe feststelle, dass ich viel zu larmoyant bin, oder verbissen, suche ich mir ein paar Sätze, die für einen anderen Ton geeignet wären. Aber da sind wir jetzt schon sehr nahe an der Schauspielerei.

STEIGERUNG

Bei einer Steigerung ist es nur wichtig, dass Sie langsam anfangen. Oder wenn es im Laufe des Vortrages oder der Geschichte langsamer wird, schnell loslegen.

> **Wir haben uns gestritten und diskutiert, wir haben stundenlang beisammen gesessen und Unmengen Kaffee getrunken. Wir haben Pläne gemacht und Listen ausgearbeitet, wir haben uns schrittweise zum Kern dessen vorgearbeitet, was wir tun wollen. Und jetzt ist unser Konzept fertig.**

Vor dem Satz mache ich mir ein Zeichen, dass es möglichst hektisch losgeht. Schließlich geht es um Streit und Auseinandersetzung, um dann am Ende ganz ruhig und pointiert zu erklären, dass das Konzept fertig ist.

> **Ich habe ja versucht, nein zu sagen. Ganz ruhig und überzeugt. Aber Udo hat nicht locker gelassen. Er hat angerufen, er hat mit meiner Frau gesprochen, er hat mir das Blaue vom Himmel versprochen, wenn ich nur dabei bin. Da habe ich zugesagt.**

Hier mache ich es umgekehrt. Es geht ganz ruhig los. Kein Problem. Aber er lässt nicht locker. Es wird immer hektischer. Und die Zusage am Ende ist keine Folge einer reiflichen Überlegung, sondern möglicherweise laut und spontan.

> **Er war niemals zu spät. Niemals. Ich habe seine Eltern angerufen, seine Freunde, ich habe jeden angerufen, der auch nur andeutungsweise etwas gehört haben könnte. Ich habe in seinem Club angerufen und in seinem Büro. Als letztes habe ich mit der Polizei telefoniert.**

Auch in diesem Satz wird es hektischer, wobei der Anruf bei der Polizei als Höhepunkt wieder ruhig und überlegt sein könnte. So etwas geht nicht ohne ein Zeichen vor dem Satz, denn eine Steigerung ist umso wirkungsvoller, je größer der Gegensatz zwischen Anfang und Ende ist.

FIGUREN VERRATEN

Es gibt viele Reden, in denen andere Menschen eine Rolle spielen: Freunde, Gegner, Weggefährten, Kollegen oder Zufallsbekanntschaften. Besonders Redner, die schauspielerisch nicht sehr begabt sind, neigen dazu, diese Figuren zu überzeichnen. Das kann beim politischen Gegner perfekt funktionieren, wenn man

> **Das Heruntermachen von anderen fällt auf den Redner zurück.**

ihn als pedantischen Kauz oder als übereifrige Emanze darstellt.

Stellen Sie sich vor, in Ihrer Geschichte kommt ein Polizist vor. Dann können Sie den überzeichnen. Er spricht wie ein Westernheld, verlangt mit einer zackigen Bewegung Ihre Papiere und hält dann den Ausweis verkehrt herum. Von so einem Volltrottel wurden Sie kontrolliert. Wenn jetzt alle lachen, ist möglicherweise Ihr Ziel erreicht.

Doch das ist nicht die einzige Möglichkeit, eine Figur zu verraten, wie ich es nenne. Manche Redner machen gleich alle Figuren fertig, die in ihren Erzählungen vorkommen. Da wird jeder Satz von viel zu großen Bewegungen begleitet, man spricht die andere Person „mit einer Schnute", reißt die Augen auf und übertreibt die Gesichtsmimik derart, dass jedem sofort klar wird, dass sie von Idioten umgeben sind. Die Protagonisten werden also nicht dadurch vorgeführt, dass sie Blödsinn reden, sondern dass die Sätze mit übertriebener Melodie und Gestik dargestellt werden. Doch Ihre Geschichte verliert an Glaubwürdigkeit, und wenn der Gegenspieler ein Trottel ist, haben Sie nichts geleistet.

Alles was zur Karikatur gerät, ist kein ernsthafter Gegenpart, mit dem sich der Redner auseinandersetzen kann. Gleichzeitig macht ihn das auch ein wenig schwächer. Wenn in einem schlechten Hörbuch die Bösen alle die Zähne fletschen, während sie reden, und die Guten dauernd so herzerfrischend lachen, dass kein Zweifel besteht, wer denn hier der Sympathieträger ist, hört für mich der Spaß auf. Die Bösen, die ich kenne, lachen genauso freundlich wie die liebsten Menschen.

GERÄUSCHE

Ein gutes Würzmittel für jede Rede sind Geräusche. Das Problem ist, dass man diese Geräusche aufschreiben muss. Das können Sie jetzt machen wie im Comic (**klirr, schepper, ächz, würg**), aber das hört sich dann auch an wie ein Comic.

Inzwischen haben wir für fast jedes Geräusch eine sprachliche Form gefunden. Der Hund macht **wau**, die Katze **miau**, die Ohrfeige macht **Zonk** und die Bombe **Krawumm**. In anderen Sprachen ist das anders. Ein englisches Schwein macht **oink,** ein japanisches **bubu.** Deutsche Hähne machen in Büchern **kikeriki**, chinesische Hähne **wowoti.**[141]

---

141 Pinker, Steven: Der Sprachinstinkt, München: Kinder Verlag, 1996, S. 175

Die Kunst beim Lesen besteht jetzt darin, aus dieser Aneinanderreihung von Buchstaben wieder ein Geräusch zu machen, also zum Beispiel zu bellen oder zu miauen. Die Ohrfeige könnte man mit den Händen vormachen und für die Bombe überlegen Sie sich am besten ein lautes Geräusch, bei dem keine Buchstaben mehr zu erkennen sind.

Man liest nicht hi, hi, hi für lachen vor, ähm, ähm, ähm für Räuspern und Oh für Erstaunen. Ein Peng für einen Schuss und ein Hatschi für ein Niesen wirken albern.

Lediglich, wenn das Geräusch eine literarische Qualität hat, wie Pardauz oder Schwups oder Dideldidum macht es Spaß, genau das vorzulesen, was Sie oder jemand anderer geschrieben haben.

Stimmfarbe

Sprechen Sie den weisen Waldgeist nicht mit einer tiefen und die 10jährige Göre mit einer hohen Stimme. Für einen Satz hört sich das ganz nett an. Aber wenn es länger wird, bei einem Märchen zum Beispiel, gehen den Zuhörern verstellte Stimmen sehr auf die Nerven. Denn durch die Verstellung schränken wir die Bandbreite unserer Stimme enorm ein. Wenn die Sätze dann alle auf einem Ton daherkommen wie die Waggons eines Güterzuges, ist das schwer auszuhalten.

Der Profi wendet wieder einen kleinen Trick an, damit jeder Zuhörer auf Anhieb hört, wer da gerade spricht. Das geht viel eleganter als mit dem Verstellen der Stimme: Er gibt den handelnden Personen einen unterschiedlichen Charakter. Der Gutmütige und Langsame, die Schlaue und Schnelle, der Zynische und Berechnende oder die Lustige und Alberne. Wenn die jeweils aufeinander treffen, müssen wir nicht erklären, wer das gerade ist.

Eine zweite Möglichkeit besteht darin, den Personen unterschiedliche Emotionen zuzuordnen. Die eine Figur kann hektisch sein, die andere gelangweilt, die eine kann fordernd sein, die andere müde. Damit kann man schön spielen, und es kann einen großen Spaß machen, in seiner Rede Charaktere zum Leben zu erwecken, ohne das groß erklären zu müssen.

Sollten Sie die Stimme unbedingt verstellen wollen, weil sie gerade einen Luftballon sprechen oder ein südamerikanisches Faultier, achten Sie darauf, sich nicht selbst weh zu tun. Jemandem zuzuhören, der seiner eigenen Stimme weh tut, führt zu Halsschmerzen beim Zuschauer, auch wenn der 2 Stunden völlig stumm im Publikum sitzt. Die Geschichten vom Pumuckl lese ich deutlich lieber in einem Buch, anstatt mir ein Hörbuch anzutun.

Wenn Sie in einer Rede einen Witz oder eine schöne Geschichte einbauen, dann können Sie den natürlich auch aufschreiben und anschließend vorlesen.

Aber Vorsicht mit witzigen Bemerkungen, bei denen wir eigentlich davon ausgehen, dass sie spontan sind. Wenn Sie die vorlesen, morden Sie jeden Rest von Humor.

Also verzichten Sie entweder auf die humorvollen Bemerkungen, oder Sie tun so, als fallen sie ihnen ausgerechnet heute ein. Dann müssen Sie dabei aber ins Publikum gucken und die Pointe auswendig lernen.

Eine weitere Möglichkeit besteht darin, in Ihrem Redemanuskript einzelne Teile nur als Stichwort aufzuschreiben. Da steht dann zwischen zwei ausgeschriebenen Sätzen: **Stummen-Witz** oder **ICE-Geschichte** oder **erste Begegnung**. Wenn Sie beim Halten Ihrer Rede an diesen Punkt kommen, dann erzählen Sie frei die Geschichte oder Pointe, um dann wieder mit Ihrem Manuskript weiterzumachen. Das kann auch eine gute Übung für das freie Sprechen sein.

Über das Setzen von Pointen habe ich ein eigenes Buch geschrieben[142], wie man das richtig macht. Aber viele Pointen muss man ausprobieren. Sie wissen oft vorher noch nicht, ob etwas wirklich komisch ist, wenn Sie es nicht vor Publikum getestet haben. Wobei das Testpublikum ruhig die eigene Familie oder Kollegen sein können.

---

142 Rossié, Michael: Pointen richtig gesetzt. München: Verlag C.H.Beck, 2019

AUSWENDIG LERNEN

Was soll man denn tun, wenn man unsicher ist? Sie ahnen, was kommt. Ja, Schauspieler lernen ihren Text auswendig. Deswegen läuft das Stück reibungslos. Das wäre doch für Redner ein super Vorbild. Redner lernen ihre Rede auswendig und stehen locker parlierend vor Hunderten von Menschen und alle halten sie für einen brillanten Redner, obwohl sie einfach eine Rede gehalten haben, die ein amerikanischer Kongressabgeordneter schon vor hundert Jahren geschrieben hat. Doch das funktioniert nicht.

Missverständnis Nr. 29

Die freie Rede müssen Sie gründlich auswendig lernen.

Solche Sätze schreibt jemand, der das noch nie gemacht hat. Wissen Sie, wieviel Arbeit es macht, eine Rede von einer Stunde auswendig zu lernen? Ahnen Sie, wie wenig Spaß das macht, jeden Tag stundenlang seine Rede zu üben?

Schauspieler machen das dauernd. Aber die üben in der Gruppe. Die haben Erfahrung damit. Die lernen jeden Tag auswendig. Die lernen eine DINA4 Seite in wenigen Stunden. Aber auch ein paar Stunden pro Seite sind viel Zeit. Wenn Sie diese Zeit haben, dann fangen Sie an zu lernen. Aber es ist ein langer, steiniger Weg, und er lohnt sich nur, wenn eine Speakeragentur für Sie schon über hundert Vorbestellungen hat.

Proben Sie so lange, bis Sie es können, ohne auf Ihre Notizen zu sehen.

Ich fürchte, dieser Tipp aus einem Rhetorikratgeber reicht nicht. Einen Text zu können, während man nichts anderes tut, als sich zu konzentrieren, und einen Text zu können, wenn man von 400 Menschen angestarrt wird, sind zwei grundverschiedene Dinge.

Im Altertum wurde auswendig gelernt. Das war ein wichtiges Unterrichtsfach. Wenn ich also schon diese ganze Arbeit auf mich nehme, dann bitte mit einem Text, der super klingt, der beeindruckt, der die Zuhörer begeistert aufgrund seines sprachlichen Schliffes.

Heute machen diese Arbeit hauptsächlich Schauspieler. Aber auch CEOs auf Bilanzpressekonferenzen, die das vortragen, was Dutzende von Rechtsanwälten in den Wochen davor ausgeknobelt haben, haben zumindest Teile auswendig gelernt, um nicht alles ablesen zu müssen.

Sollte es also doch nötig sein, dann helfen Ihnen vielleicht ein paar Tricks aus dem Repertoire eines Schauspielers

○ Wenn Sie anfangen zu lernen, wird das Manuskript nicht mehr verändert. Wir lernen auch mit den Augen und erinnern uns, was unten stand und wie der lange Absatz anfing.

○ Nach dem aktiven Lernen folgt das passive Lernen. Nehmen Sie den Text mit einem Smartphone auf und hören Sie die Aufnahme immer wieder an. Das geht auch, wenn Sie schon müde sind.

○ Sprechen Sie den Text einmal in der Woche neu auf, sonst lernen Sie Räusperer und Huster und falsche Betonungen mit.

○ Machen Sie noch etwas anderes beim Durchgehen des Textes, wie spazieren gehen, Tisch abräumen, fegen, wischen... Auf eine ruhige Fläche zu starren ist einfacher, bereitet sie aber deutlich schlechter auf den Auftritt vor.

○ Spielen Sie unterschiedliche Situationen durch. Sprechen Sie den Text mal, als erzählten Sie ihn einem guten Freund, mal vor Gericht, mal als Diktat an eine Sekretärin und mal als tolle Geschichte. Sie werden neue Töne entdecken, die Ihnen vielleicht Spaß machen.

○ Wenn eine Passage absolut nicht in den Kopf will, dann ist da was verkehrt. Sehen Sie sich den Teil nochmal genau an.

○ Memo-Techniken können Ihnen sehr helfen, sich zu erinnern. Gedächtnistrainer haben da ein paar verblüffende Tricks auf Lager.

Technisches

Mikrofon und Co.

Der Umgang mit einem Handmikrofon muss geübt werden. In der Theorie gehört das Mikrofon in die inaktive Hand. Wenn Sie also Rechtshänder sind, gehört das Mikro in die linke Hand. Aber die Praxis kann anders aussehen. Probieren Sie aus, was besser für Sie ist.

Verdeckt das Mikrofon den Mund, sehen Sie den ganzen Abend aus wie ein Jahrmarktredner. Mikrofon unter dem Kinn und Sie haben einen entsetzlichen Ton, besonders wenn sie nach rechts oder links sprechen. Das Mikrofon wird nicht mit den Lippen berührt, das gibt unangenehme Nebengeräusche. Nicole Krieger[143] empfiehlt als Abstand die Länge einer Salzstange. Ihr Mund sollte ja zu sehen sein.

Beliebt ist auch im Laufe des Vortrags das „schwere" Mikrofon immer mehr sinken zu lassen, bis ich irgendwann nicht mehr bemerke, dass Sie ein Mikrofon in der Hand haben.

Trotzdem arbeiten viele Profis, vor allem in Amerika, mit einem Handmikrofon. Ich kann mit dem Mikrofon eine Menge Effekte erzielen und zumindest eine Hand weiß genau, was sie zu tun hat. Aus genau diesem Grund mag die andere Hälfte der Vortragsredner ein Handmikrofon gar nicht. Die möchten beide Hände für das Unterstreichen ihrer Botschaften haben.

Ich benutze ein Ansteckmikrofon. Ich achte darauf, Unterwäsche zu tragen, damit das schon von vielen benutzte Kabel nicht auf meiner nackten Haut liegt. Frauen müssen daran denken, dass Sie sowohl ein Kleidungsstück brauchen, an dem das Mikro befestigt wird (auf der Stretchbluse sieht das richtig doof aus) und auch der Sender braucht einen Gürtel zur Befestigung. Ein langes Kleid aus Seide verzieht sich ordentlich, wenn der schwere Sender hinten drangehängt wird.

Wichtig ist es, beim Ansteckmikrofon darauf zu achten, dass das Mikrofon auch oben ist. Den Clip, mit dem das Mikro am Revers oder der Knopfleiste befestigt wird, kann man nämlich drehen, so dass es auf Frauen- und Männerknopfleiste umgestellt werden kann. Ich habe schon viele Videos mit einem kopfüber montierten Mikrofon gesehen.

Wenn Sie Gespräche mit anderen Menschen auf der Bühne führen, gehört das Ansteckmikrofon immer auf die Seite, auf der der Gesprächspartner sitzen oder stehen wird. Wenn Sie rechts das Mikrofon anbringen und dauernd nach links sprechen, wird es für alle im Saal nervig. Das müssen Sie also vorher planen.

---

143 Krieger Nicole: Die Gastgeber-Methode. Weinheim/Basel: Beltz-Verlag 2017, S. 150

Noch besser ist ein Headset. Ich habe mein eigenes von dpa und schließe es an den Sender der Veranstaltung an. Eine Funkstrecke brauche ich also nicht, die kommt vom Veranstalter. Dazu habe ich die fünf am häufigsten verwendeten Adapter gleich dabei. Im Fachhandel gibt es das als Komplettset. Das klappt einmal im Jahr nicht, ansonsten bin ich mit meinem Luxusheadset immer einer von denjenigen mit dem besten Ton.

Mikrofone am Rednerpult sind problematisch, weil ich dann nicht weg kann. Diese zwei Stengel, die aus dem Rednerpult ragen, verstärken den Ton sehr gut, wenn sie genau in der Mitte hinter dem Pult stehen bleiben. Wenn das die einzige Möglichkeit der Tonverstärkung ist, dann bleiben Sie eben in diesem Fall genau da stehen. Aber ideal ist das nicht.

Auch mit Standmikrofonen muss man üben. Oder anders gesagt: Wenn Sie vor lauter Aufregung nicht daran denken, dass Ihr Mikrofon sich nicht bewegt, werden Sie über weite Teile nicht zu verstehen sein, wenn Sie sich an die Randgruppen Ihrer Fans wenden.

Ich höre mir nach Möglichkeit aus der letzten Reihe meine Vorredner an. Wenn mir da was auffällt, bespreche ich das mit den Tontechnikern. Mir ist es schon mehrfach passiert, dass der Ton nach meiner Bemerkung, dass hinten nicht alles zu verstehen ist oder es nicht ideal klingt, deutlich besser wurde. Erst gab es blöde Bemerkungen, dass doch alles in Ordnung sei, und dann wurde der Ton hörbar besser.

Manchmal können Sie die richtige Lautstärke nicht beurteilen, weil Sie keinen Monitorlautsprecher haben, also einen Lautsprecher, der auf Sie gerichtet ist und es Ihnen ermöglicht, sich selbst in der richtigen Lautstärke zu hören. Das führt sehr leicht dazu, dass der Redner immer lauter wird.

Radiomoderatoren mit Kopfhörern sprechen deutlich besser, weil sie sich nicht anschreien wollen. Wenn der Techniker hinten sitzt, regelt der das. Im anderen Fall müssen Sie das ausprobieren. Und sagen Sie dem Techniker vorher, wenn Sie ein Feuerwerk an Temperament sind und jede Minute lauter und dynamischer werden. Dann kann er sich darauf einstellen.

Die wenigsten Leute können damit umgehen, und Sie geben die Macht ab. Versuchen Sie mal ein Mikrofon zurückzuholen, wenn der andere nicht will. Das wird purer Slapstick. Bei schwierigen Interviewpartnern habe ich mir angewöhnt, das Mikrofon in die dem Gesprächspartner abgewandte Hand zu nehmen, damit ich meinem Gegenüber mit einer kleinen Bewegung die Verstärkung entziehen kann. Wenn die ihm zugewandte Hand das Mikrofon hält, ist das deutlich schwieriger.

Geben Sie Ihr Mikrofon nie aus der Hand!

Das Technikteam

Einen Tisch mit Licht-, Ton- und Bildtechnikern gibt es nur auf großen Veranstaltungen. Für den Redner ist es ein Glück, wenn sie da sind. Wenn nämlich nur ein Hotelangestellter den Lautstärkeknopf des Mischpultes mit Klebeband in der Einstellung fixiert hat, die man hier seit Ewigkeiten benutzt, sind Sie einem falsch eingestellten Ton auf der Bühne hilflos ausgeliefert. Auch wenn das hier schon seit Jahrhunderten so läuft, ich hätte gerne einen richtigen Techniker. Auf dem muss man manchmal freundlich aber bestimmt bestehen. Mich gemeinsam mit einem Hotelangestellten auf die Suche nach dem richtigen Knopf zu machen, kann sehr mühsam sein.

Wenn Sie das Glück haben, dass Sie der Herr oder die Dame vom Ton verkabelt, seien Sie nett zu ihm oder ihr. Denn das Technikteam ist Kummer gewohnt. Manchmal muss man ein bisschen suchen, warum der Ton jetzt nicht reibungslos funktioniert. Ein Blumengesteck vor dem Lichtkegel des Beamers ist von jedem zu sehen, das leise Brummen hört nur die Dame vom Ton, und manchmal hält sie dadurch eine ganze Veranstaltung so lange auf, bis das Problem gelöst ist. Ein freundlicher Satz kann hier kleine Wunder bewirken. Das heißt nicht, dass Sie sich als Frau von einem Mann bei jedem Handgriff persönlich helfen lassen müssen.

Für Redner, die freundlich sind, haben die Techniker außerdem noch ein paar ganz heiße Tricks auf Lager, Ihre Stimme voller und schöner klingen zu lassen. In einem Radiosender wird das Mikrofon auf jeden Sprecher ganz individuell eingestellt.

Rednerpult

Mein Rednerpult, wenn ich denn eines benutzen muss oder will, steht in der Mitte der Bühne, wenn es irgend geht. Der König geht nicht freiwillig zur Seite. Auf wen sollte er noch warten? Der Zuschauer soll das Bild mit nach Hause nehmen, dass ich, der Redner, im Mittelpunkt des Geschehens stand.

Wenn Sie ein Rednerpult benutzen als das, was es ist, nämlich ein Hilfsmittel, besser zu werden und nicht eine Möglichkeit sich zu verstecken, dann kann das eine gute Zwischenstufe sein, ein besserer Redner zu werden. Den meisten Menschen fällt es leichter, eine Rede hinter einem Rednerpult zu halten.

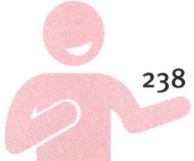

Missverständnis Nr. 30

Das Rednerpult mit beiden Händen anzufassen gilt als Todsünde. Genau deswegen mache ich das oft. Als kleines Zeichen der Rebellion. Das ist nämlich so praktisch. Und es ist so hilfreich. Das Pult bietet sich nun einfach mal so demütig an. Ich stehe nicht oft hinter Rednerpulten, aber wenn... fasse ich das Ding auch an. Nichts erleichtert das Reden mehr als das. Für Anfänger ideal. Dass das nicht so günstig ist, fällt nur denen auf, die sich schon seit Stunden über Ihre langweiligen Inhalte aufregen. Die anderen fühlen sich wohl, wenn Sie als Redner sich wohlfühlen.

Die Empfehlung ein Rednerpult nicht anzufassen, gleicht der Ermahnung an einen Fünfjährigen vor einem Berg aus Speiseeis, nur ja kein Eis zu essen. Natürlich fassen Sie das Rednerpult an, natürlich benutzen Sie diese einfache Möglichkeit, Ihren Händen einen Halt zu geben und natürlich belegen Sie nicht Ihren gesamten Gedankenspielraum mit einem Verbot.

Wenn Sie dann viel und oft sprechen, dann versuche ich Sie zu überreden, die Sache mit dem Rednerpult zu reduzieren oder ganz sein zu lassen, und dann werden Sie sich auch nicht mehr festhalten, weil Sie sich gar nicht mehr festhalten wollen. So einfach ist das. Aber wenn ich ein Rednerpult habe, so ein richtig großes, stabiles, wenn das nicht weg zu transportieren ist und richtig steht, dann lege ich die rechte Hand auf die rechte Seite des Pultes und die linke Hand auf die linke Seite des Pultes, dann tauche ich dahinter auf wie ein Habicht beim Erspähen der Beute und sorge dafür, dass alle froh sind, dass mich dieses Rednerpult davon abhält, in die erste Reihe zu fallen.

Ja, das stimmt. Das Rednerpult ist eine Barriere. Auch das ist ein richtiger Tipp aus dem Rhetorik-Ratgeber. Aber diese Barriere hat aus der Sicht von Alexander Anfänger eine lange Liste von Vorteilen. Doch da rufen uns dann die Trainer zu:

Haben sie denn gar keinen Ehrgeiz? Wollen Sie denn nicht der beste Speaker des Saarlandes werden?

Nein, das will ich erst im dritten oder vierten Abschnitt meines Lebens werden. Jetzt will ich das da vorne erst mal nur einigermaßen über die Bühne bringen.

Manche halten sich für besonders clever und legen ihr Manuskript mit einem schwarzen Tuch getarnt heimlich in den frühen Morgenstunden aufs Rednerpult, damit niemand das Manuskript sieht, wenn sie es hochtragen. Ich wüsste nicht, was das soll. Nicht nur, dass Sekunden vor dem Vortrag gähnende Leere herrscht auf dem Platz, auf dem Sie vor Stunden noch Ihr Manuskript abgelegt haben. Sie können von Glück sagen, dass es noch dasselbe Rednerpult ist. Was wollten Sie damit zeigen? Wenn Sie ablesen, sieht das jeder. Dazu stehen Sie. Ausdrücklich. Sie könnten auch frei sprechen, wenn Sie mehr Zeit gehabt hätten, wenn es ein anderes Thema gewesen wäre und nicht zwei Ihrer drei Kinder zufällig Geburtstag gehabt hätten. Aber so war es eben nicht. Jetzt ist es, wie es ist. Sie lesen ab. Ist das ein Problem? Für Sie nicht. Das ist die Botschaft. Wenn Sie das Manuskript ein paar Minuten vor Beginn der Rede auf dem Pult ablegen wollen und Ihr Glas Wasser füllen wollen, dann ist das sehr sinnvoll. Aber versuchen Sie nicht zu betrügen, bevor es überhaupt losgegangen ist.

Die meisten Rednerpulte sind höhenverstellbar, und das sollten Sie unbedingt beachten. Am besten verstellen Sie die Höhe vor ihrem Vortrag nicht selbst. Normalerweise gibt es Menschen, die das tun, während Sie angesagt werden. Aber Sie probieren vorher aus, wie hoch Sie es brauchen, und dann bitten Sie einen Techniker, es genau so einzustellen. Gregor Gysi, der nicht sehr groß ist, kommentiert meistens sehr witzig das Herunterstellen des Pultes für ihn.

Bei meinen Trainings für Manager stelle ich das Pult vor dem Training auf die niedrigste Stufe. Bisher hat noch keiner das dann richtig eingestellt. Sie haben ihr Manuskript auf dem Liliputaner-Pult abgelegt und dann versucht, das Beste draus zu machen. Manchmal vergisst man eben, dass man der König ist.

Auch die Ablagefläche kann sehr unterschiedlich sein. Wie Sie die Karten oder Ihr Manuskript ablegen, hängt sehr vom Rednerpult ab. Wenn Sie lesen wollen, können Sie idealerweise zwei DIN A4 Blätter nebeneinander ablegen, so dass Sie zwei Stapel bilden können. Das geht schneller als das gelesene Blatt nach hinten zu schieben. Außerdem müssen Sie das Blatt nicht erst am Ende der Seite wechseln, sondern können das lange vorher machen.

Wenn es sehr schräg ist, darf der Stapel Papier nicht zu hoch sein, sonst rutschen die Blätter runter. Gott sei Dank hat Ihr Manuskript sehr groß nummerierte Seiten. Wenn Sie noch ein Laptop zusätzlich für die Präsentation haben, brauchen Sie vielleicht noch einen Tisch. Und Ihr Glas Wasser muss auch noch irgendwo hin. Verwenden Sie genug Zeit darauf, sich das alles einzurichten.

FLIPCHART

Ein Flipchart ist fast immer eine große Hilfe. Ich benutze es gerne für eine Linie, einen Stern, ein Wort, einen Satz. Oder ich habe ein paar Zitate. Die schreibe ich vorher auf die Flipchartblätter und sie stehen mir nach kurzem Umblättern fehlerfrei zur Verfügung.

Das Flipchart sollte hoch genug sein. Jede Schrift sieht furchtbar aus, wenn Sie sich dabei bücken müssen. Überprüfen Sie, ob die Stifte schreiben, besonders der Schwarze (der ist fast immer leer) und ob das Flipchart wegrollen kann.

Eventuell muss die andere Hand das Flipchart festhalten oder Sie beschweren es. Dann kann das Flipchart eine optimale Unterstützung sein.

Auch ein zweites Flipchart kann nützlich sein, wenn man eine Agenda oder ein paar Unterpunkte ständig für alle sichtbar haben möchte, um während des Vortrags immer wieder darauf zurückzukommen. Das andere Flipchart wird blattweise vollgeschrieben.

Sehr ungünstig ist es, mit PowerPoint und Flipchart zu arbeiten. Das bringt den Redner meistens durcheinander und der Platz auf der Bühne wird irgendwann knapp. Alles, was Sie mit dem Flipchart zeigen wollen, könnten Sie in Folien umwandeln, das geht meist genauso.

Wer oft mit dem Flipchart arbeitet, sollte sich ein paar Fähigkeiten aneignen, damit gut umzugehen. Mich ärgert das, wenn ein Redner eine tolle Wahrheit verkünden will und dazu eine Kinderzeichnung aufs Papier schmiert oder wichtige Begriffe in Krakelschrift malt. Man kann lernen, auf dem Flipchart zu zeichnen, so dass es gut und professionell aussieht. Außerdem können Sie vorzeichnen und vorgefertigte grafische Elemente, die Sie mit einem Post-it-Stift bestrichen haben, auf die Folien kleben.

Flipchartpapier mit Linien oder Karos benutzt man heute so, dass sich diese Linien auf der Rückseite des Papiers befinden. Sie sehen sie beim Zeichnen trotzdem, aber die Fotos, die Teilnehmer von Ihren Folien machen, sehen deutlich besser aus.

Angeschrägte Filzstifte benutzen Sie am besten so, dass die Spitze des Filzschreibers zum Daumen zeigt. Wenn Sie viel schreiben, können Sie den Stift während des Vortrages offen lassen. Andernfalls trocknet der Stift leicht aus.

Benutzen Sie nur in Ausnahmefällen Großbuchstaben und aufwendige Zeichnungen, wie Tabellen oder Pyramiden. Die sollten Sie entweder vorbereiten oder dünn mit Bleistift vorzeichnen. Stellen Sie sich mal vor, wieviel Eindruck Sie schinden, wenn nach ein paar scheinbar absichtslos hingeworfenen Linien ein perfektes Piktogramm oder ein professionelles Logo erscheint. Dabei müssen Sie nicht stundenlang einen Zeichenkurs besuchen. Sie brauchen immer wieder dieselben drei Symbole. Man kann lernen, die professionell zu zeichnen. Denjenigen, die viel auf dem Flipchart zeichnen, empfehle ich das Buch „der Flipchart-Coach". Ich habe von Johannes Sauer und Axel Rachow[144] schon sehr viel gelernt.

---

144 Rachow, Axel, Sauer, Johannes: Der Flipchart-Coach. Bonn: managerseminare Verlags GmbH 2015

Beamer

Es ist vielleicht übertrieben, eine Ersatzbirne für den Beamer dabei zu haben. So schnell werden Sie die während des Vortrages nicht wechseln können und manchmal gehört Ihnen der Beamer gar nicht.

Aber wenn das Ihre Veranstaltung ist, sollten Sie nicht nur mit dem Beamer umgehen können, sondern auch Ersatzbirne und Ersatzbatterien für den Pointer griffbereit haben.

Sehr oft ist die Projektion zu groß, so dass kein Platz mehr für den Speaker und das Tischchen mit dem Laptop ist. Vor lauter Begeisterung für die große Leinwand, sind ein paar einfache Dinge nicht bedacht worden.

Auch das Wechseln der Laptops unterschiedlicher Systeme kann große Probleme bereiten. Es empfiehlt sich, das genau abzusprechen oder zu proben. Sie haben nicht oft das Glück, so einen Technik-Freak wie Thorsten Jekel[145] dabei zu haben, der für das Backup noch ein Backup vorbereitet. Der macht dann noch ganz andere Sachen. Der präsentiert mit dem Tablet oder mit dem Smartphone, und anstatt mit einem Präsentationsprogramm könnte man ja auch mal mit PDFs präsentieren.

Wer viel mit dem Beamer präsentiert, sollte sich damit auskennen. Man kann so viel einstellen. In den ersten Sätzen seine Verwunderung darüber auszudrücken, dass das alles zu Hause ja ganz anders aussah, ist unprofessionell. Wie oft habe ich es schon erlebt, dass der Speaker das Publikum fragt, ob ihm da jemand helfen könne, weil komischerweise sind ausgerechnet bei diesem Beamer…

Teleprompter

Dass man mit dem Teleprompter nicht üben muss, ist ein Märchen. Sie müssen genauso üben wie bei der Arbeit mit Stichwortkarten oder beim Sprechen ohne Manuskript. Sie müssen nur was anderes üben. Sie müssen üben, wie man einen sich bewegenden Text vorliest. Sie müssen die richtige Entfernung einstellen, und Sie müssen die Größe einstellen.

Allein für einen Teleprompter sollten Sie mindestens zwei bis drei Proben einplanen, die ungefähr die doppelte Länge Ihrer Rede haben. Die letzte Probe sollte am besten am Originalort stattfinden. Wenn Sie es dann einmal gemacht haben und mit der Situation vertraut sind, geht es ohne Probe.

Mit demjenigen, der den Teleprompter bedient, müssen Sie aber trotzdem üben. Die Geschwindigkeit darf nie fest eingestellt sein. Sie müssen dem Teleprompter-Operator vertrauen und sich auf ihn verlassen können. Ich empfehle bei der Probe mit einem fremden Operator einen Hustenanfall zu simulieren und zu

---

145 www.thorsten-jekel.de

gucken, was dann passiert. Wenn der Teleprompter dann nicht anhält, ist ein Gespräch nötig.

Es gibt im Internet heute kostenlose Software mit der ich die Arbeit am Teleprompter simulieren kann. Aber natürlich tut es auch das Rad Ihrer Maus. Sie sollten nur den Bildausschnitt kleiner machen. Auch der größte Teleprompter kommt wahrscheinlich mit dem Monitor Ihres Heimcomputers nicht mit. Dann gehen Sie mit Ihrer Maus auf Abstand und lesen, während Sie scrollen. Nach kurzer Zeit wird Ihnen das einfach vorkommen.

In meiner Jugend hat ein Teleprompter 60 000 Mark gekostet und eine Filmproduktion oder ein Sender waren sehr stolz, einen zu besitzen. Heute gibt es Teleprompter für 150 Euro und die Technik steht jedem zur Verfügung.

Die Arbeit mit dem Teleprompter ist ähnlich, wie die Arbeit mit Moderationskarten und ausgeschriebenem Text. Aber es gibt ein paar zusätzliche Tipps.

> Diese Schrift für einen Teleprompter ist ohne Serifen geschrieben und die Schrift ist so groß, dass die Sätze nur abgehackt gelesen werden können.

> Dieser Text hat die richtige Größe. Vorausgesetzt, Ihre Sehkraft reicht, um alles mühelos zu lesen zu können.
>
> Sie werden so viel leichter lesen, wie man spricht, weil Sie größere Einheiten sprechen können.
>
> Für den Zuhörer wird es leichter.
>
> Die Einstellung der Schrift und Größe sollten Sie ganz individuell einstellen, wenn Sie häufiger damit arbeiten.
>
> Mir hilft es, immer linksbündig zu beginnen.

- ◎ Die Schrift sollte so groß sein, dass Sie den Text ohne Mühe lesen können und so klein, dass Sie möglichst viel vom Satz sehen.
- ◎ Da, wo Sie beim Lesen ein neues Blatt in die Hand genommen hätten, machen Sie beim Teleprompter eine Leerzeile oder eine Trennlinie. Das heißt für Sie, dass jetzt etwas Neues anfängt. Sie machen eine kurze Pause, und auch der Zuhörer kann umschalten.

- Natürlich ist es auch möglich, einen Teleprompter selbst mit dem Fuß zu bedienen, aber das ist in meinen Augen nur die zweitbeste Möglichkeit. Gutes Vorlesen ist Arbeit genug.

- Mischen Sie den Text am Teleprompter nach Möglichkeit nicht mit freiem Sprechen. Das ist außerordentlich schwer und bringt Sie fast immer durcheinander.

- Sie können am Teleprompter genauso Sprechzeichen eintragen wie am Computer. Wenn der Techniker das nicht machen will, heißt das nicht, dass es nicht geht. Es gibt genau wie im Computer sehr viele Zeichen, so dass Sie den Text individuell anpassen können.

- Ob Sie mit oder ohne Serifen arbeiten, sollten Sie ausprobieren. Mit Serifen ist leichter zu lesen, aber eine serifenlose Schrift hat weniger Rundungen, flimmert also eine Idee weniger.

VIDEO

Der Einsatz von Video ist heute so einfach, dass sich viele Redner verführen lassen, sich zwischendurch eine kleine Pause zu gönnen und ein Video abzuspielen. Dagegen ist grundsätzlich nichts zu sagen, aber die Verbindung zu Ihren Zuschauern reißt. Sie sind nicht mehr da. Sie geben die Führung ab und haben danach unter Umständen Schwierigkeiten, die Verbindung zur Gruppe neu herzustellen.

Ein witziges Video über den Versuch einer Forschergruppe in Iowa, die im Jahre 1999 mal ein Experiment gemacht hat, in meinen Vortrag einzubauen, für den ich ein paar tausend Euro verlange, finde ich unredlich. Aber eine Videosequenz von Ihrer Siegeskür im Eisschnelllauf oder wie Sie vom Mount Everest winken könnte sehr spannend sein.

Ich habe schon große Teilnehmergruppen weinen sehen, weil der Redner ihnen ein dreiminütiges Video vorgespielt hat. Wen fanden am Ende alle toll? Ja genau, den Redner. Der hat uns schließlich dieses tolle Video gezeigt. Wir können bei Gefühlen nicht genau unterscheiden, woher sie kommen. Wenn ich mich bei einem Vortrag gut gefühlt habe, kann das ja nur der Redner gewesen sein.

Wenn die Bilder authentisch sind, bin ich auch sehr gnädig mit der Qualität. Ein paar verwackelte Minuten stören nicht, im Gegenteil. Es zeigt, dass die Aufnahme gar nicht für diesen Zweck gedacht war und macht die Situation deswegen umso glaubwürdiger.

Die Rechte sollten allerdings bei Ihnen liegen, wobei es für jede Art von Film heute eine Möglichkeit gibt, die Rechte zu erwerben. Aber nehmen Sie nicht einfach irgendwas aus dem Internet, auch wenn es schreiend komisch ist oder Sie zu Tränen rührt. Ich könnte jetzt eine lange Liste machen, welche Videos ich nicht mehr sehen kann. Besonders abgenutzt sind Videos von sozialpsychologischen Versuchen und witzige amerikanische Werbung.

Allerdings kommt es auf die Zielgruppe an. Auf der letzten Hochzeit, bei der ich eingeladen war, hat der Pfarrer eine uralte Geschichte aus dem Managementtraining erzählt. Die Menschen waren begeistert, weil sie die Geschichte noch nicht kannten. Oder zumindest waren sie sehr höflich.

DAS LICHT

Wenn Sie mit PowerPoint präsentieren wollen oder müssen, ist es auf der Bühne meist dunkler, damit die Folien wirken können. Das ist ein unangenehmer Effekt von Folienpräsentationen.

Aber je heller, desto angenehmer. Je heller, desto wirkungsvoller, je heller, desto leiser können Sie sein. Wenn Sie am Rednerpult eine Leselampe brauchen, ist das Licht auf der Bühne effektiv zu dunkel.

Die Folien müssen gut sichtbar sein, aber vom Redner spricht oft niemand. Außerdem muss man bei der Qualität heutiger Projektoren nicht mehr so stark abdunkeln.

Wenn ich nach vier Rednern mit PowerPoint auf die Bühne gehe und das ganze Licht wird reingefahren, sehen die Zuschauer erst mal, wie hell man den Raum machen kann. Und Helligkeit im Zusammenhang mit meinem Auftritt weckt ein paar mir sehr willkommene Assoziationen.

Warum haben die Wahlkampfstrategen vom amerikanischen Präsidenten das Licht erst von 80 auf 100 Prozent gedreht, wenn Barack Obama die Bühne betreten hat, so unendlich langsam, dass es niemand bemerkt? Damit jetzt alle glauben, der Messias sei gekommen.

Wenn Sie also mit Folien präsentieren, müssen Sie einen Kompromiss eingehen. Ohne Folien machen Sie es so hell, wie es geht. In Räumen mit großen Glasscheiben kann auch Tageslicht sehr angenehm sein.

Mir ist es immer auch ganz recht, wenn das Publikum nicht ganz im Dunkeln sitzt. Mein Vortrag ist an vielen Stellen interaktiv, und ich sehe gerne, wer da vor mir sitzt. Ganz davon abgesehen, dass meine Pointen viel mehr Spaß machen, wenn ich alle beim Lachen beobachte.

Oft ist es so, dass das Licht vor Beginn, oder in den Pausen anders ist. Sprechen Sie mit der Technik darüber. Sehen Sie sich das im Original an, damit Sie, wenn es losgeht, nicht überrascht sind. Bei mir dauert es manchmal etwas länger, ehe ich mit dem Licht zufrieden bin.

TECHNIKAUSFALL

Die Technik kann ausfallen. Komplett. Auch für länger. Damit sollten Sie immer rechnen. In meiner nicht repräsentativen Statistik kommt das häufiger vor, als man das im Durchschnitt erwarten würde.

Wenn das Laptop 10 Minuten nicht funktioniert, dann wird es Zeit für Plan B. Aber Plan B müssen Sie haben, vorher, lange vorher. Natürlich können Sie sich auf den Standpunkt stellen, dass der Veranstalter alles für Sie vorbereiten sollte, und wenn er das nicht tut, ist er selbst schuld, wenn die Zuschauer nicht das bekommen, was Sie erwartet haben. Hier grollt der Zuschauer mit dem Veranstalter.

Aber wenn Sie jetzt gar keine Idee haben, wie man die Situation retten könnte, dann grollt der Zuschauer mit Ihnen, und das zu Recht. Hängt Ihr Vortrag wirklich davon ab, dass wir die Folien sehen? Verstehen wir ohne Flipchart denn gar nichts? Sind Requisiten, Barhocker und Mineralwasser aus dem Schwarzwald wirklich unabdingbare Voraussetzungen für einen gelungenen Abend?

Wenn ich Technik dabei habe, habe ich auch Ersatztechnik dabei. Manchmal sogar die Ersatztechnik der Ersatztechnik, und die Folien ausgedruckt und einen eigenen Filzstift… das hängt jetzt davon ab, wie pedantisch Sie sind und wie hoch Sie für ihren Vortrag bezahlt werden. Auch wenn Sie nicht das Geringste dafür können, ich würde mir einen verlorenen Abend für eine große Gruppe von Menschen nur schwer verzeihen.

STÖRUNGEN

Wenn etwas nicht so läuft wie geplant, müssen Sie das nicht immer an die große Glocke hängen. Es interessiert niemanden, wenn Sie die Folie, die Sie gestern noch vorbereitet haben, zu Hause vergessen haben, oder wenn die falsche Kontonummer für Buchbestellungen auf dem Flipchart steht.

Doch wenn es Störungen gibt, die Sie verändern, die Ihre Rede beeinflussen, die Sie durcheinander bringen, bin ich immer dafür, diese Störungen auch anzusprechen. Da unterhalten sich zwei intensiv in der ersten Reihe. Sie müssen ja nicht sagen, dass die zwei die Klappe halten sollen, aber unterbrechen Sie den Vortrag unter Umständen, weil Sie merken, dass Ihre ganze Energie bei den beiden ist. Das macht es schwierig für Sie, den Vortrag zu halten. Das sollten Sie Ihnen sagen. Das ist nicht böse gemeint und auch nicht egozentrisch, aber leider sind Sie nun mal so, dass Sie sich konzentrieren müssen.

Wenn die Kellner, die gerade bemüht leise die Getränke nachfüllen, Sie stören, dann sagen Sie Ihnen das. Sprechen Sie dabei wieder über sich. **Ich tue mich gerade sehr schwer… Ich merke gerade… Das ist für mich jetzt schwierig…**

246

Das gilt für jede Art von Störungen. Erklären Sie Ihren Zuschauern, warum die Anzahl Ihrer **ähs** sprunghaft ansteigt, oder Sie eine Hand ständig hinter dem Rücken haben. Wenn Ihr Laptop Ihnen gerade die Nachricht sendet, dass es in 30 Sekunden einen 60minütigen Sicherheitscheck durchführt oder Ihre Hose gerissen ist, ist es das einfachste, das anzusprechen.

Ich habe mal eine Fernsehmoderatorin erlebt, der mitten in der Anmoderation des nächsten Beitrages mit großem Knall der Sender Ihres Ansteckmikrofons zu Boden fiel. Nach dem Beitrag hat sie uns das Ding gezeigt und den Knall erklärt. Das gibt Sonderpunkte in der Kategorie Sympathie.

KLEIDUNG

Dass Ihr Anzug oder Ihr Kleid Ihnen passen sollte, versteht sich von selbst. Sie glauben gar nicht, was eine Frau auf der Bühne in einem schlecht sitzenden Kostüm für Gesprächsstoff liefert. Darüber können sich Männer stundenlang unterhalten. Das gleiche gilt für schlecht sitzende Anzüge bei Männern. Mir ist es schon passiert, dass nach einem wirklich gelungenen Auftritt weibliche Bekannte mit dem Satz auf mich zugestürmt sind.

Michael, du warst super, aber der Anzug geht ja gar nicht...

Dabei fand ich, ich sei richtig chic gekleidet gewesen, ein ganz normaler Anzug... Also achten Sie auf die Kleidung. Sie stehen da oben im Rampenlicht. Da können alle in Ruhe an Ihnen rauf und runter gucken.

Leeren Sie die Taschen. Ausgebeulte Taschen sehen nicht nur blöd aus, sondern behindern sie auch. Eine Veranstalterin wies mich in einem Seminar mal darauf hin, dass es möglicherweise nicht angenehm anzusehen ist, wie mein überschweres Portemonnaie den ganzen Seminartag meine Gesäßtasche ausbeult. Schlüssel, Handys und Brillen gehören während des Auftritts an einen sicheren Ort außerhalb ihrer Kleidung. Also legen Sie auch klimpernden Schmuck und Riesenringe, die gegen das Mikrofon klacken können, einfach vorher ab.

Bei wichtigen Auftritten habe ich einen hellen und einen dunklen Anzug dabei. Dunkelblau vor dunkelblauem Hintergrund und mein Kopf sieht aus wie beim Schwarzlichttheater.

Gerade Männern muss man oft sagen, dass die Schuhe zur Kleidung gehören. Besonders wenn die Bühne höher ist, sieht man sie ganz genau. Pflegen Sie bei den Schuhen vor allem auch die Sohle. Eine kalkweise Ledersohle, die bei jedem Schritt Leuchtzeichen gibt, weil sie noch nie Schuhcreme gesehen hat, macht einen schlechten Eindruck. Ich kenne auch eine Menge Speaker und Speakerinnen, die mit Bühnenschuhen arbeiten, die nach dem Auftritt sofort wieder in den Koffer wandern und noch nie auf einer Straße getragen wurden.

Wenn kein Rednerpult auf der Bühne steht, kann man Ihre Körpergröße nur ahnen. Sehr hohe Absätze sind also auch bei Frauen selten nötig, zumal wenn Sie die nicht gewohnt sind.

Achten Sie darauf, dass der untere Teil der Kleidung dunkler ist als der obere Teil. Ein dunkelblaues Jackett mit einer weißen Hose sieht möglicherweise chic aus, besonders in Hamburg, ist aber für die Bühne ungeeignet, weil die weiße Hose die Blicke dahin zieht, wo sie nicht hingehören. Ich kann Ihnen von Vorträgen erzählen, bei denen ich anschließend die Hose unter Tausenden erkannt hätte, das Gesicht des Redners oder der Rednerin nicht.

Sie können Turnschuhe und T-Shirt tragen, Sie können ohne Jackett präsentieren, wenn Sie wollen, oder es zu Ihrem Thema passt und Sie können sich verkleiden, wenn Sie zum Beispiel eine Kunstfigur spielen. Barry Schwartz[146] hat 3,7 Millionen Klicks mit einem Vortrag in Shorts und Turnschuhen. Aber die Kleidung sollte gepflegt sein. Ein verknitterter Anzug oder ein schlecht gebügeltes Kleid sind für die Zuschauer ein Zeichen, dass es Ihnen egal ist. Außer sie können glaubhaft versichern, dass Sie direkt aus dem Flugzeug aus Sidney in die Halle gestürmt sind. Wenn Sie unsicher sind, fragen Sie jemanden wie Elisabeth Motsch[147], die verhilft Ihnen zu einem tollen Outfit.

Wenn sie keinen Spiegel haben, bitten Sie jemand anderen, Ihr Aussehen zu kontrollieren. Ich habe schon mal eine Staffel von zehn Videos gemacht, wo auf allen 10 Folgen derselbe Wirbel in den Haaren nach oben steht. Auf Veranstaltungen haben alle ihre eigene Aufgabe. Sorgen Sie dafür, dass sich in dieser Hinsicht jemand um Sie kümmert. Ist von hinten alles in Ordnung? Haben Sie was zwischen den Zähnen? Stört irgendetwas an der Frisur?

Ein Taschentuch habe ich immer in der Tasche, und zwar schon ausgepackt. Wir wollen uns gar nicht ausmalen, was da alles passieren könnte, wenn Sie husten oder niesen müssen.

REQUISITEN

Requisiten sind sperrig, schwer, manche verderben, aber man kann gut Effekte damit erzielen. Wenn Sie ein neues Produkt verkaufen, sollten Sie es dabei haben (wenn es in einen Koffer passt). Wenn Sie über die Entwicklung der Panflöten in zwei Jahrhunderten sprechen, bringen Sie bitte eine aus jedem Jahrhundert mit. Aber überlegen Sie sich gut, was Sie warum mitbringen wollen. Eine Pfanne müssen Sie mir nicht zeigen, ich weiß, wie die aussieht, die neu entwickelte Nudelgabel oder den afrikanischen Ärmelschoner dagegen kenne ich noch nicht.

---

146 TED-Talk: Schwartz, Barry, The paradox of choice
147 www.motsch.at

Wenn Sie Requisiten benutzen, die lediglich als Metaphern dienen oder etwas verbildlichen sollen, dann sind die meist überflüssig.

Wenn Sie aber damit ein paar Effekte erzielen wollen, sollten Sie darüber nachdenken, diese Requisiten mehrfach zu benutzen. Eine Leiter aufzubauen, um mir zu zeigen, dass Sie hoch hinauswollen und sonst nichts damit zu machen, ist ein viel zu hoher Aufwand. Die Leiter hilft mir nicht, den Aufwand zu verstehen. Aber vielleicht ist die Leiter einmal eine Leiter, einmal eine Barriere und einmal eine Möglichkeit sich anzulehnen. Dann ist es ein Requisit für Ihre ganze Rede und kann richtig Spaß machen.

Sie sollten den Umgang mit Requisiten aber üben, und zwar mit den Originalrequisiten. Es klingt eigenartig, aber es ist deutlich schwerer, einen Vortrag zu halten, wenn Sie dabei mit den Händen noch etwas anderes machen müssen. Probieren Sie das einfach mal aus. Die meisten Redner lassen die Requisiten irgendwann weg, weil es zu aufwendig ist.

Stellen Sie sich einen Redner vor, der zu Beginn seines Vortrages eine wunderschöne rote Rose in einen Sektkübel stellt und dann nach und nach alle Blätter abrupft, um zu zeigen, dass wir wie die Rosen sind, die täglich Blätter verlieren, wenn wir uns nicht um uns kümmern. Das ist ein schönes Bild und eine schöne Idee. Aber was für ein Aufwand! Für jeden Vortrag eine frische Rose und der Sektkübel passt nicht ins Handgepäck. Wenn er stattdessen erzählen würde:

> Wir Menschen sind wunderschöne Rosen, voll erblüht und blutrot. Jeden Morgen verlieren wir, wenn wir nicht aufpassen, ein oder zwei unserer Blätter. Unwiederbringlich. Jeden Morgen. Zuerst bemerken wir es kaum, wir sehen immer noch hübsch aus, aber die Blüte wird immer kleiner und kleiner. Sie sieht immer kümmerlicher aus, bis am Ende nur noch ein einziges Blütenblatt übrig ist. Noch einmal schlafen, und wir sind ein kahler Stil...

Wenn Sie das gut erzählen, schlägt das jede echte Rose. Denn auch das Zerrupfen ohne Schauspielausbildung oder viel Übung ist ja nicht so ganz einfach. Ich habe mich schon sehr für den Redner geschämt, während er beim Rupfen von Blumen oder beim Anziehen von Taucherbrillen oder Auseinanderfalten von Stadtplänen scheiterte…

Sie brauchen dazu nicht einmal ein Bild einer Rose – erzählen reicht. Ansonsten hilft es, wenigstens ein Foto von den Dingen dabei zu haben, über die Sie reden.

Ein Flugzeugkapitän, der das Handbuch eines A 330 im Original mitbringt und auf der Bühne dabei hat, um zu zeigen, dass dort jeder Notfall exakt beschrieben ist, hat meine volle Aufmerksamkeit. So ein Buch mal im Original zu sehen, ist interessant und hilft, ihn zu verstehen. Wenn Dewitt Jones[148] in seinem Ted-Talk

---

148 TED-Talk: Jones, Dewitt, Celebrate what's right with the world

plötzlich die Plastik-Kinderkamera hervorzuzaubern, die ihm eine so tiefgreifende Lektion beigebracht hat, ist das sehr beeindruckend.

Auf jeden Fall sollte es auf der Bühne nichts Überflüssiges geben. Was war das Wichtigste, was mir mal von einem langen Vortrag im Gedächtnis geblieben ist? Eine Flasche einer bekannten süddeutschen Mineralwassermarke, die formatfüllend auf dem Tischchen direkt in der Projektionsfläche stand. Die Folien änderten sich. Meine Mineralwasserflasche strahlte mich 120 Minuten mit dem immer gleichen Grinsen an. Es wurde nie aus ihr getrunken. Da zapft jemand völlig sinnlos mein Depot an Aufmerksamkeit an, und es fließt Energie heraus, die zu nichts nütze ist. Das ist so, als würde der Redner nach dem Vortrag vergessen, das Licht auszuschalten. Also weg mit dem Mineralwasser aus dem Zentrum des Geschehens, und wenn das Requisit „abgespielt" ist, kommt es ebenfalls weg. Es kann nervig sein, eine Stunde auf einen Zauberwürfel zu gucken, der keinerlei Funktion mehr hat.

Sehr gute Erfahrungen habe ich mit Requisiten gemacht, die ohnehin da sind. Wenn ich eine Szene im Verkauf nachspiele, nehme ich dazu eine kleine Mineralwasserflasche, die in Veranstaltungsräumen auf jedem Tisch steht. Oder ich nehme einen Apfel vom Frühstücksbuffet und spiele damit „Apfel verkaufen". Stühle, Kugelschreiber, Blöcke, das ist immer da und kann bei Bedarf verwendet werden, ohne dass ich vermute, dass Sie mit einem Schrankkoffer unterwegs sind (mit dem manche Speaker tatsächlich herumreisen). Eine Speakerin hat mit ihren zentralen Begriffen mal T-Shirts beflockt und die über die Rückenlehnen von fünf Stühlen gezogen, die sie auf die Bühne gestellt hatte. Das weiß ich noch nach 20 Jahren.

Der Speaker Mark Gungor[149] benutzt in seinem urkomischen TED-Talk je eine Säule mit einem männlichen und einem weiblichen Gehirn, um die Unterschiede zu erklären. Ohne die beiden Säulen wäre das ganz nur halb so unterhaltsam. Hier stört es mich auch nicht, dass er mit einem Kombi reisen muss.

Schauspieler benutzen Requisiten auch, um eine Geschichte besser zu erzählen. Nehmen wir an, der Hauptdarsteller im Film schaut in einen Fernseher. Wenn ich die Eindrücke, die der Film auf ihn macht, verstärken will, lasse ich ihn dabei einen Joghurt essen. Nun brauche ich nur zu zeigen, wie er Joghurt isst, um den Film zu erklären, den wir nicht sehen. Isst er hastig mit schnellen Bewegungen, stoppt der Löffel kurz vor dem Mund als die Mordnachricht kommt, isst er aus einem Becher, der längst leer ist, oder kleckert er das ganze Sofa voll.

Das können Redner auch. Sie könnten Ihre ganze Wut an einer Puppe auslassen oder sich mit einer Gabel unterhalten. Der Ausnahme-Speaker Mark Scharrenbroich[150] macht aus seiner Hand eine Kunstfigur, die redet. Fabelhaft! Aber

149 TED-Talk: Gungor, Mark, Tail of two brains
150 www.nicebike.com

täuschen Sie sich nicht. So etwas will sehr gut geprobt sein und ist in meinen Augen nur etwas für Profis.

PROBEN

Es ist nicht immer eine Probe nötig, aber bei 90 Prozent aller Veranstaltungen habe ich einen Technik-Check, den ich auch als Probe nutze. Bei großen Veranstaltungen gibt es einen Regisseur hinter der Bühne, und wenn die Zuschauer begeistert sind, wenn etwas reibungslos klappt, dann hat der Mann oder die Frau ganze Arbeit geleistet.

Wo geht der Vorredner ab, von wo tritt der nächste Redner auf? Gibt es einen Handschlag mit dem Moderator oder nicht? Wer bekommt von wem die Fernbedienung und wer stellt Gläser und eventuelle Requisiten hin? Wer stellt das Flipchart auf die Bühne und wer legt die Filzstifte hin? Es gibt einiges zu organisieren, und wenn man das vorher abspricht, ist alles so viel einfacher. Ein Stau an der einzigen Treppe zur Bühne kann sehr lästig sein.

Außerdem möchte ich gerne wissen, in welchem Bereich ich mich bewegen kann und wo nicht. Wenn ich mit meinem Mikrofon einem Lautsprecher zu nahe komme, gibt es manchmal eine für die Zuschauer sehr unschöne Rückkopplung. Also muss ich ausprobieren, wie groß meine Spielwiese ist.

Als ich bei Speakern mal herumgefragt habe, was ihr wichtigstes Requisit sei, sagten viele: Klebeband. Damit kann man Hemdkragen richten, Kabel an Kleidungsstücken befestigen und vieles mehr. Bei wichtigen Vorträgen klebe ich Bereiche, die ich nicht betreten darf, ab. Wenn ich mit PowerPoint arbeite, mache ich mir ein Zeichen an den vorderen Bühnenrand, wann ich im Lichtkegel des Beamers stehe und wann nicht. Ich merke später nämlich nicht mehr, wann die Texte meiner Folien auf meiner Stirn stehen.

DER RAUM

Der Raum hat großen Einfluss darauf, wie Ihre Rede gelingt. Von einer zwei Meter hohen Bühne ohne Treppe kommen Sie nicht runter. Das dauert bei einer kurzen Rede viel zu lange. Aber ohne Bühne und mit einem breiten Mittelgang werden Sie quasi dazu eingeladen, sich im Raum zu bewegen. Planen Sie, finden Sie heraus, welche Möglichkeiten Sie haben – und dann machen Sie es während Ihres Vortrages völlig anders. Trotzdem gibt es Ihnen Sicherheit vorher überlegt zu haben, wie Sie vorgehen könnten.

„Es gibt eine sehr praktische Methode, einen fremden Raum in Besitz zu nehmen. Gehen Sie in den noch leeren Raum hinein und fassen Sie mit den Händen alles an: die Stühle, den Boden, die Wände, das Podest, die Türen. Sie bekommen so eine ganzkörperliche Wahrnehmung dieses Raumes und „markieren" ihn dadurch als Ihr Territorium." Das Zitat stammt von Dr. Fleur Sakura Wöss[151]. So konsequent habe ich das nie gemacht, aber ich berühre zum Beispiel „meine Kamera" und setze mich auf viele Zuschauerstühle, bevor es losgeht, egal ob Seminar oder Vortrag. Der Raum muss erst mein Raum werden.

GRÖSSE

Für Schauspieler ist es ein großer Unterschied, ob sie auf einer Bühne spielen oder vor einer Kamera. Für Redner ist der Unterschied gar nicht so groß. Natürlich machen Schauspieler auf der Bühne größere Bewegungen als im Film. In der Großaufnahme genügt das Zucken einer Augenbraue um eine Emotion zu übertragen, bei der Sie im Stadttheater mit über tausend Plätzen schon sehr die Augen aufreißen müssen. Aber das gilt nicht für Speaker auf großen und kleinen Bühnen.

Missverständnis Nr. 31

Wie soll der Laie eine Anweisung umsetzen wie
Machen Sie große Bewegungen!
Ihre Gestik muss ausgeprägter sein!

Das Ergebnis wird nie gut sein. Was ist eine **große Bewegung**? Warum macht man Anfängern mehr Angst als nötig?
Die große Bühne ist schwieriger.
Sie werden sich fühlen wie eine Ameise!

Was soll das bringen? Was ist an der großen Bühne denn schwieriger? Gar nichts. Sie werden vielleicht ein bisschen mehr Lampenfieber haben, aber deswegen werden Sie doch nicht zur Ameise. Stellen Sie sich eher vor, dass die Größe des Publikums für Sie keine Rolle spielt. Im Gegenteil: Sie werden wichtiger, bedeutender und größer.

Ich arbeite allerdings für 1000 Leute nicht mit dem Flipchart, da sieht man einfach nichts. Besser ist es da, mit dem Tablet zu präsentieren und darauf herumzumalen. Das beeindruckt die größte Halle. Ich bringe auch kein Requisit von 10x10cm mit, es sei denn, eine Filmkamera wirft mich in Großaufnahme an jede verfügbare Wand.

---

151 www.fleurwoess.com

ABSTAND

Obwohl ich alle Bücher von ihm habe, bin ich kein großer Freund der Theorien von Samy Molcho[152]. Das ist mir alles zu einfach und zu monokausal. Antrainierte Körpersprache finde ich furchtbar. Aber einen Tipp finde ich ganz großartig: Samy Molcho stellt sich vor die Gruppe und breitet die Arme aus. Jetzt schaut er, ob alle Zuschauer innerhalb des Winkels sitzen, den die geöffneten Arme formen. Jetzt ist alles in Ordnung. Müssen Sie die Arme so weit öffnen, dass Sie wie ein gekreuzigter Jesus vor der Gruppe stehen, dann stehen Sie zu dicht vor der ersten Reihe.

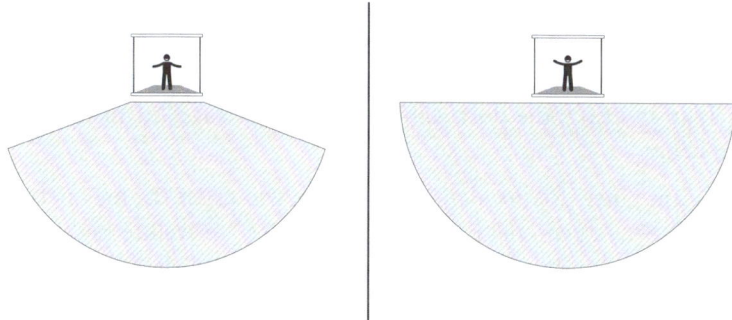

Sie glauben gar nicht, wie oft ich die erste Reihe vor einem Vortrag schon verändert habe. Im kleinsten Seminarraum möchte ich Platz haben, und ich möchte nicht, dass die erste Reihe zu mir hochschauen muss. Ich selbst empfinde das als sehr unangenehm. Oder die Zuschauer sitzen zu weit weg und wir bauen noch eine Reihe vor die alte erste Reihe.

Wenn ich sitze, weil ich den Vortrag an einem Tisch halte, möchte ich nicht, dass jemand neben mir auf meiner Tischseite sitzt. Diese Menschen übersehe ich, die sitzen nicht in meinen geöffneten Armen und geben mir anschließend schlechte Bewertungen. Meine Seminarbestuhlung ist also nie ein Stuhlkreis, sondern immer ein U aus Stühlen mit einem Stuhl für mich davor.

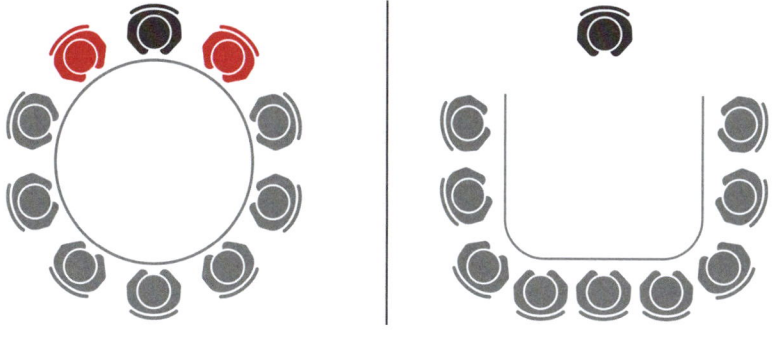

---

152 www.samy-molcho.at

Verantwortung

Sie sind für Ihre Rede verantwortlich, und für sonst nichts. Wenn die anderen aber Ihre Arbeit nicht machen? Wenn das Flipchart des Vorgängers mit den Sommerblumen immer noch auf der Bühne steht, während Sie durch die Eiszeit des Lebens führen? Wenn sich niemand um die Lüftung kümmert und es im Saal riecht wie in einer Bärenhöhle, wenn keine neuen Getränke kommen, weil nebenan eine Gala mit 1000 Leuten stattfindet? Wenn es im Saal so heiß ist, dass der Schweiß auf dem Rücken einen geschlossenen Film gebildet hat?

Dann finde ich, dass Sie sich darum kümmern sollten. Denn wenn die Zuschauer müde und durstig und abgelenkt und unkonzentriert sind, fällt das auf Sie zurück. **Ich konnte irgendwann nicht mehr zuhören!** Ja, das könnte ich auch nicht ohne Licht und ohne Sauerstoff. Mit Requisiten auf der Bühne aus dem letzten Teammeeting, die dort während Ihres Vortrages nicht das Geringste verloren haben.

Es gibt kaum einen Raum, den ich so lasse, wie er ist. Immer nett, immer freundlich, aber es geht viel mehr als man glaubt. Verwelkte Blumen werden abgeräumt, Nachschub für die Verpflegung, ein zusätzlicher Scheinwerfer, die Höhe des Pultes verstellen usw. Ein Fenster mache ich mal schnell selber auf. Der Speaker Johannes Warth[153] hat mal in einem Konferenzraum, der lang und schmal war, die Bühne auf die Seite verlegt und alle Stühle gedreht. Der Hausmeister hat es nicht verhindern können (obwohl es doch schon immer anders war) und es hat reibungslos geklappt. Die nehmen jetzt immer die Warth-Seite.

Der Idealfall

Vor ein paar Jahren war ich in Amerika in einem Workshop von Chip Eichelberger[154], der sechs Jahre mit dem amerikanischen Starspeaker Tony Robbins unterwegs war. Der hatte eine Fülle von tollen Tipps für uns, wie der ideale Raum aussehen sollte.

- Hotels stellen zu viele Stühle hin. Man kann immer Stühle dazustellen, aber zu viele Stühle sind ungünstig. Wenn 300 Menschen auf 500 Stühle verteilt sind, ist es viel schwerer, dem Publikum Energie zu schicken. Man kann die hinteren Bereiche auch erst mal absperren. Im Allgemeinen wird ein enger Raum immer mehr Energie erzeugen

- Die erste Reihe sollte nicht zu weit von der Bühne entfernt sein, und die Stühle stehen am besten ca. 10-15 cm auseinander und versetzt, so dass jeder zwischen den Menschen vor ihm hindurchgucken kann.

---

153 www.johannes-warth.de
154 www.getswitchedon.com

- Wenn es über 150 Teilnehmer sind, empfiehlt sich eine Bühne, die wie ein großes T aussieht, dessen Fuß ins Publikum ragt. Das funktioniert deutlich besser als bei einem klassischen Rechteck.

- Vermeiden Sie den Mittelgang. Sonst bleiben die besten Plätze im Raum leer. Teilen Sie den Raum lieber in drei nebeneinander liegende Rechtecke, also einen Gang rechts und ein Gang links.

- Wenn es irgendwie geht, biegen Sie die äußeren Ränder der Reihen leicht nach innen. Das funktioniert deutlich besser als gerade Reihen. Aber das müssen Sie dem Hotel genau beschreiben, sonst machen die ein Halbrund daraus. In den Hotels wird immer nur das gemacht, was man gewohnt ist.

- Bitten Sie das Personal des Hotels/Konferenzzentrums, die Klimaanlage 90 Minuten vor dem Event zu starten.

- Wenn möglich, lassen Sie das Publikum vorne im Raum eintreten und nicht von hinten. Sonst füllen sich zuerst die letzten Reihen.

- Normalerweise ist es besser, die Menschen erst 5-7 Minuten vorher in den Raum zu lassen. Am besten mit Musik. Wenn die da schon 30 Minuten sitzen, geht deren Energie runter.

Das sind Empfehlungen eines Amerikaners für eine Veranstaltung, bei der sich am Ende alle laut singend in den Armen liegen sollen. Aber das können Sie ja für Ihre Art von Veranstaltung adaptieren.

Wichtig ist aus meiner Sicht, sich den Raum zum Partner zu machen. Vielleicht wollen Sie den Raum auch dekorieren, spezielle Stationen aufbauen oder mit Duft arbeiten? Eine Arenabühne schafft eine ganz andere Atmosphäre als eine Kinobestuhlung. Wir betraten mal den Raum für eine GSA-Konvention und Conventionchair Ralf Schmitt mit seinen Impulspiloten[155] hatte alle Stühle rausgeräumt. Stattdessen gab es zwei gegenüberliegende Bühnen. Die anfängliche Verwirrung war wunderbar. Die Stühle mussten wir uns irgendwann dann holen.

SYMMETRIE

Wenn Sie den Trailer Ihrer Lieblingsserie im Internet anschauen, werden Sie feststellen, dass jedes Bild in der Waage ist. Wenn jemand links vorne formatfüllend zu sehen ist, dann sind rechts hinten zwei Menschen als Gegengewicht zu sehen. Die helle Straßenlaterne vorne kontrastiert mit mehreren kleinen Lichtern im Hintergrund, um die Balance herzustellen. Das macht für den Kameramann sehr viel Arbeit. Aber er weiß warum. Gleichgewicht und Ungleichgewicht eines Bildes werden vom Zuschauer wahrgenommen. In dem

---

155 www.impulspiloten.de

außergewöhnlichen Buch „Kino spüren"[156] wird das eingehend beschrieben. Unser Wahrnehmungssystem sucht ständig nach Ausgleich, und wenn etwas im Ungleichgewicht ist, nehmen wir das als Spannung, Leere oder Verlust wahr.

Also bemühe ich mich, dass das „Bühnenbild" im Gleichgewicht ist, am besten mit mir in der Mitte. So ist die Non-verbale Botschaft, wer hier im wahrsten Sinne des Wortes das Sagen hat, unmissverständlich. Manchmal ist es das zweite Flipchart an der anderen Seite, das ich eigentlich nicht brauche, manchmal ist es das Blumengesteck als Ausgleich zum Rednerpult, das nicht abzumontieren ist und manchmal ist es die Mitte, die ich mir freiräumen muss, weil da ein Werbe-Aufsteller platziert ist.

Bei einer Speaker-Convention ist die Projektion entweder über dem Speaker, am besten mit einer Projektion von hinten, so dass der Speaker nicht geblendet werden kann, oder die Folien werden rechts und links gezeigt und rahmen den Speaker ein. Besser kann man den Redner nicht zur Geltung bringen.

Stellen Sie sich in die Mitte der Bühne. Damit sorgen Sie dafür, dass man sofort weiß, wer hier wichtig ist. Rennen Sie nicht rum, sondern seien Sie sich ihrer Macht da vorne absolut bewusst. Das genügt schon. Wenn es Ihnen dann auch noch ein klein wenig gefällt, ist das die perfekte Vorbereitung.

---

156 Mikunda, Christian: Kino spüren. Wien: WUV-Universitätsverlag 2002, S. 33

Es gibt viele Faktoren, die es Ihnen unmöglich machen, einen Raum zu begeistern, zu einem Publikum durchzudringen oder eine Investorengruppe zu überzeugen. Die falsche Tageszeit, die falsche Pausengestaltung oder der falsche Vorredner. Nach einem brillanten Kabarettisten mag ich am liebsten gar nicht auf die Bühne. Dann schon eher nach fünf langweiligen PowerPoint-Präsentationen. Das Publikum ist mir für jeden Lächler so dankbar, dass es einen Riesenspaß macht.

Wenn Sie irgendwie einen Einfluss auf die Reihenfolge haben, gilt Ähnliches für die Dramaturgie einer Veranstaltung wie für die Dramaturgie einer Rede. Erst das Ernste, dann das Lustige. Und das Lustige nicht ununterbrochen, sondern immer wieder von etwas Ernstem unterbrochen. Es muss ja nicht gleich tragisch sein. Aber Shakespeare hat auch mitten im Gemetzel lustige Szenen eingebaut und umgekehrt. Nichts ist schwerer zu ertragen, als drei Stunden lachen zu müssen.

Wenn viele Redner auftreten, dann ist der wichtigste Redner der letzte und dann kommt der erste, der ist am zweitwichtigsten, jedenfalls sehr oft. Es sollte stark losgehen und idealerweise noch ein bisschen stärker enden. Im Mittelfeld sind wir gnädiger.

Auch Pausen sind wichtig. Alle 90 Minuten sollte Pause sein. Eine längere Aufmerksamkeitspanne kriegen die wenigsten Redner hin. „Vom Winde verweht" darf Überlänge haben, aber ansonsten dauert ein guter Film 90 Minuten und nicht länger.

Auf Speaker vor oder nach Ihnen einzugehen, empfehle ich ausdrücklich. Das wirkt kompetent locker und vor allem gut vorbereitet. Ich war mal mit einem bekannten Speaker in einer Talkshow eingeladen. Ich kannte jedes seiner Bücher, er dagegen konnte nicht einmal meinen Namen richtig aussprechen. Da ging Runde um Runde nach Punkten an mich. Ich war selten in einer Auseinandersetzung so relaxt.

Aber den idealen Slot gibt es nicht, den sollte es auch nicht geben. Was sollten Sie machen, wenn Sie den gerade nicht bekommen? Auch das sogenannte Suppenkoma direkt nach dem Mittagessen wird in meinen Augen deutlich überschätzt. Bei Veranstaltungen trinkt man in der Regel mittags kein Bier oder isst Schweinebraten mit Klößen und Blaukraut. Wenn doch, dann gibt es ein so ausgezeichnetes Kaffeebüffet mit den köstlichsten frisch gebrühten Kaffeesorten, dass sich die Müdigkeit am frühen Nachmittag in Grenzen hält. Manchmal kann ein richtig gutes Mittagessen die Laune auch deutlich heben. Richter fällen vor dem Mittagessen deutlich härtere Urteile. Die sind schlecht gelaunt, weil sie Hunger haben.

Sehr oft kommt es vor, dass die Rednerinnen oder Redner vor mir überziehen. Sie sind schlecht vorbereitet, kämpfen zu lange mit der Technik, oder sind schlichtweg der Meinung, dass ihr Thema ja wohl wichtiger sei als die Themen der anderen. Im Extremfall lassen sie sich das vom Publikum auch noch bestätigen.

Früher habe ich mich darüber sehr geärgert, aber das ist jetzt ausnahmsweise mal nicht mein Problem, wenn ich nach dem offiziellen Ende der Veranstaltung erst auf die Bühne komme und einige gehen schon. Dafür kann ich nichts, das hat nichts mit meiner Qualität zu tun.

> **Mein Job als Speaker ist es, den Saal zu fesseln.**

Egal zu welcher Tageszeit. Wenn es nicht gelingt, dann habe ich versagt oder es ging vielleicht nicht besser. Um 23 Uhr nachts nach unzähligen Toasts mit Sekt auf den Chef gebe ich mir nicht mehr die Schuld, dass ich dauernd grölend unterbrochen werde.

Die Reihenfolge für die Veranstaltung zu erstellen, die Tagesordnungspunkte in eine sinnvolle Reihenfolge zu bringen und dem Tag einen Spannungsbogen zu geben, das ist ein anderer Beruf. Und demjenigen, der diesen Beruf ausübt, können Sie gerne ein paar Hinweise zu Ihnen und Ihrer Arbeit geben, zu dem Zeitpunkt an dem Sie gebucht werden. Alles andere würde ich dann ihm überlassen. Schließlich sollte er dafür ja auch die Verantwortung tragen.

Von einem Profi erwarte ich auch noch, dass er eventuell kürzer ist, dass er verlorene Zeit wieder einholt. Das Saiblingsfilet auf Basilikumschaum für 400 Menschen kalt werden zu lassen, nur weil die Körpersprache der Zehen noch nicht besprochen wurde, ist in meinen Augen arrogant. In vielen Fällen ist Ihr Kunde der Veranstalter, und wenn Sie dem helfen, zahlt sich das auch immer für Sie aus.

SUBOPTIMALE BEDINGUNGEN

Ich stand schon mal lange im Schnee, in dem Glauben, ich würde abgeholt und woanders hingefahren, obwohl der Raum, in dem ich sprechen sollte, direkt hinter mir lag. Ich bin schon direkt hinter Säulen aufgetreten und habe in einem Restaurant am Kürfürstendamm gesprochen, in dem es keinen einzigen Platz gab, auf dem ich von allen Teilnehmern gleichzeitig gesehen wurde. Ich habe auf der Freitreppe in der Diskothek unter dem Hotel Adlon gesprochen, auf gläsernen Passagierschiffen auf dem Zürichsee, und ich habe in Firmenzentralen gesprochen, in die mich zunächst keiner hineinlassen wollte. Ich bin durch Parkhäuser geirrt, in denen alle Besucherparkplätze besetzt waren und ich habe in Raucherzimmern Seminare gegeben, weil ich vorher hätte sagen müssen, dass ich Nichtraucher bin. Kreuzfahrtschiffe fuhren während des Vortrages vor dem Fenster vorbei, neugierige Passanten drückten sich die Nase am Fenster des Seminarraumes platt und in einer Bibliothek für 30 Sitzplätze knubbelten sich 80 Lehrer. Ich habe in Museen gesprochen, in Kaufhäusern, gleich bei der

Rolltreppe, und ich fand Filmproduktionen im fünften Stock hinten rechts in einem riesigen leerstehenden Bürogebäude. Ich stand mit einem sehr ernsten Thema unter der Faschingsdekoration und ich versuchte, ein paar sinnvolle Ideen zu teilen, während johlende Mitarbeiter einer Fastfoodkette hinter der dünnen Trennwand in der Tennishalle die neuen Produktvorschläge im Kreise halb nackter Tänzerinnen feierten. Oder ich stand in einer Turnhalle in Österreich vor Leuten, die mich nicht wollten und mich aufgrund des Echos in der Halle auch nicht richtig verstanden.

Ich habe vor Publikum gesprochen, wo ständig Leute rausgerufen wurden und andere dann wiederkamen (**Lässt sich leider nicht ändern!**). Ich habe denselben Vortrag zweimal vor jeweils halbvollem Raum gehalten (**Bei Hermann Scherer**[157] **gab es aber standing ovations!**), ich habe neben röhrenden Kühlschränken gestanden (**Lässt sich auch nicht ändern!**), im Durchzug und in einem Raum, in dem sich an den Wänden als Bestuhlung ausschließlich Liegesofas befanden.

Ich wurde in einer Unternehmensberatung durch Fahrradhupen angekündigt, und mein Name wurde unzählige Male falsch ausgesprochen. Ich habe viel erlebt in meinen Jahren als Speaker und Trainer.

Trotzdem gibt es keinen Loser-Raum. Ich habe noch nie gesagt, dass es nicht geht. Meine Rede findet statt. Es ist nicht immer ein Feuerwerk und ich werde nicht immer anschließend unter rhythmischem Klatschen durch den Mittelgang getragen, aber ich gebe mein Bestes, egal welche Bedingungen ich vorfinde. Meine Reden werden bezahlt oder ich werde ganz lieb gebeten oder ich habe ein ganz starkes Anliegen, genau dort zu reden. Reden zu dürfen ist ein Geschenk, und das habe ich immer angenommen

WEBINARE UND VIDEOKONFERENZEN

Auch wenn ich das Medium wechsle und nicht mehr live auf einer Bühne stehe, das Wichtigste bleibt immer der Inhalt. Gerade bei kostenlosen Videos, die als Appetithappen gedacht sind, langweile ich mich beim Zuschauen oft unendlich. Wenn schon der Köder nicht schmeckt…

Der häufigste Fehler ist, dass die Möglichkeiten, die mir die Kamera bietet, nicht ausgenutzt werden. In dem berühmten Mord unter der Dusche in „Psycho" von Alfred Hitchcock gab es 35 Kameraeinstellungen in 25 Sekunden[158]. Für moderne Musikvideos oder Filmtrailer wäre das lächerlich. Alles ist deutlich schneller geworden. Aber im Webinar steht oder sitzt ein Mensch eine Stunde und liest Folien vor.

Direkt danach kommt die Technik. Wenn derjenige, der das Webinar gibt, nicht mit der Software vertraut ist und dauernd mit laaaaagezooogenen Sääääät-

---

157 www.hermannscherer.com
158 Mikunda, Christian: Kino spüren. Wien: WUV-Universitätsverlag 2002, S. 178

zeeeen nach dem richtigen Klick sucht, ist das ärgerlich. Die meisten Systeme für Webinare oder Konferenzen sind einfach, erfordern aber doch ein bisschen Übung. Wo ist der Chat, wie melden sich die Teilnehmer (über Handzeichen oder elektronisch)? Will ich noch etwas über den Bildschirm zeigen? Schalte ich alle Teilnehmer auf stumm, um die Nebengeräusche zu minimieren? Aber wenn Sie mal an ein paar solcher Veranstaltungen gemacht haben, haben Sie das schnell raus. Der Speaker Dr. Stephan Meyer[159] hat neulich andere Speaker zu einer „Probierstube" eingeladen, wo neun verschiedene Software-Tools für Online-Seminare ausprobiert wurden.

Direkt nach dem Inhalt kommt der Ton. Ein schlechtes Bild kann ich für eine Zeit ertragen, einen schlechten Ton nicht. Viele arbeiten mit einem Headset, das hat den besten Ton, aber der Nachteil ist, dass man blöd aussieht und ein bisschen unbeweglicher ist. Ich bin ein Mensch mit Bewegungsdrang, auch im Webinar. Deswegen sieht man ein bisschen mehr von mir auf dem Videobild, und mein Ansteckmikrofon ist mit einem zwei Meter langen Kabel am Computer angebracht. Inzwischen besitze ich auch eine drahtlose Funkstrecke.

Wenn Sie damit anfangen, kann es sehr helfen, die Kamera auf einem kleinen Stativ in der Mitte des Monitors zu platzieren. So gucken Sie immer alle an, auch wenn Sie am Monitor jemandem zuhören oder auf Ihre Folien blicken.

Das Licht ist wichtig. Gutes Licht kommt ein bisschen stärker von einer Seite, damit die Konturen in Ihrem Gesicht besser herauskommen. Sehen Sie sich einfach mal an, wie Sie aussehen. Eine kleine Schreibtischlampe kann da Wunder wirken. Am besten geht es natürlich mit Tageslicht. Wenn Sie schräg vor dem Fenster sitzen, haben Sie tolles Licht.

Vielleicht hängt man eine Tischdecke über einen Türrahmen, kauft sich einen Aufsteller oder man kriegt so viel Licht von vorne, dass der Hintergrund nicht mehr zu sehen ist. Ein einfarbiger Hintergrund ist zunächst mal die einfachste Idee, er sollte nur nicht hartes weiß sein. Ein sprechender Mensch vor weißem Hintergrund wirkt blass und fahl.

Viele sitzen vor Bücherregalen oder vor Bildern. Ich lege immer Wert darauf, dass das Medium Film auch richtig genutzt wird. Wieso lässt man sich nicht sein Logo oder seine Website oder seinen Firmenslogan oder den Titel seines Seminars auf eine Leinwand drucken und hängt das wie ein Bild im Hintergrund auf? Kosten: 7,50 Euro. Ich habe mir mein Logo aus Styropor schneiden lassen, Magnete dran geklebt, kann also das Logo auf der Leinwand beliebig verschieben, je nachdem wie groß der Bildausschnitt ist. Das Logo wirft jetzt richtig professionelle Schatten wie eine aufwändige Schrift an einer Fassade.

Oder Sie nehmen einen ausrangierten (oder neu gekauften) Monitor auf einem Stativ und haben die Präsentation dann neben sich. Fast wie auf der Bühne.

---

159 www.stephanmeyer.com

Die meisten stellen die Kamera so ein, dass sie wie ein Tagesschausprecher zu sehen sind, also ungefähr bis zum Ellbogen. Ich gehe gerne ein bisschen näher ran und habe hinter mir genügend Platz um aufzustehen und etwas vorzumachen. Auch wenn dabei mein Kopf vielleicht für zwei Minuten abgeschnitten ist.

Oder kleben Sie ein Bild neben das Objektiv. Die meisten Menschen brauchen etwas Zeit, um sich daran zu gewöhnen, dass man jetzt mit einer gläsernen Halbkugel kommuniziert. Sie können bei einer webcam auch ein Gesicht malen und ein Auge ausschneiden, durch das Sie das Objektiv anblickt.

> **Es hilft, sich die Kamera als Ansprechpartner vorzustellen.**

Bei Konferenzen mit mehreren Rednern ist die Einhaltung des Zeitplans noch einmal deutlich wichtiger als auf einer Live-Konferenz. Die Zuschauer können zwar auf die Toilette, wann sie wollen. Aber die verschiedenen Schaltungen stellen die Organisatoren vor noch größere technische Probleme, wenn die Redner nicht pünktlich aufhören.

Bei wichtigen Anlässen wird zur Sicherheit ein Video der Rede aufgenommen, das man dem Veranstalter vorher schickt. Sollte dann die Übertragung nicht klappen, kann zur Not immer noch das Video eingespielt werden.

Die Teilnehmer haben es in einem Webinar oder einem online-Meeting deutlich leichter, zu Wort zu kommen. Man muss nicht kämpfen, etwas sagen zu dürfen, sondern schreibt es in den Chat. Die Deutlichkeit der Meldungen kann mitunter irritierend sein, aber sie schafft ein anderes Gruppengefühl. Besonders dann, wenn Sie denjenigen, der sich meldet, nochmal mit Namen erwähnen und sein Anliegen teilen.

Ich werde gerade von Carola darauf hingewiesen, beim Thema zu bleiben.

Eine gute Möglichkeit ist es auch, das Thema in Kapitel einzuteilen und nach jedem Kapitel die Fragen zu klären, für die, für die die Hemmschwelle, sich mitten im Redefluss des Speakers zu melden, noch zu hoch ist.

Mir ist es wichtig, dass sich jeder mit seinem Namen und nicht mit dem Namen seines Handys oder der Zahlenfolge seiner Handynummer in der Online-Konferenz kenntlich macht, damit ich jeden ansprechen kann. Auch eine Namensliste habe ich immer neben mir, um den Überblick zu haben, wen ich vielleicht bis jetzt übersehen habe.

Die Expertin für Trainingsdesign Anna Langheiter[160] schlägt vor, die Namen der Teilnehmer auf Post-its zu schreiben und sie auf dem Tisch zu platzieren. So kann ich jeden, der etwas gesagt hat, markieren. Bei längeren Webinaren weiß ich so genau, wer sich gemeldet hat und wer nicht.

---

160 www.annalangheiter.com

CHECKLISTE FÜR WEBINAR UND VIDEOKONFEREN

Technik
- ○ Telefon aus
- ○ Mobiltelefon aus
- ○ Ev. Klingel abstellen oder Schild an die Tür
- ○ E-Mail-Programm aus
- ○ Tür zu
- ○ „Nicht-stören-Schild" aufhängen (ev. mit den Zeiten für Kinder)

Kamera
- ○ Bildgröße richtig (Handbreit über Kopf)
- ○ Kamera umschalten, wenn spiegelverkehrt
- ○ Kopf nicht in der Mitte (goldener Schnitt)
- ○ Stuhl in der richtigen Höhe. (ev. Kissen unterlegen)
- ○ Ev. Dokumentenkamera vorbereitet
- ○ Papier und Stift (kein Reklamestift) bereitlegen

Licht
- ○ Tageslicht voraussehen (Sonne im Fenster)
- ○ Kunstlicht (3600k) wärmer als Tageslicht (5200k)
- ○ Zusätzlicher Scheinwerfer andere Seite / Akkus?
- ○ Ev. Licht im Rücken

Ton
- ○ Mikrofon angeschlossen und getestet.
- ○ Lautsprecher an und geregelt
- ○ Kleidung – Befestigungsmöglichkeit für Mikrofon

Inhalte
- ○ Präsentation vorbereitet
- ○ Filme vorbereitet
- ○ Arbeitsblätter vorbereitet
- ○ Dateien geöffnet

Hintergrund
- ○ Aufräumen (Buchtitel)
- ○ Logo?
- ○ Platz zum Aufstehen
- ○ Kabelsalat?

Ausstattung
- ○ Glas Wasser
- ○ Taschentuch
- ○ Block und Stift vor sich für spontane Notizen
- ○ Teilnehmerliste
- ○ Uhr in Sichtweite

POWERPOINT

Präsentation bedeutet heute PowerPoint oder Keynote. Wir wollen Informationen weitergeben. Die kann man mit einer Folienpräsentation toll aufbereiten. Jeder Schüler kann die schönsten Effekte erzielen und beeindruckende Folien erstellen, die Sachverhalte glasklar veranschaulichen und ein trockenes Thema in einer nie dagewesenen Qualität verbildlichen.

Der Grund für die vielen PowerPoint-Präsentationen liegt auf der Hand: Es ist einfacher. Haben Sie schon mal im Keller eine Rede vor einer weißen Wand geübt, während ihre Familie Scrabble gespielt hat? Das macht leider so überhaupt keinen Spaß. Nein, es ist viel weniger aufwändig, im ICE an seinen Folien zu basteln und daran zu arbeiten und jede noch so unwichtige Kleinigkeit hineinzuarbeiten, um nur ja nichts zu vergessen. Das Halten des Vortrages wird dann schon klappen. Das klappt auch. Das können Sie so machen. Wenn das für Ihre Ansprüche reicht, ist dagegen nichts einzuwenden.

Aber sollte man jetzt nicht einfach die Präsentation an alle rumschicken? Sie wird ja eh anschließend ausgeteilt. Warum nicht gleich verteilen und die Zeit für das Meeting im Liegestuhl am Pool mit der ausgedruckten Präsentation verbringen ohne das Geraschel der Kollegen und das Surren der Klimaanlage und die Pfefferminzbonbons vom Tagungshotel?

Sie lächeln jetzt und sagen: Nein, die Präsentation liest doch niemand. Wenn die jemand vorträgt, haben wir wenigstens die Chance, dass wir den Inhalt bei der Zielgruppe einigermaßen voraussetzen können.

Auch ok, wobei man sich fragen muss, ob Folien, die niemand lesen will, die alle für uninteressant halten, überhaupt gemacht werden müssen? Aber das entscheiden die Führungskräfte. Gut, die wollen das so. Dann engagieren Sie einen Schauspieler, der die Folien genauso genial vorliest, wie Sie sie entworfen haben. Wenn Sie dafür kein Geld haben, dann lassen Sie das den Lehrling machen. Die Fragen anschließend beantwortet dann wieder der Fachmann.

Ach, Sie wollen doch lieber, dass der Fachmann redet? Sie wollen selbst sprechen? Gut, aber dann muss es dafür einen Grund geben. Sagen Sie jetzt nicht, dass Sie keinen Praktikanten haben, der das Lesen für Sie übernehmen kann.

Bevor Sie jetzt ärgerlich werden: Was spricht dagegen? Gar nichts. Jemand der Folien machen kann, macht Folien und jemand der gut lesen kann (und das ist gar nicht so einfach), der liest. Suchen Sie jemanden ohne Sprech- oder Sprachfehler mit einer wohlklingenden Stimme. Dann kopieren Sie ihm das Kapitel „Eine Rede vorlesen" in diesem Buch oder schenken Sie ihm noch mein Buch „Sprechertraining"[161], in dem es darum geht, wie Fernseh- oder Radiomoderatoren Texte vorlesen. Schon werden Sie an der nächsten Präsentation Ihre helle

161 Rossié, Michael: Sprechertraining. Wiesbaden: Springer Fachmedien GmbH 2017

Freude haben. Warum rhetorisch unbegabte Menschen mit dem Halten von Präsentationen quälen? Klare Antwort: Weil alle den Fachmann sehen und hören wollen. Alle wollen den sehen, der alles erfunden, erlebt, erdacht, erwirkt oder erbettelt hat. Man will den sehen, der das Buch geschrieben, die Firma gegründet und den Weltrekord geholt hat. Alle freuen sich auf den, der Millionen verdient, den Film gedreht hat oder die Elefanten verschwinden lässt. Es geht um den Menschen, und es geht nicht um die Folien.

Missverständnis Nr. 32

PowerPoint ist nicht böse, es macht auch die Zuschauer nicht dumm und es ist auch kein rhetorischer Karriereschub für Nerds. Das Medium kann nichts dafür, wenn man es falsch benutzt. Auch dem Vorschlag, Power-Point nur für „stark faktenbasierte" Vorträge einzusetzen stimme ich nicht zu. Wenn Opa Geburtstag hat, wollen wir die Babyfotos sehen und wenn ich jemanden dazu kriegen will, Geld zu spenden, dann zeige ich ihm am besten die, die es nötig haben, in Großaufnahme und in Farbe. PowerPoint ist für den Könner ein exzellentes Werkzeug.

AUFGABENVERTEILUNG

Aber wenn das mal klar ist, dann geht es darum zu gucken, wer was macht. Es wird entschieden, dass ein ganz bestimmter Mensch einen Vortrag halten soll. Daran gibt es nichts zu rütteln. Dieser Mensch entscheidet sich dann, das mit Hilfe von Folien zu tun. Weil das verständlicher ist. Weil ihm das hilft. Weil es den Zuschauern hilft. Weil Folien vieles können, was ein Mensch nicht kann.

Die Folien helfen dem Vortragenden und nicht umgekehrt. Ich habe mal einen blinden Speaker erlebt, der das perfekt umgesetzt hat. Die Folien waren ausschließlich für uns, da er sie ja nicht sehen konnte.

Der Vortrag ist also nie PowerPoint. PowerPoint ist immer eine Zutat, ein Gewürz, eine Option. Deswegen müssen Sie sich auch nicht entscheiden. Ob PowerPoint oder nicht hängt von Ihnen und Ihrem Thema ab. Es gibt tolle Vorträge ohne PowerPoint und es gibt tolle Vorträge mit PowerPoint. Daraus eine Glaubensfrage zu machen, ist geradezu absurd. Natürlich ist es gesünder, mit dem Fahrrad über die Alpen zu fahren als im Auto. Aber deswegen mit Steinen nach vorbeifahrenden Autos werfen? PowerPoint-Folien sind nicht gut oder schlecht, genauso wie Krücken oder Brillen nicht gut oder schlecht sind.

Wenn die Folie andere Aufgaben übernimmt als der Redner, dann sind Folien sehr sinnvoll. Dann ergänzen die Folien den Vortrag. In der folgenden Liste habe ich Ihnen zusammengestellt, was Sie selbst machen müssen, und was Ihre Folien erledigen sollten.

Zahlen, Daten, Fakten (ZDF)	Ahnen, Raten, Deuten (ARD)
Chronologische Abläufe	Emotionen
Diagramme	Erlebnisse
Zitate	Persönliche Meinungen
Aufzählungen	Private Ergänzungen
Zeichnungen	Bewertungen
Signets und Logos	Dialog mit den Zuhörern
Grafiken	Provokationen
Karikaturen	Nachgespielte Szenen
Fotos	Aufgaben zum Mitraten
Filme	Geschichten
Videoclips	Beispiele
Tabellen	Erläuterungen
Koordinatensysteme	Interaktion mit Zuschauern
Jahreszahlen	Metaphern und Vergleiche
Comics	Witze
Bilder	Mit Worten erzeugte Bilder

Sie können PowerPoint als Teleprompter benutzen, als Visitenkarte im Hintergrund, die jedem Zuschauer in Erinnerung ruft, welche tolle Firma ihm gerade diesen Redner beschert. PowerPoint kann eine Möglichkeit sein, Ihren Vortrag zu bebildern, als visuelle Unterstützung, als Handout. Aber benutzen Sie den neuen Mercedes nur, um zur Tankstelle zu fahren?

DIE IDEALE FOLIE

Sie haben sich entschieden, Folien zu benutzen. Weil Sie der Meinung sind, dass Folien Ihnen viel Zeit und Arbeit abnehmen können und weil sie gut zu Ihrem Thema passen? Einverstanden. Folien können eine ganze Menge. Zunächst mal können die Folien einem Redner alle Sachinformationen abnehmen. Nicht die Folien führen durch die Präsentation, sondern Sie! In Abwandlung von Kennedy schreibt Davies[162] sehr pointiert

---

162 Davies, Graham: The Presentation Coach, Chichester: Capstone Publishing Ltd. 2010, S. 115

Fragen Sie nicht, was Ihre Folien für Sie tun können. Sondern fragen Sie, was Ihre Folien fürs Publikum tun können.

All die Dinge, bei denen man Angst hat, sie zu vergessen, stehen auf der Folie. Das ist auch für den Redner eine enorme Hilfe.

Auch Emotionen lassen sich mit den entsprechenden Bildern auf Folien leicht hervorrufen. Schon eine Folie von jubelnden Menschen löst sehr angenehme Gefühle aus. Bei Folien stellt man sich zwei Fragen: Sorgt die Folie dafür, dass ich das Gesagte besser im Gedächtnis behalte. Oder versteht man mich dann besser? Wenn die Antwort mindestens einmal **ja** lautet, dann ist die Folie sinnvoll.

Nancy Duarte[163] empfiehlt, nur Folien zu verwenden, die man im Vorbeifahren mit 80 Kilometer pro Stunde lesen kann. Das ist als Regel vielleicht übertrieben, aber es ist ein sehr wertvoller Tipp. Folien sollten in maximal 20 Sekunden aufgenommen werden können. Wenn Sie die entziffern müssen, wenn man sich auf denen zurechtfinden muss und die Folien den Betrachter erst mal erschlagen, sind es keine guten Folien.

Die Metaphern für die Einfachheit der Folie sind bei den einzelnen Rhetoriktrainern verschieden, aber der Inhalt ist gleich: Folien sind ein optisches Medium. Ihre Folien sollte ein Ausländer verstehen können, der Ihren Text nicht lesen kann.

Strengen Sie Ihre Zuschauer nicht an. Die kommen möglicherweise, um etwas zu lernen, das heißt aber nicht, dass sie Lust haben, Schwerstarbeit beim Begreifen oder Entziffern zu leisten.

Bei Warren Evans[164] heißt es: Nicht mehr als fünf Linien mit nicht mehr als drei Wörtern. Ansonsten müssen Sie eine lange Pause lassen, damit sich Ihr Publikum in Ruhe die Folie ansehen kann. Ob das jetzt zwanzig oder dreißig Sekunden sind, darüber lässt sich streiten. Es muss möglichst schnell gehen.

Aber natürlich mag ich auch keine Folien auf denen formatfüllend **WARUM?** steht oder **Noch Fragen?** oder eine riesiger Amboss, um zu zeigen, wie hart das Leben manchmal sein kann. Eine Folie muss den Vortrag besser machen, sonst sollte sie nicht gezeigt werden.

Eine gute Folie ist übersichtlich und aufgeräumt. In einem apple-store sieht es auch anders aus, als in einem 1-Euro-Shop. Alles hat seinen Platz, aber auch der Raum um die Grafiken und Symbole herum ist ausreichend groß. In vielen Unternehmen wird die Anzahl der Folien pro Minute beschränkt, und das führt unsinnigerweise zu Folien, die aussehen, als hätte jemand eine Schubkarre mit Informationen darauf ausgekippt.

---

163 www.duarte.com
164 Zit. nach Davies, Graham: The Presentation Coach, Chichester: Capstone Publishing Ltd. 2010, S. 122

Es gibt natürlich Präsentationen, in denen Produkte oder Projekte vorgestellt werden, die deutlich mehr Daten enthalten dürfen. Aber ich muss sie nicht alle besprechen und schon gar nicht vorlesen. Vielleicht ist meine Botschaft ja nur, was alles möglich ist. Trotzdem ist es besser, nur eine Tabelle, eine Grafik oder ein Diagramm pro Folie zu zeigen. Außer bei Vergleichen, bei denen es wirkungsvoll sein kann, beide Alternativen nebeneinander zu setzen.

STERN UND POWERPOINT

Wenn Sie die Sterntechnik im Zusammenhang mit einer PowerPoint-Präsentation benutzen wollen, dann wird jeder Folie einfach ein Stern zugeordnet. Wenn die Folie sehr umfangreich ist, können es auch mehrere Sterne sein, zum Beispiel ein Stern zum Inhalt der Folie und ein zusätzlicher Stern mit einer Geschichte oder einem Beispiel. Die Reihenfolge der Folien gibt die Reihenfolge der Sterne vor.

Den Namen des oder der Sterne können Sie sich in die Notizbuchfunktion Ihrer Präsentation eintragen, so haben Sie eine Gedankenstütze. Alle Sachinformationen stehen auf der Folie, und so können Sie nichts vergessen. Wenn Sie doch das Gefühl haben, nicht alles gesagt zu haben, genügt ein Blick auf die Folie, um genau das zu überprüfen.

Natürlich kann es auch hier passieren, dass der Redner trotz einer strengen Struktur der Folien improvisiert und manchmal ein bisschen ausführlicher wird als geplant. Dagegen lässt sich wenig machen. Wir denken assoziativ und da fällt einem eben öfter etwas ein. Hier hilft nur ein straffer Zeitplan und der Glaube daran, dass mehr nicht immer besser ist. Meist ist es besser, wenn es kurz und pointiert ist, als das breit und ausführlich.

FOLIEN FÜRS LESEN

Folien haben am besten eine Größe von zwischen 16 pt und 24 pt, je nach Größe des Raumes und Zuschauerzahl, außer es sind Sehbehinderte im Raum. Kein Wort ist unterstrichen oder gefettet, nicht mehr als 5 Punkte pro Slide und 5 Worte pro Punkt. Davon gibt es jetzt beliebig viele Ausnahmen. Wobei die Ausnahmen heute die Regel sind.

Damit Sie es sich leicht merken können, wandeln wir die Regel wieder ab (weil ich ja Regeln sowieso nicht leiden kann): Maximal 10 slides, maximal 20 Minuten, maximal 30 pt Schriftgröße. Sie sehen, ich suche mir nur die Regeln heraus, die mir gefallen. Eine weitere Regel stammt aus dem sehr erhellenden PowerPoint-Buch von Matthias Garten[165], das alles technisch bestens erklärt:

165 Garten Matthias, Power Point: Der Ratgeber für bessere Präsentationen, Bonn: Vierfarben Verlag 2016, S. 77

„Abstand letzte Stuhlreihe zu Leinwand in Meter mal 4,8 pt geteilt durch die Höhe der Leinwand in Meter gleich Schriftgröße in pt."

Matthias weist auch darauf hin, dass Arial oder Times New Roman mit 20 Jahren für Computerverhältnisse schon ziemlich alt sind, und damit nicht nur technisch fehlerhaft, sondern möglicherweise auch unmodern. Man könnte sich also auch für eine modernere Schrift, wie Tahoma oder Verdana oder Trebuchet entscheiden.

Legenden dürfen ruhig kleiner sein, also z.B. Schriftgröße 10 pt, aber sie sollten immer in derselben Größe, Formatierung und Schriftart gesetzt sein. Außerdem so kurz wie möglich. Auf Ihrer Website bieten Sie dann alle nötigen Infos ganz ausführlich an.

Keine senkrechten Schriftzüge und auch nicht um 45 Grad gedreht, so dass der Zuschauer den Kopf zur Seite neigen muss, um alles lesen zu können.

Enthalten meine Folien Zahlen, die sich die Zuschauer ansehen sollen, dann gelten dafür wieder die Regeln fürs Lesen. Denn was für mich einfacher ist, ist auch für die Zuschauer einfacher.

Eine Software wie Wordle, die die wichtigen Wörter wie ein Puzzle kreuz und quer auf der Folie anordnet ist super für ein Poster, aber in einer Präsentation verwirrt es[166]

Zahlen merkt man sich besser, wenn Sie mit Punkten dargestellt werden oder ausgeschrieben. Längere Wörter bekommen Bindestriche und bei Grafiken steht links für innen, rechts steht für außen, links fängt es an und es endet rechts.

15.439.657
2 Millionen
Jahres-End-Projekt
1962.........................2022

Schreiben Sie die Zahlen auf eine Folie, dann achten Sie darauf, dass die Engländer und Amerikaner anstatt des Tausender-Punktes ein Tausender-Komma setzen.[167]

DER RICHTIGE ZEITPUNKT

Stellen Sie sich vor, Sie machen einen Film über das richtige Schälen einer Orange. Welche Reihenfolge ist richtig? Der Sprecher sagt: Viele Menschen wissen nicht, wie man eine Orange richtig schält? Dann sehen wir eine Hand, die eine Orange schält. Oder wir sehen eine Hand, die eine Orange schält und dann sagt eine Stimme im off: Viele Menschen wissen nicht, wie man eine Orange schält.

166 Morton, Simon: The presentation Lab. New Jersey: John Wiley & Sons, Inc. 2014, S. 25
167 Garten, Matthias, 30 Minuten für professionelle Multimediapräsentationen, Offenbach: Gabal Verlag GmbH 2010

Nur Version zwei ist richtig. Im anderen Fall glauben wir, dass der Redner uns für zu dumm hält, sich eine Orange vorzustellen, und das ärgert die meisten Menschen – mich eingeschlossen.

Im Normalfall zeigen wir also erst ein Bild und dann kommentieren wir, erst die Tipps, dann die Zusammenfassung auf der Folie, erst das Rätsel, dann die Lösung als Bild. Die umgekehrte Reihenfolge gibt es aber auch. Sie haben eine Folie mit Sachinformationen, die Sie jetzt in Schritten erklären. Sie zeigen mir ein Rätsel und lassen mich mitraten, was falsch daran ist. Sie zeigen mir etwas, was Ihnen aufgefallen ist oder Sie geärgert hat, und jetzt erklären Sie es. Für die Reihenfolge gibt es keine festen Regeln. Erst der Spruch, dann die Folie auf die er geschrieben ist. Oder erst das komplizierte Chart und dann die zweistündige Erklärung anhand Ihres Charts. Beides ist möglich. Aber wenn das Bild eine Erklärung des Satzes sein soll, dann darf es nicht so banal sein.

Der Zeitpunkt, an dem Sie eine neue Folie reinklicken, kann also bei jeder Folie anders sein. Es ist sehr von Vorteil, wenn ich mir den Computer so einstelle, dass ich die nächste Folie sehen kann. So werde ich nicht überrascht. Ich kann das Publikum vorbereiten und dann das Bild wirken lassen. Wenn das Bild Ihnen vorangeht, sieht es immer ein bisschen wie schlecht vorbereitet aus. Und das ist es ja in der Regel auch.

Andererseits schadet es überhaupt nicht, sich die neue Folie gemeinsam mit dem Publikum in Ruhe anzusehen, nachdem Sie sie für alle sichtbar gemacht haben. Dann haben nämlich auch die Zuschauer die Möglichkeit, sich anzusehen, was da kommt. Das hat wieder mit Wertschätzung zu tun. Zu reden, während sich die Zuschauer in Ruhe die Folie ansehen wollen, ist doch unhöflich, oder? Wir können sehr gut gucken und hören, aber wir können nicht gleichzeitig lesen und hören. Also reden Sie nicht, während die anderen lesen.

ANIMATIONEN

Mit Effekten für Übergänge wäre ich vorsichtig. Das macht so einen Spaß, weil es so einfach zu programmieren ist, aber Sie wollen ja nicht als Spielkind rüberkommen.

Wenn, dann bitte nur eine Animation oder ein Effekt pro Vortrag. Und nur dann, wenn es der Unterhaltung dient. Stellen Sie sich mal vor, Ihr Gesprächspartner steht vor jeder Antwort auf und dreht sich um die eigene Achse, begleitet von einem spitzen Schrei. Das fänden Sie nur beim ersten Mal eventuell lustig. Aber bei manchen Präsentationen fliegt jedes einzelne Wort ins Bild, bevor es in den Satz fällt, jede Zeile schiebt sich einzeln hinter den Bullet Point, und die Sinnsprüche explodieren. Diese Explosionen würden mir nur bei der Präsentation eines Herstellers von Sprengstoff gefallen.

Wenn sich auf der Folie ständig etwas bewegt, lenkt das sehr vom Redner ab. Mich persönlich nervt der sich ständig drehende Ball des Fernsehsenders Sat1 sehr. In den spannendsten oder romantischsten Szenen werde ich daran erinnert, auf welchem Sender ich gerade bin. Bewegung im Bild lenkt ständig ab.[168] Entscheiden Sie sich für eine Art der Animation, die Sie im ganzen Vortrag durchhalten, oder noch besser: Sie verzichten darauf.

Infos müssen schnell kommen. Und nicht Wort für Wort oder Satz für Satz. Mich hat das schon in der Schule geärgert, wenn die Lehrerin die Geheimnisse auf dem Overheadprojektor nur zeilenweise gelüftet hat. Ich mag auch die Klickerei nicht. Ich werde in meiner Lerngeschwindigkeit noch mehr reglementiert. Grafiken dagegen können sich auch langsam aufbauen, damit sie besser zu verstehen sind. Das machen die im ZDF bei den Wahlsendungen auch so. Aber wenn Sie zu jedem Punkt nur ein bisschen zu sagen haben, dann lieber alle Punkte auf einmal. Sonst sind Sie nur mit Klicken beschäftigt, und vom Halten einer Rede kann jetzt keine Rede mehr sein.

Wir lesen von links nach rechts, und so sollten Folien aufgebaut sein.

- Kein artword
- Kontrastierende Farben.
- Bilder ruhig zuschneiden oder vergrößern.
- Vorher auf der großen Leinwand ansehen.
- Im Normalfall mindestens 3 Minuten Zeit pro Folie

BILDER

Warum bebildern die meisten Präsentatoren jeden einzelnen Sachverhalt? Weil Sie Angst haben, dass zum neuen Thema noch das alte Slide im Hintergrund zu sehen ist. Ist das so schlimm? Ja, das ist leider schlimm. Wir wollen etwas zu tun haben. Wir lesen am Strand hundert Mal dieselbe Warntafel, beim Mittagessen im Hotel viele Male die Einladung zum Sylvesterbüffet. Mein ältester Sohn hat mir beim Essen oft die Aufschriften auf der Mineralwasserflasche vorgelesen, weil ihm langweilig war. Wenn unser Kopf nichts zu tun hat, dann suchen wir uns etwas, und dann lesen wir immer und immer wieder die alte Folie im Hintergrund, die leider nicht mehr zu dem passt, was Sie sagen.

Besser ist es allerdings, eine weiße oder schwarze Folie zwischen zwei Folien mit Inhalt zu setzen. Wenn Sie etwas verkaufen und von einer Firma kommen, dann kann es auch ein Logo sein. Denn sollten sich Zuschauer wider Erwarten langweilen... Ihr Logo können Sie nicht oft genug ins Unterbewusstsein Ihrer Zuhörer einbrennen. Außerdem hat der Techniker auf einer Veranstaltung so keine Angst, Ihr Beamer könnte abgestürzt sein.

---

168 Jackson, Lee: Powerpoint Surgery. UK: Engaging books 2013, S. 93

Ist die Qualität eines Bildes zu schlecht, um es formatfüllend abzubilden, haben Sie die Möglichkeit, es in einen Rahmen zu packen. Das kann ein Bilderrahmen auf Ihrer Folie sein, aber auch ein Computermonitor oder ein Handy-Display. Das Bild ist nur auf einem gezeichneten oder fotografierten Display zu sehen, und jetzt spielt es überhaupt keine Rolle, dass die grafische Qualität ein wenig schlechter ist.

Wenn ich mein Publikum bitte, sich einen Apfel vorzustellen, werden die meisten sich wahrscheinlich einen großen, grünen, runden Apfel vorstellen. Ein Berg ist schneebedeckt und an der Spitze schroff, ein Tisch ist aus Holz und hat vier Beine, und eine Kirche in Süddeutschland hat oft einen Zwiebelturm.

Wenn es aber so nicht ist, wenn das Bild, das ich brauche von der Norm abweicht, brauche ich eine Folie, die das Beispiel genauso in den Köpfen meiner Zuschauer verankert, wie ich mir das vorstelle.

POINTEN IM BILD

Auch Folien können witzig sein. Bauen Sie einen Witz in die Bilder ein. Das erreichen Sie vor allem dann, wenn auf der Folie das Gegenteil von dem zu sehen ist, was Sie gerade sagen oder zumindest die Darstellung stark übertrieben ist.

Anstatt für den Weg, der vor uns liegt, eine breite Schnellstraße durch Los Angeles zu zeigen, könnte es ja auch eine Brücke aus Stacheldraht sein, ein schmaler Holzsteg, der sicher zusammenbricht, wenn man ihn betritt, oder eine Arbeitergruppe, die eine Anlage mit Verbotsschildern abbaut.

Die Straße bei mir hier um die Ecke heißt „Bessere Zukunft" und das Straßenschild wird von vielen meiner Besucher fotografiert. Zumal ein Zusatzschild darunter ankündigt, dass es hier keine Wendemöglichkeit gibt. An einer besseren Zukunft führt also für mich kein Weg vorbei. Mit ein bisschen Glück kann man witzige Bilder auch finden.

Ich kann zum Thema Freiheit einen Hund in einem Käfig mit offener Tür zeigen. Ich kann aber auch einen Hund zeigen, der sich nicht von der Stelle bewegt, weil seine Leine an einer Tulpe festgebunden ist.

Ich habe aber auch schon gesehen, dass in der Rede über die **Rolle der Digitalisierung** die Bullet Points ein Piktogramm einer Klopapierrolle waren. Das sorgte für einen kleinen, auflockernden Schmunzler.

Aber auch selbst gemalte Schilder von Supermarktbetreibern, Speisekarten im Ausland oder Fotos vom alltäglichen Wahnsinn im Büro können ein Eigenleben entwickeln und einen Vortrag aufwerten.

Achten Sie nur darauf, dass es auch zum Thema passt. Ein Bild reinzunehmen, nur weil es lustig ist, obwohl es nichts mit dem zu tun hat, was Sie sagen wollen, ärgert mehr als dass es nützt.

Wenn Sie Spaß an richtig witzigen Präsentationen haben, dann empfehle ich Ihnen den Kreativitätsexperten Gerriet Danz. Der hat mit Tim Wilberg[169] ein Buch über ganz besondere PowerPoint Präsentationen geschrieben. Ich habe sehr gelacht.

Die Impulspiloten von Ralf Schmitt[170] haben auf der sales-up-Conference des Verkaufstrainers Stephan Heinrich[171] eine Frau mit einer Maschinenpistole gezeigt, die einen Jungen bedroht. Das Thema war Überzeugung. Sehr witzig.

Bessere Zukunft

---

169 Danz, Gerriet, Wilberg, Tim: An die Wand geworfen. München: Heyne Verlag 2014
170 www.impulspiloten.de
171 www.stephanheinrich.com

GUTE BILDER

Bilder sind etwas Beeindruckendes. Wir nehmen sie in Sekunden auf und können damit sofort eine Gruppe von Menschen in eine bestimmte Situation versetzen oder ein Gefühl hervorrufen. Bilder haben eine starke emotionale Wirkung. Ich habe viele Bilder aus den großartigen Vorträgen, die ich in meinem Leben gehört habe, noch im Kopf.

Genauso wie Verkehrsschilder, kann ich Bilder benutzen, die Gedanken meines Publikums zu leiten. Ein Bild, das eine bestimmte Stimmung schafft, ist ein gutes Bild. René Borbonus[172] nennt das eine Mood-Folie. Ein Maledivenstrand zum Beispiel, ein Stau auf der Autobahn, oder ein verdreckter Kühlschrank. So detailliert könnte ich das nie erzählen und es würde deutlich länger dauern, als das Bild zu zeigen.

Bilder, die Emotionen transportieren eignen sich hervorragend. Der Soldat, der sich von seiner kleinen Tochter losreißt, als er an die Front fährt oder der Vater, der mit seinem Sohn im Rollstuhl den Ironman läuft. Das sind Bilder, die einen tief ins Herz treffen. Wenn das der Effekt ist, den Sie wünschen, gibt es nichts Besseres. Ich habe Fotos gesehen, die ich mein Leben lang nicht vergessen werde. Der Vater ist seit Jahren im Krieg, das Kind hat den Vater viele Jahre seines Kinderlebens nicht gesehen, und plötzlich steht der Vater in der Schulklasse. Auf dem Bild sehen wir nur die Augen des Kindes. Der Moment war so stark, dass ich ihn noch heute mit mir trage.

Aber auch glückliche Hundertjährige, das Geburtstagskind am ersten Schultag, das neue Produkt in den Händen eines glücklichen Kunden oder das gut gelaunte Team einer Arztpraxis, das dem Zuschauer den nach oben gereckten Daumen entgegenstreckt. Das ist PowerPoint, so wie es sein muss.

Der Zweck der Bilder kann ja nicht in erster Linie die Vermittlung von Text sein sondern die Vermittlung von etwas, was nur durch das Bild möglich ist. Dann erfüllt PowerPoint eine Funktion, für die es gemacht ist.

Ich habe einem Amerikaner zugehört, der in Asien Operationen an Menschen mit Hasenscharten durchführt. Das erste Bild war ein Siebzehnjähriger mit Tuch vor dem Mund, der dieses Tuch seit 15 Jahren trägt, weil er sich schämt, sich mit seiner Hasenscharte zu zeigen. Als nächstes sehen wir den jungen Mann ohne Tuch und wir erschrecken. Als nächstes sehen wir ihn operiert (Kosten 100 Dollar) und als nächstes.... mit Frau und Kind. Nach einer solchen Bilderfolge wollen Sie nur noch die Kontonummer wissen, auf die Sie überweisen sollen.

> **Am besten sind die eigenen Bilder.**

---

172 www.rene-borbonus.de

Sie können heute mit jedem Handy tolle Bilder machen. Die kann Ihnen niemand wegnehmen, und Sie erzählen mit dem Bild eine ganz persönliche Geschichte. Wenn mir jemand den Zettel mit seiner Todo-Liste zeigt, den Schreibtisch, an dem alles anfing, oder die Schuhe, mit denen er den Jakobsweg gelaufen ist, dann ist das Emotion pur.

Gerade bei Blicken in eine fremde Welt, in Labore von Wissenschaftlern, in das Nachtlager von Ultramarathons, in die Lebensmittellisten von Expeditionen ist PowerPoint unschlagbar.

Aber für Fotos von Ihnen und anderen fremden Menschen muss es gute Gründe geben. Im Vortrag, bei dem sich eine neue Schule zukünftigen Schülern vorgestellt hatte, wurde die Fahrt ins Landschulheim nicht mit dem herrlich gelegenen Landschulheim bebildert, singenden Kindern ums Lagerfeuer oder der Kissenschlacht am Morgen, sondern mit einem Gruppenfoto der Teilnehmer vor einem Mercedes-Reisebus. Mein Sohn hat das Gesicht aber so was von verzogen…

Sehr gut eignen sich Bilder, um ein vorher mit einem nachher zu vergleichen. Ich habe einen Arzt erlebt, der mir am Anfang sehr emotionale Bilder von kranken Menschen gezeigt hat. Am Ende waren diese Menschen gesund. Was für ein Glücksgefühl!

Aber wenn Sie mit dem Bild fertig sind, wenn Sie die Situation oder das Gefühl nicht mehr brauchen, muss das Bild weg. Entweder kommt ein neues, oder Sie sollten eine Schwarzfolie dazwischenschalten. Weihnachtliche Gefühle mit einem Südseestrand im Hintergrund oder ein Tortenbuffet zum Thema Enthaltsamkeit sind kontraproduktiv.

SCHLECHTE BILDER

Schwierig sind Versuche, etwas Abstraktes durch ein Bild zu symbolisieren. Wie zeige ich Gemütlichkeit? Durch Ohrensessel und Lagerfeuer? Wie zeige ich Berufsunfähigkeit, Teamgeist, Liebe oder Lust. Da stößt PowerPoint an eine ziemlich dicke Mauer. Wenn es um den Bagger, eine Aluminiumverblendung oder ein Sahnebaiser geht, ist das Bild überlegen. Wenn es um abstrakte Begriffe geht, ist jede Geschichte des Redners besser als das schönste Bild. Es ist mit Bildern eben nicht immer in jedem Fall besser.

Außerdem bin ich gegen bestimmte Symbole allergisch, weil ich sie schon zu oft gesehen habe: Bitte nur in Ausnahmefällen, Puzzlesteine, Glühbirnen (ich habe ein Buchcover hier mit einer Glühbirne aus Puzzlesteinen), Zahnräder, Zielscheiben mit Pfeilen oder Darts, Straßenschilder, die in eine Richtung zeigen, Wegweiser, Hände die sich gegenseitig schütteln usw. Bei der Geburtstagsfeier von mir aus, bei einem hochwertigen Produkt würde ich das vermeiden.

Jeder von uns, der auch nur ein paar Stunden auf Facebook verbracht hat, kann diese Bilder nicht mehr sehen. Sonnenuntergänge, Bienen auf Blumen und jede Menge Berggipfel. Dazu ein Satz in Lieblingsschrift. Mein Lieblingsspruch in dieser Hinsicht stammt von dem amerikanischen Querdenker Scott Stratten[173]:

Bei jedem Posting mit Satz und Bild stirbt ein Kind.

Diejenigen, die das dann posten, sind dazu noch so was von begeistert von dem Spruch, weil sie ihn im Gegensatz zum Rest der Welt nicht kennen.

Aber das lässt sich eben ganz leicht überprüfen. Dass die Geschichte vom Seestern (Geben Sie mal „starfish-story" in Ihre Suchmaschine ein!) nur noch als Karikatur einer Geschichte durchgeht und das Zitat von Mahatma Gandhi, dass wir selbst die Veränderung sein sollen, die wir uns für diese Welt wünschen, war mal ganz spannend. Tausendfach wiederholt ist es nervig. Das lässt sich mit einer kurzen Recherche im Internet sehr leicht überprüfen und dann gegebenenfalls raus damit aus Ihrem Vortrag.

Sie wollen das bekannte Zitat aber unbedingt verwenden? Auch gut. Dann erwähnen Sie das Zitat ohne Trommelwirbel und Hintergrundbild.

Häuptling Seattle hat uns daran erinnert, dass man Geld nicht essen kann. Wenn Sie wollen, erinnern Sie uns kurz an den Spruch, und auch die, die ihn kennen, werden nicht genervt sein. Wobei der Spruch natürlich eigentlich weder von Häuptling Seattle, noch von Sitting Bull ist. Auch keine Weissagung der Cree Indianer. Er ist von der kanadischen Autorin Alanis Obomsawin und stammt aus dem Jahr 1972. Das müssten Sie dann aber wieder erklären, wenn Sie den Spruch verwenden wollen.

METAPHERN

Ein echtes Missverständnis ist das Bebildern von Metaphern. Was sehe ich bei einem Vortrag, der von den sieben Stufen des Erfolges handelt? Richtig. Eine Treppe mit sieben Stufen. Das ist Unsinn. Ich verstehe die Stufen des Erfolges nicht besser, wenn ich Stufen sehe. Vielleicht ein Fahrrad, dann ein Golf und dann ein Lamborghini, aber die Metapher muss nicht durch ein Foto erklärt werden. Verstehe ich die Liste mit den Dingen, die ich behalten soll besser, wenn ich einen Klebestift daneben abbilde? Das gilt für die Welle des Erfolges, den Mann wie ein Leuchtturm, die Erfolgsleiter usw.

Warum müssen wir bei einem Blick in die Zukunft auf einem Berg stehen (bei dem ich als erstes an die acht Stunden Abstieg denke), warum sehen wir beim Stichwort **Übersicht behalten** Nilpferde, deren Augen sich über der Wasseroberfläche befinden und müssen wir wirklich einen Stempel sehen, wenn jemand davon spricht, dass wir Menschen manchmal einen Stempel aufdrücken? Ist

---

173 www.unmarketing.com

es logisch, ein Pflänzchen zu zeigen, wenn ich vom Pflänzchen der Hoffnung spreche? Das Pflänzchen der Hoffnung in der Corona-Krise kann ein volles Straßenkaffee sein, für einen fußballbegeisterten Jungen eine voll besetzte Südkurve und für einen Singlemann ein Familienfrühstück. Aber er braucht kein Bild von einem Pflänzchen, weil er die Metapher **das Pflänzchen der Hoffnung** dadurch auch nicht besser versteht.

Das heißt nicht, dass ich als Symbol für stufenweisen Fortschritt nicht Fußabdrücke oder Schuhabdrücke nehmen darf. Die Abdrücke symbolisieren den Fortschritt und bebildern, was ich mit Worten erkläre. Aber der Begriff **Fußabdruck** braucht dann weder im Titel vorzukommen noch erwähnt oder erklärt werden. Wenn der Fußabdruck genannt wird, ist die Zeichnung überflüssig. Wir wissen, wie ein Abdruck aussieht.

Ausnahmen sind eigene Bilder. Wenn die Präsentation **Mein Weg zu mehr Gelassenheit** heißt und wir sehen eine schmale Bergstraße im Süden Perus, die der Redner selbst gefahren oder gewandert ist, dann verbessert die Folie den Vortrag und ist willkommen.

Schlechte Folien

Folien haben bitte keine Schreibfehler. Mündlich sind Fehler normal, Fehler auf Folien sind unverzeihlich. Denn sie erzählen eine andere Geschichte. Die Geschichte von der mangelnden Wertschätzung für die Zuschauer.

Wirklich zu wenig Zeit? Das ist eine Begründung, die ich sehr häufig höre, wenn jemand seinen Vortrag von mir beurteilen lässt. Wirklich keine Zeit? Ja, das meinen die alle ganz ernst. Ich finde das ja persönlich sehr sympathisch. Auch ich arbeite viel. Aber Sie haben keine Zeit, sich auf die Gruppe Menschen, denen Sie präsentieren, vorzubereiten? Da würde mich jetzt tatsächlich Ihr Beruf interessieren, bei dem so eine Nachlässigkeit nicht sofort mit einem Lieferantenwechsel geahndet wird.

Auf eine Folie gehören keine ganzen Sätze. Ganze Sätze sind ausschließlich Sache des Redners. Auch ein **Danke** auf der letzten Folie ist ärgerliche Folienverschwendung. Ob sich die Folie bei mir bedankt, interessiert mich nicht. Wenn ich mich über ein **Danke** fürs Zuhören freue, dann nur über das des Redners. In den meisten Fällen ist es ja auch so, dass eigentlich ich ihm dankbar sein sollte. Aber darüber kann man streiten.

Kein **Blink**, kein **piep** oder **wusch** beim Wechseln der Folien. Sie können Audiofiles einspielen oder Filme mit Ton. Aber der Folienwechsel wird bei einer guten Präsentation nicht von Geräuschen begleitet.

Am besten widerstehen Sie der Versuchung, alle Bilder für Begriffsstutzige zu beschriften. Folien, die Sie als Unterstützung Ihrer Rede benutzen, sollten Ihnen die Möglichkeit geben, zur Folie etwas zu sagen. Das können sie nicht, wenn alles und jedes beschriftet ist.

Und wie viele Redner übertreiben es mit der Fürsorge: Wenn die Säulen größer werden, macht der PowerPoint-Anwender natürlich noch einen Pfeil nach rechts oben drüber. Damit wir sehen, dass es hochgeht.

Auf der rechten Seite steht ein rechts, auf der linken Seite steht links und neben dem niedrigsten Wert im Koordinatensystem steht dick Tiefpunkt. Außerdem ist die Maus im Elefantenkäfig mit einem roten Kreis umrandet.

Überlassen Sie vor allem dem Kollegen PowerPoint nicht die besten Sätze! Würde man einem Aushilfsarbeiter die Lorbeeren vom Chef vor tausenden von Menschen gönnen? Bei aller Liebe für soziale Gerechtigkeit, nein! Die Erkenntnis gehört dem Redner, der sie gewonnen hat. Wollen Sie die nochmal verstärken, gehört der Satz erst auf die Folie, nachdem der Urheber ihn mündlich formuliert hat.

CORPORATE DESIGN

Das Corporate Design ist für viele Firmen vorgeschrieben. Es gibt eine Vorlage für die unternehmenseigenen Folien, an die sich jeder zu halten hat. Wenn alle Folien dieselbe Schrift und Farbgebung haben, dann mögen wir das, weil wir das Gefühl haben, dass das Ganze wertig und aus einem Guss ist. Das ist grundsätzlich eine gute Idee.

Auch Farben und Schriften haben eine Bedeutung. Rot ist oft Warnung oder Fehler, gelb hat eine gute Fernwirkung. Grün wirkt beruhigend. Da sind wir aber noch ganz am Anfang. Design und Marketingexperten können darüber Stunden philosophieren. Es ist nicht sinnvoll, dass jeder Abteilungsleiter einfach seine Lieblingsfarben benutzt, dazu noch auf jeder Folie andere Vorlieben hat.

Aber müssen alle Folien haargenau dieselbe Struktur haben? Das ermüdet den Zuschauer. Wir wollen Abwechslung, wenn wir länger aufmerksam bleiben sollen.

In vielen Firmen ist die Überschrift auf jeder Folie Pflicht und wird auch gesetzt. Aber sie nimmt eben auch meist alles weg (was manche Trainerkollegen auch unterrichten) und so ist alle Spannung draußen. Was soll ich jetzt präsentieren? Zu der Überschrift

Umsatzrückgang Belgien 1.Quartal um 2,3 Prozent

kann ich nur noch um Fragen bitten. Erklären muss ich da gar nichts mehr. Wenn nur Belgien 1.Quartal da stünde, hätte der Präsentator was zu tun, aber nicht, wenn auch schon das genannt wird, was die Folie eigentlich aussagen soll.

Auch mich ärgert es, wenn die Bullet Points auf drei Folien Pfeile sind, auf vier Folien Punkte und auf den restlichen Folien sind es Vierecke. Da war jemand faul. Aber wie wäre es denn mal mit ausgefallenen Aufzählungszeichen, das Logo Ihrer Firma, eine Geburtstagskerze, wenn es was zu feiern gibt und einen Farbklecks, wenn es um wichtige Statements geht.

Muss wirklich auf jede Folie das Logo, ihr Name, Datum und Ort, Titel der Präsentation, etc. Das stört doch nur. Ich habe mal auf einer Konferenz erlebt, wie Lee Jackson[174] ein wunderschönes Foto durch immer neue Rahmen mit immer neuen Logos und Daten immer kleiner und kleiner gemacht hat. Wir haben alle sehr gelacht.

Genügt es nicht, wenn Anfang und Ende eine bestimmte Form haben, damit wir Veranstaltung oder Redner oder Firma wiedererkennen, und der Rest ist Freestyle?

Sie können sich genau an die Vorgaben Ihrer Firma halten und trotzdem bei einem Drittel der Folien die Überschrift weglassen. Sie können die vier Fotos in Ihrem Vortrag formatfüllend zeigen – ohne Logo, ohne Rand und ohne Überschrift. Die eine Excel-Tabelle aus einem anderen Vortrag kann auch mal genommen werden, ohne sie grafisch im Sinne der Firma aufzubereiten. Danach geht es dann wieder mit dem von der Firma vorgegebenen Design weiter.

DIE MENGE DER FOLIEN

Dass eine hohe Anzahl an Folien für das Publikum anstrengend ist, liegt auf der Hand. Aber auch für den Präsentator ist das ständige Klicken eine enorme Ablenkung, weil es ihn aus dem Vortrag herausreißt.

> **Besonders schwierig sind Folien zur Gliederung.**

Stellen Sie sich vor, Sie sitzen im Restaurant und erzählen eine Geschichte. Der Kellner kommt, sie verlieren den Faden und suchen ihn, als der Kellner wieder weg ist. Dann haben sie den Faden gefunden, aber der Kellner kommt zurück und Sie verlieren ihn wieder. Als sie ihn gefunden haben, kommt noch ein verspäteter Gast und wieder sind Sie raus. Da müssen Sie schon sehr gut sein, um da noch bei der Sache zu bleiben. Aber zu schauen, was als nächstes kommt, Folien weiter zu klicken und an die Fernbedienung zu denken, die Sie irgendwo abgelegt haben, sind genau solche Störungen, die es einem Anfänger sehr schwer machen.

Die haben keinen Inhalt und werden sofort weggeklickt. Da klickt man dann sogar zweimal.

Wieviel Folien sollen es denn sein? 100 Folien sind nie in Ordnung, egal wieviel Zeit Sie zur Verfügung haben. Das ist ein Folienfestival, aber keine Präsentation. Wenn die Folien nur Mittel sind, dann ist schon eine neue Folie alle zwei Mi-

---

174 www.leejackson.org

nuten deutlich zu viel. Bei Davies[175] finden wir ein wunderschönes, erfundenes Zitat:

Toller Vortrag. Er hat nur ein bisschen wenig Folien benutzt. Ich muss nachher zum ihm gehen, damit ich die Folien zu Hause noch mal in Ruhe durcharbeiten kann. Vielleicht kriege ich ja auch ein paar mehr.

Bisher sind noch sehr wenige Zuschauer durch PowerPoint gestorben. Aber viele waren schon kurz davor.

Es gibt Ausnahmen. Ein Künstler, der uns eine Bildershow seiner Kunstwerke zeigt, Jeremy Gutsche[176], der aus seiner PowerPoint Präsentation eine Multimediaschlacht macht, die einen einfach umhaut, und das schon, wenn man ihn am Computer sieht. Oder bei einem Vortrag über gute Folien, da kann ich mich dann nicht satt sehen und warte gespannt auf das nächste Beispiel. Oder Lawrence Lessig, nach dem Chris Anderson eine eigene Methode benennt.[177] Jeder Satz, ja fast jedes wichtige Wort wird von einem Bild begleitet. Anderson schreibt: „Dieses Bildgewitter scheint sämtlichen Regeln zu widersprechen. Aber bei Lessig wirkt es fesselnd." Lessig hat diese Methode entwickelt, weil er es leid war, dass die Zuschauer dauernd auf ihre Handys starrten.

FERNBEDIENUNG

So eine Fernbedienung ist was Tolles. Sie müssen nicht dauernd zu Ihrem Laptop laufen, um die nächste Folie anzuklicken. Aber Sie haben gleichzeitig etwas in der Hand. Eine Hand ist jetzt schon mal belegt. Wenn Sie mit einem Handmikro arbeiten, kann es schwierig werden.

Viele Menschen arbeiten heute mit einem Ring-presenter, den man sich wie einen etwas groß geratenen Ring auf den Finger steckt. Damit kann sich die Hand deutlich leichter bewegen.

Aber mit jeder Art von Fernbedienung muss man umgehen können, die Batterie muss voll sein, und ich muss das Ding richtig herum halten. Was ich da schon alles erlebt habe… Für diejenigen, die mit Tonbeispielen oder Video arbeiten, empfiehlt sich ein Presenter mit einem Lautstärkeregler und einer Pause-Taste.

Auf großen Veranstaltungen lasse ich mir die Folien auch mal von jemand anderem hereinklicken. Mit dem oder der muss ich vorher geübt haben oder er/sie hat ein komplettes Drehbuch vor sich liegen. Das ist ziemlich viel Aufwand, aber Sie haben die Hände frei und werden durch das Weiterklicken nicht abgelenkt.

---

175 Davies, Graham: The Presentation Coach, Chichester: Capstone Publishing Ltd. 2010, S. 117
176 TED-Talk: Gutsche, Jeremy, Better & Faster
177 Anderson, Chris: TED Talks. Frankfurt: Fischer Taschenbuch 2017, 2. Auflage, S. 234f.

LASERPOINTER

Wer einen Laserpointer braucht, hat schlechte Folien. Anweisungen wie

Oben rechts, links neben dem Kreis, die blaue Spalte…

müssen eigentlich reichen, damit jeder sofort versteht, wovon Sie gerade reden. Folien sollen klar strukturiert sein, und dann ist ein Laserpointer überflüssig.

Ganz davon abgesehen, dass die meisten damit herumwedeln, damit man den winzigen Lichtpunkt überhaupt bemerkt. Mir wird davon schwindelig, wenn der Redner die wichtigen Begriffe mit seinem Laserpointer in zuckenden Kreisen markiert. Verwechseln Sie den Laserpointer nicht mit dem Laserschwert. Darth Vader würde über Sie lachen, wenn Sie Zahlenkolonnen durch wildes Umkreisen wichtig machen und mir dabei den Rücken zukehren.

Ohne Laserpointer wird eine Präsentation besser.

Brauchen Sie wirklich einen Laserpointer? Was ist das für eine Manie, wieder alles idiotensicher machen zu wollen? Natürlich müssen Sie alles zeigen, was Sie sagen. Ab 500 Zahlen pro Folie wäre das sinnvoll, aber bei zwei Zahlen auf die linke Zahl zu zeigen, wenn man sagt, dass man jetzt von der linken Zahl spricht?

Und zwar egal welche. Auch wenn Sie erst den schmalen Zylinder, dann den großen Trichter in den das schwarze T-Stück mündet beschreiben. Unsere Sprache kann eine ganze Menge.

Bei einem modernen Pointer können Sie das, was Sie zeigen wollen, mit einem Lichtkreis umrahmen, und die übrige Folie wird dunkel. Das wirkt deutlich ruhiger. Aber geben Sie es zu, es geht eigentlich nur darum, etwas in der Hand zu halten… dann nehmen Sie einfach vorher die Batterien raus!

FOLIEN KOMMENTIEREN

Besonders spannend wird es, wenn der Redner entweder schlecht vorbereitet ist oder merkt, dass das, was er sagt, jetzt nicht so unbedingt ankommt. Ich liebe Aufforderungen wie

Sie müssen sich nicht alles merken!
Ich weiß, die Folie ist ein bisschen kompliziert.

Denn komischerweise will ich mir genau das merken. Die schnell weggeklickte Folie zu dem Satz

Die nächsten Folien können wir überspringen.

interessiert plötzlich tausend Mal mehr als alle Folien, die minutenlang gezeigt wurden. So ist der Mensch. Das, was verknappt wird, will er haben.

Es kann manchmal sehr von Nutzen sein, wenn man die Fernbedienung des Beamers genauso gekonnt beherrscht wie zu Hause die Fernbedienung für den Fernseher

> **Ups, jetzt bin ich eins zu weit gesprungen.**

Amateure sind dann zu einer Unterhaltung mit Gegenständen gezwungen

> **Na, warum funktionierst du jetzt nicht?**

Aber da kann man ja mit ein paar kleinen Kniffen nachhelfen.

> **Das müssen Sie sich jetzt wegdenken!**

und im Notfall entschuldigt man sich einfach.

> **Sie werden das von hinten möglicherweise nicht sehen, deswegen erkläre ich es nochmal.**
> **Diese Folie habe ich nur mitgenommen um…**

Wieso entschuldigen Sie sich für Unlesbarkeit, Größe, Fülle und was weiß ich noch immer, wo doch der einzige, der etwas dafür kann, Sie selbst sind? Egal, was Sie erzählen: Sie können etwas dafür.

Wenn es denn nun gar nicht anders geht, und Sie haben Folien, die für Ihr Publikum zu schwer, zu leicht, zu überladen, zu nichtssagend sind, dann lächeln Sie einfach darüber. Sie helfen mir dann, mir nicht so richtig blöd vorzukommen. Wenn Sie auch denken, was ich gerade denke, ist ja (fast) alles in Ordnung.

BULLET POINTS

Bullet Points sind langweilig. Fast immer. Außer bei Zusammenfassungen. Zusammenhänge in Unterpunkte zu untergliedern, ist eine gute Möglichkeit, komplexe Sachverhalte fassbar zu machen. Aber solche Punkte sind weder begeisternd noch motivierend.

Wenn Sie auf Bullet Points nicht verzichten können oder wollen, dann achten Sie darauf, dass Sie die Punkte maximal kürzen. Sie sehen hier ein Beispiel. Alles, was ich mit einem Blick erfassen kann, ist einer Leseübung meiner Zuschauer in jedem Fall vorzuziehen.

● Ev. Mantel mitnehmen, wenn es kalt wird	● Mantel
● Notration Essen, nach Möglichkeit nicht flüssig	● Festes Essen
● Eine Möglichkeit, etwas aufzuschreiben	● Stift
● Eine nicht alkoholische Flüssigkeit	● Getränk
● Was gegen Feuchtigkeit	● Regenschutz

Und dann können Sie gerne erklären, dass Sie den Mantel nur mitnehmen würden, wenn es kalt ist und dass mit Getränke keineswegs Whisky gemeint ist.

Da Substantive meistens dazu führen, dass das Substantiv dann auch in der Rede mit einem schwachen Verb verbunden wird, denken Sie unbedingt darüber nach, ob die Stichworte wie oben immer Substantive sein müssen. Möglich wäre ja auch

- Anziehen
- Essen
- Aufschreiben
- Satt
- Gut organisiert

- Trinken
- Schützen
- Warm
- Durstfrei
- Geschützt

Die Gedächtnisstütze ist dieselbe, aber die aufgeschriebenen Wörter führen zu viel dynamischeren Formulierungen.

So sieht ein leicht verfremdete Original aus, bei dem alles auf der Folie erklärt wurde.

Und so sieht die Folie aus, die ich Ihnen für die Präsentation vorschlage.

Jetzt haben Sie was zu sagen. Jetzt müssen Sie etwas erklären. Jetzt ist es wichtig, dass Sie dabei sind. Sonst würde ich nicht genau wissen, was die Folie eigentlich sagt. Noch zwei Beispiele.

Das ist die Folie, die ich zeige, wenn ich das Sternsystem einer Gruppe erkläre. Nur Stichworte, die ich dann mit Leben fülle.

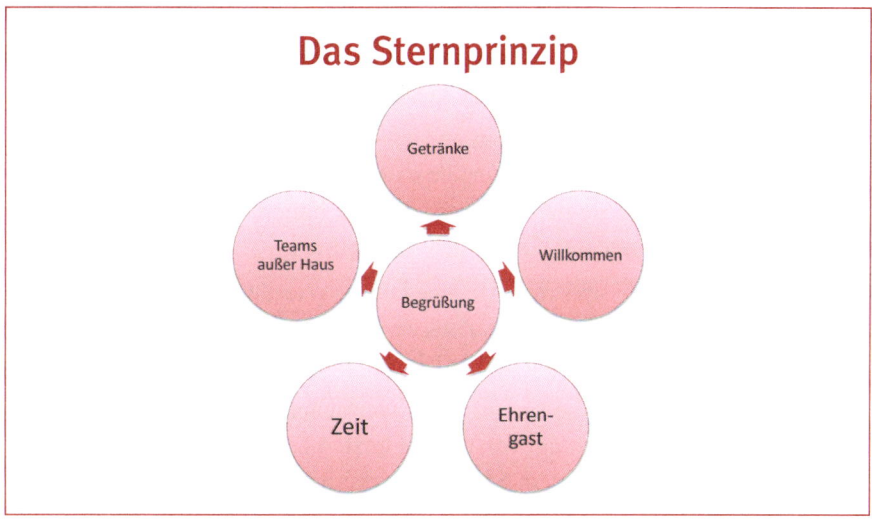

Und das ist die Folie zum Mitnehmen oder zum Download für Kollegen, die beim Vortrag nicht da waren.

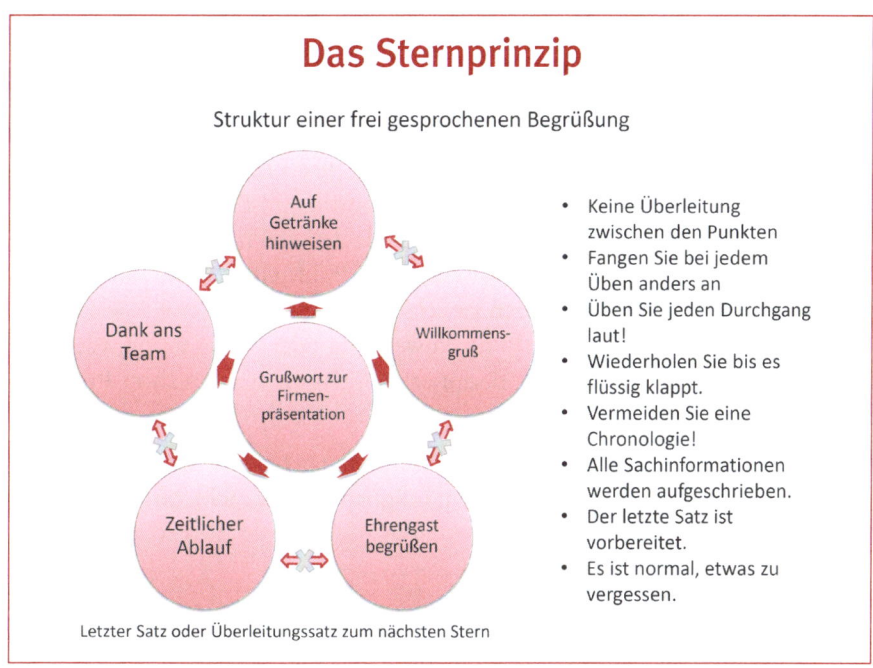

HANDOUT

Die häufigste Begründung für selbsterklärende Folien ist die Tatsache, dass die Folien den Zuhörern ja anschließend als Handout zugänglich gemacht werden. Diese Folien müssten schließlich alles erklären, ohne dass der Redner anwesend ist. Absolut richtig.

Deswegen dürfen die Folien, die Sie zeigen, und die Folien, die Sie den Zuschauern mitgeben, nicht dieselben sein. Beide haben ganz andere Aufgaben und sollten deswegen unterschiedlich aussehen.

Sie machen erst den selbst erklärenden Foliensatz (wie Sie das bisher auch gemacht haben). Jetzt rechnen Sie für einen Vortrag von 30 Minuten nochmal 30 Minuten, in denen Sie den Vortrag, den Sie halten, auf seine Stichwörter reduzieren. Mit ein bisschen Übung geht das schnell.

Folien und Dokumente sind verschiedene Dinge. Wie können wir glauben, dass beide zwei völlig unterschiedliche Zwecke erfüllen. Sie halten einen Vortrag über eine Weltumseglung doch auch nicht mit einem großen Flipchart.

Einen sehr guten Tipp habe ich von dem vierfachen Rhetorik-Europameister Thomas Skipwith[178]. Er schlägt vor, auf der letzten Folie der Präsentation einen Link einzubauen, der zu einem Satz selbsterklärender Folien führt. Wer also nicht aufgepasst hat oder jemand anderem die Inhalte zukommen lassen möchte, der bedient sich hier. Eine tolle Idee, die zudem kinderleicht umzusetzen ist.

NAMEN FÜR PRÄSENTATIONEN

Wenn Sie mit Präsentationen arbeiten, sollten Sie schon bei der Planung auf die stimmige Bezeichnung achten. Auf großen Konferenzen gibt es einen Techniker, und auch auf der Hochzeit stellt unter Umständen der Trauzeuge das Programm zusammen. Wenn die wissen, dass das Ihre Präsentation zum Thema **Begrüßung der Gäste** ist, hilft das, sie wiederzufinden. Eine Präsentation, die **10.August 14.30Uhr Rossié** heißt, ist gut zu identifizieren, die **Präs.Ros.4.Stufe Endfassung** nicht. Der amerikanische PowerPoint-Guru Mike Robertson[179] empfiehlt, Dateien mit Buchstaben zu versehen: Tonbeispiele mit A wie Audio, Video ist ein großes V und P steht für PowerPoint oder Präsentation. Wenn Sie also nicht der einzige sind, der präsentiert, sollten die Namen Ihrer Präsentationen für jeden verständlich sein.

Sollten Sie spezielle Schriften in Ihrer Präsentation benutzen, die auf dem Computer, mit dem Sie präsentieren wollen, möglicherweise nicht vorhanden sind, gehört auch die Datei für die Schrift auf den Stick oder in die Cloud.

---

178 www.thomas-skipwith.com
179 www.isthismikeon.com

LETZTE VORBEREITUNGEN

Wenn die PowerPoint Folien fertig sind, fängt die Arbeit eigentlich erst an. Ich sehe jedoch ein Training, bei dem Sie ständig versuchen, irgendetwas zu vermeiden, sehr kritisch. Aber Üben ist prima. Je öfter Sie alles durchgegangen sind, desto besser. Sie müssen mit allem möglichst vertraut sein. Wie lang wird es werden, welche Folie kommt nach welcher Folie, wo steht was auf welchem Blatt und welche beiden Geschichten wollten Sie nochmal erzählen?

Auch ich probe Vorträge, besonders die in Englisch, sehr häufig zu Hause. Irgendwann kommt der Punkt, an dem man das Gefühl hat, es sitzt alles. Das stärkt das Selbstbewusstsein und ist eine gute Voraussetzung für eine starke Rede. Ich trainiere also nicht, um Dinge, die nicht klappen wie beim Sport möglichst oft zu wiederholen, sondern die Vertrautheit mit meinem Material steigt mit jeder Probe.

Machen Sie beim Üben noch etwas anderes. In meinen Seminaren lasse ich während des Vortrages Stühle anordnen oder Muster zeichnen. Auch eine Übungssequenz mit einem lauten Radio im Hintergrund hat den Effekt, dass Sie sich auf mehrere Dinge gleichzeitig konzentrieren. Für den Vortrag eine sehr gute Vorbereitung.

Am besten ist natürlich Probepublikum. Wobei das auch eine Kamera oder ein Smartphone sein kann. So ein technisches Gerät kann den Druck ziemlich erhöhen, den heutigen Durchlauf gut zu machen. Ganz davon abgesehen, dass man es selbst nochmal sehen und hören kann und die Zeit festgehalten wird.

Missverständnis Nr. 33

Üben Sie wie ein Schauspieler!!!

Mauern Sie wie ein Maurer, schreiben Sie wie ein Schriftsteller, kochen Sie wie ein Sternekoch und haben Sie Sex wie ein Profi. Aber warum das denn nur? Erzählen Sie die Geschichten doch, wie Sie Geschichten erzählen.

Stimme, Körpersprache und Gestik sollen perfekt auf die Geschichte abgestimmt sein.

Man kann mit Büchern oder in einem Seminar viele Dinge lernen, sogar frei zu sprechen oder Menschen mit Worten zu begeistern. Aber das sieht ja so einfach aus. Dabei ist ja scheinbar nichts zu können.

Kleiden Sie sich professionell.
Sprechen Sie professionell.

Das sind nicht etwa Stilblüten aus einem Kabarettprogramm, sondern ernst gemeinte Tipps aus Rhetorikratgebern. Die, die so was sagen oder schreiben, sind wahrscheinlich keine Profis. Fast keiner, der schreibt, dass ich reden soll wie ein Profi, ist ein Profi. Für mich verdient ein Profi sein Geld ausschließlich mit Reden. Das sind in Deutschland vielleicht 300 Menschen, von Prominenten mal abgesehen. Von denen schreiben vielleicht zehn Bücher über Rhetorik. Das dürfte aber ungefähr der Menge an Rhetorikbüchern entsprechen, die an zwei Tagen in Deutschland erscheint.

DIE CHECKLISTE

Ich liebe Checklisten, weil sie mir das Denken abnehmen. Besonders kurz vor dem Vortrag, wo ich mit meinen Gedanken völlig woanders bin.

1. Gehen Sie in der letzten Stunde vor dem Vortrag nichts mehr durch. Das verwirrt Sie nur unnötig.

2. Warten Sie nicht darauf, dass Sie irgendwann Lust auf den Vortrag bekommen. Das ist gut möglich, aber viele gehen nach vorne, weil es jetzt soweit ist und nicht, weil es sich jetzt richtig anfühlt. Kurz vorher fühlt es sich fast immer falsch an.

3. Sorgen Sie für möglichst viel Entspannung. Sie sollten wissen, was Ihnen gut tut und was nicht.

4. Sprechen Sie sich ein. Auch ein Sportler macht sich warm. Wenn Ihr Vortrag morgens um acht Uhr ist, müssen Sie sehr früh aufstehen.

5. Wenn es kurzfristige Änderungen gibt, geht das nicht ohne Zettel. Und zwar auch dann, wenn die Sache, an die Sie denken müssen, kinderleicht zu behalten ist.

6. Zwei Stunden vorher keinen schweren Mahlzeiten mehr und in den 30 Minuten vorher nichts Süßes und keine Nüsse. Das führt zu Hustenanfällen, und ein zuckriger Mund geht schwer auf.

7. Toilettengang ist gut. Planen Sie die Zeit dafür ein. Aber Sie müssen auf der Bühne nicht auf die Toilette. Der Körper muss sich um andere Dinge kümmern. Trotzdem: sicher ist sicher.

8. Am besten ist ein Monitor mit einer rückwärts laufenden Uhr auf der Bühne. Sonst brauchen Sie eine Möglichkeit, die Zeit zu sehen. Schreiben Sie sich die Endzeit auf, wenn es keine volle oder halbe Stunde ist, sonst vergessen Sie, wann sie aufhören müssen.

9. Es gibt auch Redner, die ein Handy in der Tasche haben, das zu einem bestimmten Zeitpunkt vibriert. Aber es steht natürlich auf Flugmodus, damit die Frequenzen der Mikrofone nicht gestört werden.

10. Stilles (!) Wasser auf der Bühne bereitstellen und wenn es eine Flasche ist, diese schon öffnen und eingießen. Kommt ein Redner vor Ihnen, kennzeichnen Sie Ihre Flasche oder machen mit ihm etwas aus. Gehen Sie aber nicht davon aus, dass er oder sie sich daran hält.

11. Sollten Sie auf einer Konferenz sein und ein Namensschild tragen müssen oder wollen, das gehört jetzt runter. Das sieht blöd aus, stört eventuell das Mikrofon. Außerdem weiß eh jeder, wer da jetzt spricht.

12. Sorgen Sie dafür, dass Ihre Unterlagen an mindestens drei Stellen abgelegt sind. Egal ob ausgedruckt oder elektronisch. Ein zusätzlicher Stick mit der Präsentation, den ich schnell in einen anderen Computer stecken kann, kann unter Umständen reputationsrettend sein.

DER AUFTRITT

Viele Redner haben Rituale, wie ein paar tiefe Atemzüge, eine Stimmübung oder ein Stoßgebet. Suchen Sie sich den Platz dafür schon aus, wenn Sie den Saal inspizieren. Wo werden Sie sich vor dem Auftritt aufhalten. Die meisten Speaker legen ihr Mikrofon nicht am Tonpult neben der Bühne ab, während der Kollege, der gerade spricht, das Publikum durch eine Meditation führt. Die meisten lassen sich das Headset in der Pause anpassen, und sitzen unter Umständen eine Stunde damit auf einem Stuhl am Rande oder in der letzten Reihe. Planen Sie, wo Sie verkabelt werden und welchen Weg Sie nehmen.

Sie können von der ersten Reihe kommen, sozusagen aus der Mitte der Ihren. Oder Sie kommen wie Barack Obama oder ein eitler Schauspieler auf dem längsten möglichen Weg, also am besten von links hinten nach rechts vorne oder durch den ganzen langen Mittelgang. Aber Sie sollten das vor Ihren Zuschauern gut begründen. Wenn die merken, warum Sie das machen, gibt es Punkteabzug. Wenn Sie sich noch lächerlich machen wollen, dann spielen Sie „We are the champions", das hat bei tausenden anderen Rednern in den letzten tausend Jahren schließlich auch schon funktioniert. Ach Moment, oder lieber doch „Let me entertain you?"

Wenn Sie aus einem Vorhang treten, kommen Sie nicht direkt aus dem Dunklen ins Helle. Wie sieht das aus, wenn Sie mit zusammengekniffenen Augen die Bühne betreten. Das Helle sollten Sie sich schon angesehen haben. Am besten einige Zeit vorher, vorher und kurz vorher.

DER BEGLEITER

Manche Redner haben das Glück, bei ihren ersten Versuchen auf der Bühne nicht alleine zu sein. Egal ob Sie ein Coach begleitet oder Schatzi oder ein Verwandter. Es kann sehr tröstlich sein, sich zu zweit auf fremdes Territorium zu wagen.

Aber dieser Begleiter ist nur eine Hilfe, wenn er ein paar Regeln beachtet. Zunächst mal sollte er Mut machen. Aber nicht so billig, dass er dauernd wiederholt, dass alles bestimmt gut werden wird und dass noch kein Redner durch geworfene Tomaten gestorben ist. In solchen Situation ist man sehr empfindlich für nicht ernst gemeinte Empathie. Wenn es der Begleiter aber schafft, den Redner an seine Qualitäten während der Probephase zu erinnern, ihm glaubhaft versichern kann, dass ein großer Fan vor ihm sitzt und er großes Zutrauen hat, ist das sehr aufbauend.

Manchmal kann es nötig sein, den Redner abzulenken, und manchmal sollte man ihn in Ruhe lassen. Eine empathische Begleitperson weiß, was von ihr verlangt wird. Sie hat ein, oder am besten mehrere Taschentücher dabei, ev. den Text griffbereit, wenn es einen gibt, dazu ein zuckerfreies Halsbonbon, eine Sicherheitsnadel, Klebeband und eine Notration Essen.

Vor Hunderten von Menschen zu sprechen, ist Hochleistungssport.

Der Begleiter fährt das Auto, sucht die Straße, trägt den Koffer mit der Kleidung. Alles, worum sich der Redner nicht kümmern muss, ist von Vorteil.

Wenn ich Fernsehmoderatorinnen oder Moderatoren betreut habe, habe ich am Tag der Sendung mehr Zeit mit Abschirmung und Versorgung verbracht als mit Coaching.

Eine Kritik kurz vor dem Auftritt, berechtigt oder nicht, ist kontraproduktiv. Jetzt noch einmal alle Punkte durchzugehen, die bei den Proben falsch gelaufen sind, hat den gegenteiligen Effekt. Allein das Erinnern an ein Versagen vergrößert die Angst, auf die Bühne zu gehen. Auch keine guten Tipps mehr. Ab zwei Tipps stellt sich schon eine Überforderung ein. Wir können nur auf wenige Dinge gleichzeitig achten.

Aber Kontrollieren ist wichtig, ein Spiegel zu sein, ein Übungspartner, ein Dienstbote, wenn das nötig sein sollte. Setzen Sie Ihre Begleitperson nicht in die erste Reihe Mitte. Zeichen werden Sie nicht verstehen und unbewusste Bewegungen könnten Sie als Zeichen deuten, die keine sind. Stellen Sie sich vor, Ihr Begleiter tuschelt und guckt in Ihre Richtung. Auch wenn er nur einen Kaugummi für sich möchte, macht das den Redner unsicher. Ein guter Begleiter flirtet nicht mit dem Nebenmann, lässt sein Handy in Ruhe und konzentriert sich mental ganz auf den Redner. Nur dann ist er eine Hilfe.

Direkt nach dem Auftritt gibt es ausschließlich Lob. Jemand, der sich gerade auf der Bühne angreifbar gemacht hat, ist außerordentlich empfindlich gegenüber Kritik. Bei der Nachbesprechung am nächsten Morgen können Sie alles sagen, direkt nach dem Auftritt würde ich das nicht tun.

DIE ANMODERATION

Wie wollen Sie denn angekündigt werden?

Meine Lieblingsantwort ist: Gar nicht. Spielen Sie einfach Beethovens Neunte und lassen Sie mich auf die Bühne. Bevor da ein Abteilungsleiter meinen Namen mehrfach falsch ausspricht, mache ich die Vorstellung meiner Person lieber selber.

Aber ich kann das, weil ich die Erfahrung habe und mich auf der Bühne pudelwohl fühle. Für Anfänger ist das nicht die beste Möglichkeit, die Bühne zu erobern. Angekündigt zu werden hat nämlich eine Menge Vorteile. Eine gute Ankündigung ist ein Geschenk. Man ist deutlich wichtiger, wenn man angesagt wird. Es sorgt zum Beispiel jemand dafür, dass es im Saal ruhig ist. Das ist bei vielen Menschen, die sich vielleicht auch noch gut kennen, nicht immer so ganz einfach. Neulich in Frankfurt gab es nach der Pause in der ersten Reihe Streit um die Plätze. Zwei Herren hatten sich in der Pause nach vorne umgesetzt und wollten nicht weichen. Als mein Name fiel und der Applaus einsetzte, war der Streit gerade in vollem Gang. Ich bin also hin und habe die Situation durch mein Mikrofon kommentiert, geschlichtet und den Sachverhalt als Überleitung zu meinem Vortrag benutzt. Das kann ich aber nur, weil ich das schon seit vielen Jahren mache. Wenn Sie mit dem Redenhalten erst anfangen, ist es besser, angesagt zu werden.

Ein Ankündiger kann Sachen sagen, die man selber nicht sagen kann. Es ist meist völlig überflüssig, den Titel des Vortrages anzusagen, der steht im Programmheft und womöglich auf der ersten Folie. An beiden Stellen steht auch der Name des Vortragenden. Das zu wiederholen wäre sinnlos (wird aber ständig gemacht). Selbst den Inhalt vorwegzunehmen, empfiehlt sich nicht. Auch der ist mit dem Titel längst klar. Wenn ich ahne, was genau kommt, sinkt das Interesse.

Mir hat vor wenigen Tagen eine Speakerin erzählt, wie sie hinter der Bühne weiche Knie bekam, weil der gut gelaunte Moderator gerade die erste Hälfte ihres Vortrags in der Ankündigung vorwegnahm.

Wenn der Redner aus dem Titel ein Rätsel macht, dann wird er seine Gründe haben. Ein schlechter Gastgeber hat jetzt nichts Besseres zu tun, als dieses Rätsel zu lüften, damit dem Vortrag so richtig die Luft ausgeht. Ich habe auch schon erlebt, dass die ankündigende Moderatorin gedankenlos die Schlusspointe der Rednerin vorweggenommen hat. Gott sei Dank war die Speakerin ein Profi…

DER INHALT

Aber was soll der Mensch, der ankündigt, denn nun sagen? Bitte nicht die einzelnen Stationen im bewegten Leben des Referenten in der chronologischen Reihenfolge aufsagen! Und bitte nicht die wichtigste Erkenntnis aus dem folgenden

Vortrag schon vorwegnehmen. Lobhudeln ist auch ganz schlecht: Wenn ich den besten Redner im deutschsprachigen Raum ankündige, der schon tausende von Zuschauern verzaubert hat…, verschränken alle die Arme und denken: Da bin ich aber mal gespannt. Sie haben das gesamte Publikum gegen sich und haben noch nicht ein Wort gesagt. Na, dann viel Vergnügen.

Derjenige also, der ankündigt, kann alle Sachinformationen nennen, wie Preise, Anzahl der Vorträge, Universitäten, an denen sie gesprochen und Weltmeere, die er durchrudert hat. Heute sagt man, er schafft das richtige Framing.

Aber dass das Publikum ihn weltweit liebt oder frenetisch feiert, das ist Meinung und sorgt möglicherweise für Widerstand.

Der Name sollte richtig ausgesprochen sein.

Und es sollte auch jeder wissen, wie man den Namen schreibt, falls das wichtig sein sollte. Denn wie sollen die alle Ihre Internetseite finden, um Ihre Klickzahlen hochzujagen, wenn sie nicht wissen, wie Sie genau heißen und geschrieben werden. Meistens hat diese Aufgabe aber schon das Programmheft übernommen.

Am schönsten ist es, wenn der Ankündiger etwas Persönliches sagt. Seinen Bezug zum Thema, zum Redner, was er spannend findet oder worauf er sich freut. Auch wie beide sich kennengelernt haben, oder warum gerade dieser Redner heute hier spricht, kann ein paar Sätze wert sein, die das Publikum auf liebevolle Art und Weise auf einen Menschen gespannt machen, der jetzt eine Stunde ihrer Zeit beanspruchen möchte. Das ist gleichzeitig für den Ankündiger das Allereinfachste. Er spricht über etwas, das er selbst erlebt hat oder fühlt.

Aber Sie können sich auch an den W-Fragen orientieren. Wer spricht da jetzt zu welchem Thema, warum tut er das und wo soll das hinführen? Aber da wird die Ankündigung wahrscheinlich länger als der Vortrag. Und der Redner will die Antworten auf diese Fragen ja auch nochmal geben.

Der englische Speaker Jeremy Nicholas[180] gibt uns eine ganz einfache Formel für den Text, den wir dem Moderator oder Vorredner in die Hand geben. 1. Wer kommt jetzt, ohne den Namen zu nennen 2. Über welches Thema spricht er (ich ergänze: ohne den Titel des Vortrages zu nennen) 3. Den Grund warum wir zuhören sollten. Der Redner hat 30 Jahre… 4 Expeditionen…. 10000 Menschen… 4. Eine herzliches Willkommen… bei dem zum ersten Mal der Name fällt.

Ein Versprechen

Ankündigungen weisen den Weg, egal ob im Programmheft, oder auf der Bühne. Sie sollten beschreiben, was kommt, damit die Erwartungen erfüllt

---

180 www.jeremynicholas.co.uk

werden. Bei **Fünf Strategien für mehr Kunden** ist es einfach. Bei **Vergessen bedeutet, nie mehr einen Hund zu streicheln** nicht. Im Laufe der Zeit musste ich bei vielen meiner Seminare, die ich häufiger halte, den Ankündigungstext oder Titel ändern, weil ich bemerkte, dass es ein Missverständnis gab, worum es in dem Seminar oder dem Vortrag gehen soll. Erst als die Ankündigung genau das versprach, was ich halten konnte (ohne zu viel zu verraten), wurden die Bewertungen so, wie ich sie mir gewünscht hatte.

Als Kabarettist angekündigt zu werden und keiner zu sein, als Experte angekündigt zu werden und keiner zu sein, oder als Wortakrobat angekündigt zu werden und keiner zu sein, ist so ziemlich das Schlimmste, was einem passieren kann. Der Redner ist ja nicht schlecht, sondern die Zuschauer haben etwas anderes erwartet. Wenn die ersten drei Minuten witzig sind, dann sollte es so weitergehen. Wenn wir in den ersten drei Minuten neueste wissenschaftliche Ergebnisse bekommen, dann sollte es so weitergehen. Enttäuschen Sie nicht die Erwartungen des Publikums. Denn gut zu sein allein reicht nicht.

Gute Wahlstrategen bauen Redner so auf, dass genau die Erwartungen des Publikums erfüllt werden. Stellen Sie sich vor, ein Buch wird angekündigt: **Der Autor ist manchmal sehr ausführlich und dreht so manche Pirouette, aber seine bestechende Sprache und die Neuartigkeit seiner Erkenntnisse lassen das schnell vergessen.** Solche Ankündigungen kommen besser, an, als eine reine Lobeshymne. Ganz davon abgesehen, dass es den Lesern besser gefällt. Denn dass es zwischendurch auch mal langatmig werden würde, wussten die Käufer des Buches ja.

Auch ein paar Hintergrundinfos sind nützlich. Denn der Redner kann schlecht sagen, welche Bewertungen er im Internet hat und wer mit ihm zusammenarbeitet. Die Glaubwürdigkeit kommt vom Veranstalter. Wenn das jeder weiß, hat der Redner es leichter. Das Publikum schätzt ihn anders ein, traut ihm mehr zu und ist deutlich offener.

In einem Versuch wurden Testpersonen Bilder mit Berufsbezeichnungen gezeigt. Dann wurden sie gebeten, diese Personen zu charakterisieren. Anschließend wurden die Bilder für die nächste Gruppe ausgetauscht. Auch diese wurden gebeten, die abgebildeten Personen zu charakterisieren. Es zeigte sich, dass die Beschreibungen immer zum Beruf passten, und zwar egal, welches Bild dazu zu sehen war.

Wenn jemand als Redner mit 100 Vorträgen im Jahr in ganz Europa angekündigt wird, ist das Publikum offener, als wenn Harry Laber heute seinen ersten Versuch startet, eine Gruppe länger als 10 Minuten zu unterhalten. Die Aufmerksamkeit in den ersten drei Minuten bekommt der Redner geschenkt. Danach muss er sich die Aufmerksamkeit verdienen.

SELBST GESCHRIEBEN

Da gehen die Meinungen auseinander. Für den ungeübten Sparkassendirektor ist es ein deutlicher Vorteil, wenn Sie ihm ein Blatt in die Hand drücken, das er nur vorlesen muss. Viele Redner schwören darauf, nichts dem Zufall zu überlassen.

Aber Sie nehmen sich auch etwas weg. Vielleicht hätte er ganz rührend von Ihrer ersten Begegnung oder Ihrem ersten Telefongespräch erzählt. Ihre Reaktion auf seine Ankündigung ist der erste Kontakt mit dem Publikum. Wie reagieren Sie? Hören Sie zu? Stimmen Sie zu? Auch das ist leichter, wenn Sie Ihre eigene Ankündigung nicht selbst geschrieben haben.

Witzig geschriebene Anmoderationen von Ihnen wirken besonders grausam, wenn sie vorgelesen werden. Spätestens jetzt gibt es nicht mehr den geringsten Zweifel, dass Sie die Gags extra für sich selbst geschrieben haben. Sie können von Glück sagen, wenn kein Raunen durchs Publikum geht... Wenn Sie Pech haben und den Vorstand unmissverständlich bitten, genau Ihren Text vorzulesen und ihn womöglich noch der demütigenden Prozedur einer Probe unterzogen haben, könnte er sich rächen. Möglicherweise mit der diabolischen Bemerkung, Sie hätten ihn gezwungen, die jetzt folgende Anmoderation vorzulesen.

Mit einer guten Anmoderation ist es gut, ohne eine schlechte ist es auch gut. Mit einer schlechten, die Sie nicht geschrieben haben, haben Sie vielleicht einen guten Anfang. Benutzen Sie einen Fehler in der Anmoderation des Moderators als Einstieg und der erste Punkt für Lockerheit und Kompetenz geht an Sie. Außerdem machen Sie deutlich klar, dass Ihr Vortrag passgenau für diese Konferenz entwickelt wurde.

AUF DER BÜHNE

Über die vielen Möglichkeiten, wie ich eine Rede anfange, habe ich ein ganzes Büchlein geschrieben.[181] Ich kann mich also hier auf das Wichtigste beschränken.

Im Kapitel über die Dramaturgie habe ich Ihnen schon erklärt, wie eine gute Rede losgehen sollte, nämlich mit einem Paukenschlag. Sehr oft mache ich aber noch einen Anfang vor dem Anfang. Wenn es ein unterhaltender Vortrag sein soll, versuche ich eine Pointe zu machen, bevor ich mit dem Thema beginne. Je eher man den lockeren Ton setzt, desto besser kommt das an, was man dann vorträgt.

Die Ideen für die Pointen finde ich manchmal in den Vorträgen, Begrüßungen und Ankündigungen, die vor meinem Vortrag liegen. Manchmal entdecke ich ein Plakat, einen Spruch, manchmal stelle ich einen Bezug zur Halle oder zum Hotel her, manchmal sagt mein Vorredner etwas Witziges oder Interessantes, und manchmal habe ich auch nur mit ein paar Zuschauern gesprochen, die mich etwas gefragt oder mir etwas gesagt haben. Ich gehe manchmal mit einer Idee für einen Anfang an den Bühnenrand, dann werde ich falsch oder witzig angekündigt, und ich ändere das nochmal. Das kann eine direkte Verbindung zu meinem Thema haben, muss es aber nicht. Ich bin sehr dafür, mich mit meinem Publikum zu verbinden, wenn es losgeht.

Die Stuntfrau Miriam Höller[182] begann ihren Vortrag vor großem Publikum mit einer Eloge auf Kaffeetrinker. Obwohl sie nie Kaffee trinkt, hatte jemand sie fünf Minuten zuvor dazu überredet und jetzt stand sie mit stark erhöhtem Puls vor Ihrem Publikum. Ihr Resümee war, dass Kaffeetrinker mutige Menschen sein müssen.

Viele Kollegen finden das überflüssig, aber ich habe gute Erfahrungen damit gemacht, eine Verbindung zu Ort und Zuschauern herzustellen.

Das hat nämlich noch einen zweiten Effekt. **Ich freue mich, dass Sie so zahlreich erschienen sind** kann ich überall sagen. Das kann ich sagen, ohne zu wissen, dass ich heute in Nürnberg bei der Wohlfühl AG bin, die ihr fünfzigjähriges Jubiläum feiert. Die Redner der Wohlfühl AG sagen nämlich in aufsteigender Reihenfolge

> **Herzlich willkommen.**
> **Auch von mir nochmal ein Herzlich willkommen.**
> **Auch von meiner Seite darf ich Sie ganz herzlich.**
> **Auch ich möchte es nicht versäumen…**

---

181 Rossié, Michael: Wie fange ich meine Rede an. München: C.H.Beck Verlag 2016
182 www.miriamhoeller.com

Das kann sich bis in der Nachmittag hinziehen. Der Landrat oder der Distrikt-leiter aus der Zentrale beginnt mit einer Universalbegrüßung, die immer funktioniert. Meiner Erfahrung nach wollen die Zuschauer genau das nicht. Sie wollen sicher sein, dass der Redner gerade genau weiß, wo er ist, dass er die Firma kennt und das Jubiläum. Das ist wieder eine Form der Wertschätzung.

Außerdem gibt es viele Gelegenheiten, bei denen ich noch einen persönlichen Gedanken loswerden möchte. Weil er zum Thema passt, weil er mir wichtig ist, oder weil ich nervöser bin, als ich mir eingestehen will. So ein persönlicher Gedanke ist immer ein sehr einfacher Einstieg, weil man da nicht viel vorbereiten muss und so sehr gut die ersten ein oder zwei Minuten überbrücken kann, die für die meisten Redner die schwierigsten sind.

So ein persönlicher Einstieg stellt außerdem Vertrauen her. Vielleicht sollen Ihre Zuschauer gleich Übungen machen, abstimmen, sich melden, Fragen stellen… dazu braucht das Publikum Vertrauen zum Redner. Dieses Vertrauen entsteht erst langsam. Wenn ein Redner die Bühne betritt und als erstes will, dass ich die Hand hebe, ob ich Meinung A oder B bin, bleibt mein Arm unten. Wer weiß, ob er sich nicht über meinen erhobenen Arm gleich lustig macht, weil ich mal wieder gar nichts verstanden habe. Wenn er aber am Anfang sehr persönlich ist und Sympathie aufbaut, bin ich viel eher gewillt, mich auf das Abenteuer Aufzeigen einzulassen.

Außerdem überlege ich mir immer, was in meinen Zuschauern vorgehen könn-te. Was denken die über mich und meinen Vortrag genau hier und jetzt, was denken sie über die Lachshäppchen, welche Erwartungen haben sie, sind sie müde oder gespannt, freudig oder ungeduldig, dass sie bald feiern können? Wenn ich es schaffe, diese Atmosphäre aufzugreifen, stelle ich eine Verbindung her. Das können später dann die entscheidenden Unterschiede zwischen einer guten und einer brillanten Rede sein.

Und wenn ich das nicht wissen kann? Dann frage ich vorher. Dann kläre ich in einem Gespräch mit dem Veranstalter, was gerade das Thema ist und wie es meinem Publikum an diesem Tage wahrscheinlich gehen wird oder am gest-rigen Tag gegangen ist. Es ist ein Unterschied, ob gerade jeder zweite entlassen wurde, oder ob der Außendienst nur noch widerwillig ans Telefon geht, weil die Auftragsbücher voll sind.

Bevor uns der nächste Redner zum Lachen bringt, gedenken wir zwei unserer verstorbenen Mitglieder.

Je genauer ich die Befindlichkeit meiner Zuschauer treffe, desto besser kann ich sie abholen und sie dahin führen, wohin ich sie haben möchte.

Wenn es dann wirklich losgeht, sollte es stark losgehen. Mit einem Knall, einer Überraschung, einer aufsehenerregenden Zahl, mit dem Lüften eines Geheimnisses oder mit einem Effekt. Tun Sie alles, um von Anfang an die Aufmerksamkeit zu bekommen. Wenn Ihre Zuschauer im Geiste erst mal auf den Malediven oder im Petersdom sind, ist es deutlich schwerer, sie von da wieder wegzuholen. Aber packen Sie das sehr Wichtige nicht schon in den ersten Satz. Wir müssen uns erst an Sie und Ihre Stimme gewöhnen.

DIE PAUSE AM ANFANG

Leiten Sie mit einer Spannungspause ein. Nein, damit ist nicht gemeint, Sie sollen es spannend machen. Das sollte man im Alltag eher vermeiden. **Jetzt mach es nicht so spannend** ist nicht positiv gemeint. Sie sollen während der Pause nicht verschmitzt lächeln und daran denken, wie toll das ist, was jetzt gleich kommt. Sie sollen sich auf Ihr Publikum konzentrieren. Diese Menschen sitzen da, genau die. Stellen Sie sich auf sie ein, nehmen Sie Schwingungen auf, atmen Sie und los geht's.

Die meisten von uns fangen mit einem **Ja** an. Radiomoderatoren, Redner, Trainer… Varianten sind **nun gut, ok, los geht's** und **also.** Beginnen Sie mit einer Pause, bevor Sie überhaupt den Mund aufmachen. Zählen Sie ruhig innerlich bis drei. Subjektiv ist die Pause immer länger als objektiv. Zählen hilft, das zu klären.

So eine Pause hat wieder mit Achtung gegenüber Ihrem Publikum zu tun. Sie sind nicht der Laberheini, der zu allem immer was zu sagen hat. Sie sind gut vorbereitet, aber Sie nehmen erst einmal das Publikum, den Saal, die Atmosphäre auf, warten drei Sekunden und legen dann los.

Vor einem Publikum, das gerade eine halbe Stunde durch Helene Fischer oder eine Comedytruppe angestachelt wurde, muss ich anders anfangen als nach den Vorträgen von fünf Controllern auf einer Jahrestagung für Wirtschaftsprüfer. Da sage ich vielleicht noch ein paar launige Sätze zu Helene oder bin beeindruckt, wieviel Zahlen die Wirtschaftsprüfer aushalten. Dann kommt die Pause, und dann kommt mein Vortrag.

Wer das Mikrofon hat, hat die Macht. Dieser Macht sollten Sie sich in diesem Moment voll bewusst sein. Es sind alle Augen auf Sie gerichtet. Wenn Sie jetzt nichts tun, außer sich auf den Saal zu konzentrieren, dann ist das ein sehr gutes non-verbales Zeichen, wer in der nächsten Stunde die Regie übernimmt. Und fangen Sie pünktlich an. Das kann ein Grund sein, Sie wieder zu buchen.

TECHNISCHES ANSAGEN

Manchmal ist es nötig, am Anfang irgendetwas anzusagen. Autos müssen umgeparkt werden, ein Redner ist ausgefallen oder der kleine Kevin sucht nach seiner Mutter. Im günstigsten Fall macht das ein Moderator, der die Redner von allen technischen Dingen befreit. Aber vielleicht sind Sie der Moderator oder Sie waren so teuer, dass das Geld für einen Moderator nicht mehr gereicht hat.

Die erste Möglichkeit besteht darin, die technischen Ansagen komplett von der Rede zu trennen. Sie sagen etwas an, klären etwas, regeln etwas… Wenn Sie damit fertig sind, gibt es eine kurze Pause von ein paar Sekunden, und dann geht es los. Es gibt auch Redner, die jetzt abgehen und dann nochmal kommen.

Aber wenn Ihre Ansagen nicht so abgenudelt sind und Sie ein bisschen Lust dazu haben, aus den technischen Ansagen eine kleine Präsentationsperle zu machen, dann können Sie sich auch was einfallen lassen.

Der englische Speaker Derek Arden[183] hat auf einer englischen Convention mal so angefangen

Verlassen Sie bitte den Raum bei Feueralarm BEVOR Sie twittern!

Oder der Redner erinnert uns daran, zu überprüfen, ob wir unser Handy dabei haben und regt bei der Gelegenheit gleich an, es auszuschalten. Das Schöne ist, dass Sie solche Ideen für den Rest Ihres Berufslebens nutzen können.

Beim Fernsehen gibt es Menschen, die das Publikum vor der Show anheizen, und das machen inzwischen auch einige Speaker so. Wenn die Leute ein paar Mal gelacht haben, dann haben Sie es leichter. Das können Sie auch selbst machen, aber so ganz einfach ist das nicht. Ich bin manchmal sehr erleichtert, wenn ein Speaker vor mir für gute Stimmung sorgt. Es kommt auch vor, dass ich dadurch unsicher werde, weil der Komiker vor mir derart abräumt…

FALSCHE ANFÄNGE

Die Hose haben Sie hochgezogen und den Schluck Wasser haben Sie getrunken, bevor die Scheinwerfer auf Sie gerichtet sind und auch die Tonanlage haben Sie vorher geprüft. Sie machen den Tontechniker wütend, wenn Sie ins Mikrofon pfeifen oder daran klopfen oder endlos Test sagen. Das geht gegen seine Ehre. Wenn Sie nicht zu verstehen sind, ist er der Erste, der es merkt.

Vorstellen müssen Sie sich nur in Ausnahmefällen, auch dann, wenn es keinen Moderator gibt. Ich war ganz selten auf einer Veranstaltung, wo ich nicht wusste, wer da auf der Bühne steht. Manche Zuschauer starten ja die Internetrecherche noch während Sie sich für die netten Worte Ihres Vorredners bedanken. Das ist auch etwas, das Sie sich sparen können. Es sei denn, die netten Worte waren irgendwie außergewöhnlich.

Sie dürfen sich geehrt fühlen, sich bedanken, sich freuen und schön finden, dass Sie hier sind. Aber überlegen Sie immer genau, ob das jetzt wirklich sinnvoll ist.

---

183 www.derekarden.co.uk

Wenn der achte Redner des Tages mit denselben Floskeln beginnt, könnten die ersten Tomaten Richtung Bühne fliegen.

Missverständnis Nr. 34

Wenn Sie die ersten Zeilen perfekt auswendig können, dann können Sie sicher beginnen und haben einen tollen Start.

Solche Tipps stammen von Menschen, die noch nie in ihrem Leben eine große Rede gehalten haben. Redner gehen mit dem festen Vorsatz nach vorne, mit dem Satz **Wie schön, dass so viele heute gekommen sind!** anzufangen. Das haben sie sich vorgenommen. **Wie schön, dass so viele heute gekommen sind.** Das ist doch einfach. Nein, ist es nicht. Denn wenn Sie vorne stehen, und wenn sich ihr Mund wirklich öffnet, kommt etwas ganz anderes heraus. Jetzt ist die Konfusion perfekt. Außerdem verlagern Sie das Problem nur auf den ersten Satz nach den auswendig gelernten Sätzen.

Was passiert, wenn Sie Ihren ersten Satz zu oft üben. Natürlich: er fällt Ihnen nicht ein. Weil Sie Worte geübt haben und keine Gedanken festgehalten haben. Einen ersten Gedanken können Sie sich in Erinnerung rufen. Das hilft. Aber keine Worte. Der auswendig gelernte Einstieg ist der größte Verhinderer guter Redeanfänge.

Ich habe mal eine Journalistin gecoacht, die zu einer Talkrunde im Fernsehen eingeladen war. Sie wollte mit dem Zitat eines Politikers beginnen. Als sie das erste Mal dran war, konnte sie das Zitat des Politikers fehlerfrei aufsagen. Dann kam nichts mehr. Sie hatte den Blackout ihres Lebens. Hätte sie sich den Satz doch nur aufgeschrieben und ihn vorgelesen…

ETWAS NEGATIVES

Davor werden wir von Trainern gewarnt wie vor dem Überqueren einer Hauptverkehrsstraße in Paris ohne Ampel

Beginnen Sie nie mit etwas Negativem!

Aus welcher Vorschriftensammlung das jetzt stammt, interessiert mich gar nicht. Ich sehe das sehr kritisch. Wenn Sie auf der Bühne das Heulen anfangen, weil es gleich so schlecht wird oder Sie sich schämen, weil Sie ja so wenig wissen, dann ist das für alle sehr nervig. Richtig! Wenn Sie sich selber leidtun, ist das vor allem am Anfang ein Grund, den Raum zu verlassen. Verkneifen Sie sich eine Entschuldigung oder sprechen Sie nicht ewig über Ihre Nervosität, für die Sie nichts können.

Aber Sie könnten dabei auch bestens gelaunt sein. Wenn Sie sich entschieden haben, trotz Ihrer Nervosität aufzutreten, ist das ein gutes Signal. Sie ersetzen den Kollegen, der deutlich mehr versteht als Sie, aber der liegt mit Fieber im Bett. Also haben sie **Ja** gesagt. Super.

Vielleicht hilft Ihnen dieser kleine ehrliche Moment am Anfang. Es kommt also immer darauf an, wie Sie es machen. Wenn Sie Ihre Folien vergessen haben, wenn Sie die Hose des Kollegen tragen, weil ihre jetzt in zwei Teilen in der Garderobe hängt, oder wenn Sie gestern eine große Kieferoperation hatten, bin ich dafür das zu sagen. Auch wenn es negativ ist.

Moderatoren in den Medien sind auch immer peinlich darauf bedacht, eine positive Ausstrahlung rüberzubringen. Ist das wirklich so erstrebenswert? Habe ich selbst schlechte Laune, wenn der Moderator im Radio grantelt, weil jemand auf der Windschutzscheibe seines Autos ein Ei aufgeschlagen hat? Ich finde, das kann ganz lustig sein.

Die Erwähnung von etwas, um zu zeigen, dass es nicht so ist, kann auch gefährlich sein. Sätze wie **Das soll jetzt nicht egoistisch klingen** oder **Ihr denkt vielleicht, ich nehme das nicht ernst** bringen die Menschen, die das hören, womöglich erst auf die Idee, es könnte so sein. Bundesinnenmister Seehofer zum Beispiel sagte im Flüchtlingsstreit der Koalition: **Frau Kramp-Karrenbauer stellt uns als Provinzfürsten hin, die die europäische Idee nicht verstanden haben!** Das mag einige Zuhörer erst auf den Gedanken bringen, dass Herr Seehofer und ein Provinzfürst möglicherweise eine ganze Menge gemeinsam haben.

DIE AGENDA

In der Schule haben wir gelernt, dass eine Rede mit einer Agenda beginnt, einer Übersicht, einer Beschreibung dessen, was jetzt kommt.

> **Meine Geschichte beginnt mit...**
> **Ich spreche heute über ein Thema...**

Manchmal ist dann noch eine Entschuldigung untergemischt.

> **Es ist leider so, dass das, was ich sagen werde...**
> **Ich fürchte, es wird jetzt ein wenig langweilig...**

Das Wichtigste und Einzige, was man zur Struktur einer Rede sagen sollte, ist dass es sie geben muss. Ich habe manchmal den Verdacht, dass die überflüssigen Überblicke am Anfang von Reden nur den Beweis erbringen sollen, dass der Redner eine Struktur hat. Es ist sozusagen die Aufforderung, ihm zu vertrauen, auch wenn man von dem, was er da als Agenda an die Wand wirft, nicht das Geringste versteht.

Ansonsten erreicht ein festes Strukturschema nur, dass wir uns langweilen. Sobald man als Zuschauer sagen kann, was kommt, lässt die Aufmerksamkeit deutlich nach. Am schlimmsten ist das bei der Gestern-heute-morgen-Dramaturgie, die in fast allen Reden vorkommt, weil unser Deutschlehrer das für eine einfache Möglichkeit hielt, eine Geschichte zu strukturieren. Es ist auch eine einfache Möglichkeit, die man Anfängern durchaus empfehlen kann. Schüleraufsätze beginnen immer morgens, am ersten Ferientag oder in der Eiszeit. Wenn es um Ausflüge geht, steigen alle erst mal um 8 Uhr in den Bus.

Logische Abfolge, klare Struktur, stufenweiser Aufbau in der Rede soll da sein, wenn er oder sie aber spürbar wird, wird es langweilig. Das ist doch gerade das Schöne, dass ich mich auf meinen Bergführer verlassen kann, wenn ich auf den Gipfel will, auch wenn wir meiner Ansicht nach im Moment in die völlig falsche Richtung wandern.

Eine Inhaltsangabe oder Agenda zum Beispiel gehört raus, wenn sie nicht neu ist. Denn dass sie weder berührend noch unterhaltsam ist, liegt auf der Hand. Bei der Zusammenfassung wird es noch klarer. Die gehört in jedem Fall raus.

Bevor Sie jetzt aufschreien: Im Unterricht dürfen Sie beides benutzen, bei Vorlesungen in der Uni oder in der Lehrlingsausbildung. Aber bitte nicht bei einem Vortrag, mit dem Sie etwas verkaufen wollen, nicht bei einer Trauerrede oder einer Preisverleihung und nicht bei der Story Ihres Weltrekordversuches.

Missverständnis Nr. 35

Kennen Sie diese drei Sätze?

Sage, was Du sagen willst.
Sag es.
Sage was du gesagt hast.

Erinnert Sie das an den Kindergarten? Mich auch.

Heute ist Piratentag.
Jetzt sind wir alle Piraten.
Ja, das war nun unser Piratentag.

Ich habe das immer für einen Scherz gehalten, aber es steht tatsächlich in so vielen Büchern, dass es keine Anweisung an Lehrer für lernschwache Schüler gemeint sein kann. Mein Nachhilfelehrer kann mir gerne alles dreimal sagen. Auch viermal. Das spart mir das Lernen nach der Stunde. Aber es ist eine sehr kostenintensive Art des Lernens, wenn ich den Lehrer dazu benutze, mir gleich alles häppchenweise in den Kopf zu hämmern.

Bei einer Vorlesung über Elektrotechnik kann ich mir eine solche Struktur vorstellen. **Wir werden heute die Maxwell'schen Gleichungen besprechen, wir besprechen jetzt die Maxwell'schen Gleichungen, und jetzt haben wir gerade die Maxwell'schen Gleichungen besprochen, und werden in der nächsten Vorlesung...** Das soll nicht spannend sein oder einen Dramaturgiebogen haben oder unterhalten. Da schaufelt jemand Wissen in viele, viele Köpfe, und dafür ist das möglicherweise ein gutes System. Dann gibt es noch das Handout für zu Hause, und im nächsten Test wird alles überprüft. Aber Studenten tun das gerne, da sie ja nicht für das Leben, sondern für die Uni lernen.

Irgendwie ist in uns allen ein Lehrer versteckt. Ist es nicht wunderschön, anderen viele Dinge zu erklären, sie dann zu wiederholen und dann abzufragen, ob die anderen alles verstanden haben? Wenn es ganz besonders albern wird, müssen die Zuschauer die Erkenntnisse auch noch wiederholen. Dabei braucht man das sichere Gefühl, es gut zu meinen. Schließlich haben die Zuschauer einen großen Vorteil, wenn sie Ihre Weisheiten begriffen haben. Jetzt lassen Sie Beispiele für deren Anwendung finden...

Ein aufgeräumter Schreibtisch zu Beginn eines großen Projektes ist eine große Hilfe. Ein Schlachtplan für ein großes Gefecht kann sehr nützlich sein, und wenn Sie wissen, wo Sie den Ehering zu Beginn des Saunabesuches abgelegt haben, erleichtert es das Wiederfinden.

Es klingt also absolut logisch, das Prinzip der Ordnung auch auf Reden zu übertragen. Wenn der Zuschauer eine Ordnung erkennt, kann er leichter folgen und womöglich die Teile für sich herausgreifen, die ihm wichtig erscheinen. Unterpunkte bieten Zuschauern, die abschweifen, wieder einen Anknüpfungspunkt.

Doch stellen Sie sich vor, Sie wüssten in einem Fernsehfilm immer, was gleich kommt. Dann kann Ihnen das beim Einschlafen helfen, aber es führt sicher nicht dazu, dass der Abend verfliegt. Wissen was kommt, führt unweigerlich zu Langeweile.

Trotzdem ist es gut, wenn Sie wissen, wie ein Hollywood-Film funktioniert, oder dass es am Ende von **Wer wird der beste Koch?** einen Sieger gibt.

Und zwar egal, ob Sie von gestern nach morgen gehen, oder von groß nach klein, ob Sie von sich zu anderen gehen, oder sich durch die 111 Regeln für das Knoten von Schuhbändern kämpfen.

Wie oft langweilen Redner mit ihrer Struktur?

> **Ich werde in Anbetracht der Zeit von meinen 25 Punkten nur drei ansprechen.**

Aber natürlich sind alle 25 Punkte auf der PowerPoint Folie zu sehen.

> **Das war jetzt Punkt 3. Kommen wir zu Punkt 4.**

Zuschauer wünschen sich keine 10 Punkte, sondern die wollen lachen, lernen und fühlen. Punkte aufzählen ist Redetraining für Anfänger, damit der Redner immer weiß, wo er gerade ist. So Menschen begeistern? So motivieren, überzeugen, faszinieren?

FALSCHER SCHLUSS

Die Liste der letzten Sätze, die ich Ihnen nicht empfehle, ist lang. Und je länger ich als Speaker arbeite, desto länger wird sie.

> Noch Fragen?
> Meine Zeit ist um!
> Tut mir leid, dass wir nicht mehr Zeit hatten!

Das Ende einer Rede sollte stark sein, emotional, vielleicht aufwühlend oder nachdenklich. Ich ende nicht so gerne lustig, aber auch das ist möglich. Aber keine Entschuldigungen, kein Bedauern und kein schade, schade, weil die Zeit ja so kurz war.

Auch der Verkauf Ihrer Bücher, Seminare und was Sie vielleicht sonst noch alles unter die Leute bringen wollen, gehört nicht ans Ende. Machen Sie das vorher. Die Motivations-Expertin Dr. Renée Moore[184] empfiehlt sogar, die Hinweise auf die Produkte schon nach ca. 10 Minuten einzufügen, damit jeder die Bestellkarte im Prospektmaterial auf seinem Tisch oder Stuhl in Ruhe ausfüllen kann.

Sie können sich beim Team bedanken, zu Spenden aufrufen und den Zuschauern die Sonderangebote Ihrer Bücher um die Ohren hauen. Aber nie am Ende. Das Ende ist heilig. Das Ende ist etwas Besonderes. Das Ende bleibt im Gedächtnis. Deswegen verschwenden Sie es am besten nicht. Natürlich können Sie sich jetzt noch bei jemandem bedanken oder jemanden erwähnen, der Ihnen wichtig ist, aber das darf nicht das Letzte sein, was Sie sagen.

Nur übertreiben Sie nicht! Sich beim fantastischen Publikum für den einzigartigen Abend und die außergewöhnliche Gastfreundschaft zu bedanken, ist eher peinlich. Wenn es einen größeren, konkreten, berechtigten Dank gibt, dann sprechen Sie darüber, aber nicht ganz am Schluss.

Auch die Regisseurin und Speakerin Sigrid Tschiedl[185] erinnert uns daran, den Dank nicht zu sehr auszuwalzen. Denn dieses Danke hat ja mit mir zu tun und es handelt von mir. Eine gute Rede handelt auch am Ende von den Zuschauern.

Sorgen Sie dafür, dass der letzte Satz so gebaut ist, dass es keinen Zweifel darüber gibt, an welcher Stelle Sie fertig sind, und wo der Applaus kommen soll. Der deutsche Innenminister Heiko Maas hat mal in etwa mit folgendem Satz aufgehört

---

184 www.reneemoore.com
185 www.sigridtschiedl.at

> **Ich glaube, dass wir das den Polizisten und Polizistinnen in diesem Land schuldig sind.**

Hier will Applaus einsetzen, weil das Publikum denkt, die Rede sei hier zu Ende. Ist sie aber nicht. Es geht weiter

> **weil sie für uns und unser Land eine hervorragende Arbeit leisten.**

Wenn Sie Applaus an der richtigen Stelle wollen, dann sollte Sie die Sätze auch so bauen.

> **Gerade weil die Polizisten und Polizistinnen in diesem Land eine so hervorragende Arbeit leisten, glaube ich, dass wir ihnen das schuldig sind.**

Wenn Sie wollen, machen Sie es kürzer. Aber Sie signalisieren auch durch den Satzbau, ob es noch weitergeht oder nicht.

> **Ich glaube, dass wir ihnen das schuldig sind. Weil die Polizisten und Polizistinnen in diesem Lande eine hervorragend Arbeit leisten.**

Gleichzeitig rückt jetzt das Wichtigste an den Schluss und die Wahrscheinlichkeit eines Applauses an der richtigen Stelle wird deutlich größer.

Missverständnis Nr. 36

Für viele Rhetoriktrainer ist es völlig klar, was ans Ende einer Rede gehört.

Fassen Sie Ihre Kernbotschaften zusammen.
Zum Schluss machen Sie eine Zusammenfassung.

Wenn Sie Menschen begeistern oder überzeugen oder unterhalten wollen, können Sie sich auch das sparen. Wir haben ja in den letzten 40 Minuten alles schon gehört.

Wenn Sie am Ende trotzdem nochmal die wichtigsten Gedanken wiederholen wollen, dann sollten Sie das so tun, dass sich kein einziger Satz doppelt. Geben Sie ein Fallbeispiel, erzählen Sie, wie Ihnen das alles genützt hat. Aber haben Sie für den Schluss noch etwas übrig, was wir noch nicht gehört haben. Wenn Sie mit PowerPoint arbeiten, können die Punkte auf der Folie stehen. Aber Sie besprechen alles aus einer ganz anderen Richtung.

Schön ist es, wenn das Ende einer Rede ein Echo hervorruft. Eine Rede ist keine Erinnerung an das, was man schon weiß. Üben wie man eine Taucherbrille im Wasser an und auszieht macht nur Spaß, wenn es anschließend Rotfeuerfische zu gucken gibt. Spaß macht das Üben nicht, aber es muss sein.

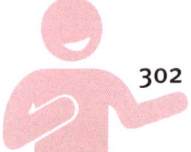

Sprüche oder Bonmots am Ende sind sehr eindrücklich, aber Sie sollten von Ihnen sein. Zwei Stunden auf der Bühne alles teilen was ich habe, um dann mit einem Zitat eines australischen Ureinwohners zu enden, führt nicht dazu, dass man sich Wochen später an Sie erinnern wird.

Ein guter Schluss

Was kann ein guter Schluss sein? Vielleicht appellieren Sie an Ihr Publikum, jetzt etwas zu tun, um sich zu verändern, die Welt zu verändern, ab morgen etwas anders zu machen als bisher. Die Autorin psychologischer Bücher Brené Brown beendet ihren einzigartigen TED Talk über die Verletzlichkeit mit

That's all I have.

Klar, sympathisch und sehr berührend. Sie hatte uns etwas mitgebracht, und das hat sie jetzt übergeben. Chen Lizra[186] beendet ihren TED-Talk über Verführung mit

Wenn Sie verführen können, können Sie alles im Leben erreichen. Alles. Habe ich nicht gerade einen TED-Talk gehalten?

Vielleicht enden Sie mit einem klugen Gedanken, den Sie bisher noch nicht gesagt haben, mit einem erfundenen Wort oder Begriff. Vielleicht gibt es ja eine Formel oder einen Begriff, der alles, was Sie gesagt haben, einprägsam zusammenfasst? Werfen Sie einen Blick in die Zukunft, was alles möglich ist, oder möglich sein könnte.

Greifen Sie etwas auf, das wieder auf den Anfang verweist. Schließen Sie den Kreis. Sorgen Sie dafür, dass es sich rundet und man Ihren Vortrag als eine abgeschlossene Einheit betrachtet.

Vielleicht wollen Sie auch emotional sein, Gefühle ansprechen, Ihre eigenen, oder die Ihrer Zuhörer. Sie könnten etwas versprechen, oder Ihrem Publikum ein Versprechen abnehmen.

Das Ende ist genau geplant. Das Ende setzt sich ab von der übrigen Rede. Wenn die letzten Sätze noch zum Inhalt gehören, fühlt der Zuschauer sich rausgeworfen. Die letzten Sätze dürfen für das Verständnis des Vortrages nicht wichtig sein. Die letzten Sätze sind die Sahne auf dem Kuchen.

Wenn Sie dann noch ein bisschen die Geschwindigkeit verlangsamen, ein bisschen mehr betonen, ruhiger werden und die Mitte der Bühne erreicht haben, weiß jeder Zuschauer, dass er nun klatschen darf. Wenn sie Glück haben, tut er das jetzt.

Nach einem nachdenklichen Schlusssatz oder einem Satz, der genau auf die Veranstaltung passt, sage ich immer **danke,** und ich verbeuge mich. Auch da

---

186 TED-Talk, Lizra, Chen, The power of seduction in our every day lives

unterscheiden sich die Meinungen der Speaker sehr stark. Die meisten sehen überhaupt nicht ein, wofür sie sich bedanken sollten. Schließlich haben Sie sich ja gerade verausgabt und der Welt etwas gegeben. Das Publikum sollte ihnen dankbar sein.

Das sehe ich anders. Es war eine Ehre zu sprechen, denn es werden nicht alle eingeladen, um eine Rede zu halten. Oft habe ich Geld bekommen, Zeitungsartikel wurden über mich geschrieben und Plakate wurden geklebt. Menschen haben geglaubt, mit mir einen Raum füllen zu können, haben geglaubt, dass ich Menschen unterhalten kann und waren fest überzeugt, dass ich diesen Menschen einen Mehrwert biete. Dann haben eine längere Zeit viele Menschen aufmerksam zugehört ohne dazwischen zu rufen oder mit Lebensmitteln zu werfen. Das ist für mich immer wieder ein kleines Wunder. Dafür bin ich dankbar. Heute und auch für jede Rede in der Zukunft.

Verlassen Sie gut gelaunte Zuschauer oder verlassen Sie Zuschauer, die mehr von Ihnen wollen: Mehr Vorträge, mehr Bücher, mehr Videokurse. Dann haben Sie Ihr Ziel möglicherweise erreicht.

Tipps für Profis

Teampräsentation

Wenn mehr als einer auf der Bühne steht, fängt die Arbeit richtig an. Abwechselnd Sätze zu lesen oder abwechselnd Folien vorzustellen, wirkt albern. Wo ist der Grund, als Team aufzutreten? Warum macht das nicht einer alleine? Nur weil beide am Projekt beteiligt waren und sich nun nicht einigen können, wer die Lorbeeren einheimst? Wenn man das gut machen will, dann muss es für jeden eine unterschiedliche Rolle geben. Der eine präsentiert, der andere stellt die kritischen Zwischenfragen. Der eine liefert die Fakten, der andere die Geschichten. Der eine zeigt die Entwicklung, der andere präsentiert das Ergebnis.

Teilen Sie vor allem keine Sätze auf. Wenn das nicht gut geprobt ist, ist das ein Moment zum Fremdschämen. Auch wenn es Fernsehmagazine gibt, bei denen man das für ultramodern hält, wenn jeder einen halben Satz in die Kamera hustet. Gucken Sie auch nicht dauernd zum Partner, wenn Ihr Text fertig ist. Der sollte das wissen. Auch Sätze wie

> **Das erzählt uns jetzt die Gaby**
> **Ich übergebe an meine charmante Kollegin Karen**

sind überflüssig. Die Übergaben müssen gut abgesprochen sein. Wenn Sie Angst vor Pausen haben, sollten Sie mehr üben. Sie müssen sich auf den anderen verlassen können. Sind die Pausen oder Texte nicht abgesprochen, findet oft ein Kampf ums Wort statt, wie man das bei vielen Teams im Radio hören kann. Jeder will wenigstens noch ein **hmm** oder **ja, so ist das** einbauen, um überhaupt mal wieder zu hören zu sein. Ich finde das Zuhören bei so einer Doppelmoderation deutlich anstrengender.

Natürlich kann man auch die Themen aufteilen, aber mit verschiedenen Aufgaben wird das deutlich interessanter. Viele Speaker wünschen sich manchmal, sie hätten einen Sparringspartner auf der Bühne, mit dem sie etwas zeigen oder diskutieren können.

Aber das ist komplizierter als es sich schreibt. Damit das richtig funktioniert, braucht man eine Art Drehbuch. Sind es mehr als zwei... und da sind wir schon ziemlich nahe an einer Inszenierung, die den Rahmen dieses Buches sprengen würde. Wenn mehrere beteiligt sind, warum treten die nicht einfach hintereinander auf? Das macht die wenigste Arbeit. Dann präsentiert aber jeder alleine, und das fällt für mich nicht unter Teampräsentation.

INTERVIEW

Täuschen Sie sich nicht! Einem Menschen ein paar Fragen zu stellen, so dass es eine größere Gruppe von Menschen interessiert, ist nicht so einfach. Sich ein paar Fragen zu notieren und die dann nacheinander abzufeuern hat mit einem Interview nichts zu tun. Das wäre genauso, als wenn Sie sich beim Autofahren vornehmen, einfach mal dreimal links abzubiegen, dann vier Mal rechts und dann geradeaus zu fahren. Sie können so losfahren. Ankommen werden Sie nirgendwo.

> **Ein gutes Interview hat einen roten Faden.**

Es ist ein Weg, den man gemeinsam zurücklegt. Wenn Sie den Interviewpartner mit jeder Frage wieder neu erschrecken, weil Sie schon wieder ein neues Thema anfangen, werden Sie vorgefertigte Antworten bekommen. Die erste Frage an einen Fußballer geht über seinen Verein, dann kommt die Zukunft der Mannschaft und dann die Frage, wie denn alles begann. Jetzt kriegen Sie nur Antworten, die der Tage vorher mit seinem Pressereferenten geübt hat.

Erst wenn sich die zweite Frage aus der ersten Antwort ergibt, wird sich Ihr Gesprächspartner zunehmend sicher fühlen, weil Sie ja beim Thema bleiben. Das gilt auch für Sie, wenn Sie interviewt werden. Gleichzeitig ist der andere nicht mehr in der Lage, auf vorgefertigte Antworten zurückzugreifen. Er hat sein Thema ja nur in der Breite vorbereitet, aber nicht in der Tiefe.

Außerdem empfiehlt es sich, mit der Frage in die entgegengesetzte Richtung zu zielen, als die Richtung, aus der man die Antwort erwartet. Einen Fußballer zu fragen, ob er gerne Fußball spiele, ergibt eine blöde Antwort. Auch ein Koch, der erzählen soll, warum das Kochen so schön ist, wird das Labern anfangen. Aber fragen Sie den Fußballer doch mal, ob das nicht langweilig ist, immer nur rechte Außenposition zu spielen. Er wird vehement widersprechen, und wir haben den Beginn eines schönen Interviews. Fragen Sie den Koch, ob Starköche nicht überschätzt werden, ob die Leute Kochsendungen nicht langsam satt sind, oder was an einer Dose Ravioli in Tomatensoße jetzt so schlecht sein soll. Das könnte spannend werden.

Meine Empfehlung ist, ein paar Themen vorzubereiten. Ich nenne das Bälle vorbereiten, die ich meinem Gesprächspartner im richtigen Augenblick zuspiele. Wenn mir zur letzten Antwort auf das Thema, das ich angeschnitten haben, auf den Ball, den ich gerade gespielt habe, keine weiterführende Frage mehr einfällt, dann gibt es den nächsten Ball. Dasselbe gilt, wenn ich interviewt werde. Ich bereite ein paar Themen vor, die ich möglicherweise auch noch vorher abspreche.

Ich kann die einzelnen Themen auch mit Zeitungsartikeln, Untersuchungen oder Zitaten anmoderieren oder belegen. Aber wenn wir ein neues Thema an-

schneiden, dann bleiben wir erst mal dabei. Jede neue Frage muss sich, wenn sie gut sein soll, aus der vorhergehenden Antwort ergeben. Das funktioniert so lange, bis man dann mit einem zweiten Thema wieder von vorne anfängt.

Sollten Sie kritische Fragen stellen wollen, so gehören die ans Ende. Ihr Gesprächspartner muss zu Ihnen erst Vertrauen aufbauen, dann könnten Sie versuchen, ihn aus der Reserve zu locken. Wenn das nicht gelingt, haben Sie trotzdem bis dahin ein schönes Interview geführt.

Wenn Sie es dem Gesprächspartner leichter machen wollen, dann stellen Sie eine längere Frage, wobei Ihr Anliegen ziemlich früh kommen sollte, damit Ihr unerfahrener Gesprächspartner Zeit zum Überlegen hat.

Wie sind denn Ihre Erfahrungen? Es gab ja in der letzten Zeit viele Friseurinnen, die sich heftig gegen einen Zwang zum Blondieren gewehrt haben. Nicht nur in Viersen?

Wenn Sie nur die kurze Frage nach den Erfahrungen stellen, ist die Antwort für die andere Seite deutlich schwerer.

Ich gebe oft Interviews auf Veranstaltungen oder für Podcasts. Unter zehn Interviews ist eines, das richtig Spaß macht und auch mich fordert, nicht wieder die altbekannten Kernsätze zu wiederholen. Die anderen sind harmloses Geplänkel, bei dem nicht viel herauskommt, und das für mich mehr als unbefriedigend ist. Denn auch ein guter Podcast wird in den allermeisten Fällen unterschätzt.

Wenn Sie selbst öfter interviewt werden, lassen Sie sich zur Übung mal von einer gestandenen Journalistin wie Elisabeth Ramelsberger[187] auf den Zahn fühlen. Für die nächste Bürgerversammlung oder Bilanzpressekonferenz wären Sie jetzt bestens gerüstet.

DIE VIERTE WAND

Normalerweise gibt es für einen Speaker keine vierte Wand. Er ist ja kein Schauspieler, der ein Stück vorspielt, das die Zuschauer in eine andere Zeit entführt. Am Theater ist das eine weit verbreitete Technik, diese vierte Wand zu durchbrechen, die vor allem Bertold Brecht viel angewandt hat, weil er Wert darauf gelegt hat, dass wir immer wieder aus der Geschichte gerissen werden, um den Lerneffekt dahinter nicht zu vergessen. Jemand, der mit der Mutter Courage Mitleid hat, wird die Botschaft, dass sie das Falsche tut, möglicherweise verdrängen.

Für das Durchbrechen dieser vierten Wand steigt der Schauspieler aus der Rolle aus, interagiert mit dem Publikum und spielt danach wieder weiter. Als Redner haben wir auch zwei Möglichkeiten, die Zuschauer noch auf einer anderen Ebe-

---

187 www.medientrainerin.com

ne anzusprechen, indem wir „aus der Rolle" fallen. Wir sagen also mitten im Vortrag etwas, das sich nicht auf den Inhalt, sondern auf die Situation bezieht. Hans Uwe L. Köhler[188] sagt zu einem Teilnehmer, der zu spät kommt: **Ich wusste nicht, wann Sie kommen würden, und deshalb habe ich schon mal angefangen.**

Als Jeffrey Gitomer[189] bei einem Auftritt auf der GSA-Convention von einem Witzbold unterbrochen wurde, schaute er streng in dessen Richtung und sagte:

> **Let me do the jokes!**

Das war ein großer Lacher. Dan Pink[190] sagt in seinem TED-Vortrag über Motivation, als sich niemand meldet, nachdenklich:

> **Das sieht aus, als wäre das weniger als die Hälfte.**

Eine weitere Möglichkeit, aus der Rolle zu fallen, besteht darin, dass der Speaker scheinbar zu sich selbst spricht. Ich habe den amerikanischen Speaker Walter Bond[191] erlebt, der sich mitten im Satz unterbricht mit den Worten:

> **Let me stop preaching.**

Wichtig ist wieder, dass der Satz einen deutlich anderen Ton hat als die übrige Geschichte. Er muss beiläufig kommen, unbeabsichtigt, wie nebenbei, wie nicht geplant, sonst begreifen wir nicht, dass der Redner gerade aus der Rolle fällt.

Das sogenannte „Wegsprechen" ist für Profis ein wichtiges Gestaltungsmittel. Typische Sätze wären

> **Nur am Rande bemerkt: Ich kenne den Text seit gestern.**
> **Im Vertrauen: ich will das auch nicht.**

Bei diesen Sätzen soll der Zuschauer das Gefühl haben, dass sie dem Redner erst gerade eingefallen sind. Eine spontane Idee, eine kurzfristig Umstellung, eine plötzliche Änderung des Textes. Damit das glaubhaft wird, brauchen diese Sätze einen anderen Ton. Sie sollten weniger wichtig klingen, weniger betont, nicht so deklamiert, nicht groß, wichtig, wie ein Statement, sondern einfach beiläufig, nämlich… weggesprochen.

Auch geplante oder ungeplante Dialoge des Redners mit sich selbst sollten anders klingen als der vorbereitete Text.

> **Ich weiß auch nicht, warum ich das erzähle**
> (im Manuskript suchen) **Und wenn jetzt der Text da wäre… na, egal!**

---

188 Köhler, Hans-Uwe. L.: Die perfekte Rede. Offenbach: Gabal Verlag GmbH, S. 118
189 www.gitomer.com
190 TED-Talk: Pink, Dan, The puzzle of motivation
191 www.walterbond.com

Vor allem manche Pointen wirken nur, wenn ich sie wegspreche. Wenn der Zuschauer merkt, dass die Pointe, die wie ein glücklicher Zufall oder eine spontane Bemerkung klingen soll, vorbereitet ist, ist sie nicht mehr komisch.

HUMOR

Natürlich gibt es Naturtalente unter den Speakern wie Sabine Asgodom[192] oder Klaus J. Fink[193], über die ich lache, wenn sie nur den Mund aufmachen. Aber auch da bin ich überzeugt, dass im Grunde eine Menge Arbeit dahinter steckt.

> Kinder träumen davon, groß zu sein,
> Männer träumen davon, reich zu sein.
> Speaker träumen davon, witzig zu sein.

Das ist die Abwandlung eines Spruches von Brian Walter[194], über den ich jedes Mal wieder lachen muss. Laut Literatur zum Thema Rede müssen Sie das einfach nur machen.

Missverständnis Nr. 37

Zeigen Sie Humor
Bringen Sie Ihre Zuschauer zum Lachen.
Mein Gott, wenn das so einfach wäre. Ich könnte Tennisstadien füllen mit Menschen, die sich wünschen, humorvoller, witziger, pointierter oder lustiger reden zu können. Wenn ich denen einfach zurufe, sie mögen mehr Humor zeigen, fliegen die Tennisbälle in meine Richtung. Da bin ich mir ziemlich sicher.

Aber die unterhaltsame Seite einer Rede spielt vor allem bei den Profis eine große Rolle. Gerade am Anfang ist es wichtig, unterhaltsam zu sein. Michael Maak[195] schreibt, dass es im Lokal mit dem Essen ruhig ein wenig dauern darf. Aber wenn die Getränke nicht kommen, werden wir ungehalten. Am besten gibt es in den ersten drei Minuten meiner Rede ein paar Lacher. Das erleichtert alles, was danach kommt. In einem guten TED-Talk gibt es ein bis zwei Pointen pro Minute.

Die meisten meiner Pointen sind bei der Arbeit auf der Bühne entstanden. An einem bestimmten Tag im Seminar, im Coaching oder im Vortrag sagen Sie

---

192 www.sabine-asgodom.de
193 www.klaus-fink.de
194 www.extrememeetings.com
195 Maak, Michael: Comedy. Berlin: Henschel Verlag 2007, S. 101

plötzlich etwas Witziges. Wenn Sie frei sprechen, also das Sternsystem anwenden, werden Sie merken, dass Sie zu immer neuen Pointen kommen. Vor allem durch das Verkürzen sind bei mir viele Pointen entstanden. Aber auch durch Übertreiben, oder wenn ich mich so richtig aufrege. Da entstehen dann mit einem Mal Formulierungen, mit denen man nicht gerechnet hat.

Schwierig wird es nur, sich die zu merken. Aber ich gehe inzwischen auch schon mal zum Tischchen auf der Bühne und sage, dass ich mir aufschreiben muss, dass die Zuschauer da gelacht haben. In der Regel lachen sie nochmal. Schließlich waren sie bei der Geburt einer Pointe dabei, die mich möglicherweise ein Leben lang begleitet.

Steht die Pointe mal, dann kann man versuchen, sie zu verbessern, zu schärfen oder noch lustiger zu machen. Aber wenn man es hinkriegt, dass die Leute lachen, dann werden die Pointen jetzt nicht mehr nach dem Sternsystem erzählt.

Pointen sind scheue, hochkomplizierte Wesen, die bei der falschen Behandlung verschwinden wie Sternenstaub. Ein Witz, der eine ideale Form hat, muss perfekt auswendig gelernt werden. Und zwar nicht so, dass Sie ihn ausgeschlafen und bei absoluter Ruhe sehr konzentriert zusammenbringen, sondern Sie sollten ihn so können, dass ich Sie nachts wecken kann und Sie genau wüssten, worum es geht.

Die allermeisten Sprüche, die Menschen auf der Bühne verwenden, hat sich ein Redenschreiber in tagelanger Arbeit ausgedacht. Ich beschäftige mich seit Jahren mit Humor auf der Bühne und es ist sehr ernüchternd zu sehen, dass viele Hammerpointen moderner Comediens und Kabarettisten aus Stand-up-Programmen aus den 20er Jahren in Amerika stammen. Die Namen und Zusammenhänge wurden verändert, die Pointe ist uralt.

Weltbekannte Bonmots purzeln nicht so einfach aus dem Mund. Die ergeben sich entweder aus Zufall, weil Sie an diesem Tag so gut drauf sind, dass es witzig wird, oder Sie besitzen ein Stück Genialität (im Zweifelsfalle genügt auch Fleiß), oder Sie engagieren jemanden, den Sie dafür bezahlen. Aber der Aufwand lohnt sich. Witze, Sprüche und Bonmots zu erfinden, ist nicht schwer, man muss sich nur hinsetzen und eine Zeit lang nichts anderes machen.

Am besten funktionieren One-liner, also kurze Witze, die aus einem Satz bestehen, bei denen ich Sie kurz hereinlege, Sie in die falsche Richtung denken, und ich das dann auflöse. Die können sehr wirkungsvoll sein und eignen sich wunderbar für jede Art von Rede. Wenn der Gag nicht funktioniert, geht es schnell weiter.

Auch wenn Sie persönlich den Witz das erste Mal gehört oder gelesen haben und schallend gelacht haben: Alles was im Internet mehr als drei Treffer hat, gehört nicht in Ihren Vortrag. Und wenn es drei Treffer hat, dann eigentlich auch nicht.

Denn dann gehört es jemandem, den Sie fragen müssen. Natürlich dürfen Sie mal einen Witz machen, der bekannt ist. Wenn den jemand kennt, dann lacht der eben nicht. Der Witz geht schnell vorbei. Aber Geschichten sollten Ihnen gehören oder Sie sollten Sie als Zitate kennzeichnen.

WITZE SELBST ENTWICKELN

Stellen Sie sich bitte nicht vor, dass die Profis sich vor ein leeres Blatt setzen und sich Witze ausdenken. Da fällt einem nichts ein. Unser Gehirn braucht Hilfe, um es auf die richtige Spur zu führen.

Bei den Pointen gibt es bestimmte Schemata, unter die man die Witze einsortieren kann. Alle Pointen lassen sich in ein solches Schema einordnen. Wenn Sie fünf Herr-Ober-Witze gehört haben, ist es viel leichter jetzt einen Herr-Ober-Witz zum Thema Führung oder zum Appetit des Geburtstagskindes zu machen. Insgesamt gibt es nur sieben verschiedene Techniken witzig zu sein, denen man alle Witze dieser Welt unterordnen kann. Wenn man sich dann innerhalb dieser sieben Kategorien noch die einzelnen Schemata oder Witzmuster ansieht, dann klappt das mit den Pointen deutlich schneller. Night-Talker oder Kabarettisten haben auch wiederkehrende Muster, die sie tagesaktuell auffüllen.

Die erste Technik besteht darin, die Wirklichkeit zu dramatisieren. Übertreiben Sie, untertreiben Sie, machen Sie aus jeder Mücke einen Elefanten und blasen Sie die einfachsten Dinge zu einer großen Weisheit auf.

Geld macht Armut erträglich.
Sie glauben ja gar nicht, wieviel Sie sparen, wenn Sie nichts ausgeben.

Nach diesem Schema funktionieren viele Witze und ein paar mehr sind schnell entwickelt. Manche Sachverhalte habe ich über viele Jahre immer mehr übertrieben, bis die Zuschauer irgendwann gelacht haben.

Formelwitze in dieser Rubrik sind Witze, die mit **Der Gipfel ist...** beginnen oder **Meine Mutter ist so dick...** oder zum Beispiel die Liste mit den dünnsten Büchern der Weltliteratur.

Bei der zweiten Technik kommen Witze, die etwas Unmögliches möglich machen. Menschen können fliegen, Tiere können sprechen, ja selbst Gegenstände oder Körperteile entwickeln ein Eigenleben. Was würde uns unser neues Produkt sagen, was wäre wenn unser Besprechungsraum zum Betriebsrat käme, was würden Connys Wanderstiefel erzählen? Aber auch Feen und Fabelwesen kommen in dieser Art Witz vor. Und natürlich alles Unlogische und Absurde.

Niemand weiß ganz sicher, wie eine verlassene Gegend aussieht.
Ich habe so viel Zeit gespart. Aber ich weiß nicht mehr, wo ich sie hingetan habe.

Dazu kommen all die Witze über Adam und Eva, über Petrus oder über Gott und den Teufel. Ein typischer Formelwitz wären die Witze, in denen Tiere, Menschen, Gegenstände mit einander gekreuzt werden und allerlei seltsame Wesen entstehen.

In der dritten Kategorie entsteht die Komik aus einem Widerspruch. Der erste Teil des Satzes behauptet etwas und der zweite Teil des Satzes behauptet das Gegenteil.

> Früher war ich eitel. Heute weiß ich, dass ich schön bin.
> Er ist der ehrlichste Politiker, den man für Geld kaufen kann.

Das Spiel mit der Verneinung kommt in vielen dieser Witze vor oder Alternativen, die in Wirklichkeit keine Alternativen sind. Ein gutes Beispiel ist der Formelwitz von der guten und der schlechten Nachricht. Egal welche zuerst kommt, die zweite Nachricht macht klar, das es entweder zwei negative oder zwei positive Nachrichten gibt. Die Radio-Eriwan-Witze gehören dazu, die Witze vom Optimisten und vom Pessimisten und die Witze, die mit Lieber ein... als ein... sind gute Schemata für diese Art von Witz. Wenn Sie jetzt ein paar Gedanken aus Ihrer Rede nehmen und die mal versuchen, in so ein Raster einzupassen, könnten ein paar Pointen dabei herauskommen.

In der vierten Kategorie werden Dinge miteinander verbunden, die man eigentlich nicht verbinden kann. Man überträgt eine bestimmte Verhaltensweise in einen Bereich, wo sie nicht hingehört.

> Ich habe Anstand. Ich klopfe an, bevor ich eine Auster öffne.
> Der Zahnarzt bei der Autoreparatur: Das kann jetzt ein kleines bisschen wehtun.

Die bekannteste Witzformel dazu ist die Dreierreihe. Ich sage etwas, bestätige es, und das dritte Beispiel fällt so aus der Reihe, dass es komisch wird. Auch da habe ich bei vielen Pointen jahrelang nach einem dritten Wort gesucht, was meine Zuschauer sicher zum Lachen bringt. Wenn Sie meine Videos im Internet anschauen, werden Sie diese Pointen sofort finden.

Alle Vergleiche oder Metaphern gehören hier herein, die Kinderwitze, bei denen die Kinder oft die Wahrheit sprechen oder sich wie Erwachsene verhalten. Aber auch Witze mit Fachsprache verbinden etwas, was eigentlich nicht zusammen gehört.

Die nächste große Kategorie sind die Missverständnisse. Es ist von außen einfach wahnsinnig komisch, wenn zwei Menschen aneinander vorbeireden, zum Beispiel, weil der eine den anderen wörtlich nimmt. Vieles ist auch doppeldeutig.

> Buchen Sie jetzt! Eichen können Sie später.
> Skandal: Angler wurde jahrelang von Baum beschattet.

Da werden Situationen falsch eingeschätzt, Wörter missinterpretiert oder der eine versteht den anderen nicht richtig. Übersetzungsfehler gehören dazu und alles, was mit Fremdwörtern zu tun hat. Ein typischer Formelwitz sind die Witze von den letzten Worten. Die letzten Worte, die jemand spricht stellen sich dann immer als die Ursache für seinen Tod heraus. Der- oder diejenige ist missverstanden worden.

Die nächste Kategorie ist der schwarze Humor. Es geht gegen Minderheiten, Behinderte, bestimmte Berufe, Länder oder Religionen. Wenn die Zuschauer der Meinung sind, dass es die Zielgruppe des Witzes verdient hat, dass man sie durch den Kakao zieht, dann wird gelacht. Aber auch die Witze, in denen Idioten vorkommen oder Kinder, die dumm sind, gehören zum schwarzen Humor. Hier wird schlagfertig geantwortet oder man legt den anderen gleich rein.

> **Wie viele Geburtstage hat ein Mann im Durchschnitt? – Einen**
> **Wie nennt man ein norwegisches Auto? – Fjord.**

Die Anzahl der Scherzfragen ist unerschöpflich. Formelwitze zum schwarzen Humor wären zum Beispiel die Kannibalenwitze.

Die letzte und zugleich größte Rubrik ist die Zahl der unerschöpflichen Spiele mit Sprache. Es wird gereimt, Wörter werden falsch getrennt, falsch betont oder bewusst falsch geschrieben. Es gibt Witze über Abkürzungen oder man veranstaltet Buchstabensalat.

> **Schinderknilchmitte**
> **Rottenschock**

Kalauer gehören dazu oder falsche Grammatik. Formelwitze in dieser Rubrik sind die Witze, die mit **Paradox ist...** beginnen oder im anglo-amerikanischen Sprachraum die Knock-knock-Witze.

STOLPERSTELLEN

Am besten machen Sie Witze über sich selbst, da kann nichts schiefgehen, außerdem macht Sie das sympathisch.

> (nach einem Hustenanfall) **Der Husten ist hier dramaturgisch vorgesehen.**

Vielleicht kennen Sie auch das Feindbild Ihres Publikums. Dann können Sie da ohne Gefahr zuschlagen, denn viele Witze funktionieren nun mal am besten, wenn es einen starken Gegner gibt, der im Witz so richtig fertig gemacht wird.

Am wenigsten gerne lachen Zuschauer über sich selbst. Je nach Thema kann das nötig sein und wenn es liebevoll und wertschätzend gemeint ist, kann das ein schönes Stilmittel sein. Den Ehemann bei der Hochzeit an ein Missgeschick zu erinnern, oder das Team, das lange an der falschen Stelle gesucht hat, bis zu den Kollegen, die an der Bar versumpft sind. Aber ich habe bei diesen Gelegenheiten auch schon verkniffene Gesichter gesehen. Die fanden das gar nicht komisch, dass ich mich gerade über sie lustig mache. Wenn jemand behauptet eine Menge zu vertragen, heißt das nicht, dass er eine Menge verträgt, egal ob es um Witze oder um Alkohol geht. Wir sind nämlich alle hauptsächlich in der Theorie selbstkritisch. In der Praxis sieht das anders aus.

Ein kleiner Kniff ist, den Witz über einen beliebigen Herrn oder eine nicht repräsentativ ausgewählte Dame zu machen, so dass jeder weiß, dass er selbst gemeint ist, ohne gemeint zu sein. Aber auch da sind Sie vor Gegenwind nicht sicher. In einer Zeit, wo ein kleiner Videoschnipsel von Ihnen Ihre Karriere ruinieren kann, seien Sie doppelt vorsichtig. Ich habe am eigenen Leibe erfahren dürfen, was alles passieren kann, wenn man da unvorsichtig oder zu leichtsinnig ist. Ich bin ein mutiger Mensch, aber ich entscheide mich heute im Zweifelsfall gegen die Pointe.

Genauso wie Sie Geschichten, Unterpunkte und das Ende einer Rede nicht ankündigen sollten, sollten Sie das auch bei Witzen nicht tun. Wenn dann niemand lacht, ist die Blamage, umso größer.

Da fällt mir eine lustige Geschichte ein...
Das war gestern total witzig...

Das würde ich lassen. Wenn das nicht klappt und keiner lacht, wird das ein Moment zum Fremdschämen. Wichtig ist auch, Zeit für den Lacher zu lassen, wenn er denn kommt. Aber das lernt man vor allem durch Erfahrung und nicht durch ein paar mehr oder minder kluge Sätze in einem Buch.

INTERAKTION MIT DEM PUBLIKUM

So schwierig es ist, eine Gruppe über einen längeren Zeitraum zu fesseln, es ist noch viel schwieriger, ihr etwas zu tun zu geben. Trotzdem wird das in allen Ratgebern gefordert. Die Interaktion mit dem Publikum ist so etwas wie der Hauptgewinn unter erfolgreichen Speakern. Wenn Interaktion funktioniert, ist das etwas ganz Tolles. Wenn es nicht funktioniert, ist es im besten Falle noch belanglos. Die meisten greifen da auf Ideen zurück, die von amerikanischen Speakern schon ausprobiert wurden und sich als effektiv erwiesen haben. Da wird um Handzeichen gebeten, da wird mit dem Nachbarn über die schönsten Momente im Leben diskutiert und wenn man Pech hat, werden Nachbarn auch noch umarmt oder man klopft sich auf die eigene Schulter.

Da gibt es Speaker, die benutzen Sätze, weil sie glauben, sie haben eine gute Wirkung, die sie eigentlich gar nicht haben, wie

Ich weiß nicht, ob Sie es wussten:
Wer von Ihnen kennt das?

Lassen Sie die Sätze einfach weg, wenn Sie mich fragen. Nur um jetzt zu antworten **Ah, doch so viele!** oder **Das sind ja ziemlich wenige!** brauche ich keine Abfrage zu starten. Diese Sätze bringen uns keinen Zentimeter weiter. Ich finde es völlig egal, wie viele das, was ich gerade sage, schon mal gehört haben oder wie viele es kennen. Die Antwort darauf ist irrelevant für die Art, wie es weitergeht. Deswegen fehlt mir nichts, wenn die Abfrage fehlt. Es ist etwas anderes, wenn Sie fragen, ob jemand einen bestimmten Sachverhalt schon kennt und je nach Antwort Ihre Rede umbauen. Aber einfach fragen um des Fragens willen?

Das ist so eine künstliche Interaktivität. Der Redner will das Publikum aktiv einbinden, weil das doch so oft empfohlen wird, aber er weiß nicht wie. Also versucht er Gemeinsamkeiten mit sich und seinem Publikum herzustellen.

Wer kommt aus Köln? ist eine schöne Frage, wenn ich danach ein Lied auf Kölsch anstimmen will. Eine echte Frage sollten Sie jederzeit stellen. Aber Sie müssen mit dem Ergebnis Ihrer Umfrage etwas machen. Nur zu fragen, wer schon mal einen glücklichen Tag erlebt hat, ist albern.

Stellt der Redner ernsthafte Fragen und macht etwas mit meiner Antwort, dann zeige ich gerne auch mal auf. Dabei macht es überhaupt nichts, wenn der Redner mich anschließend reinlegt, weil er mir beweist, dass ich falsch aufgezeigt habe. Das spornt mich eher an. So etwas passiert mir nicht mehr. Der leider verstorbene schwedische Wissenschaftler Hans Rosling[196] gibt uns dafür im Internet ein paar einleuchtende Beispiele. Er lässt seine Zuschauer ein paar Entscheidungsfragen beantworten (**Wo ist die Säuglingssterblichkeit höher, in Aserbaidschan oder in der Türkei?)** und haut uns anschließend die Tatsache um die Ohren, dass wir glauben, etwas über die Welt zu wissen, obwohl wir alle seine Fragen falsch beantwortet haben.

Partnerspielchen mit meinem Nachbarn mache ich eher ungern. Obwohl ich zugeben muss, dass das schon oft im Nachhinein viel Spaß gemacht hat und sehr erhellend war. Alleine die Aufforderung **Sehen Sie sich Ihren Nachbarn mal genau an und suchen Sie nach etwas, was Sie vorher nicht bemerkt hatten** führte nicht nur zu einer interessanten Erfahrung, sondern anschließend auch zu einem sehr guten Gespräch mit meinem Nachbarn oder meiner Nachbarin.

Es ist nicht in allen Ländern gleich üblich, sich gegenseitig zu berühren. Davies[197] schreibt: **Fordern Sie die Leute nicht auf, sich zu berühren. Schon gar nicht in England.**

Entscheiden Sie selbst! Erst kommt die Idee für eine Interaktion. Oder eine Interaktion mit dem Publikum ergibt sich direkt aus Ihrem Thema, und dann probieren Sie das aus. Liegen Sie nicht nächtelang wach, welche Interaktion Sie

196 de.wikipedia.org/wiki/Hans_Rosling
197 Davies, Graham: The Presentation Coach, Chichester: Capstone Publishing Ltd. 2010, S. 81

mit Ihrem Publikum noch machen können. Der Dialog mit dem Publikum ist kein Selbstzweck. Es gibt lange faszinierende Reden ohne einen einzigen Dialog mit dem Publikum. Interaktion kann eine sehr gute Zutat sein. Wenn Sie gar keine Idee haben, könnten Sie mal in das Buch von Margit Hertlein und Gaston Florin[198] reinschauen, mit sehr vielen praktischen Anregungen.

Sie sollten auch nicht gleich mit der Interaktion beginnen. Schon im zweiten Satz eine Abstimmung zu machen, ist ungünstig. Wenn Sie das Publikum mal am Nasenring durch die Manege führen, machen die alles, was Sie von Ihnen wollen. Schon, wenn ich nur die Augen schließen soll, bin ich skeptisch, ob mir nicht gleich eine Torte ins Gesicht fliegt.

Missverständnis Nr. 38

Da empfehlen Rhetorikbücher, Gemeinsamkeiten zu betonen, denen kein vernünftiger Mensch widersprechen kann, um sich eine möglichst große Gefolgschaft zu sichern.
Zwingen Sie Ihre Zuhörer zu einem Ja.
Ich sitze in diesen Vorträgen, und das einzige, was diese Fragerei erzeugt, ist Widerwillen.
Jetzt mal ehrlich: Wer will das nicht?
Stimmt's oder habe ich Recht?
Ich vergrabe mich unter meinen verschränkten Armen und stimme nicht zu. **Nein, ich will nicht mehr Geld** und **Nein, ich wäre auch nicht gerne glücklicher.** Ich fände es viel schöner, wenn mich der Redner nicht für dumm verkaufen würde.

Menschen, die sich auf großen Veranstaltungen melden, sagen selten das, was man glaubt, das Sie sagen werden. Seien Sie darauf vorbereitet! Wenn Sie eine Entscheidungsfrage stellen oder eine Abstimmung machen, sollte es mit jeder Art von Ergebnis weitergehen. Wenn Sie sich aber hundertprozentig darauf verlassen können, dass Ihr Publikum die erwartete Antwort gibt, ist Ihre Frage banal, und Sie sollten sie gar nicht stellen.

Seien Sie auch auf Einwände vorbereitet. Dialog mit dem Publikum ist immer auch ein Stück Überraschung, für Sie und für Ihr Publikum.

Profis empfehlen, auch selbst die Hand zu heben, wenn man will, dass das Publikum das auch macht. Das mache ich inzwischen auch so, weil es wirklich funktioniert. Die Menschen zeigen deutlich schneller und leichter auf, wenn Sie Ihnen vormachen, wie das genau gemeint ist.

198 Hertlein, Margit, Florin, Gaston: Wunderbar. Bonn: managerseminare Verlags GmbH 2018

Fragen ans Publikum

Dem Publikum Fragen zu stellen, ist eine ausgezeichnete Möglichkeit, einen Vortrag zu beleben, wenn Sie so sicher in einem Thema sind, dass Sie mit den Antworten umgehen können. Wenn ich in meinen Vorträgen ins Publikum gehe und mich mit dem Publikum unterhalte, sind das meist die lustigsten Teile meines Vortrages.

Aber es ist nicht so einfach, die richtigen Fragen zu stellen und Menschen dazu zu bekommen, zu antworten. Die Fragen dürften erst mal nicht zu banal sein. Wer mich fragt, ob ich schon mal verzweifelt war oder schon mal so herzhaft gelacht habe, bekommt meinen erhobenen Finger unter Garantie nicht.

Dann sind viele Fragen zu schwer. Was sagen Sie, wenn ich Sie nach dem glücklichsten Tag in Ihrem Leben, der besten Regel für ein glückliches Eheleben oder dem besten Trick, an Karten für ein ausverkauftes Musical zu kommen, frage? Da müssen Sie überlegen, und das gelingt Ihnen unter Druck nicht. Immerhin schaut Ihnen eine größere Gruppe Menschen beim Überlegen zu.

Besonders Superlative setzen uns unter Druck. **Was war das Beste, Schönste, Giftigste…** ist richtig schwer. Auch wenn es zu allgemein wird. **Was ist Ihr wichtigster Wert, worauf kommt es Ihnen in einer Beziehung an** oder **Was würden Sie tun, wenn das Ihr letzter Tag wäre**, ist in meinen Augen zu kompliziert.

Wenn gleichzeitig eine Folie mit Werten die Richtung weist, wenn ich ein paar Beispiele gebe, worauf es in einer Beziehung ankommen könnte oder von den letzten Tagen berühmter Menschen erzähle, wird es deutlich einfacher. Auch wenn Sie die Frage leicht verändern, werden Sie bessere Antworten bekommen.

> **Erinnern Sie sich an einen Tag, der Ihnen wirklich wichtig war? Vielleicht fällt Ihnen ein Ritual ein, das in Ihrer Ehe…**

Wenn ich Sie frage, wo das schönste Hotel ist, in dem Sie je waren, sind Sie wahrscheinlich überfordert. Aber wenn ich Sie nach dem schönsten Berghotel, dem romantischsten Zimmer, dem nettesten Service, dem größten Frühstücksbuffet frage, wird Ihnen die Antwort wahrscheinlich leichter fallen.

Speaker wie Brian Walter[199] sind unendlich kreativ darin, neue Möglichkeiten zu erfinden, wie man mit dem Publikum spielen kann. **Fill in the blank** zum Beispiel ist ein Lückentext, bei dem das Publikum die Lücke ausfüllen muss. Orientieren Sie sich einfach an den Lückentexten in den Schulbüchern Ihrer Kinder.

Brian hat uns auf der Convention der GSA mal ein paar Beispiele gegeben. Er hat von mir und ein paar anderen eine unwahrscheinliche aber wahre Geschichte abgefragt und das Publikum musste raten, welcher von den drei vorgeschlagenen Personen das passiert ist. Wir mussten Kinderfotos identifizieren oder die

---

199 www.extrememeetings.com

Ergebnisse wissenschaftlicher Tests raten. Besonders kreativ ist Brian, wenn er die Mithilfe des Publikums braucht.

Rollen Sie jetzt bitte die Fahnen wieder auf.

klingt deutlich schlechter als

Ich liebe es in dieser Firma zu sein. Hier rollt jeder seine Fahne auf und macht das Bändchen drum...

Das geht nicht bei jedem Thema, aber mich haben solche kreativen Ideen immer angesteckt, mal wieder was Neues auszuprobieren.

ZUSTIMMUNG VORAUSGESETZT

Stellen Sie sich mal vor, Sie sind von etwas total begeistert. Es wäre jetzt so schön, wenn die anderen auch begeistert wären. Also fordern Sie Lob, Zustimmung, Sie bitten andere, sich zu äußern.

Ist doch toll, oder?
Das musst du selbst sagen, dass das klasse ist.
Ich denke, Sie werden mir zustimmen.
Wir sind uns wohl darüber einig.
Stimmt's oder habe ich Recht?

Was glauben Sie, denkt jetzt der Zuhörer oder das Publikum? Was würden Sie denken? Sie denken:

Na, so toll ist es jetzt auch wieder nicht.

Sie wehren sich. Sie nehmen eine Antihaltung ein. Nicht, weil Sie es nicht toll finden, sondern weil sie gezwungen werden, es toll zu finden. Und das mögen Sie gar nicht. Wir wollen unsere Emotionen nicht vorgeschrieben bekommen.

Dieser Falle können Sie ganz leicht entgehen. Anstatt vom Publikum Begeisterung oder Zustimmung zu fordern, erzählen Sie von Ihrer eigenen Begeisterung und wie sehr Sie für diese Haltung oder Entscheidung sind. Jetzt haben alle die Möglichkeit, sich dafür oder dagegen zu entscheiden. Wenn Ihre Begeisterung echt ist, ist es sehr wahrscheinlich, dass der Funke auch auf das Publikum überspringt. Das gilt auch für alle anderen Emotionen.

Jetzt wird es richtig spannend.
Es war so unfassbar lustig. Wir haben gestern...

Jetzt dürfte es deutlich schwerer sein, die Massen zu Begeisterungsstürmen hinzureißen als vorher.

DIE FRAGERUNDE

Denken Sie über die Frage zur Einleitung Ihrer Fragerunde am Ende des Vortrages in Ruhe nach. **Noch Fragen**? klingt irgendwie flapsig. **Noch was unklar?**

klingt überheblich. Scott Berkun[200] warnt auch vor der Formulierung **Gibt es noch irgendwelche Fragen zu dem, was ich gerade gesagt habe?** Das könnte bedrohlich klingen. Gibt es da wirklich noch einen Deppen, der das, was ich gesagt habe, nicht verstanden hat? Sätze wie **Gibt es noch etwas, das ich genauer erklären kann?** oder **Wo habe ich mich unklar ausgedrückt?** klingen da viel sympathischer.

Fragerunden sind sinnvoll, nachdem sie alles erklärt haben. Aber sie gehören nicht ganz ans Ende. Erstens endet Ihr Vortrag dann unter Umständen mit einer Auseinandersetzung oder einer anstrengenden Diskussion.

Ihren Vortrag beenden Sie am besten selbst. Nach einer Fragerunde kommen also noch mal mindestens zwei Minuten mit einer Kernthese oder einem klugen Gedanken. Erst dann ist Schluss. Gehört so eine Fragerunde wirklich immer ganz ans Ende? Würden Sie jemanden nach dem Essen erst fragen, ob er das überhaupt essen wollte?

Überlegen Sie sich gut, ob Sie Fragerunden oder Zwischenfragen überhaupt zulassen. Fragerunden können richtig Spaß machen, aber nur, wenn Sie sicher in der Materie sind. Die Fragen müssen Sie beantworten können, Sie müssen mit Gegenwind umgehen können und im Grunde geben Sie ja zu, dass Sie noch nicht alles beantwortet haben und bringen Ihr Publikum unter Umständen auf Ideen, auf die sie ohne diese Frage nicht gekommen wären.

Sollte der Veranstalter Zeit für die Fragerunde eingeplant haben, und es kommen keine Fragen, stellen Sie sich die Fragen einfach selbst.

> **Eine Frage, die sehr oft gestellt wird...**
> **Was ich immer wieder gefragt werde...**

Dann geht der nächste Versuch wieder an das Publikum, und im Notfall sind Sie wieder selber dran. Es gibt Auditorien, bei denen mich der Veranstalter schon vorher darauf hinweist, dass wahrscheinlich keine Fragen kommen. Sie tragen also für die mangelnde Fragebereitschaft normalerweise keine Verantwortung.

SCHEINBARE INTERAKTIVITÄT

Ich suche mir gerne jemanden in einer der ersten Reihen und nehme ihn als meinen Spielpartner. Der muss nichts tun (und das sage ich ihm auch), außer sich zum Beispiel vorzustellen, ein Arbeitskollege oder Ehepartner zu sein. Dann spreche ich mit ihm und übernehme beide Teile des Dialoges.

> **Stellen Sie sich vor, wir sind auf einer Party. Wir sitzen nebeneinander. Ich frage Sie nach Ihren Hobbys. Sie werden vielleicht antworten: ich reise gerne oder ich besuche Töpferkurse in der Toskana. Dann sage ich...**

---

200 Berkun, Scott: Bekenntnisse eines Redners. Köln: O'Reilly 2010, S. 102

Ich nenne es scheinbare Interaktivität. Der andere spielt mit mir, aber nur dadurch, dass er körperlich da ist. Wenn ich dann merke, dass derjenige immer noch strahlt und nicht ängstlich guckt, wie es weitergeht, stelle ich ihm eine richtige Frage.

Haben Sie eine Ahnung, was Sie antworten würden?

Möglicherweise entsteht so eine kleine Szene oder er gibt mir Antworten vor, mit denen ich wieder weitermache. Kommt von ihm nichts, mache ich alleine weiter. Ich habe damit sehr gute Erfahrungen gemacht, weil der Druck für den Zuschauer gering ist.

ZWISCHENRUFE

Zwischenrufe sind unangenehm. Noch unangenehmer wird es, wenn jetzt während des Vortrages eine lange Diskussion entsteht, die vom Thema wegführt oder sich mit Randthemen beschäftigt. Es gibt Menschen, die nehmen sich vor, eine Veranstaltung über Ernährung zu sprengen, weil ihnen mal bei einem vegetarischen Schnitzel schlecht geworden ist. Das kommt gar nicht so selten vor. Wenn ich keine Bühne für meine Probleme habe, dann suche ich mir einen Vortrag mit vielen Teilnehmern und setze mich in Szene.

Missverständnis Nr. 39

Zum Thema Zwischenrufe gibt es sehr viele Tipps!
Zwischenrufe müssen Sie so schnell wie möglich unterbinden!
Meiden Sie Blickkontakt!
Bleiben Sie sachlich!
Vertagen Sie das Thema!
Bitten Sie den Fragesteller, sich vorzustellen.
So könnte ich ewig weitermachen. Es geht darum, wie man Zwischenrufe kontert, übergeht, verspottet, sich verbittet, und was es da sonst noch an Empfehlungen gibt.
Zeigen Sie ihm, dass Sie nicht gewillt sind,
sich auf sein Niveau zu begeben.
Der andere wechselt das Niveau, um Sie herauszufordern? In meiner Welt ist es genau umgekehrt. Ich muss dahin, wo der Zwischenrufer gerade ist.

Da lässt sich der Redner immer auf einen Machtkampf ein, einen völlig unnötigen Machtkampf. Zwischenrufe werden als Gefahrenquelle angesehen. Jemand, der einen Vortrag unterbricht, der gilt als zu stoppender Störenfried.

Nur weil ein Zwischenruf den geplanten Ablauf stört, schließen wir oft aus, dass das Anliegen berechtigt ist. Dabei gehört sehr viel Mut zu so einer Störung.

Warum sollte jemand den Mut aufbringen, wenn er nicht überzeugt wäre, dass das jetzt wichtig und bedeutsam ist? Da hält es jemand nicht mehr aus, da muss jemand etwas beitragen, weil ihm das wahnsinnig wichtig ist. Im günstigsten Fall ein Seelenverwandter, der mit dem Thema genauso verwachsen ist wie Sie selber. Spricht hier vielleicht einer etwas aus, was alle denken?

Bei Radio und Fernsehen rechnet man je nach Format und Zuschauerzahl bei jedem Brief, der im Sender ankommt, dass mehrere tausend Menschen so denken.

Zwischenrufe sollten nicht zurückstellt werden, die verbittet man sich nicht, sondern auf die geht man am besten sofort ein. „Störungen haben Vorrang!", sagen die Psychologen, und das ist für mich eine der wichtigsten Regeln meiner Arbeit.

Bei meinem Thema weiß ich ziemlich genau, wo ich wann Widerstand bekomme. Den kann ich nutzen. Wenn ich den Vortrag ein paar Mal gehalten habe, kenne ich die Mehrzahl der Fragen, die kommen könnten. Eine gute Diskussion zum Thema kann für einen Vortrag sehr belebend sein, solange ich Herr der Situation bin.

Aber ich weiß schon: Diesen Zwischenrufer meinen Sie gar nicht, wenn es um dieses Thema geht. Nehmen wir deswegen mal an, der Störer will nicht das Seminar weiterbringen, sondern Sie aus dem Takt. Er will Sie ärgern, bloßstellen oder fertigmachen. Die Gründe sind ganz persönlich.

Da gibt es für mich eine einfache Regel. Gehen Sie weg von dem Sachproblem und fragen Sie den anderen, warum er das jetzt macht. Ich spreche ihn darauf an, was er will. Feindseligkeit oder Ärger zu ignorieren halte ich für den größten Fehler, den man im Umgang mit schwierigen Menschen oder schwierigen Themen machen kann.

Jetzt muss ich rauskriegen, ob es ihm um die Sache geht oder nicht. Gibt er zu, dass er stören will, habe ich die übrigen Teilnehmer auf meiner Seite. Lügt er und eiert herum, entlarve ich das. Das ist nicht ganz einfach, aber möglich.

Der wichtigste Anhaltspunkt ist der Ton, mit dem etwas gesagt wird. Auf einen sachlichen Einwand können Sie sachlich antworten und das bereichert jeden Vortrag. Aber wenn es unsachlich ist, sollten Sie das zum Thema machen.

Der Satz **Das bringt doch nichts!** zum Beispiel kann geseufzt bedeuten, dass er etwas schon vor zehn Minuten verstanden hat. Er kann mit aggressivem Ton bedeuten, dass ich die versprochene Pause nicht einhalte. Oder er kann leidend gesprochen bedeuten, dass der Zwischenrufer nicht verstanden hat, was ich überhaupt will. In keinem Fall erkläre ich dem Zwischenrufer, warum das, was ich sage, doch etwas bringt. Wichtig ist mir immer, jemanden auf das anzusprechen, was er meint, und nicht auf das, was er sagt. Ich reagiere also auf den Unterton des Satzes und nicht auf den Inhalt.

Ich thematisiere die Art, wie wir miteinander umgehen (**Warum macht Sie das so wütend?**). Offensichtlich geht es in einem solchen Falle ja nicht um Inhalte. Da muss ich möglichst schnell hin, um eine Lösung vorzubereiten.

Besonders auf Aggression, kommt sie nun als Ironie, Sarkasmus oder Wut daher, wird sie nun geschrien, gestöhnt oder gepresst, gibt es immer nur eine Reaktion: **Warum sind Sie jetzt so aggressiv?** oder **Sie wirken genervt?** oder **Sie langweilen sich gerade, oder?**

Ein Minimum an Beschäftigung mit dem Störer muss leider sein. Wenn ich versuche, die Störung direkt zu klären, dann habe ich zwar ein paar Minuten verloren, aber ich kann sicher sein, dass dieselbe Störung nicht wieder auftaucht. Egal ob der Störer den wahren Grund preisgibt oder nicht.

Wenn man einen Zwischenrufer angreift, wirkt man oft kleinlich. Da man ja bei einem Vortrag die eigene Persönlichkeit mitverkauft, sieht es ziemlich blöde aus, wenn der große Vortragende mit so einem unangenehmen Störer nicht fertig wird.

Wiederholte, womöglich emotionale Störungen wie Zwischenrufe oder Zwischenfragen erst am Ende zu klären, halte ich für keine gute Möglichkeit. Bis dahin ist so viel negative Energie im Raum, dass Sie das kaum wieder auffangen können.

Wenn Sie ein neues Projekt vorstellen oder die neue Strategie erklären, ist das einfacher. Für einen geübten Redner, der sicher ist, können die Fragen zwischendurch eine willkommene Abwechslung darstellen, den Vortrag leicht zu verändern, und für den lässigen Profi stellen sie eine ideale Herausforderung dar.

Außerdem wäre es ungünstig, wenn Sie erst nach Ihrer zweistündigen Rede erfahren, dass Ihr Hemdkragen die ganze Zeit nach oben stand.

Missverständnis Nr. 40

Vorbereitete Scherze um den anderen fertig zu machen?
Wissen Sie, warum der Zwischenrufer nie schwimmen lernen wird? – Er schafft es nicht, lange genug den Mund zu halten.
Dröhnendes Gelächter. Sind Sie jetzt peinlich berührt oder neidisch? Wenn Sie neidisch sind, dann sollten wir uns mal zusammensetzen, warum Sie so sehr an sich zweifeln. Warum Sie es nötig haben... nein, das sparen wir uns jetzt.

Möglicherweise haben Sie Gegner. Bereiten Sie sich darauf vor. Rechnen Sie damit und überlegen Sie sich schon vorher eine Strategie. Es kann großen Spaß machen, einen Sachverhalt überspitzt auszudrücken, in der Hoffnung auf Gegenwehr. Wenn diese Gegenwehr dann wirklich kommt, kann man sie ganz elegant in der Luft zerbröseln.

Sie sollten einen Frager am besten nur unterbrechen, wenn der Störer, der da seit 18 Sätzen versucht, auf ihre Frage zu antworten, allen auf die Nerven geht. Jetzt reicht es der Königin. Und zwar bevor sie selbst genervt ist.

Auch ich habe schon mal auf einer Convention der German Speakers Association lautstark dazwischen gerufen, weil der Unsinn, den der Redner erzählte, nicht mehr auszuhalten war. Es stellte sich später dann heraus, dass der Redner ein Schauspieler war, den der Profi für kreative Events Ralf Schmitt[201] extra für diesen Blödsinn engagiert hatte. Perfekt gemacht!

AUF DIE BÜHNE HOLEN

Wenn Sie jemanden auf die Bühne holen, oder mit ihm einen Dialog im Zuschauerraum anfangen, haben die meisten Redner sich vorher schon mal umgesehen, wer sich dafür eignen könnte. Dann ist man vor Überraschungen nicht sicher, aber es hilft ein wenig.

Bevor Sie jemanden nach oben holen, können Sie vielleicht unten noch ein paar Sätze wechseln. Dann merken Sie schon, ob der andere bereit ist mitzumachen oder nicht.

Wenn Leute sich freiwillig melden, haben Sie oft das umgekehrte Problem, nämlich dass Selbstdarsteller manchmal schwer zu stoppen sind.

Große Vorsicht ist bei Kommentaren zu Aussehen und Kleidung der Person, die Sie auswählen. Menschen, die klein sind, wissen das, und auch wenn sie andere Vor- oder Nachteile haben, kennen sie die auch, und es gibt keinen Grund das zu thematisieren. In so einer exponierten Situation wiegt alles deutlich schwerer.

Stellen Sie sich vor, ich bitte die Dame im Poncho in der ersten Reihe, sich vorzustellen, sie sei eine, na sagen wir mal…. Pferdepflegerin. Und ich werde sie jetzt interviewen. Nach dem Vortrag kommt sie zu mir und beschließt ihren Poncho wegzuschmeißen, weil sie vermutet, dass mir Pferdepflegerin nur wegen ihres Poncho eingefallen ist, mit dem ihr Mann sie schon lange verspottet, weil er ihn als Pferdedecke bezeichnet.

Ich habe da eine Menge von dem Speaker Lutz Langhoff[202] gelernt, der viel mit Freiwilligen arbeitet. Er empfiehlt, sich zunächst über die eigene Motivation klar

---

201 www.schmittralf.de
202 www.lutzlanghoff.de

zu werden. Es sollte Platz sein für echte persönliche Interaktion, und im besten Fall verlässt der Zuschauer als Held die Bühne.

Er empfiehlt, vorher offene Fragen zu stellen und an den Reaktionen der Zuschauer nach Anhaltspunkten zu suchen, ob jemand als Kandidat geeignet ist. Menschen, die klatschen, lachen und offenen Kontakt über die Augen herstellen, sind seiner Meinung nach geeignet. Der Rest ist Intuition. Das klappt natürlich nicht, wenn Sie gleich mit dem ersten Satz einen Freiwilligen suchen.

Außerdem empfiehlt er keine extrem gestylten Kandidaten und keine Machtmenschen, weil dadurch viel schwerer ein Wir-Gefühl mit dem Publikum entsteht.

Aktionen

Es gibt noch so viele Möglichkeiten, was Sie mit einem Publikum alles anstellen können. Ich habe schon Gummibänder oder kleine Briefchen unter meinem Stuhl gefunden, ich habe Luftballons in die Luft gehauen und mit einer Großgruppe ein Flugzeug gelenkt, ich habe gymnastische Übungen gemacht und war auf Traumreisen überall, von Hawaii bis zu meiner eigenen Leber.

Ich habe mit meinem Handy oder elektronischen Geräten abgestimmt, Fähnchen geschwenkt und bunte Karten hochgehalten.

Solange Sie mir beweisen können, dass das mit dem zu tun hat, was Sie mir gerade sagen können, ist alles ok. Denn nach einer kleinen Denkpause, in der ich alles blöd finde, was der Redner jetzt von mir will, hat das Meiste bisher richtig Spaß gemacht.

Applaus

Es gibt eine Menge Schauspieler, für die könnte nach den Proben schon Schluss sein. Die möchten ewig probieren, jeder Feinheit des Stückes auf den Grund gehen und dann ein neues Stück proben. Aber die meisten gehen auf die Bühne, um nachher den Applaus zu kassieren. Auch die meisten Redner freuen sich nicht nur auf die Rede, sondern auf den tosenden Applaus, das Händeschütteln danach, die schulterklopfenden Kollegen und die scheuen Rehblicke ihrer Bewunderinnen oder Bewunderer. Sie lieben das, was in ganz wenigen Berufen üblich ist: Sie lieben es, gelobt zu werden, für das, was sie gemacht haben, direkt und unmittelbar nachdem sie etwas getan haben.

Auch wenn Sie den Applaus hassen: Rennen Sie nicht weg. Wenn sich keine Hand rührt, können sie möglichst schnell die Bühne, womöglich die ganze Veranstaltung verlassen. Aber wenn es den Menschen gefallen hat, wollen die Ihnen Applaus geben. Es wirkt sehr sympathisch, wenn Sie den auch annehmen. Dazu müssen Sie gar nichts tun. Bleiben Sie einen Moment stehen, blicken Sie in die Runde, nicken vielleicht, und dann gehen Sie.

NACHBEREITUNG

Es hat nicht ganz so gut funktioniert? Jetzt seien Sie als erstes mal nett zu sich. Glauben Sie, es bringt was, wenn Sie direkt nach dem Vortrag entsetzt sind, dass Sie mal wieder nicht alles beachtet haben? Das Dümmste, was Sie tun können, ist Streit mit sich selbst anzufangen.

Ihr subjektiver Eindruck ist oft völlig anders als die Wirklichkeit. Dass Ihre Knie gezittert haben, hat keiner bemerkt, dass Sie die Geschichte mit Ihrer Schildkröte nicht erzählt haben, ist niemandem aufgefallen, und der Fleck auf Ihrer Bluse war nur Ihnen unangenehm.

Eine Kontrolle über ein Video ist schon besser. Da kriegen Sie einen einigermaßen objektiven Blick, wie es wirklich war, aber eben auch nur einigermaßen. Wir sehen uns selbst nicht objektiv.

Aber ist das sinnvoll? Wenn Sie mich fragen, lassen Sie das erst mal mit dem Video. Zumindest nicht direkt im Anschluss. Zumindest nicht ohne Beistand, zumindest nicht ohne stärkende… Ihnen werden Dinge auffallen, die niemandem sonst auf der Welt auffallen. Der unzureichend lackierte kleine Fingernagel, die Gürtelschnalle, die nicht in der Mitte sitzt und dass Sie schon wieder Komnikation und Ingredenzien gesagt haben anstatt Kommunikation und Ingredienzien. Das wird Ihnen alles auffallen.

Aber wenn Sie jetzt nicht jemanden neben sich sitzen haben, der Ihnen sagt, dass das alles Nebensächlichkeiten sind, dass es darauf nicht ankommt und dass es niemanden interessiert, werden Sie an sich verzweifeln.

Sie bekommen Angst und fangen an, sich Sorgen um sich selbst zu machen. Beides können Sie für ihren nächsten Auftritt auf der Bühne nicht gebrauchen. Auch der Mann mit der schrecklichsten Stimme kann ein genialer Physiker sein, an dessen Lippen ich hänge und auch die Frau, die ständig mit den Fingern klimpert kann mich mit ihrer Lebensgeschichte faszinieren.

Auch ich halte etwas vom Training und vom Untersuchen schlechter Angewohnheiten in Bezug auf Performance oder Körpersprache, aber erst wenn alles andere erledigt ist. Wenn Sie keine Angst mehr haben, wenn Sie genau wissen, worüber Sie reden, wenn Sie Ihren Zuhörern genau das geben, was sie brauchen können, und wenn die Zeit, die Sie auf der Bühne verbringen, für die anderen wie im Fluge vergeht. Dann arbeiten Sie an allem anderen. Solange Sie nicht hundert Mal denselben Vortrag halten, lassen Sie sich mit sich selbst in Ruhe. Der König ist wie er ist, und die Königin hat schon lange verstanden, dass sie sich nicht verbiegen darf.

Sie werden sehen: Objektiv betrachtet waren Sie gar nicht schlecht. Es geht nicht darum, was die anderen sagen. Ein

Du warst phantastisch!

und ein

Das war ja wohl wieder gar nichts!

sind relativ. Je nachdem, wer es wann sagt und ob ich ihm noch Geld schulde.

ES GING DANEBEN

Keine Fußballmannschaft gewinnt immer, und auch nach der tollsten Produkt-präsentation kommt nicht immer ein Kauf zustande. Wenn Ihre Rede nicht funktioniert, geht die Welt nicht unter. Sie können daraus wichtige Schlüsse für das nächste Mal ziehen. Bei mir ging eine Rede in Schwechat in Österreich mal ziemlich daneben. Um es mit den Worten des unsterblichen Hanns-Dieter Hüsch zu sagen: „Die Leute wollten unter sich sein."

Vor dem zweiten Mal habe ich mir ein ungeschminktes Feedback für den ersten Versuch eingeholt, und das klappte dann deutlich besser. Die Menschen haben nicht gejubelt, aber ich blickte anschließend in freundliche Gesichter. Daraus habe ich auch für ähnliche Situationen viel gelernt.

> **Ein perfekter Vortrag ist ein schlechter Vortrag.**

Das Publikum liebt es, wenn Sie Fehler machen. Hurra, der Herr oder die Dame da vorne ist ein echter Mensch. Kein Universalgenie, das immer das letzte Wort haben muss.

Ähnlichkeit siegt, Perfektion schreckt ab. Je ähnlicher Sie Ihrem Publikum mit all seinen Fehlern und Schwächen sind, desto eher sind die bereit, Ihnen auf Ihrem Fachgebiet zu folgen.

> Medientrainer und PR-Agenten sind sich weitgehend einig, dass Glaubwürdigkeit in der Unternehmens-kommunikation einer der wichtigsten Faktoren ist. Menschen kaufen z.B. deutlich lieber Aktien von Unternehmen, auf deren Internetseite auch die eigenen Fehler diskutiert werden.

Authentisch sein heißt eben auch Fehler machen. Das können Sie nicht trainieren. Eine Romanseite, eine Skulptur, ja sogar eine Kameraeinstellung kann perfekt sein, eine Rede in meinen Augen nie. Eine Rede ist immer in den Tag, die Situation und die vielen Menschen eingebettet, die bei einer guten Rede beteiligt sind. Auf die habe ich nur bedingt Einfluss.

Umgang mit Kritik

Ich bin dafür, sich so viel Kritik wie möglich geben zu lassen und sich dann nicht danach zu richten. Das entlastet enorm. Sie müssen selbst entscheiden, was gut für Sie ist. Besser wäre natürlich ein Feedback, aber wir können uns manchmal nicht aussuchen, wer uns mit welchen Worten klar macht, dass wir Totalversager sind. Doch wir können uns aussuchen, was wir mit dem guten Rat machen. Das heißt eben auch oft, dass wir den guten Rat einfach nicht beherzigen.

Meine Lieblingsfernsehmoderatorin hat einmal auf die Frage des Kameramannes, ob er ihr etwas zur Sendung sagen darf, einfach mal **Nein** gesagt. Wie wunderbar! Auch wenn Sie nach außen sehr souverän und selbstbewusst wirkt, schläft sie nachts nicht, wenn der Kameramann findet, dass ihr Mund zu groß ist, oder ihre Beine zu schief. Das macht die Sendung am nächsten Tag nicht besser, sondern schlechter.

Ich versuche, bei Kritik erst mal zuzuhören und den anderen ernst zu nehmen. Erst in einem zweiten Schritt (eventuell nachdem ich mich wieder beruhigt habe) entscheide ich, ob er vielleicht Recht hat und ob es was zu ändern gibt. Aber erst dann. Oft gibt es nichts zu ändern. Kritik soll eine Hilfe sein und keine Vorschrift. Dabei bedanke ich mich für die Kritik, auch wenn sie unfair und wenig konstruktiv war. Wenn ich zickig reagiere, sagt mir niemand mehr etwas. Das möchte ich auf jeden Fall vermeiden. Sehr oft passiert es auch, dass eine Kritik zu allgemein ist. Was ich da schon alles gehört habe.

Der Vortrag ist nicht rund.
Du musst die Sätze mehr greifen.
Du musst es noch mehr auf den Punkt bringen.

Solchen Unsinn sollten Sie sich freundlich verbitten oder augenzwinkernd weitergehen. Wenn Sie das versuchen umzusetzen, wird alles noch schlechter, weil Sie keine Ahnung haben, was Sie tun sollen. Wenn der andere es aber nicht besser ausdrücken kann? Dann warten wir, bis er es kann und arbeiten anschließend an unserer Performance.

Sehr zu empfehlen ist eine strukturierte Nachbereitung nach dem Auftritt, in der man nach vorgegebenen Kriterien wie Körpersprache, Dramaturgie, schlechte Angewohnheiten untersucht, ob das Ziel an diesem Tag erreicht worden ist, oder eben nicht. Das gilt aber nur, wenn Sie in einem Team arbeiten. Sind Sie alleine, dann feiern Sie erst mal, dass Sie es geschafft haben.

Feedback

Muss ich Menschen daran erinnern, etwas zu tun, von dem sie schon wissen, dass es falsch ist, während sie es tun? Jemand, der sich seine Folien nicht angesehen hat, weiß hinterher, dass es falsch war. Hätte er tun sollen. Jemand, der das

Mikrofon nicht ausprobiert hat, weiß, dass das falsch war, und auch der Anzug hätte in den Anzugkoffer gehört und nicht in die obere Ablage im Flugzeug. Da wissen die, die es tun, dass es falsch ist. Wollen die das nochmal hören?

Missverständnis Nr. 41

Die weiteren Tipps eines Menschen, der Ihnen nach dem Vortrag die Anzahl Ihrer **ähs** sagen kann, können Sie ignorieren. Für das Zählen muss er sich aus der Situation rausbegeben. Er kann nicht gleichzeitig zuhören und zählen. So jemand ist nie begeistert, weil er befangen ist.

Wenn Sie Ihre **ähs** zählen wollen, dann nur auf Video. Aber ganz ehrlich: Was soll das bringen! Sie können sich nicht vornehmen, die **ähs** beim nächsten Mal wegzulassen. Sie müssen die Ursache für die **ähs** beseitigen. Wenn wir das jetzt ganz genau untersuchen, dann ist **äh** nicht gleich **äh**. Es gibt sozusagen die guten **ähs** und die schlechten **ähs**. Wenn ich, **äh wie soll ich sagen...** Respekt vor einem Begriff habe, ist das ein gutes **äh**. Ich habe nach dem richtigen Wort gesucht, und da lasse ich mir lieber ein bisschen Zeit. Denn der Unterschied zwischen dem richtigen Wort und dem fast richtigen Wort, kann über Karrieren entscheiden. Aber wenn ich **äh... in so einer Situation äh... mal nicht...äh weiß ...äh...** dann dienen die **ähs** lediglich dazu, Zeit zu gewinnen. Sie wollen nachdenken, Sie sind mit Ihren Gedanken woanders.

Das sind schlechte **ähs**. Die gehören weg. Die stören. Die mag auch ich nicht. Die verschwinden aber ganz leicht und völlig von alleine, wenn Sie nicht über A reden und an B denken, sondern wenn Sie überlegen, was Sie sagen wollen, dann sagen, dass Sie überlegen, was Sie sagen wollen. Wort und Gedanke werden eins, und die **ähs** verschwinden.

Das **äh** heißt übrigens in Norwegen **Øh**, in Portugal **é**, in Frankreich **euh** und im Englischen **er, erm, yer, ya, uh, uhm**. Das **äh** gibt es in jeder Sprache, und es ist deutlich besser als sein Ruf.

Der Linguist Josef Frühwald von der Universität Edinburgh sagt, dass der Laut dem Sprechenden eine Denkpause verschafft und dem Zuhörenden signalisiert, dass da noch etwas kommt. Der Sprachforscher Michael Handford von der Universität Cardiff hat herausgefunden, dass jemand, der seine Aussage mit vielen **äh** und **öh** garniere, seinem Gegenüber nur zeige, dass er es sich mit seinem Entschluss nicht leicht gemacht habe.

SCHLECHTES PUBLIKUM

Das Publikum ist nie schlecht. Wenn das Publikum schlecht ist, dann sind Sie schlecht. Immer. Ohne Ausnahme. Natürlich gibt es ein paar Anhaltspunkte. Wenn die Leute sich um jeden Preis amüsieren wollen, dann ist es leichter, an Sylvester zum Beispiel.

Die österreichische Radiomoderatorin und Trainerin Daniela Zeller[203] erzählt in einem Vortrag die Geschichte, dass mal eine ihrer Kundinnen gesagt habe

> Ich habe immer so Pech mit meinem Publikum.

Wie einfach! Drehen wir den Spieß doch um. Das Publikum ist schuld. Aber dann müssen wir damit rechnen, dass wir weiterhin ganz viel Pech haben.

Das Publikum ist immer das Beste, das Sie gerade kriegen können. Genauso wie die Tageszeit nie falsch ist, der Raum oder die Bühne, ist das Publikum weder böse noch schwierig, weder humorlos noch undiszipliniert, weder unverschämt noch langweilig. Die kriegen nur manchmal nicht das, wofür sie bezahlt oder worauf sie sich gefreut haben. Die reagieren auf das, was Sie sehen und erleben. Dafür trägt zum großen Teil der Redner die Verantwortung. Ich habe mir angewöhnt, diese Verantwortung zu hundert Prozent zu übernehmen. Auch dann, wenn der Veranstalter eklatante Fehler gemacht hat und eine Abordnung Schmetterlinge über den Zuschauern kreist, nebenan eine Teenyparty stattfindet und im Programmheft bei meinem Auftritt Comedy steht.

Das Publikum besteht nämlich immer aus Fachleuten.

Nicht aus Fachleuten für Kernspaltung oder Wirtschaftsökonomie. Nein, sie sind aber zu hundert Prozent Fachleute fürs Zuhören, fürs Mitdenken, fürs

---

203 www.ich-kraft.com

unterhalten werden. Wer kann das besser beurteilen als jemand, der eine gefühlte Ewigkeit im Dunkeln sitzt und Ihnen zuhört.

Bei den Lottozahlen ist die Lottofee wurscht. Die Hauptsache sind die Zahlen in der richtigen Reihenfolge. In einem Hotel mit Kakerlaken aber muss der Reiseleiter schon brillant sein, dass man ihn gut findet. Erst wenn mein Zimmer kakerlakenfrei ist, bin ich bereit, mir darüber Gedanken zu machen, ob der Reiseleiter Ahnung hat oder nicht. Samstagabendpublikum lacht also möglicherweise mehr. Publikum, das unter Alkohol gesetzt wird, lacht noch mehr. Ein Publikum, das ein unterhaltsamer Moderator vorher aufgetaut hat, lacht mehr. Aber es kann auch umgekehrt sein: Ein Publikum am Samstag hat einen höheren Anspruch. Da sind viele dabei, die sonst nicht ausgehen. Publikum unter Alkohol stört den Vortrag und wenn der Komiker vorher wirklich gut ist, haben die meisten Redner danach keine Chance mehr.

Es passiert ganz selten, dass ein Redner das Publikum überfordert. (Das hat er gelernt, das wird ihm eingetrichtert, das wird gebetsmühlenartig wiederholt). Die Unterforderung ist deutlich häufiger. Reden Sie also immer so, dass auch jemand zuhören kann, der ein bisschen mehr davon versteht als Sie. Schließlich wurden Sie nicht deswegen eingeladen oder bekommen Ihr Geld dafür, Binsenweisheiten zu verbreiten. Dass man fleißig sein muss, um reich zu werden, weiß ich schon. Und weniger essen führt zu einem geringeren Körpergewicht. Machen Sie weiter!!!

Wenn einer in der ersten oder zweiten Reihe stört, dann ist das unangenehm, keine Frage. Aber warum tut er das? Nehmen wir an, er amüsiert sich köstlich und tauscht seine Begeisterung mit seinem Nebenmann aus, den er damit ansteckt. Ist doch super. Nichts Beunruhigendes. Der mag Sie und das, was Sie machen.

Die Zuschauerin tuschelt, um zu stören, weil es langweilig ist, weil es sie nicht interessiert, weil sie etwas ärgert, weil ihr Nebenmann überdurchschnittlich attraktiv ist, ja dann sind Sie nicht gut, nicht gut genug. Dann fehlt noch was, dann ziehen Sie sie nicht in ihren Bann, dann müssen Sie noch an sich arbeiten. Kann sie was dafür? Nein. Das nächste Mal werden Sie alle erreichen, aber schimpfen Sie nie mit dem Publikum. Das hat immer Recht.

Was glauben Sie, was bekannte Schauspieler sich hinter der Bühne zuflüstern, wenn in den ersten zehn Minuten der Komödie an diesem Abend noch niemand gelacht hat? Die sagen nicht **Samstags ist immer Scheiße!** oder **Hamburg ist meistens schwierig!** oder **Da sitzen ja wohl nur Leute, die zum Lachen in den Keller gehen** oder **Die sind aber blöd drauf**. Nein, nichts von dem. Die sagen nur einen Satz und zwar: **Die kriegen wir!** Und meistens kriegen die sie dann auch.

Natürlich können Sie Ihr Publikum mit Gewalt zwingen, ruhig zu sein. Indem Sie Einzelne lächerlich machen, sich jede Ablenkung verbitten oder mit verengten Augenschlitzen auf klingelnde Handys reagieren. Ist das nicht armselig? Bei mir dürfen die Handys angeschaltet bleiben. Wenn einer Angst hat, die Firma brennt ohne ihn ab, dann soll der doch rangehen. Genaugenommen macht er sich vor den anderen lächerlich. Ich als Redner oder Trainer werde damit fertig.

Nur schieben Sie es nie auf Ihr Publikum. Das Publikum ist immer wie es ist. Und wenn es falsch reagiert, ist das immer ausschließlich Ihr Fehler. Sobald die Menschen auf Ihren Plätzen sitzen, endet die Arbeit des Veranstalters. Jetzt sind Sie dran. Jetzt tragen Sie die Verantwortung. Jetzt sind Sie zuständig. Und jetzt sind es auch Sie, der möglicherweise mal versagt. Aber das gehört dazu.

FEHLER

Sie haben gerade etwas falsch gemacht. Sie versprechen sich, Sie verwechseln den indischen Ministerpräsidenten mit dem koreanischen Verkehrsminister, sie können **intrigieren** und **integrieren** nicht unterscheiden, zumindest sprachlich. Und Sie verwechseln **vollständig** und **vollzählig**.

Egal, was ich Ihnen jetzt rate: Sie werden es anders machen. Es ist völlig egal, ob Sie Entschuldigung sagen, wenn Sie einen Fehler gemacht haben oder ob Sie ihn übergehen. Es gibt kein richtig oder falsch. Jeder da unten weiß, dass der da oben in einer besonderen Situation ist. Und dem verzeihe ich eine ganze Menge. Ganz davon abgesehen, dass die meisten Zuschauer wie ein guter Computer völlig automatisch korrigieren. Wenn Sie also sagen:

Vor dem Spiel ist nach dem Spiel

versteht jeder Ihrer Zuschauer, dass sie meinen

Nach dem Spiel ist vor dem Spiel!

Meist bin ich der einzige, der über so eine Verdrehung lacht. Wenn wir glauben, den anderen verstanden zu haben, ist alles ok. Jemand, der einen Fehler macht, hat kein Problem. Er bleibt so lange ein glücklicher Mensch, bis er merkt, dass er einen Fehler gemacht hat.

Da wird von **mittelständigen** Unternehmen gesprochen, die in der wirtschaftlichen **Rezension** sind. Ein Freund verabschiedet sich mit **Ich verdampfe dann mal** und da war es gestern **brechend heiß** und **die Signalglocken gehen auf** und **der Löffel wird hingeworfen** und dann **aufs Trapez** gebracht. Der Käse ist **geschmacksunneutral** oder **geschmacklos** und daraus **treffe ich die Konsequenzen. Bei dir hackt's wohl! – Ich verbiete mir jede weitere Beschuldigung.** Drei Stilblüten aus der Videokonferenz, an der ich gerade teilgenommen habe:

Ich würde Dir immer auf Nummer sicher gehen.
Denen wird es exponenziell schwerer gehen.
Gute Zeit, um die Hörner beim Schopf zu packen.

Das haben Sie verstanden, oder? Niemand hat gelacht oder geschmunzelt. Ihre Zuschauer beseitigen die Fehler aus Ihrer Rede selbsttätig. Denn von den Kollegen mal abgesehen, die schon lange darauf warten, selbst gefeierte Reden zu halten, nimmt Ihnen Fehler niemand übel.

VERSPRECHER

Es ist völlig normal, dass Sie sich bei einer Rede versprechen. Das gehört zum freien Sprechen dazu und passiert uns allen. Korrigieren Sie sich und machen Sie weiter. Und selbst wenn Sie sich nicht korrigieren, korrigiert in (fast) jedem Fall der Zuschauer. Wenn Sie Nikolaus auf den 1. Dezember legen, wird Sie trotzdem jeder verstehen.

Es gibt auch noch diese andere Art von Versprechern, bei denen Wörter manchmal nicht richtig rauswollen. Zum Beispiel Wörter, bei denen zwei Sprachen gemischt werden, können schwierig sein, wie die Galloway-Rinder oder die Getränke-Range oder die Truckerin.

Verhaspeln Sie sich oft bei ähnlichen Wörtern oder Wortkombinationen, könnten Sie das üben. Man macht aus dem Wort eine sogenannte sinnentleerte Übung. Das hat den Vorteil, dass man die Angst vor dem Wort nicht gleich mitübt. Man trainiert sozusagen nur die schwierige Stelle. Bei Regisseur zum Beispiel oder Authentizität oder Massachusetts (das kommt häufiger vor, als Sie denken, denn dort gibt es eine weltberühmte technische Hochschule) oder nicaraguanisch (was tatsächlich seltener vorkommt).

Ersetzen Sie einfach in einem Wort die Vokale durch ein i und sie erhalten rigissir oder itintizitit. Und das gehen Sie jetzt mit allen Vokalen durch. Ich schlage Ihnen eine Reihenfolge der Vokale vor, bei der wir von den Vokalen mit hoher und vorderer Zungendisposition zu den Vokalen mit tieferer und hinterer Zungenposition kommen. Das machen wir im Alltag in vielen Ausdrücken automatisch. (Deswegen heißt es Hick Hack, Mischmasch, Ping Pong, Dick und Doof und ene meine muh und nicht etwa Hack Hick oder Maschmisch). Aber diese Reihenfolge müssen Sie nicht einhalten:

> rigissir, regesser, ragassar, rogossor, rugussur, rägässär, rögössör, rügüssür, reigeisseir, reugeusseur, raugaussaur

Wenn sie das flüssig können, besteht das Problem nicht mehr. Sie können auch gezielt Buchstaben, die Sie verwechseln, in eine Übung verwandeln.

> Sißißsi, seßeßese, saßaßasa...

und dann umgekehrt

> ßisisißi, ßeseseße...

Das können jetzt die Franken mit dititidi machen. Oder schichichischi, bripripribri, mininimi, gliklikligli usw. Stellen Sie zusammen, was Sie durcheinander bringt und machen Sie eine Übung daraus.

Wer mit einer Abfolge vieler Konsonanten Schwierigkeiten hat, kann auch daraus eine Übung machen. Sie isolieren einfach die schwierige Stelle und setzen ein i davor und eines dahinter.

den Arm pflegen	irmpfli, ermpfle
höflichst kratzen	ichstkri, echstkre
schrumpfst schrecklich	impfstschri, empfstschre…

Versprecher können sich auch häufen, weil man sich nicht eingesprochen hat. Mit niemand geredet zu haben und morgens um 8 Uhr eine lange Rede zu halten, überfordert auch den erfahrensten Profi. Sie gehen ja auch nicht zum Marathonlauf, ohne Ihre Muskeln vorher warm gemacht zu haben. Meiner eigenen Erfahrung nach versprechen sich Nachrichtensprecher in Radio oder Fernsehen morgens deutlich häufiger als abends.

Also singen Sie, sprechen Sie, machen Sie Summübungen und bereiten Sie Ihre Stimme auf die Sprechleistung vor. Besonders wenn Sie am Abend vorher Alkohol getrunken haben. Da könnte es sein, dass Sie ein Kratzen auf den Stimmbändern bemerken. Wenn Sie sich vorbereiten, merken Sie dann auch, wenn das Kratzen wieder verschwunden ist.

ZU SCHNELL

Sehr oft sind Redner zu schnell. Ich weiß das am allerbesten, weil es die häufigste Rückmeldung ist, die ich in meinem Leben bekommen habe. Ja, ich gebe es zu, ich bin zu schnell. Daran arbeite ich, das nehme ich mir vor, aber es klappt eben oft nicht. Wenn ich fortgetragen werde von meinem Thema, wenn die 1000 Leute, die da über mich lachen, mich unterbewusst antreiben, mehr zu machen, mehr zu geben und dafür zu sorgen, dass es bis zum nächsten Lacher nicht mehr so lange dauert.

Der Stress, die Aufregung, der Druck macht uns schneller, weil wir unter Dampf stehen, weil jede Menge Adrenalin zur Verfügung steht, und da nutzt es oft wenig, wenn der Kopf dauernd Langsamer! schreit.

Am schwierigsten ist es, wenn der Vortrag online ist. Man steht in einem winzigen Studio und versucht, die ganze Kraft und Stimmung durch die Kameralinse zu senden. Ruhig und gelassen wäre viel besser und wirkungsvoller, aber das ist auch für mich nicht einfach.

Der Ted Talk von Rory Sutherland[204] oder der von Emily Oster[205] über Aids sind auch viel zu schnell und dazu ist Frau Osters Stimme nicht ausgebildet. Aber Sie können sich überzeugen: Ich finde beide total faszinierend.

---

204 TED-Talk: Sutherland, Rory, Perspective is everything
205 TED-Talk: Oster, Emily, What do we really know about the spread of AIDS?

Wir haben eben auf der Bühne nicht immer alles im Griff. Man kann bei vielen Dingen nicht entscheiden, wie es werden soll. Wir können nur versuchen, weiter daran zu arbeiten. Aber mit Freude und Lust und nicht mit Resignation und Frust.

Ein häufiger Grund, warum Redner zu schnell sind, ist, dass es für sie zu leicht ist. Perfekt auswendig gelernt, hundert Mal gehalten, für jeden sonnenklar und daher langweilig… wir jagen durch den Vortrag, weil wir von uns selbst ein kleines bisschen gelangweilt sind. Da hilft es, alles ein bisschen schwieriger zu machen. Die Hälfte der Folien weg, ganz anders anfangen, neue Elemente einbauen. Wer sich richtig konzentrieren muss, wird oft langsamer.

ZEIT GEWINNEN

Es gibt Sätze, die wir verwenden, um Zeit zu gewinnen. Jeder von uns hat so seine Lieblingssätze.

> **Das muss man aber jetzt auch mal sagen.**
> **Ich sag mal!**
> **Am Ende des Tages…**
> **Wenn Sie mich fragen…**
> **Ehrlich gesagt…**

Könnte der Redner meinen, dass alles bis hierher gelogen war? Nein, er benutzt eine Floskel, um Zeit zum Überlegen zu bekommen. In meinen ersten englischen Seminaren habe ich so oft **wonderful** gesagt, dass man mich darauf angesprochen hat. Diese Sätze und Ausdrücke sind deutlich schwerer zu vermeiden. Machen Sie das im Alltag auch, ist es eine schlechte Angewohnheit. Dann hilft nur konsequente Konzentration. Vielleicht richtet Ihr Partner für Sie ein Sparschwein für den nächsten Urlaub ein, in das Sie jedes Mal zahlen müssen, wenn Wort oder Ausdruck vorkommen.

Machen Sie das nur auf der Bühne, dann haben Sie die falsche Technik. Sobald Sie ausformulierte Sätze vorbereiten, müssen Sie Zeit schinden, sobald Ihnen der nächste Satz nicht einfällt. Denn vorbereitete Sätze stehen nun mal in einer vorher festgelegten Reihenfolge. Es geht nur weiter, wenn der richtige Satz kommt.

Eine ganz besondere Art von Floskeln benutzen die berufsmäßigen Redner, die denselben Vortrag schon das eine oder andere Mal gehalten haben.

> **Wie ich immer gerne erwähne…**
> **In solchen Fällen sag ich gerne…**
> **Ich mache ja immer ganz gerne…**

Auch wenn ich Ihnen zum Thema Kompetenzvermutung geraten habe, Ihre Erfahrung anklingen zu lassen, stören mich solche Formulierungen. Sie sind nicht nur altbacken, sondern die bedeuten ja im Grunde, dass man sich für dieses Publikum nichts hat einfallen lassen. In diesem Vortrag sind sogar die Witze und die Geschichten von gestern.

BEURTEILUNGSBÖGEN

Die üblichen Beurteilungsbögen vernebeln die Qualität einer Rede manchmal mehr als dass sie nützen. Fragen danach, ob der Redner sympathisch war, oder wie die Zuschauer die Dramaturgie fanden, oder ob der Redner seine Zeit gut genutzt hat, führen zu gar nichts. Wieso sollte das interessant sein? Ich will mit dem Redner nicht ausgehen, sondern das mitnehmen, weswegen ich gekommen bin. Außerdem ist kaum ein Zuschauer ein Fachmann, um Dramaturgie und Struktur beurteilen zu können. Er weiß nicht, ob Aspekte fehlen, oder ob der Präsentierende den Nagel auf den Kopf getroffen hat.

Was der Zuschauer beurteilen kann, ist die Frage, ob er es bereut, gekommen zu sein. Wird er den Vortrag oder den Redner empfehlen? Wurde er angeregt und inspiriert? Geht er mit vielen neuen Gedanken nach Hause? Das sind Fragen, die Ihnen wertvollen Informationen geben, ob Sie Ihr Ziel erreicht haben: Eine gute Rede gehalten zu haben.

Zum Thema Feedbackbogen habe ich viel von Ingo Radermacher[206] gelernt, der sich über Form und Inhalt Gedanken gemacht hat. Auch er hält nichts von Fragen, ob dem Hörer der Redner gefallen hat. Diese Frage hat kein Ziel.

Wenn der Fragebogen einen Hintergedanken hat, weil es zum Beispiel darum geht, weitere Seminare zu verkaufen oder Referenzen zu bekommen, merkt das der Leser, und seine Energie, die Fragen zu beantworten, sinkt auf null.

Natürlich darf ich auch Info-Material anbieten oder Bestelllisten austeilen. Ich darf nur nicht drüberschreiben, wie wichtig mir die Meinung des potenziellen Ausfüllers ist.

Laut Radermacher sollte man also zuerst mal ein Befragungsziel festlegen. Was will man erreichen? Danach richten sich dann die Fragen.

Auch wenn die Fragen wenig konkret sind, überfordert das den Zuschauer. Fragen, die mit **In der letzten Zeit** oder **Stellen Sie sich vor** beginnen, ergeben keine wertvollen Antworten. **Wie fanden Sie die Methoden?** ist deutlich schlechter, als die Methoden aufzulisten und dann ankreuzen zu lassen, welche Methoden dem Teilnehmer geholfen haben und warum. Vielleicht hat er ja auch was vermisst.

Keine Fragen, die ein **oder** enthalten. **(Was hat Sie gewundert oder verblüfft?).** Keine Suggestivfragen und nicht nur offene Fragen. Geschlossene Fragen sind deutlich leichter zu beantworten.

---

206 www.ingoradermacher.de

Wenn es eine Bewertungsskala gibt, empfiehlt sich eine ungerade Zahl mit einem Mittelpunkt. Radermacher schreibt: „Empfehlenswert ist eine 7er-Skala. Bei dieser ist es noch möglich, jedes Skalenelement sprachlich zu benennen (und damit zu unterscheiden). Zum Zeitpunkt der späteren Auswertung sollte diese 7er-Skala dann intern auf eine 5er-Skala reduziert werden. Dazu werden die Extremantworten in der Auswertung um eins zur Mitte hin verschoben. Damit werden zum einen extreme Positionen zusammengefasst, und der Neigung mancher Menschen, Extreme nicht zu nutzen, wird entgegengearbeitet. Optisch präsentierte Skalen werden am besten „von links nach rechts" notiert. D.h.: „überhaupt nicht wichtig" wird am linken und „sehr wichtig" am rechten Skalenende notiert. Eine umgekehrte Repräsentation wäre kontraintuitiv."

Zu viele Zahlen überfordern, und es werden häufiger Extremwerte gesetzt, aber es sollten mindestens fünf Zahlen sein. Außerdem sorgt eine Fluchtkategorie wie **weiß ich nicht** oder **kann ich nicht beantworten** für ein realistischeres Bild.

Wenn Sie den Bewertungsbogen benutzen, um ein Testimonial zu bekommen, dann stellen Sie die Frage nach einem positiven Statement am besten direkt nach der Frage, was dem Teilnehmer besonders gut gefallen hat. Einen guten Fragenbogen macht man also nicht einfach mal so. Wenn er etwas bringen sollte, muss man Arbeit hineinstecken.

SCHMUTZIGE TRICKS

Es gibt so viele Tricks, dass ich gar nicht weiß, wo ich anfangen soll. Sie können Claqueure mitbringen, die dauernd vor Begeisterung aufspringen, Sie können so tun, als verlassen Sie die Bühne, und kurz vor Abebben des Applauses wieder umkehren und das wiederholen, bis der Morgen graut. Sie können am Ende eine Tombola veranstalten, bei der man ein Auto gewinnen kann, um damit die Spannung bis zum Schluss aufrecht zu erhalten. Oder Sie bestellen Grüße von Greta Thunberg oder George Clooney, die Sie allerdings noch nie in Ihrem Leben getroffen haben. Aber Sie ahnen, was ich Ihnen rate: Lassen Sie das. Erzählen Sie nicht von Ihren kranken Verwandten, wenn die gerade auf Gran Canaria in der Sonne liegen. Wenn Ihre Mutter als junges Mädchen im Schlachthaus geputzt hat, macht das Ihren Vortrag auch nicht besser. Meine Frau zu Hause würde mir nichts mehr glauben, wenn ich auf der Bühne lüge, dass sich die Balken biegen.

Auch Bilder von kleinen Kindern, jungen Hunden und herzzerreißende Filme aus dem Internet gehören zu den Tricks. Viele Speaker sind damit reich und berühmt geworden. Aber um welchen Preis? Sie selber wissen ja, dass von Ihnen nicht viel übrig bleibt, wenn man die ganzen geklauten Ideen…, wenn man die Bezüge auf die Wissenschaft weglässt. Das kann krank machen und unglücklich. Ich finde, als Redner müssen Sie besonderen ethischen Ansprüchen genügen. Schließlich haben Sie, wenn Sie gut sind, eine enorme Wirkung.

VERMARKTUNG

Wenn Sie nicht nur gelegentlich einen Vortrag halten, müssen Sie dafür sorgen, sich zu verkaufen. Das habe ich das erste Mal in einem Vortrag des englischen Speakers Chris Davidson[207] gelernt. Der bat uns, ein Blatt Papier mit einem Kreuz in Quadranten einzuteilen und es mit vier Begriffen zu füllen. Anschließend bat er uns, zu jedem Begriff eine Prozentzahl einzutragen.

Bei mir stand bei Marketing 0 Prozent. Den ganzen Nachmittag habe ich auf dieses Kreuz gestarrt und wusste, was jetzt zu tun ist. Ich habe mich mit der Redneragentur Speakers Excellence in Verbindung gesetzt und bin Mitglied des Berufsverbandes deutschsprachiger Redner (GSA)[208] geworden. Im Nachhinein das Beste, was ich tun konnte. Als Claudia Haider[209] mich dann wenige Monate danach ansprach, ob ich nicht mal auf einer GSA-Convention auftreten wollte, nahm mein Speakerleben in jeder Hinsicht so richtig Fahrt auf.

---

207 www.chrisdavidson.co.uk
208 www.germanspeakers.org
209 www.claudiahaider.com

DIE WEBSITE

Schauen Sie sich Internetseiten der Kollegen an. Das ist die beste Inspirations-quelle für Ihre eigene Website. Sieht man sofort, dass es die Website eines Spea-kers ist? Welchen Stil stellen Sie sich vor? Keine Website ist für die Ewigkeit. Alle vier, fünf Jahre müssen Sie Ihre Website verändern, weil die Mode sich geändert hat, weil wir technisch viel weiter sind, weil Sie sich entwickelt haben.

Bilder von vielen Veranstaltungen sind gut, denn man kann es sehen, wenn alle Ihre Fotos am selben Tag aufgenommen worden sind. Das kann sehr gut sein, um die Website wie aus einem Guss wirken zu lassen, es kann aber auch heißen, dass Sie erst auf zwei Veranstaltungen gesprochen haben. Video ist noch besser, am besten mehrere Videos, aus denen man aussuchen kann.

Wenn Ihr Name schwierig ist, sollten Sie die falschen Schreibweisen auf Ihrer Website unterbringen und dann überprüfen, ob man Sie auch findet, wenn man Sie falsch schreibt. Mich sollten Sie mit und ohne den Akzent und mit einem r am Ende finden.

DAS VIDEO

An das sogenannte Showreel, also ein Image-Video von Ihnen, glaube ich persönlich nicht. Das macht viel Arbeit, und der einzige, der wirklich Freude daran hat, sind die eigenen Eltern. Die finden herausragend, was das Kind da auf die Beine gestellt hat. Aber für eine Eventagentur oder einen Veranstalter ist die schnelle Schnittfolge von einzelnen Sätzen, gemischt mit Zuschauern, die man zu einem netten Statement überredet hat, unterlegt von „Simply the best" einfach nicht zum Aushalten. Das dauert für professionelle Agenturen zu lange, sich einen Eindruck zu verschaffen. Die Musik hören sie schon mal öfter…

Ein Profi möchte Sie 10 Minuten am Stück sehen, und das ohne Schnitt. Am besten mit Szenenapplaus und Standing Ovations. Das wäre eine tolle Visiten-karte. Wenn Sie das 10 Minuten können, dann ist die Wahrscheinlichkeit groß, dass Sie auch den ganzen Abend überstehen.

Ein TED-Video oder ein viel geklicktes Video auf der Greator-Plattform (früher GEDANKENtanken) sind fürs Marketing ein sehr effektiver Verstärker. Aber überlegen Sie sich genau, was Sie da zeigen. Wenn im Publikum viele mein Vi-deo dort schon gesehen haben, sind die Lacher an den Stellen deutlich geringer. Deswegen sollten Sie die Inhalte für Ihr Speakervideo strategisch aussuchen. Es sollte wertig sein, unterhaltend und auf jeden Fall einen Mehrwert bieten: Es sollte aber auch nicht alles verraten. Von manchen Filmen, die wir wegen des Trailers besucht haben, sind wir enttäuscht, weil die Szenen aus dem Trailer die einzigen guten Szenen im Film waren.

DAS HONORAR

Wenn ein Redner gut ist, ist er sein Geld wert. Das Teuerste an einer Veranstaltung sind sowieso die Gehälter der Mitarbeiter, die während des Vortrages weiterlaufen. Und wenn ein Redner schlecht war, dann hätten alle gerne mehr Geld ausgegeben, um einem besseren Redner zuzuhören. Die Zeit kommt nicht zurück, die Laune ist dahin, und das Essen schmeckt auch nicht. Ein guter Redner gehört auch gut bezahlt.

Das heißt nicht, dass ich Ihnen empfehle, einen mittleren vierstelligen Betrag zu fordern, wenn Ihr größter Auftritt die Weihnachtsfeier im Rotary-Club war. Wenn Sie versagen, dann ist mehr verloren, als eine Stunde Zeit für viele Menschen. Nehmen wir an, Sie haben für 800 Euro eine tolle Performance abgeliefert und alle waren zufrieden. Dann sollten es das nächste Mal 1000 Euro sein. Wenn Sie mal 100 Vorträge im Jahr halten, dann können Sie die Gage immer wieder nach oben schrauben. Drei Vorträge im Jahr für jeweils 10 000 Euro machen noch keinen professionellen Redner. Sie haben lediglich ein gutes Marketing. Ich bewerte die Qualität eines Redner nie an der Höhe seiner Gage, sondern an der Anzahl seiner Vorträge.

Am Anfang ist in meinen Augen die Gage völlig egal. Wenn Sie es geschafft haben, spielt sie auch keine Rolle mehr, weil sie festliegt. Und wenn Sie ausgebucht sind, dann sind Sie zu billig.

Einer der bekanntesten internationalen Speaker heißt Fredrik Hären[210]. Er betreibt auch einen Blog, der sehr spannend ist, und den ich Ihnen sehr empfehle. Er sammelt die Länder pro Jahr wie Briefmarken und tritt bevorzugt in Ländern auf, in denen er noch nicht war. Er ruft in der Industrie- und Handelskammer seines Heimatlandes Schweden an und erkundigt sich, wann es eine Veranstaltung in Indien oder Kambodscha oder dem Oman gibt. Da tritt er dann kostenlos auf.

Für ihn ist der Maßstab für die Qualität eines Redners die Anzahl der Folgebuchungen. Nach so einem kostenlosen Vortrag sollten sich zwei weitere Buchungen ergeben. Wenn Sie jetzt im ersten Jahr einen unbezahlten Vortrag mit zwei bezahlten Folgebuchungen haben, bei diesen zwei Vorträgen wieder zwei Folgebuchungen und jedes Jahr Ihre Gage um 1000 Euro erhöhen, werden Sie ca. acht Jahre später so viel zu tun haben, dass Sie das Geld einsetzen müssen, damit Ihr Schatz zu Hause Sie nicht verlässt.

DER PITCH

Immer wieder stelle ich fest, das professionelle Speaker mir ganz schwer in wenigen Worten erklären können, welches Thema Sie haben und worum es dabei geht. Verkaufen! ist zu wenig, Lernen mit der FAST-Methode zu kryptisch und Brandneue Weg zu besseren Meetings klingt sehr nach Marketing.

---

210 www.fredrikharen.com

Früher wurden Menschen regelrecht darauf trainiert in 90 Sekunden zu sagen, worum es bei ihrer Arbeit geht. Dieser sogenannte Elevator-Pitch hat heute an Bedeutung deutlich eingebüßt. Warum sollte es attraktiv sein, wenn mir jemand 90 Sekunden von sich erzählt, möglicherweise auch noch schnell mit vielen Infos, damit das imaginäre Zeitlimit von 90 Sekunden nicht überschritten wird.

Wie wäre es mit einem einzigen Satz?

Ich verhelfe Menschen auf der Bühne zu mehr Selbstbewusstsein.

Wie wäre es mit einem Beispiel?

Letzte Woche habe ich einem Manager geholfen, sein Lampenfieber zu überwinden.

Oder mit einem Gedankenspiel?

Nehmen wir an, Sie müssten gleich auf dieser Veranstaltung als Redner einspringen. Mein Job ist es, so etwas zu trainieren.

Diese Beispiele haben gemeinsam, dass sie kurz sind und immer vom anderen handeln und nicht von mir. Sie sollten zu Ihrem Thema so etwas parat haben.

Auf Veranstaltungen oder in einer Alltagssituation höre ich aber immer besser erst mal zu und wenn der andere lange genug geredet hat und mich fragt, was ich mache, kann ich meinen Pitch passgenau auf ihn anpassen.

Die neuen Führungskräfte, von denen Sie eben sprachen, mit denen würde jemand wie ich Präsentation üben.
Wenn Sie den Auftrag nicht kriegen sollten, den Sie gerade erwähnt haben, dann könnte ich für das nächste Mal mit Ihnen trainieren.

Meiner Erfahrung nach klappt das besser, um an die Visitenkarte des potenziellen Kunden zu kommen, als ein Werbegedicht, das sich nur um mich dreht.

DAS MARKETING

Damit ein Speaker heute zur Marke wird, gibt es zwei Möglichkeiten: Entweder Sie haben einen genügend langen Atem, so zwischen 20 und 30 Jahre, oder Sie suchen sich Hilfe. Natürlich gibt es auch den Fall, bei dem ein oder zwei Videos auf Youtube jemanden über Nacht bekannt machen. Die Wirklichkeit sieht oft anders aus. Da gibt es professionelle Agenturen, die Redner unterstützen, die beraten und einem Redner helfen, von der Website bis zur Vermarktung ihrer Bücher. Menschen wie Petra Spiekermann und ihre Mitarbeiter von PS:PR[211] kennen den Markt genau und arbeiten oft jahrelang mit einem Speaker zusammen, um ihn aufzubauen. Oder Dr. Christiane Gierke von text-ur[212], die sich

---

211 www.pspr.de
212 www.test-ur.de

auf die Zielgruppe Speaker, Trainer und Berater spezialisiert hat. Es gibt noch viele, viele mehr, die einem Speaker in Bezug auf das Marketing eine Menge abnehmen können. Bei mir ist das nicht meine stärkste Disziplin.

Auch ein Auftritt im Fernsehen wird heute aktiv gemanagt. Die Vorstellung, dass eines Tages ein Sender anruft und Sie ins Fernsehen einlädt, ist unrealistisch. Nach einem Seminar des Kollegen Rolf Schmiel[213], bei dem man Kontakt zu Fernsehleuten bekommt und sein Thema vorstellen kann, sieht das schon anders aus. Auch da gibt es Agenturen, die nichts anderes tun, als Zeitung, Radio- und Fernsehsender mit Gesprächspartnern zu versorgen.

Auch ein effektiver Youtube-Kanal, Storys auf Instagram und Twitter oder eine große Fangemeinde für den eigenen Podcast… die Anzahl der Möglichkeiten seine Reichweite zu vergrößern ist heute vielfältiger als sie es je war.

ACHTUNG

Es gibt eine Menge Aufträge, die ich ablehne. Für bestimmte Parteien arbeite ich nicht und für bestimmte Firmen auch nicht. Diese Liste ist ganz persönlich, und die muss jeder für sich selbst entwerfen. Ich bin Vegetarier, aber trotzdem würde ich vor Metzgern sprechen, ich bin kein Anhänger des Neuro-linguistischen Programmierens (NLP), und trotzdem hätte ich kein Problem, auf einem NLP-Kongress zu sprechen.

Ich finde Firmen viel problematischer, die meinen, ganz persönlichen, ethischen Grundsätzen widersprechen. Firmen, die Mitarbeiter nicht vernünftig bezahlen, mit der Steuer tricksen oder Mitarbeiter bespitzeln. Da bin ich sehr klar, auch wenn ich natürlich vieles nicht weiß oder wissen kann. Aber wenn ich es erfahren sollte, gibt es eine rote Linie.

Gegen Strukturvertrieb ist in meinen Augen nichts zu sagen, gegen Schneeballsysteme schon. Gegen Trainer, die eigenartige Methoden haben, ist nichts zu sagen. Gegen Trainer, die Menschen dazu bringen, sich auszuziehen oder vor der Gruppe ihr Seelenleben auszubreiten, ohne dafür ausgebildet zu sein, schon.

Also überlegen Sie gut, wer der Veranstalter ist und worum es genau geht. Das ist ein Grund, warum ich bei einer fremden oder unterdrückten Telefonnummer nicht ans Handy gehe. Wenn ich überrascht werde, und der Anrufer ist nett, und ich sage was zu, was ich dann wieder absagen möchte, wird es schwierig. Passen Sie auf, dass Sie nicht beim Kick-off eines Sektengründers oder beim Jahrestreffen der Steuerbetrüger als Keynote-Speaker eingeplant sind.

Auch die vielen jungen, dynamischen Menschen, die Kongresse für Top-Entscheider veranstalten und mich am astronomisch hohen Umsatz beteiligen wollen, recherchiere ich lieber vorher. Am liebsten ist mir, da war im letzten

---

213 www.rolfschmiel.com

Jahr jemand, den ich kenne. Den rufe ich dann an. Deswegen bin ich so für Berufsverbände wie die GSA. Gemeinsam ist man stärker. Die Kollegen haben mich schon vor so vielem Mist bewahrt.

NICHT NACHMACHEN

In vielen Dingen bin ich kein Vorbild. Ich habe in 40 Jahren auf der Bühne vielleicht zehn Verträge gemacht. Ich habe viele Verträge von Agenturen bekommen, und mir haben auch Firmen viele Verträge geschickt, die ich unterschrieben habe, aber ich selbst habe keinen Mustervertrag oder etwas Ähnliches. Es ging ohne, und es wird weiter ohne gehen. Dadurch habe ich in meinem Leben auch schon einiges Geld verloren, weil zum Beispiel Agenturen pleite gingen und ich der letzte war, der dann kein Geld bekam. Aber die Kunden betreue ich jetzt ohne Agentur und habe das Geld wieder drin.

Ich habe eine Vortragsanfrage schon abgelehnt, weil die Gage zu niedrig war, aber ich feilsche nie um den Preis. Denn wenn es klappt, muss ich ja anschließend da hin. Wenn ich es nicht hinbekomme, dass beide zufrieden sind, lasse ich es lieber. Ich habe auch keine Preisliste für Extras. Wenn jetzt zum Vortrag noch zwei Workshops dazukommen, erhöht sich die Gage, aber Fragerunden moderieren, oder kurz vorher ein kurzes Auftrittscoaching für den Vorstand, mache ich gleich mit.

Ich bin sehr genau in der Recherche, wo der Auftrag herkommt. Wer hat mich empfohlen, wo hat der Kunde mich gesehen, welcher Veranstalter hat mich empfohlen? Meine Agenturen sind mir sehr wichtig und das gute Verhältnis zu ihnen. Wenn mich das Team von Karin Burger[214] empfohlen hat, oder Speakers Excellence[215], dann gehört ihnen der Kunde, auch wenn der ein Jahr später erst bucht. Ich habe auch schon mal zweimal Provision für denselben Vortrag bezahlt, weil sich das nicht mehr klären ließ. Aber wer mir Arbeit verschafft, soll auch davon profitieren. Kollegen empfehle ich ohne Provision, wenn ich sie gut finde.

> **Ich frage nie nach, warum ich nicht genommen wurde.**

Die Wahrheit erfahre ich ja doch nicht. Außerdem deprimiert es mich, obwohl derjenige mich gar nicht gesehen hat. Ein Feedback von Veranstaltern, die mich gesehen haben, bekomme ich gerne. Allerdings nur offiziell. In Wirklichkeit kann mich so etwas tagelang beschäftigen. Mögliche Änderungen nehme ich aber erst vor, wenn ich mich wieder beruhigt habe.

Ich fordere auch keine Testimonials ein. Ich freue mich, durch die Wohnung tanzend, wenn ich ein gutes Feedback bekomme, oder mir jemand einen netten

---

214 www.agentur-fuer-redner.com
215 www.speakers-excellence.de

Satz schreibt. Ich bitte denjenigen dann manchmal darum, ihn verwenden zu dürfen. Aber ich würde niemanden dazu „sanft überreden". Die Sätze, die dann kommen, gefallen mir nicht. Ich kann diese „erzwungenen" Statements bei anderen gut erkennen.

Ich habe keine Bühnenanweisung. Ich werde mit allem zurechtkommen, und bin immer gespannt, wo ich denn sprechen soll. Das hält mich wach und aufmerksam, auch wenn ich manchmal wünschte, ich hätte denen gesagt, was ich brauche. Aber wenn ich mich umdrehe und das Flipchart ist nicht da, muss improvisiert werden. Das hat bisher immer Spaß gemacht.

Ich bin immer viel zu früh da und gehe manchmal auch deutlich später als es sein müsste. Dabei verteile ich keine Visitenkarten oder verkaufe ein Buch wie ein fliegender Händler an den Tischen. Ich bin nur da, falls sich jemand mit mir unterhalten will. Anfragen werden nie mit vorgefertigten Texten beantwortet, sondern immer komplett individuell handgetippt. Wenn der Kunde Fragen hat, telefonieren wir auch mehrmals. Ich gehe ungern auf Veranstaltungen, bei denen ich mit niemandem vorher gesprochen habe und alles ausschließlich über die Agentur lief.

Meine Fahrtkostenabrechnungen sind kein zweites Einkommen. Ich sitze öfter im Bus als im Taxi, weil ich da deutlich mehr erlebe, und nachts reicht mir ein sauberes Zimmer ohne Whirlpool neben dem Bett, wobei ich mich über ein bisschen Platz natürlich freue.

Ich nehme Aufträge nicht an, die nicht zu mir passen. Ich bin kein Ersatz für einen Clown oder für einen weltbekannten Professor. Dagegen unterstütze ich gerne mal jemanden, der was ausprobieren will. Mein erster Auftritt bei GEDANKENtanken war ein reiner Freundschaftsdienst für Dr. Stefan Frädrich[216]. Heute hat er, zusammen mit Alexander Müller[217], ein einzigartiges Fortbildungsunternehmen geschaffen, das man sich staunend und mit großen Augen anschaut. Damals konnte noch niemand ahnen, wie beeindruckend das mal werden würde. Die heißen heute nicht umsonst Greator.

Ich verkaufe nichts von der Bühne, und für ein Bühnencoaching zahlt ein Schüler selbstverständlich weniger als der Chef eines internationalen Konzerns. Und ich schreibe liebend gerne Bücher, auch wenn manche das extrem altmodisch finden.

---

216 www.greator.com
217 www.alexandermueller.com

DER WEG ZUM PROFI

Auch wenn Sie dieses Buch akribisch durcharbeiten und alle Tipps mit Leichtigkeit beherrschen, lässt sich mit dem Reden immer noch kein Geld verdienen. Der größte Irrtum aus meiner Sicht besteht darin, die Wichtigkeit der rhetorischen Qualität zu überschätzen.

Jemand mit einem tollen Thema ohne rhetorische Fähigkeiten kann sofort Geld verdienen, ein toller Redner, der nichts zu sagen hat, wird nur eine sehr kurze Zeit Geld verdienen, wenn überhaupt.

Deswegen halte ich auch viele Rednerausbildungen für unseriös, weil sie suggerieren, dass jeder ein Redner werden kann. Das stimmt nur theoretisch, aber es hat noch lange nicht jeder ein Thema, zu dem er der beste Fachmann ist, zumindest im Umkreis von 100 Kilometern. Eva Schulte-Austum[218] steht für das Thema Vertrauen, Alexander Groth[219] für Führung, Cordula Nussbaum[220] für ein Zeitmanagement der besonderen Art. Die Fachfrau für die Betreuung und Ausbildung von Azubis heißt Sabine Bleumortier[221] und wenn Sie motiviert werden wollen, würde ich Antje Heimsoeth[222] in die Suchmaschine eingeben. Ich kenne niemanden, der so anregend über Komplexität reden kann wie Stefanie Borgert[223], zum Thema Zukunft Erik Händeler[224], Pero Micic[225] oder Axel Liebetrau[226], je nachdem, wo Sie arbeiten oder Ihren Schwerpunkt legen. Für den Wunsch 100 Jahre alt zu werden und die richtige Lebensführung ist Marcus Lauk[227] zuständig und über Kommunikation kann niemand so lässig reden wie der Pilot Peter Brandl.[228] Ich könnte endlos so weitermachen und entschuldige mich schon jetzt bei all den großartigen Speakern, die ich nicht erwähnt habe.

Für dieses Buch habe ich über 35 Jahre Wissen zusammengetragen.

Ich habe viele Stunden auf der Bühne oder im Fernseh- oder Radiostudio verbracht und laufende Meter Bücher gelesen. Darüber kann ich reden und schreiben. Wenn Sie etwas haben, über das Sie ähnlich gut Bescheid wissen, freue ich mich, Ihnen zuhören zu dürfen.

---

218 www.eva-schulte-austum.de
219 www.alexander-groth.de
220 www.kreative-chaoten.com
221 www.bleumortier.de
222 www.antje-heimsoeth.com
223 www.stefanieborgert.de
224 www.erik-haendeler.de
225 www.micic.com
226 www.axel-liebetrau.de
227 www.marcus-lauk.de
228 www.peterbrandl.com

Aber wenn jemand über Glück spricht, dann sollte er deutlich glücklicher sein als der Rest der Welt (wenn das überhaupt geht), wenn jemand über Erfolg spricht, sollte er mindestens im eigenen Haus wohnen und wenn er über Leistung spricht, sollte er irgendwo der Beste sein. Der beste Baumarkt-Verkäufer im deutschsprachigen Raum kann das zum Vortragsthema machen. Dann mag ich ihm zuhören, wie er da hingekommen ist. Gerd Kulhavy[229], der Chef der größten Speakeragentur in Europa, Speakers Excellence, erklärt in seinen Vorträgen immer, dass ein wirklicher Top-Speaker eine eigene Marke ist. Er steht für sein Thema wie kein anderer. Wenn man das Thema nennt, kommt er nicht nur in der Suchmaschine als erster. Menschen wie der Markenexperte Jon Christoph Berndt[230] können dann erklären, wie man das konkret hinbekommt.

Aber natürlich kann man auch Trauerredner oder Hochzeitsredner werden. Das ist deutlich weniger Aufwand, weil die Themen festliegen und ich genügend Vorbilder zum Nachahmen habe. Doch hier werden eben nicht die Gagen bezahlt wie auf internationalen Konferenzen oder beim Jahresevent der Firma Obercool.

Ich warne davor, sich Redner als Beruf auszusuchen, nur weil man gerne redet. Die Liebe zur Oper reicht eben nicht, um Tenor zu werden, und nur weil man die Berge liebt, kommt man nicht ohne Sauerstoffflasche auf den Mount Everest.

Sollten Sie Reden als Hobby betreiben, gibt es keine Einschränkungen. Aber so hart das klingt: Wenn Sie Geld verdienen wollen, folgen Sie nicht Ihrer Leidenschaft, sondern folgen Sie Ihrer Begabung. Für etwas zu brennen ist eine fantastische Zugabe für einen tollen Redner, aber nicht die Basis. Sie sollten in Ihrem Thema wirklich zu Hause sein und etwas zu sagen haben, was andere Menschen hören wollen.

An der Stelle, wo Sie etwas besser können als jeder andere, da wo Ihre Freunde Sie bewundern, da wo die anderen den Kopf schütteln, weil sie das nicht könnten, da liegt Ihr Schatz vergraben. Wenn Ihnen dann dieses Buch hilft, Ihren Schatz zu heben, ist mein Ziel zu hundert Prozent erreicht.

---

229 www.speakers-excellence.de
230 www.jonchristophberndt.com

DANK

Für ein Buch, das man nach so vielen Jahren als Redner schreibt, gibt es so viele Menschen, bei denen man sich bedanken sollte, dass man es eigentlich auch sein lassen kann. Ich habe die meisten, von denen ich profitiert habe und mit denen ich befreundet bin, in diesem Buch namentlich erwähnt oder zitiert.

Ich spreche nie von dem unbekannten Kollegen, von dem ich den Tipp habe oder von irgendeinem Speaker, der mir mal was verraten hat, sondern ich nenne sie alle mit Namen. Jeder Name, der in diesem Buch auftaucht, ist ein Dankeschön. Das fand ich respektvoller als nur die Erwähnung des Namens auf der Danke-Seite.

Ich bedanke mich aber beim Netzwerk der German Speakers Association, deren Vizepräsident ich 10 Jahre sein durfte und darf. Das war eine tolle Zeit, die mir viel in meinem Berufsleben und meiner Arbeit geholfen hat. Ich habe wirkliche Profis kennengelernt, die jederzeit bereit waren, ihr Wissen mit mir zu teilen. Ich habe viele Anfänger kennengelernt, die mit ihrer Wissbegier und ihren kritischen Fragen dazu beigetragen haben, dass ich mich weiterentwickelt habe und die mich ermuntert haben, das, was ich glaubte zu wissen, wieder zu hinterfragen.

Ich habe mich nicht mehr als der einsame Wolf gefühlt, der sich mit Bahn und Flugzeug durch Europa arbeitet, sondern als Teil einer Gemeinschaft. In wie vielen langweiligen Stunden in Wartesälen oder Sitzreihen saß plötzlich ein Kollege oder eine Kollegin neben mir, und auf einmal verging die Zeit wie im Flug.

Auch die Möglichkeit an internationalen Konferenzen teilzunehmen, war ein wichtiger Teil meines Leben und meiner Entwicklung. Ich habe gesehen, dass die anderen teilweise auch nur mit Wasser kochen, und ich habe faszinierende Reden hören dürfen und tollen Trainern zugehört. Ich habe heute noch so viele Bilder im Kopf, die dort auch nicht verschwinden werden.

Danke an Thomas Ammon vom C.H.Beck Verlag, bei dem ich mit meinen Büchern eine sehr angenehme neue Heimat gefunden habe. Dort liebt man Bücher genauso wie ich.

Ich habe eine gute Gesundheit, und in den vielen Berufsjahren musste ich keine Veranstaltung absagen, weil ich krank war, Dafür bin ich zutiefst dankbar. Ich habe die empathischste Mutter, die man sich vorstellen kann, eine wunderbare Familie und zwei Söhne, auf die ich unendlich stolz bin. Aber vielleicht gehört gerade das zusammen. Wenn mein Leben eine Aktie wäre, dann hat diese Aktie erst so richtig an Wert gewonnen, seit ich meine Frau Barbara kenne. Jetzt ist ihr Wert so groß, dass sie absolut unverkäuflich ist. Wenn ich nochmal wählen dürfte, würde ich genau dieses Leben haben wollen, das ich gerade leben darf.

Michael Rossié

LITERATURVERZEICHNIS

Möglicherweise haben Sie an dieser Stelle ein Literaturverzeichnis erwartet. Aber ich muss Sie enttäuschen. Was für Bücher und Filme soll ich Ihnen empfehlen, die ich nicht schon erwähnt hätte? Wenn Sie sich über rhetorische Figuren oder die Techniken der alten Griechen informieren wollen, dann wissen Sie ja, wo Sie suchen müssen. Das Gleiche gilt für Bücher über PowerPoint, Humor oder Markenbildung. Sie finden viele Tipps in diesem Buch, welche anderen Bücher Sie weiterbringen. Mir hat das Lesen sehr geholfen, und viele Anregungen in diesem Buch, sind aus diesen Büchern.

Aber ich habe auch oft erlebt, dass Bücher den Redneranfänger eher behindert haben. Wie viel Blödsinn da meines Erachtens manchmal geschrieben wird. Gerade im Bereich Rhetorik wuchern die Kurse und Publikationen wie Unkraut. Vieles ist einfach schlichtweg ausgedacht. Aber so wie es wohl sein wird oder könnte, ist es oft nicht. Jeder, der einmal in seinem Leben auf der Bühne stand, hat das Gefühl, jetzt könne er andere darin unterrichten, wie das geht. Man muss nur die Nervosität weglassen, eine brillante Rede mit viel Humor halten, und schon läuft die Sache.

In diesem Buch bespreche ich viele Methoden, die in meinen Augen nicht oder nur schlecht funktionieren. Ob das für Sie so ist, werden Sie herausfinden. Ich zeige Ihnen meine Version und mache meine Vorschläge. Es gibt viele Beispiele, wie das auch ganz anders funktionieren kann.

Sollten Sie sich fürs Freie Sprechen auf der Bühne entscheiden, sollten Sie sich dafür entscheiden, die Regeln jetzt erst mal sein zu lassen, dann legen Sie jetzt alle Bücher beiseite. Wenn Sie jetzt noch Mut genug haben, dann gibt es nur eines: Gehen Sie nach vorne und fangen Sie an!

Auf meiner website www.michael-rossie.com finden Sie unter Downloads noch kostenlose Checklisten und Zusammenfassungen der einzelnen Kapitel zum Herunterladen. Geben Sie einfach den Zugangscode „RikKskP" ein. Denselben Code können Sie auch im Shop als Rabattcode eingeben, um einige Videokurse zu Sonderpreisen zu erhalten.

BILDNACHWEIS

Abb. 1, 2, 3, 4, 5, 6, 9, 10, 11, 13, 14, 15, 22 Verena Lorenz (www.verenalorenz.com); Männchen leremy (istockphoto)

Abb. 7, 8 Dirk Eckert (www.de-graphik.de)

Abb. 16, Krokodil: Warren Photographic, Hosenbeine: Foto-CD Business-Metaphors, schmelzendes Prozentzeichen: sbayram (www.istockphoto.com), Ruderer: inhousecreative (www.istockphoto.com),

Abb. 17, 18, 19, 20, 21 vom Autor

Wege zur Selbstorganisation.

Breidenbach/Rollow
New Work needs Inner Work

2. Auflage. 2019. X, 152 Seiten.
Klappbroschur € 19,80
ISBN 978-3-8006-6137-4

Portofreie Lieferung
≡ vahlen.de/29669155

New Work needs Inner Work

ist ein praxisorientiertes Handbuch, das Schritt für Schritt beschreibt, wie man Selbstorganisation im Team oder Unternehmen einführen kann. Es kombiniert die Perspektive der Unternehmerin (Joana Breidenbach, betterplace) und des Coaches (Bettina Rollow), um anhand von Organisationsprinzipien, konkreten Beispielen und Übungen zu erforschen, welche Kompetenzen wichtig sind, um Hierarchien abzubauen und flexibler und sinnstiftender zu arbeiten.

Das Buch fokussiert sich auf die innere Dimension von Transformation. Damit New Work gelingen kann, reicht es nicht nur äußere Strukturen und Prozesse zu verändern, sondern die innere Haltung, Klarheit und Kommunikation der Mitarbeiter und Teams muss ins Zentrum rücken. Erst auf der Basis von Inner Work lassen sich Rollen und Prozesse nachhaltig verändern.

Vahlen

Erfolgreich führen.

Hougaard/Carter
The Mind of the Leader

2020. 251 Seiten. Gebunden € 29,80
ISBN 978-3-8006-6078-0

Portofreie Lieferung
≡ vahlen.de/**28177156**

Das Buch

zeigt einen klaren Weg auf, wie Organisationen mit »People-First«-Leitbild entstehen. Es fordert Führungskräfte auf, in erster Linie Mensch zu sein – achtsam, selbstlos und mitfühlend. Diese Qualitäten fördern Engagement, Erfüllung und Bedeutung bei den Angestellten und führen insgesamt zu mehr Geschäftserfolg.

Neue Wege gehen

Wenn Führungskräfte achtsam und mitfühlend sind, wissen ihre Leute, dass sie hinter ihnen stehen. Dieses Buch beschreibt deutlich, dass Mitgefühl keineswegs weich oder sentimental ist. Mitgefühl ist sehr konkret und praktisch. Es geht darum, das Richtige zu tun.

Vahlen